상실과 희망의 메시지

Copyright ⓒ 2023 The Marian Fathers of the Immaculate Conception of the B.V.M.
All rights reserved.
Korean translation copyright ⓒ 2024 Catholic Publishing House

상실과 희망의 메시지

2024년 3월 5일 교회 인가
2024년 4월 16일 초판 1쇄 펴냄

지은이 · 크리스 에일라, 제이슨 루이스
옮긴이 · 임성연
감수 · 박정우, 오석준
펴낸이 · 정순택
펴낸곳 · 가톨릭출판사
편집 겸 인쇄인 · 김대영
편집 · 박다솜, 강서윤, 김소정
디자인 · 송현철, 정호진, 강해인, 이경숙
마케팅 · 안효진, 황희진

본사 · 서울특별시 중구 중림로 27
등록 · 1958. 1. 16. 제2-314호
전자우편 · edit@catholicbook.kr
전화 · 1544-1886(대표 번호)
지로번호 · 3000997

ISBN 978-89-321-1896-3 03230

값 38,000원

성경 · 전례문 · 교회 문헌 ⓒ 한국천주교중앙협의회, 2024

이 책의 한국어 출판권은 (재)천주교서울대교구 가톨릭출판사에 있습니다.
저작권법에 의해 한국 내에서 보호를 받는 저작물이므로 무단 전재와 무단 복제를 금합니다.

가톨릭의 모든 도서와 성물을 '가톨릭출판사 인터넷쇼핑몰'에서 만나 보실 수 있습니다.
http://www.catholicbook.kr | (02)6365-1888(구입 문의)

상실과 희망의 메시지

AFTER SUICIDE

크리스 에일라 · 제이슨 루이스 지음
임성연 옮김 | 박정우 · 오석준 감수

가톨릭출판사

할머니와 클레어를
기억하며

자살한 이를 위한 기도 1

영혼을 사랑하시는 하느님,

당신은 당신께서 창조하신 것을 소중히 여기시며

모든 것은 당신의 것이기에 당신은 모든 것을 살리십니다.

당신의 종 (   )을 너그러이 바라보시어,

십자가 성혈로 그의 죄와 과오를 용서하소서.

비탄에 잠긴 이들의 믿음을 기억하시어

당신과 함께, 영원토록 살아 계시며 다스리시는

부활하신 우리 주 그리스도 안에서

만물이 다시 새로워질 그날을 기다리는 이들의

소망을 채워 주소서.

아멘.

자살한 이를 위한 기도 2

전능하신 만물의 아버지 하느님,
당신은 십자가의 신비와
당신 아드님의 부활 성사로 우리를 굳건하게 하시나이다.
우리 형제/자매 (　　)에게 자비를 베푸소서.
그의 모든 죄를 용서하시고 평화를 허락하소서.
갑작스러운 죽음으로 슬퍼하는 저희를 위로해 주시고.
주님의 능력과 보호로 저희에게 위안을 주소서.
우리 주 그리스도를 통하여 비나이다.
아멘.

일러두기

· 이 책은 영적 원리를 설명하기 위해 자살이라는 비극적 상실의 주요 유형을 주제로 다루지만, 이 책에서 다루는 영적 원리는 자살을 포함한 모든 종류의 고통스러운 상실로 힘든 시간을 보내는 분들에게도 도움이 될 수 있다는 점을 강조하고 싶습니다.

· 자살 생각과 관련하여 '즉시 상담'이 필요한 경우, 위기 상담 전화 1577-0199 또는 1393으로 전화 주시기 바랍니다. 여러분을 이해하고 필요한 도움을 줄 수 있는 전문 상담사가 365일 24시간 전국 어디서나 상시 기다리고 있습니다.

· 자살 징후와 요인, 그리고 자살 예방 및 애도 지원과 관련된 내용은 '부록 1'을 참고해 주시기 바랍니다.

이 책을 읽기 전에

    이 책은 우리 마음을 부담스럽게, 불편하게 만드는 주제를 담고 있습니다. 자살의 여파를 다룬다는 것은 아무리 좋게 말하려고 해도 어렵습니다. 그러나 바로 이러한 점에서 여러분이 용기를 얻고 또 '희망의 현현顯現'을 얻게 되기를 희망합니다. 언뜻 보면 '현현'이나 '희망'이라는 단어는 우리에게 미지의 기대감을 심어 줍니다.

  현현이란 이전에 알려지지 않았던 것에 대한 계시를 뜻합니다. 현현과 관련된 그리스도교 축일로는 말씀이신 예수님께서 구원자로서 이 세상에 오시리라는 계시를 기념하는 주님 공현 대축일이 있습니다. 동방 박사들은 칠흑같이 어두운 밤에 밝게 빛나는 별을 보고 따라갑니다. 불안한 마음을 만족시킬 무언가를 찾아 나선 것이었지요. 그들은 불확실성을 헤치고 먼 길을 떠나 세상의 참된 빛이신 아기 예수님을 만나고는 행복과 평화를 찾습니다. 어두운 밤 희망의 계시를 찾아 먼 길을 떠나왔던 것이었습니다. 그리고 바로 그 희망의 계시가 구세주 예수님이십니다.

희망은 미스테리한 단어이기도 합니다. 희망이란 무언가에 대한 열망과 그것을 받고자 하는 기대의 결합이라 정의됩니다. 보통 우리의 일상 언어에서 희망은 실현되기를 바라는 단순한 소망 정도로 이해되는 경우가 많습니다.[1]

그러나 참된 의미에서의 희망은 단순한 소망 그 이상을 뜻합니다. 이는 우리 개개인의 세계에 스며드는 불확실성과 어둠 속에서 행복과 평화와 해답을 주시는 하느님의 선물이자 덕입니다. 그리스도께서는 앞으로 다가올 더 나은 세상을 약속하셨습니다. 그렇기에 우리는 믿음에 뿌리를 둔 희망과 함께 삶의 시련, 인간적인 어려움 또는 압도적으로 느껴지는 비극적 상황을 겪으면서도 그것을 견디어 낼 수 있습니다. 히브리인들에게 보낸 서간 6장 19절에서 '안전하고 견고한 영혼의 닻'으로 묘사되는 희망[2]은 궁극적으로 하늘에서 이루어질 덕입니다.

현현과 희망은 정말 잘 어울립니다. 현현은 우리에게 희망을 주는 무언가를 드러내기 위해 종종 어둠과 혼란으로 덮인 구름을 뚫고

'아하' 또는 '유레카'와 같은 소리가 나오는 각성의 순간들입니다. 이 책을 쓰는 동안, 수많은 현현의 순간이 있었습니다.

이 책은 크리스 에일라 신부가 받은 영감에서 출발했습니다. 그는 원죄 없이 잉태되신 마리아 교부회 사제이자 영혼의 사목자로 할머니가 자살로 세상을 떠난 후 얻은 희망의 현현을, 자살이라는 극단적이고 비극적인 방법으로 사랑하는 사람을 잃은 이들과 함께 나누고자 하였습니다. 그는 사목 중에 자살로 인해 여러 가정 안에서 나타나는 슬픔을 인식하게 되었고, 그리하여 오늘날 전 세계적으로 엄청나게 증가하는 이 문제에 대처하기 시작했습니다. 그 과정에서 고통, 슬픔, 상실의 어둠을 헤치고 희망의 빛을 찾았던 오랜 친구이자 수도자 형제인 제이슨 루이스와 다시 만났습니다.

1부 '그들에게 참으로 희망이 있습니다'에서는 오늘날 우리의 기도, 심지어 수년 전에 죽은 이들을 위한 기도가 어떻게 죽음의 순간에 그들의 구원을 도울 수 있는지를 보여 줍니다.

2부 '당신에게 참으로 희망이 있습니다'에서는 가까운 누군가를 잃은 고통, 특히 자살 사별을 겪은 이들의 희망과 치유의 현현을 제시하기 위해 주제를 확대합니다. 고인이 된 사랑하는 사람과의 친교가 이 세상에서도 가능하다는 사실에 희망이 있고, 죽은 후에 그와 다시 만날 가능성에도 희망이 있기 때문입니다.

저희는 이 책이 남다른 고통과 상실의 아픔을 겪는 이들에게 희망의 현현을 가져다주기를 기도합니다. 또한 이미 이 책의 독자들을 위해 매달 미사를 봉헌하며 여러분과 자살한 고인들을 위해 기도하고 있습니다. 이 책의 초점이 자살에 맞춰져 있기는 하지만, 시간을 초월하는 기도의 힘과 사랑하는 사람을 위한 구원의 희망과 같이 이 책 전반에 걸쳐 나타나는 주제들은 비단 자살의 경우만이 아니라, 자연적인 원인이나 사고, 폭력 또는 약물 과다 복용에 의한 죽음에도 적용될 수 있습니다.

이 책은 주님을 만날 성사적인 준비가 되지 않은 채 죽음을 맞이하여 하느님과 영영 분리될까 두려운 수없이 많은 영혼의 유족에게 신학적, 사목적 성찰과 통찰을 통해 희망을 드리는 것이 목적입니다. 사랑하는 사람의 영혼이 반드시 천국에 있으리라 믿으며 하느님의 자비를 경시하지 않는 것도 중요하지만, 그들의 영원한 운명에 대해 절망하지 않는 것도 중요합니다. 그러한 까닭에 이 책은 우리의 전구를 통해 영혼들이 어떻게 구원받고 영원한 삶으로 들어갈 수 있는지를 보여 주려고 의도한 부분이 있습니다.

어쩌면 이러한 주장은 대담하고 주제넘은 것으로 보일 수 있습니다. 사실 대담한 주장임은 맞습니다만, 주제넘은 주장은 아닙니다. 그리스도의 신성한 자비가 지닌 무한한 능력에 대한 희망으로 가득 찬 확신이 넘치는 기도입니다!

동방 박사들이 새로운 희망을 찾아 떠났던 것처럼, 우리도 함께 희망의 빛을 찾기 위한 이 여정을 시작합시다.

"어둠 속에 앉아 있는 백성이 큰 빛을 보았다. 죽음의 그림자가 드리운 고장에 앉아 있는 이들에게 빛이 떠올랐다."(마태 4,16)

머리말
여러분도 저처럼
희망을 찾을 수 있습니다

저는 크리스 에일라 신부입니다. 저는 사랑하는 이를 자살로 잃은 자살 생존자입니다. 고인의 이름은 메리 에일라, 제 할머니십니다. 1993년 6월 20일 아버지의 날Father's Day에 할머니는 극단적인 선택을 했습니다. 남겨 두신 유서는 없었습니다.

지금 이 책을 읽는 분들 역시 사랑하는 사람의 자살로 극심한 상실의 아픔을 겪었거나 그러한 일을 겪은 이를 알고 있을 것입니다. 그런 분들에게 희망은 있다고 꼭 말씀드리고 싶습니다.

지금 당장은 그다지 희망이 없어 보일 수도 있습니다. 여러분은 사랑하는 고인이 천국에서 하느님의 평화를 누릴 것이라 믿기 어려워하거나 의심할지도 모릅니다. 또한 자신의 고통스러운 마음과 어쩌면 고인을 향한 죄책감으로 다시는 예전의 평화를 되찾기 어렵다고 느낄 수 있습니다.

다시 한번 말씀드리겠습니다. 아직 희망이 있습니다. 진실로 희망이 있습니다.

세상을 떠난 가족이나 친구를 위한 구원의 희망뿐만 아니라 남아 있는 여러분을 위한 고통의 완화와 평화를 향한 희망이 있습니다. 믿어도 좋습니다. 제가 알고 있기 때문입니다.

할머니의 자살은 경천동지와 같은 충격이었고 이 사건으로 인해 저희 가족 모두 커다란 고통을 겪었습니다. 처음 할머니의 자살에 관한 비보를 들었을 때, 저는 할머니가 천국에 들어갈 수 없을 것이라 여겨 절망했습니다. 그동안 자살한 사람에 대해 배워 왔던 것이 그러했기 때문이었습니다. 그 후로도 수년간 저는 영혼이 마비되는 것과 같은 죄책감에 짓눌렸습니다.

그러던 제가 희망을 발견했습니다.

이 책은 바로 그 희망, 여러분과 함께 나누라는 소명을 느낀 그 희망에 관한 이야기입니다. 그간 저는 미국 전역의 여러 성당에서 강론을 하고 각종 강연에 나서는 사제로서 자살로 누군가를 잃은 수많은 사람을 만났습니다. 그들의 이야기를 들을 때마다 제 마음이 몹시 아려 옵니다. 그들을 꼭 끌어안아 주고 그들이 혼자가 아니라고 말해 주고 싶습니다. 특히 스스로 목숨을 끊은 사람들에 대한 하느님의 자비에 대해 알게 되면서 제가 받았던 희망과 위로를 그들에게 전하고 싶습니다.

이 책에 그러한 바람을 담았습니다. 즉 이 책은 사랑하는 사람을 상실한 이후의 희망에 관한 책입니다. 물론 누군가를 잃은 아픔은 결코 쉽게 사라지지 않습니다. 하지만 세상을 떠난 고인에게도 희망이 있고 그러한 비극적 사건의 여파로 슬픔에 지친 여러분의 영혼을 위로하는 희망도 있습니다.

공동 저자인 제이슨 루이스와 저는 이 책에서 자살에 대한 교회의 가르침을 살펴보고 이 희망을 뒷받침하는 신학적 근거를 제시하고자 합니다. 책의 후반부에서는 여러분의 영혼 깊숙이 파고든 상실의 슬픔과 그 고통스러운 바다를 헤쳐 나가는 데 도움이 되는 세 가지 기본 영적 원리를 제안할 것입니다. 특히 하느님 자비의 메시지와 그 영성을 이루는 주요 구성 요소들을 통해 자살 사별 애도 과정에서 어떻게 여러분이 희망과 위로를 얻고 다시 삶을 되찾을 수 있는지 알려 드리고자 합니다.

제이슨과 저는 자격증이 있는 정신 건강 전문가는 아닙니다. 그러나 이 주제에 대한 지식을 전혀 갖추지 못한 것은 아닙니다. 저희 둘 다 철학과 신학 분야에서 학위를 받았고, 수년간 신학교에서 사목 훈련을 받았으며, 현재는 주님의 포도밭에서 경험을 쌓으며 이에 대한 수련을 더욱 보완해 가고 있습니다. 더욱이 저희 두 사람 모두 아주 가까운 이를 자살로 잃은 아픈 경험이 있습니다. 그렇기에 지금부터 펼쳐질 내용은 사제 양성 과정과 사목 활동에서 배우게 된 것 외에도 저희의 개인적 경험을 토대로 한 것입니다.

어떤 의미에서 이 책은 자살을 생각하는 사람들에게 의학적인 도움과 상담을 제공하는 예방 목적의 책은 아닙니다. 그러나 또 어떤 관점으로는 자살 예방책의 역할을 한다고 볼 수 있습니다. 멜린다 무어 심리학 박사는 다음과 같이 설명합니다.

"자살 예방책 중 하나는 자살로 인한 큰 충격을 받은 사람들을 대상으로 삼는 것입니다. 그들 또한 자살을 감행할 위험이 높아지기 때문입니다. 자살에 노출된 경험이 있는 사람들, 특히 고인과 정서적으로나 생물학적으로 친밀한 관계인 사람들의 경우 더욱 자살할 위험이 높아진다는 설득력 있는 연구 결과가 있습니다."[3]

따라서 이 책은 사랑하는 사람을 잃은 슬픔을 극복하려는 사람들을 돕고 그들이 또 다른 자살의 희생자가 되는 것을 막기 위해 노력한다는 점에서 사후 예방적[4] 성격을 갖고 있습니다.

저희는 관련 자료를 조사하는 과정에서, 심지어 교회에서도 자살이라는 주제를 깊이 다루지 않는다는 사실에 매우 놀랐습니다. 그리고 이 책에서 다루고자 하는 교회의 풍부한 가르침에 내포된 몇 가지 문제점을 발견할 수 있었습니다. 전례 기도문 중 '자살한 이를 위한 기도'*와 《가톨릭 교회 교리서》에 포함된 몇 가지 구체적인 조항 외에, 이 심각한 문제를 해결하기 위해 특별히 고안된 지침이나 사목 프로그램이 그리 많지 않다는 점이었습니다. 이러한 이유로 저희는 자살 관련 교육 사목이 절실하게 필요하며 이를 시작해야 한다는 소명을 갖게 되었습니다. 저희가 발견한 사실과 경험을 다른 분들과 공유하는 것이 의무라고 여깁니다. 저희 둘 다 직간접적으로 그러한 비극적인 상실의 아픔을 겪은 분들을 도울 수 있다고 생각합니다.

이 책의 주제가 여러분이 다시 되돌아보기 어려운 주제라는 점을 잘 압니다. 또한 여러분이 이 책을 선택하게 된 데에는 여러 가지 이유가 있다는 점도 알고 있습니다. 그러므로 저희는 여러분이 지금부터 이 책을 읽어 가는 여정을 기도로 가득 채우시기를 권면합니다. 하느님 사랑의 자비는 여러분을 결코 실망시키지 않을 것입니다.

우리는 하느님 자비의 성심으로 우리를 인도해 줄 희망의 영역들을 살펴보려고 합니다. 1부에서는 고인이 된 분들을 위한 내용, 2부에서는 여러분을 위한 내용을 다룰 것입니다. 다음에 이어지는 두 개의 장에서 다루는 주제가 민감하거나 또는 너무 깊은 신학적 정보 때문에 다소 내용이 어렵게 느껴지더라도 걱정하지 마십시오. 2부

---

* 이 책에서 인용한 '자살한 이를 위한 기도문' 및 일부 장례 예식서 기도문은 교황청의 허가하에 미국 가톨릭주교회의의 인가를 받은 미국 가톨릭 교회 장례 예식서에 포함된 기도문이다. 일부 기도문이 한국 가톨릭 교회에서 사용하는 공식 장례 예식서 기도문과는 다름을 밝힌다. — 역자 주

에서는 슬픔 속에서 회복을 위한 '희망의 기슭'으로 이어지는 '의탁의 다리'로 여러분을 안내해 드리겠습니다.

어렵지만 이 여정에 동참해 주심에 감사드립니다. 사랑하는 사람을 잃었다 할지라도, 하느님 자비의 힘이 저희에게 해 주셨던 것과 같이 여러분의 마음을 위로해 주시고 더욱 굳건한 희망을 갖게 해 주시기를 바랍니다.

차례

자살한 이를 위한 기도 • 6

이 책을 읽기 전에 • 9

머리말   여러분도 저처럼 희망을 찾을 수 있습니다 • 14

1부 그들에게 참으로 희망이 있습니다

1장 할머니 그리고 자살 • 28

할머니의 생애 | 할머니의 자살 | 놀라운 통계 | 문화적 확산 | 중독 | 자살 예방 | 자살의 원인 | 하느님에 대한 믿음의 결여 | 세상과 그 거짓 우상들의 미혹 | 악마의 영향 | 희망을 위한 준비

2장 희망 가득한 교회의 가르침 • 70

대죄 그리고 위대한 자비 | 자살은 여러분 생각과 다를 수 있습니다 | 그리스도교 장례의 예

3장 희망의 현현 • 90

죄책감 | 예수님께서 직접 운전대를 잡으시다 | "할머니를 위해 하느님 자비를 구하는 기도를 드리세요." | 나의 희망의 현현 | 시간은 정말 실재하는가? | 제가 변화를 가져올 수 있나요? | 어떻게 이것이 가능한가요? | 의심스러운가요?

4장 파우스티나 성녀의 영성 신학: 희망의 신학 • 135

희망의 증인 | 기도의 필요성 | 무엇을 위해 기도해야 하나요? | 그리스도교 장례 예식: 희망의 여명 | 끊임없이 기도하십시오 | 모든 것을 봉헌하십시오 | 우리는 맡은 바 역할을 해야 합니다

5장 죽음 이후의 삶에 대한 희망 • 171

죽음 | 심판 | 천국(때로는 연옥을 거치는 천국) | 지옥

의탁의 다리 그들의 구원에 대해 확신을 가질 수 있습니다 • 197

2부 당신에게 참으로 희망이 있습니다

다시 뭉친 두 형제 | 슬픔 속 치유의 여정

1장 자살 사별 애도와 그 영향 • 214

애도의 세 가지 유형 | 애도의 영향 | 애도의 다섯 단계 | 다른 이들과 함께 나누는 슬픔

2장 자살 사별의 세 가지 영적 원리 • 236

상실과 비통함에 사무친 한 어머니의 마음 | 상실에 대한 무력함 | 예수님께 의탁함 | 하느님의 돌보심과 보호에 내맡김 | 하느님 안에서 클레어와의 친교 | 한 생존자의 다른 이에 대한 배려

3장 세 가지 영적 원리에 관한 세부 설명 • 260

첫 번째 원리: 상실에 대한 무력함 인정하기 | 두 번째 원리: 예수님께 의탁하기 | 세 번째 원리: 하느님께 전적으로 맡겨 드리기 | 세 가지 영적 원리 요약

4장 그 밖의 다른 영적인 도움 • 306

통고의 성모, 희망의 별 | 고통, 결합과 구속 | 자비의 시간 | 성체 조배 | 생각, 감정, 고통을 일기에 담기 | 고해성사 | 용서 | 자살 가족력의 치유 | '좋은 날'과 '좋았던 나날' | 슬픔에 잠긴 다른 이들을 돕기 | 어두움에서 빛으로

5장 그들과 당신을 위한 희망 • 349

의탁의 다리로 돌아가세요 | 부활은 모든 것을 변화시킵니다 | 다시 찾은 어머니의 희망 | 의탁의 현현

맺음말 신학적 토대: 영원성, 시간, 그리고 능력 • 375

하느님께서는 시간 밖에 계십니다 | 피에트렐치나의 비오 성인의 증언과 그 밖의 예 | 도로시 데이와 C. S. 루이스 | 과거의 일에 대한 기도는 언제 하는 것이 좋을까요? | 이 주장을 지지하는 사람은 또 누가 있나요? | 가장 큰 죄인에게도 진정한 희망이

부록 • 407
1. 자살 징후와 요인, 예방과 애도 지원
2. 하느님 자비를 구하는 기도 방법
3. 자비로우신 하느님과 절망에 빠진 영혼과의 대화
4. 성모 칠고 묵주 기도

옮긴이의 말 • 422

주 • 424

1부
그들에게 참으로 희망이 있습니다

"나는 너희를 위하여 몸소 마련한 계획을 분명히 알고 있다. 주님의 말씀이다. 그것은 평화를 위한 계획이지 재앙을 위한 계획이 아니므로, 나는 너희에게 미래와 희망을 주고자 한다." (예레 29,11)

저는 사제로서 스스로 목숨을 끊은 이들에게도 희망이 있음을 전하지만, 그럼에도 자살은 절대로 해결책이 아니라는 점을 분명히 하고 싶습니다. 이 현세적 삶에서 자살은 일시적인 문제에 대해 영구적인 결과를 초래하는 방식으로 대응하는 것입니다. 더욱이 자살은 남겨진 사람들에게 큰 상처를 줍니다. 세상을 떠난 고인이 생전에는 결코 상상하지도 못했을 만큼의 온갖 심적 고통과 피해, 상처를 남기게 됩니다.

지금부터 설명하려는 내용은 자살 후에도 분명 구원의 희망이 있음을 보여 주지만, 그렇다고 해서 누구에게나 구원이 보장되는 것은 아니라는 점을 강조하고 싶습니다. 보통 이런 방식으로 죽은 사람들의 영혼에게는 큰 대가가 따릅니다. 그들은 적어도 연옥에서 스스로 목숨을 끊은 것에 대해 후회를 하게 되고, 그들을 사랑하는 사람들에게 상처를 주었다는 사실을 알게 되는 상당한 괴로움을 겪어야 할 가능성이 높습니다. 하지만 여러분과 제가 이러한 고통의 시간을 단축시키고, 심지어 그 고통을 없어지게 할 매우 유용한 방법이 있습니다. 그렇기에 아직 희망은 남아 있습니다. 자, 이제부터 희망의 여정을 시작합니다.

1장

할머니 그리고 자살

할머니의 생애

저희 할머니의 이름은 메리 에일라, 결혼 전 이름은 메리 도만스키입니다. 할머니는 1993년 6월 20일, 아버지의 날에 스스로 생을 마감하셨습니다. 그날 일어났던 끔찍한 사건과 그 여파에 대해 이야기하기에 앞서 저희 할머니가 어떤 분이었는지를 말씀드리고 싶습니다. 저에게 할머니는 단지 '자살로 생을 마감한 분' 그 이상의 존재, 훨씬 더 큰 의미를 지닌 분이었기 때문입니다.

할머니는 1916년에 미국으로 이주한 슬로바키아 이민자들 사이에서 태어났습니다. 제 증조할머니는 어린 자녀들에게 '옛 조상의 나라'에 대한 이야기를 자주 들려주었다고 합니다. 1923년이 되자 증조할머니는 이제 아이들이 직접 슬로바키아에 가 볼 때가 되었다고 생각하였고, 미국에 남아서 일을 계속해야 했던 남편에게 고국 방문을 허락받은 후에 자녀들과 함께 슬로바키아로 향했습니다.

그들에게 슬로바키아 방문은 아주 훌륭한 경험이었습니다. 그러나 다시 미국으로 돌아가려고 할 때, 귀국에 필요한 비자 발급 과정에서 문제가 발생했습니다. 결국 그들은 유럽에서 3년 가까이 발이 묶였죠. 불쌍한 증조할아버지는 가족들을 미국 집으로 되돌아오게 하려고 모아 둔 돈을 다 사용했습니다. 그 이후로 할머니 세대의 가족이 슬로바키아에 가는 일은 없었습니다. 다행히 할머니는 그때의 경험으로 슬로바키아어를 구사할 수 있게 되었고 조상의 나라에 대해 알게 되었습니다. 그러나 도만스키 가족의 재정 상황은 점점 어려워져 갔습니다.

그 결과 할머니는 12세 때부터 가족 부양을 위해 다니던 학교도 그만두어야 했습니다. 그러고는 미시간주 먼로시에서 먼로 쇼바를 발명한 것으로 알려진 부유한 맥킨타이어 가문의 가정부 겸 요리사로 일을 하기 시작했습니다. 어린 시절 저는 아버지에게서 할머니가 수년간 쉴 틈 없이 맥킨타이어 가족을 위해 '맥이 다 빠지도록' 일을 하셨다고 들었습니다. 게다가 그들이 향유하던 풍요로운 부를 바라보면서 할머니와 도만스키 가족의 상대적 빈곤감은 더욱 부각되었죠. 그러한 까닭에 할머니는 그들 밑에서 일하기를 몹시 싫어하는 지경에 이르렀지만, 다른 선택의 여지가 없었습니다.

마침내 스무 살이 된 할머니가 디트로이트 자동차 업계의 꽤 괜찮은 직장에 다니던 한 남자와 약혼하면서 상황은 나아지는 듯했습니다. 그러나 안타깝게도 할머니의 약혼자는 1937년, 결혼식을 겨우 3일 앞두고 비극적인 교통사고로 생을 마감하게 되었습니다. 할머니는 먼저 세상을 떠난 약혼자를 늘 가슴에 담아 두고 사셨어요. 그렇지만 그분이 저희 할아버지는 아니었습니다. 몇 년 후 할머니는 훗날 저희 할아버지가 되신 조셉 에일라, 짧게는 '조'라고 불리는 청년을 만나게 됩니다. 두 분이 만난 계기는 일반적인 남녀가 만나는 방식이 전혀 아니었습니다.

할아버지와 할머니는 먼로시에 위치한 윌리엄 C. 스털링 주립 공원에서 처음 만났습니다. 할머니는 매주 단 하루 있던 휴무일마다 그 공원을 자주 찾았습니다. 그곳을 둘러싼 아름다운 풍경에 매료되었을 뿐 아니라 무엇보다도 입장료가 무료였기 때문이었죠. 당시 미국은 대공황 시기였기 때문에 할머니는 이 공원에서 돈도 아끼고 여가를 보내며 작은 평화와 기쁨을 누릴 수 있었습니다.

당시 청년이었던 저희 할아버지는 할머니보다도 더 어려운 상황이었습니다. 그는 실직 상태였고 수중에 단 한 푼의 재산도 없었죠. 이 건장한 체격의 청년은 시민자원보전단에 일자리가 있다는 소문을 듣고 미네소타 북부에서 일자리를 찾아 미시간으로 왔지만, 결국 구직에 실패하고 사실상 길거리 노숙인 신세가 되고 말았습니다. 바로 그 무렵 상냥한 인상의 할머니를 주립 공원에서 우연히 만난 것입니다. 첫 만남에서 할아버지는 할머니에게 3일간 아무것도 먹지 못해 굶주린 상태라고 말을 건네시며 나눠 줄 음식이 좀 있느냐고 물었답니다. 그건 이성에게 접근하는 일반적인 방식이 아니지요!

할머니는 그런 할아버지에게 "죄송해요. 먹을 것이 아무것도 없네요." 하고 대답했습니다. 그러나 굶주린 남자를 보며 측은한 마음이 들었던 할머니는 할아버지에게, 그날 밤 비밀리에 맥킨타이어가로 찾아오라는 초대를 하고 말았습니다. 구체적으로 설명하자면, 할머니는 도와줄 방도를 찾을 때까지 우선 할아버지에게 주방 창가 너머에 숨어 있으라고 했고, 할아버지는 할머니가 시키는 대로 창가 근처에서 기다리고 있었습니다. 이윽고 할머니는 맥킨타이어 가족의 저녁 메뉴인 프라이드치킨 몇 조각을 창문 밖에 숨어 있던 할아버지를 향해 던졌지요. 아니나 다를까, 3일간 쫄쫄 굶었던 할아버지는…… 그 프라이드치킨을 걸신들린 듯이 먹어 치웠습니다. 그러나 며칠 동안 음식을 전혀 먹지 못한 할아버지의 가엾은 위장은 기름진 치킨을 소화시킬 수 없었고, 결국 맥킨타이어가의 덤불에 먹은 것을 전부 다 토해 버리고 말았습니다. 미래의 배우자를 이런 식으로도 만날 수 있다니 놀랍지 않나요?

그러나 그런 불쾌한 광경을 보았음에도 할머니는 할아버지에게 거부감을 갖지 않았고 그분을 향한 연민도 줄어들지 않았습니다. 지혜로운 할아버지는 할머니의 선함을 알아보았고 구애하기 시작했죠. 마침내 할머니는 할아버지의 프러포즈를 받아들였습니다(마리아와 요셉이란 이름의 부부는 늘 하느님의 은총을 받는 것 같아요). 그 후 두 분은 아이 세 명을 낳았는데, 그중 둘째이자 장남인 찰스가 제 아버지십니다.

두 분 모두 가족을 부양하기 위해 열심히 일하셨습니다. 할아버지는 공업 기계 정비공으로, 할머니는 공업용 재봉사로 자동차 공장에서 가죽 시트를 만드는 일을 하셨지요. 고달픈 삶이었지만 두 분은 행복한 가정을 이루었습니다. 넉넉지 않은 형편이었지만 두 분은 희생을 감내하면서 돈을 모아 아이들을 가톨릭 학교에 보냈습니다. 야외 활동을 좋아하셨던 아버지는 사냥이나 낚시를 통해 얻은 먹거리를 식탁에 올려놓으면서 살림을 도왔다고 합니다.

어느덧 자식들은 성장하고 할머니는 연세가 드시면서 하나둘씩 연이어 신체적인 질병을 얻게 되었습니다. 할머니가 겪으신 건강 문제, 가령 재발성 관절염과 같은 병은 수년간의 고된 육체노동에서 비롯된 결과였을 것입니다. 오늘날에도 삶의 어려움을 겪는 분들이 신앙에서 멀어지는 경우가 많듯이, 할머니도 점차 가톨릭 신앙에서 멀어졌습니다. 거기엔 할머니의 슬픈 개인사도 한몫했을 것입니다. 모든 노동과 고통 속에서 할머니는 사랑이시며 선하신 하느님에 대한 믿음을 계속해서 지키지는 못했습니다. 다시 말해 할머니는 가난하게 성장했고 가족 또한 여전히 가난했고, 엄청난 육체적 고통에도 불구하고 일을 이어 나가야만 했습니다. 그렇게 고단한 삶을 살아오면서 할머니는 '나와 가족을 향한 하느님의 선하신 뜻은 도대체 어디에 있는가.'라는 큰 의문을 가진 것이죠.

하지만 할머니는 꿋꿋이 버텼습니다. 그렇다고 할머니께서 불평불만이 없었다는 말은 아닙니다. 사실 할머니는 주로 불평으로 '감정을 분출'하시곤 했습니다. 그러나 신세 한탄을 많이 하셨음에도 할머니는 가족을 위해 계속해서 일을 하고 요리도 하셨습니다. 특히 오랜 세월 여러 세대에 걸쳐 전해 내려온 전통 음식을 자주 요리해 주셨습니다. 할머니의 음식 솜씨는 정말 최고였어요.

할머니는 음식 만드는 일도 즐기셨지만, 슬로바키아 민족의 얼이 담긴 민속 음악도 무척 좋아하셨습니다. 매일 오후 1시가 되면 할아버지에게 본인이 좋아하는 폴카 음악과 같은 체코 전통 음악 프로그램을 틀어 달라고 하셨지요. 사실 제 부모님이 만난 계기도 할아버지 할머니께서 아버지에게 폴카 댄스 파티에 가라고 강요하신 덕분이었어요. 어찌 보면 저는 폴카 음악이 맺어 준 자랑스러운 결실이라 할 수 있습니다.

할머니는 완벽한 분은 아니었지만 매우 사랑스럽고 특별한 분이었습니다. 비록 성사 생활을 소홀히 하면서 신앙에서 멀어졌지만,

할머니의 신앙생활이 중단된 적은 없었습니다. 할머니는 창조의 아름다움을 생생히 느낄 줄 알았고, 가족을 깊이 사랑하여 저희 모두를 잘 보살펴 주셨습니다. 또한 할머니는 가난한 사람들에게 자비로운 분이었습니다. 배고프고 일자리가 없던 할아버지를 먹여 살리셨던 그 관대함으로 도움이 절실히 필요한 다른 사람들을 도우셨습니다. 종종 그들에게 가족이 갖고 있던 가장 좋은 물건을 나누어 주시곤 했습니다. 물론 할머니가 할아버지의 새 코트나 신발을 헐벗은 사람들에게 나누어 줄 때면 할아버지는 끝없이 툴툴거리곤 하셨지요. 아버지와 제가 볼 때 할머니의 자선은 거의 성인전에서 읽을 법한 수준이었습니다. 요한 바오로 2세 성인 교황이나 마더 데레사 성녀처럼 말입니다. 하지만 그러한 관대함은 할머니에게는 일상적인 일이었습니다. 넋두리를 하기는 했어도 이웃 사랑이 많았던 분이었지요. 그렇다면 할머니가 믿음을 잃었던 분이었다고 봐야 할까요? 완전히 그러진 않았을 것입니다.

이러한 할머니의 모습은 신실했던 많은 성경 속 인물이 하느님을 향해 분노를 퍼붓던 모습을 떠올리게 합니다. 제 말이 믿기지 않는다면, 시편 곳곳에서 발견되는 '탄원의 시편'을 읽어 보기를 바랍니다. 또는 모세가 이스라엘 백성을 약속의 땅으로 인도하려고 고군분투하다 좌절해 하느님께 몇 번이고 부르짖었던 모습이나 고통 중에 있던 욥이 연이은 비극을 견디면서 불평하던 모습을 떠올려 보세요.

약혼자와 사별하고, 이렇다 할 재산을 소유하지도 못했고, 수년간 고된 노동과 신체적 질병으로 끊임없는 고통 속에 지내던 할머니가 삶에서 느꼈을 모든 실망감을 알게 된다면, 왜 할머니가 하느님의 선하심을 믿기 어려워했는지 더 잘 이해할 수 있을 것입니다. 여러분의 가족이나 친구 중에도 비슷한 처지에 놓인 분이 적지 않을 것이라고 생각합니다.

그렇다면 할머니는 하느님을 여전히 믿고 신뢰했지만, 어쩌면 여전히 사랑하던 그분께 배신감을 느끼고 화가 났던 것일까요? 이에 대한 답은 알 길이 없습니다. 그러나 저는 '사랑'이야말로 우리 신앙이 가르치는 가장 위대한 덕이며, 메리 에일라 할머니는 분명 그 사랑을 잘 실천했다는 사실을 알고 있습니다. 우리는 시간을 들여 다른 사람의 사정을 차차 하나씩 알면 항상 처음에 알던 것보다 그의 이면에 더 많은 사정이 있음을 깨닫곤 합니다. 진실로 다른 사람의 마음을 이해하고 나면 그가 처한 어려운 상황과 힘든 사정에 대해서도 마음이 쓰일 수밖에 없습니다. 그리하여 그들에게 연민을 느끼게 되고, 다른 사람이 종종 간과하는 그들 내면의 반짝이는 금빛을 더 쉽게 알아볼 수 있게 됩니다. 여러분도 여러분에게 소중한 사람들에 대해 비슷한 이야기를 할 수 있을 것입니다. 그리고 하느님께서는 그분들의 내면에 있는 큰 순금 덩어리같이 빛나는 면면들을 전부 한눈에 알아보심이 분명합니다.

할머니의 자살

할머니는 1993년 6월 20일 아버지의 날에 목숨을 끊으셨습니다. 이 책에서는 이 날짜를 세 번째로 언급하지만, 제 기억 속에서는 이 날짜가 영원히 지울 수 없게 각인되어 있습니다.

그날 저희 가족은 매년 그랬듯이 고모네서 집안 식구들과 함께 야유회를 즐기고 있었습니다. 당시 저는 대학을 졸업하고 첫 전문 엔지니어직 취직을 앞두던 때라 주말에 잠시 집으로 돌아와 있었습니다. 가족 모임에서 할머니를 뵐 수가 없었는데, 할머니가 몸이 많이 아프셔서 못 오셨다는 말을 전해 들었습니다. 아니면 할머니께서 그렇게 말씀해 두신 모양이었습니다. 그날 오후 어느 시점에 할머니는 스스로 목숨을 끊으셨습니다. 모든 자살자의 선택이 다 그러하듯이, 할머니가 내린 그 끔찍한 결정의 배경이 된 모든 요인을 정확히 알 길은 없을 것입니다.

경찰의 추정에 따르면, 할머니는 호신용으로 집 안에 보관해 두던 소형 권총으로 화장실에서 스스로를 쏜 후 두어 시간 정도를 피웅덩이에 쓰러져 있었다고 합니다. 숨이 끊어진 상태로 쓰러진 할머니를 발견한 것은 가족 모임에서 나와 할머니를 찾아갔던 아버지였습니다. 그 비극적인 장면을 본 아버지가 받으셨을 충격이 얼마나 컸을지 가히 상상조차 할 수 없습니다. 가까운 사람의 자살이 모든 가족과 친구들에게 극도로 고통스러운 경험이라는 것은 어찌 보면 당연한 일입니다. 저는 아버지께서 다른 날도 아닌 아버지의 날에 스스로 목숨을 끊은 당신의 어머니를 발견하고 얼마나 큰 충격을 받았는지 생생하게 기억합니다.

아버지는 강인한 분이십니다. 베트남 참전 해병대원인 아버지는 언제나 심지가 굳은 분이셨죠. 하지만 아무리 강한 사람일지라도 자신의 어머니를 그런 모습으로 발견하는 건 단순히 힘든 일 그 이상이었을 것입니다. 아버지는 그 사건에 대하여 별말씀을 하지 않으셨습니다. 아마 앞으로도 하지 않으실 거고, 말씀하실 필요도 없지요. 어머니를 잃는다는 것 자체로도 충분히 힘든데, 어머니가 자살하고 그런 모습의 어머니를 발견하다니……. 그런 경험은 묘사할 단어조차 없습니다. 누군가의 자살을 슬퍼하는 우리 모두와 일반적인 죽음을 애도하는 다른 유족 사이에는 공통점이 있지만, 자살 사별과 관련된 슬픔에는 특유의 파괴적인 무언가가 있습니다.

그날을 결코 잊지 못할 것입니다. 저는 그 이후로도 몇 년 동안 죄책감과 후회를 안고 살았습니다. 사건이 일어난 날 아버지와 함께 할머니를 찾아뵈러 가는 대신 여자친구를 만나러 갔던, '너무 바빴던' 저 자신을 자책했죠. 그날 집에 오자 망연자실해 있던 어머니가 그 비보를 전했습니다. 저는 몹시 큰 충격을 받았고, 방금 들은 일이 현실인지조차 파악할 수 없었습니다. 할머니가 돌아가셨다니……. 고통으로 가득했을지라도 배려심과 따스함, 사랑으로 가득했던 할머니의 삶이 그렇게 끝나 버렸다는 사실이 믿기지 않았습니다.

이 일들을 알게 된 지금, 이런 질문을 할지 모릅니다.

"신부님, 할머니 영혼에 대한 희망을 어디에서 찾으셨나요? 그러한 상실의 아픔은 어떻게 견디셨나요?"

조금만 참고 기다려 주세요. 이에 관한 내용은 다음 장에서 다룰 것입니다. 몇 년 전 제가 노스캐롤라이나에서 배운 '자살에 스러져 간 이들을 위한 하느님의 자비'에 대한 설명과 함께 상세히 답해 드리겠습니다. 또한 위 질문에 대한 내용은 2부에서도 다룰 것입니다. 남겨진 생존자들이 다음 날을 살아가게 하는 희망에 대해 알아보면서 이에 대한 답을 살펴보겠습니다. 하지만 이번 장에서는 저희 할머니의 죽음 이후의 시간에 대해 이야기하려고 합니다.

이후 많은 세월이 흐르고, 힘들었지만 저는 제가 할 수 있는 최선을 다해 할머니를 잃은 상실의 아픔에 대처하려고 노력했습니다. 하지만 결코 제가 바꿀 수 없는 일이라는 점을 깨닫기 시작했어요. 그러는 와중에 여전히 저는 자신의 삶을 살아야 하고, 또 그러기 위해 성공적인 커리어와 삶을 구축하는 데 집중하고 에너지를 쏟아야 한다고 생각했습니다.

그러나 말처럼 쉬운 일은 아니었습니다. 수년간 할머니의 죽음에 대해 계속해서 떠나지 않는 생각과 끊임없이 씨름했습니다. 할머니의 죽음이 생각날 때면 떠오르는 감정을 억누르며 그 생각을 차단하려고 노력했어요. 그때의 기억은 제가 생각하고 싶지 않은, 아니 어떻게 대처해야 할지 몰랐던, 미해결 상태의 감정과 질문에 직면하게 했기 때문에 그러한 반응은 자연스러운 일이었습니다. 많은 기도와 치유에도 불구하고 한 가지 특정 질문이 저를 괴롭혔습니다.

"어떻게 77세의 할머니가 자살로 생을 마감할 결심을 하게 되었을까? 그것도 권총 자살이라니!"

사제로 살아가며, 자연적이지 못한 죽음으로 뒤흔들린 삶에 대해 들으면 들을수록, 저는 스스로 목숨을 끊는 사람들의 '이유'에 대해 좀 더 이해해 보려고 했습니다. 바로 여기서 저에게 내재된 '엔지니어'적 측면과 '사목자'적 측면이 서로 만나게 됩니다. 저는 자살에 대해 연구하기 시작했고 이윽고 제가 발견한 사실에 깜짝 놀랐습니다. 결코 적지 않은 수의 사람들이 자살로 인한 고통스러운 상실을 겪고 있었습니다. 안타깝게도 오늘날 자살은 그 어느 때보다 만연하며, 우리 사회를 하나로 묶는 구조인 가족을 분열시킵니다. 이 끔찍한 고통이 얼마나 흔한 일이 되었는지 제대로 파악하기 위해 자살과 그 본질에 관한 몇 가지 사실을 더 깊이 살펴보도록 합시다.

놀라운 통계

저는 자살의 실상과 원인을 조사하기 전까지 자살이 미국은 물론 전 세계적으로도 얼마나 고질적인 문제인지 몰랐습니다. 또한 미국 인구의 50퍼센트가 자살로 사망한 사람을 개인적으로 안다는 사실도 몰랐습니다.[5] 1999년 이후 미국 내 자살률이 모든 인종과 민족, 남성과 여성, 도시와 농촌 지역, 대부분의 모든 연령대에서 증가했으며[6] 1999년부터 2017년까지 33퍼센트나 증가했다는[7] 점도 역시 처음 알았습니다. 2008년부터 2015년까지 자살 충동을 느꼈거나 자살 시도를 하여 입원한 아동의 비율이 두 배나 증가했다는[8] 사실 역시 전혀 알지 못했습니다.

최근 몇 년 동안 전 세계적으로 매년 80만 명 가까운 사람들이 스스로 목숨을 끊는다는 사실도 미처 몰랐습니다. 이는 매년 발생하는 '분쟁, 전쟁, 자연재해로 인한 연간 사망률'[9]보다 더 많은 수치입니다. 전쟁과 관련된 이야기가 나왔으니 덧붙이자면, 매일 약 20명의 미 퇴역 군인이 자살로 생을 마감한다는[10] 통계가 있습니다.

실제 자살에 이르기까지 약 25번의 자살 시도가 일어나는데, 이는 27초마다 1건씩 자살 시도가 일어남을[11] 의미한다는 것 또한 처음으로 알게 되었습니다. 2015년의 한 연구에 따르면 "자살로 인한 사망자 1명당 147명(연간 690만 명)이 자살 위험에 노출된다."[12]라는 점 역시 새롭게 알았습니다.

2017년에서 2018년 사이에 자살 충동을 느꼈다고 신고한 사람의 수가 대략 보스턴, 시카고, 워싱턴, 로스앤젤레스, 마이애미, 시애틀의 인구를 합친 것과 같다는[13] 것도 전혀 몰랐습니다. 이러한 수치는 자살 사건과 자살 충동을 겪는 경우가 대부분 신고되지 않는다는 사실조차 반영되지 않은 것입니다.[14]

문화적 확산

우리 문화에서 자살이 얼마나 만연한지에 대해 시사하는 이러한 실상과 통계는 가히 충격적입니다. 이러한 현상은 자살을 문제가 있는 몇몇 개인에게 국한된 사건으로 여기는 (일반적인 오해) 범주를 넘어 분명 제 할머니와 같은 사례가, 제가 생각했던 것 이상으로 더 광범위하게 퍼져 있음을 의미합니다.

실제로 많은 전문가는 자살을 에피데믹으로 분류하려는 경향이 있습니다. 의학적으로 에피데믹이란 일정 기간 동안 특정 지역이나 인구에 한정된 질병이나 전염병이 광범위하게 발생하는 것이지요. 이러한 사실들을 알게 되면서 현재 높은 빈도로 발생하는 자살을 팬데믹으로까지 분류할 수 있는지 궁금해졌습니다. 팬데믹의 정의가 특정 지역을 넘어 확산되는 질병이나 전염병의 끝이 보이지 않는 대유행을 뜻하고, 그러한 확산을 억제하거나 격리하는 것이 예측 불가하여 수많은 사람에게 절박한 위험을 초래하기 때문입니다.

자살에는 '전염성'이 없기에 팬데믹으로 간주될 수 없다고 보는 분도 있을 것입니다. 그러나 공개적으로 알려진 자살에 영향을 받아 다른 사람들이 이를 모방하는 이른바 '베르테르 효과'에서도 나타나듯이 자살에는 '영적인 전염성'이 있다고 봅니다.[15] 공식적으로 자살을 팬데믹으로 분류하지 않더라도 분명 그렇게 해야 할 것처럼 보입니다.

또한 주류 문화에서 자살이 널리 받아들여진다는 점도 짚어 볼 필요가 있습니다. 우리는 조력 자살, 자살로 이어지는 외상 후 스트레스 장애PTSD, 약물 과다 복용, 살해 후 자살, 심지어 대중 매체의 미묘한 자살 미화 등 자살의 다양한 양상에 거의 무감각해져 있습니다. 이러한 징후들은 일일이 언급하기에 너무나 광범위하지만, 몇 가지만 보겠습니다.

제이 애셔의 하이틴 소설을 각색하여 인기를 얻었던 넷플릭스 드라마 〈루머의 루머의 루머〉를 살펴봅시다. 이는 대중 매체에서 자살을 부적절하게 묘사한 사례로 볼 수 있습니다. 이 드라마의 제작자는 괴롭힘, 성희롱, 강간 등 자살로 이어질 수 있는 청소년 행동에 대해 청소년과 대중을 선도하고자 하는 좋은 의도를 담았다고 주장합니다. 그러나 많은 학교 상담 교사와 심리학자들은 이 드라마의 잠재적 영향력에 대하여 심각한 우려를 표합니다.[16]

이 드라마의 기본 줄거리는 다음과 같습니다. 해나 베이커라는 여고생은 자살하기로 결심하는데, 그 '마지막 행동'을 실행에 옮기기에 앞서 13개의 카세트테이프를 녹음해 둡니다. 각 테이프에서 그녀는 자신이 '자살'을 선택한 이유에 대해 하나씩 이야기를 남깁니다. 그리고 해나의 자살 이후 남은 생존자들이 카세트테이프와 그 안에 실린 내용, 그리고 해나의 죽음 이후 무엇을 해야 할지 결정하는 과정을 따라 내용이 펼쳐집니다.

통계 자료에 따르면, 이 프로그램이 방영된 후 인터넷에서 자살 관련 용어를 찾는 누적 검색 건수가 19퍼센트 증가했습니다. '자살 방법'과 관련된 검색은 26퍼센트가 증가했으며,[17] 프로그램 공개 후 한 달 동안 10세에서 17세 사이의 미국 청소년 전체 자살률이 거의 30퍼센트나 증가했습니다.[18]

따라서 이 드라마와 책이 청소년들 사이에서 큰 인기를 끌고 있지만[19] 과연 자살 및 기타 청소년과 관련된 문제에 대해 도움이 되는 방식으로 '대화에 기여'하는지는 매우 회의적이라 할 수 있습니다. 실제로 이 드라마는 널리 통용되는 '자살 관련 보도 권고안'에[20] 명시된 모범 사례에 위배되는 면이 있습니다. 여러 전문가에 따르면 이러한 이야기는 실제 비극에 더욱 초점을 맞추게 되어 자살에 대한 거부가 아닌 모방으로, 치유가 아닌 더 큰 비극으로 이어질 수 있습니다.

이 드라마 시리즈의 또 다른 위험 요소는 자살을 마치 자신을 둘러싼 문제에 대한 해결책이자, 자신에게 관심을 기울이지 않던 사람들의 환심을 얻기 위한 방법으로 미묘하게 묘사한다는 점입니다. '스스로 목숨을 끝내는 것'이 '살고자 하는 의지'보다 더 큰 영향력을 갖는다는 잘못된 교훈을 전달하는 듯 보입니다. 또한 이는 모방 자살을 따라 한 행동을 본보기화한다는 실제적인 위험을 갖고 있습니다. 이 드라마가 오늘날 우리 문화에서 자살이 얼마나 확산되는지를 보여 주는 극히 일부 사례일 뿐이라는 점은 우려가 됩니다.[21]

중독

이제 현대 사회에서 자살을 유발하는 또 다른 요인인 중독을 살펴봅시다. 알코올 중독과 마약 남용, 그리고 마약성 진통제인 오피오이드 중독과 약물 중독 등은 국가와 국민의 영혼을 황폐화시킵니다. 우리는 미디어를 통해 이러한 보도를 자주 접합니다. 저는 매번 고해성사와 영적 지도 과정 중 중독이 불러오는 비극적인 결과에 대해 듣곤 합니다. 많은 사람이 가족과 친구가 중독의 늪에 빠져 큰 영향을 받습니다.

중독의 유혹을 경험해 보지 않은 사람들이 중독이라는 것을 이해하기란 어려울 것입니다. 이는 알코올 중독자나 마약 중독자들에게도 역시 마찬가지입니다. 어느 누구도 처음부터 자신을 예속시키는 물질에 의존하게 될 거라 여기면서 이를 시작하지는 않습니다. 어떤 사람들은 알코올이나 기타 특정 물질을 섭취하면서부터 연쇄 반응이 뒤따릅니다. 즉각적으로 강렬한 희열과 고양된 행복감이 사용자에게 '**육화**'되어 우울감, 어두움, 고통, 불안감을 일시적으로 차단합니다. 이러한 물질을 사용하는 사람은 그러한 일시적 행복감을 영적 체험으로 착각할지도 모릅니다.

우리는 이러한 황홀감이 진정한 영적 체험을 일시적으로 모방한 유사 영적 체험에 불과하다는 사실을 압니다. 그럼에도 불구하고 이러한 특정 향정신성 물질을 접한 결과는 매우 파괴적입니다. 이는 표면적 행복감과 사이비 평화의 공급원인 특정 물질에 대한 정신적 집착을 불러일으킵니다. 이러한 행동을 반복하면 결국 신체적 의존성이 뒤따르게 됩니다.

약물 남용자는 알코올과 마약이 인간의 정신적이고 영적인 내면의 차원에 자극을 불러일으킨다고 착각합니다. 나중에 다시 살펴보겠지만, 하느님께서는 인간을 창조하시며 친히 충만함의 근원으로서의 당신에 대한 간절하고 본능적인 열망을 갖도록 하셨습니다. 그렇기에 술과 마약에 대한 '**욕구**'가 하느님 안에서 영적 충만감을 얻고자 하는 인간의 자연적 욕구를 대체하면서 그것은 일종의 힘을 얻게 됩니다. 그 힘이 중독자의 마음을 지배하여, 더 많은 향정신성 물질을 추구하려는 강박이 그의 사고 전체를 장악하고, 더욱더 사이비 영적 체험의 공급원을 찾게 만드는 것입니다.

물론 특정 물질과의 반복적인 '**결합**'은 생명을 위협하는 신체적 중독으로까지 이어질 수 있습니다. 중독이 신체적이든 심리적이든, 양쪽 모두이든, 중독자는 특정 물질의 섭취 여부를 선택할 자유 의지를 잃게 됩니다. 해당 물질은 필수품이 되어 가고, 원하는 효과를 얻기 위해서는 점점 더 많은 양의 물질이 요구됩니다.

어느 시점부터 물질들은 더 이상 효과가 없습니다. 원하는 감정은 결국 중독자가 되찾을 수 없는, 손에 넣을 수 없는 것으로 변해 버립니다. 하지만 중독자의 마음은 그 가짜 안녕의 상태를 떠올리며 여전히 그 감정을 느낄 수 있다고 고집합니다. 약물을 추구하면 할수록 그가 찾는 것은 점점 멀어져 갑니다. 그러고는 중독이라는 죽음의 손아귀에 놓이게 됩니다. 이러한 상태는 마침내 중독자가 헤어 나올 수 없다고 느끼는 지옥 같은 감옥이 되어 버립니다. 한때 자신을 고통, 불안, 우울, 두려움에서 해방시켜 준 마법의 해결책은 이제 이러한 부정적인 감정을 증폭시킵니다. 절망감이 영혼으로 스며들고 심한 우울증과 허탈감은 중독자의 곁을 떠나지 않습니다.

이 절망적인 상황은 자각하기 어려운 또 다른 문제로 이어질 수 있겠지만, 진짜 문제는 이것이 더 나아가 **간접 자살**로 이어질 수 있다는 점입니다. 이러한 형태의 자살은 대부분의 자살과는 다릅니다. 흔히 우리가 자살이라 할 때는 어떤 구체적 사건을 두고 말하는 경우가 많습니다. 간접 자살은 명백한 자살은 아니지만, 스스로 생명을 위협하는 행동을 방치하거나 거부하여 결국 사망에 이르는 경우입니다. 마치 "이 약물과 술이 결국 나를 죽게 만들겠지만 상관없어요. 멈출 수가 없거든요!"라고 말하는 것과 마찬가지입니다. 그런 핑계로 그들은 중독 행위를 멈추지 않고, 이는 종종 죽음을 비롯한 비극적인 결과를 초래합니다.

대표적인 예가 오피오이드 중독입니다. 이는 국가적으로 큰 문제입니다. 사람들은 병에 걸려 이 마약성 진통제를 처방받고 중독에 빠지는데, 간혹 여성이 임신 중에 이 약물을 복용하면서 태아까지 중독되는 경우도 있습니다.[22] 미국 질병통제예방센터는 '오피오이드 위기'로 전국적으로 공중 보건 비상사태가 발생했다고 판단했습니다.[23] 이 심각성은 어느 정도일까요? 미국 질병통제예방센터에 따르면 "매일 미국에서 130명 이상이 오피오이드 약물 과다 복용으로 사망"[24]한다고 합니다. 미국은 전 세계 인구의 5퍼센트밖에 차지하지 않지만, 전 세계 오피오이드 공급량의 약 70퍼센트를[25] 소비합니다. 그 결과 매년 수만 명이 사망하는 에피데믹이 발생하는 것입니다.

물론 이러한 유형의 의존성으로 인한 사망에 대해 이야기할 때, 앞서 살펴본 바와 같이 중독은 선택한 약물에 어느 정도 예속되어 진행된다는 점을 인식해야 합니다. 시간이 지나면서 약물 사용은 더 이상 자유로운 선택의 문제가 아니게 됩니다. 곧 논의하겠지만, 이러한 요인은 중독의 과실에 대한 전적인 책임을 경감시켜 줍니다.

즉 처음에 어떻게 중독에 빠졌는지에 따라 여전히 중독자에게도 일부 책임이 있을 수 있지만, 전적인 책임은 없다는 의미이지요(《가톨릭 교회 교리서》, 1859-1860항 참조). 어떤 경우이든지 간에 중독자는 건강에 해가 되고 심지어 정말 위험하기까지 한 행동을 계속합니다. 이는 적절한 자기애와 자신의 삶을 잘 관리하는 선한 집사의 직분과는 거리가 먼 행동이지요.

이 모든 것이 무척이나 암울하게 들림에도 불구하고, 아직 **희망**은 있습니다. 이에 대해서도 곧 알게 될 것입니다. 그러나 많은 약물 중독자는 이렇게 절망적인 상태에서 벗어날 방법을 찾지 못하거나 아예 찾을 생각조차 하지 못합니다. 극심한 혼란과 고통에 시달리는 이들은 죽음만이 이 극한의 어두움에서 벗어날 수 있는 유일한 탈출구이자 해결책이라 여길 수 있습니다. 그 결과 많은 약물 중독자가 이러한 끔찍한 정신 상태에서 벗어나기 위해 목숨을 끊는 잘못된 결정을 내리게 됩니다. 이제 이러한 상황에 대한 대응 방법을 알아보도록 합시다.

자살 예방

앞서 이 책의 초점이 자살 예방보다 자살 사후 개입에 더 가깝다는 점을 밝혔습니다. 또한 이 책의 접근 방식이 의학적이고 임상적이라기보다, 주로 영적이고 사목적이라는 점을 강조했습니다. 그러나 오늘날 급증하는 자살과 자살로 이어지는 여러 요인을 고려할 때, 현재 의료계에서 채택하는 몇 가지 예방 지침에 대해서도 간략하게 살펴볼 필요가 있습니다.

모든 경우가 그런 것은 아니지만, 대부분의 연구 결과에 따르면 자살을 시도하려는 사람은 대개 어떤 경고 징후를 보이는 경우가 많습니다. 이러한 징후가 발견되면 이에 상응하는 특정 조치를 취하는 것이 도움이 될 수 있습니다. 예를 들어 자살이라는 주제를 꺼내는 것이 반직관적이고 불편할 수 있겠지만, 정신 건강 전문가들은 자살성 사고(자살 충동)로 어려움을 겪는 사람들과 대화를 나눌 것을 권장합니다. 다음은 자살 예방과 관련된 한 지침서의 내용입니다.

"자살 충동을 느끼는 사람이 도움을 요청하지 않을 수도 있습니다. 그렇다고 해서 그가 도움을 원하지 않는다는 의미는 아닙니다. 아무리 심한 우울증을 앓고 있는 사람이라도 죽음에 대해서는 엇갈린 감정을 갖고 있으며, 마지막 순간까지 살고 싶다는 생각과 죽고 싶다는 생각 사이에서 흔들립니다. 대부분의 자살 시도자는 죽음을 원하는 것이 아니라 고통이 멈추기를 원합니다. 자살 예방은 (이에 대한) 경고 신호를 알아차리고 이를 심각하게 받아들이는 것에서 시작됩니다. 친구나 가족이 자살을 고려한다는 생각이 들면 그 문제를 꺼내는 것이 두려울 수 있습니다. 하지만 자살에 대한 생각과 감정을 공개적으로 이야기함으로써 한 생명을 구할 수도 있습니다."[26]

전미정신질환연맹(The National Alliance on Mental Illness, NAMI)도 대화의 중요성에 대해 같은 의견을 제시합니다.

"많은 사람은 만연한 편견으로 인하여 자살에 관해 말하기를 두려워합니다. 자살에 대한 대화는 이러한 편견을 줄어들게 하며, 개인이 도움을 구하고 의견을 재고하고 다른 이들과 자신의 이야기를 공유할 수 있게 합니다. 그렇기에 우리는 모두 자살에 대해 더 많은 대화를 나누어야 합니다."[27]

이에 대한 예로 케빈 하인즈를 살펴봅시다. 하인즈는 샌프란시스코 금문교에서 뛰어내렸다가 살아남은 몇 안 되는 사람 중 한 명입니다. 훗날 그는 "한 시간 동안 다리 위를 서성이며 한 사람이라도 나에게 무슨 일이 있냐고 물어봐 주기를 바라는 마음으로 울부짖으며 기도했다."라고 회상했습니다. 그는 누군가 그에게 말을 걸어왔더라면 모든 것을 털어놓았을 것이라고 말했습니다.[28]

이렇듯이 열린 대화가 효과를 얻기 위해서는 공감적인 경청이 전제되어야 합니다. 한 심리학 웹사이트의 〈자살을 생각하는 사람들을 돕는 방법〉이라는 기사에는 다음과 같은 내용이 명시되어 있습니다.

"아마도 자살하려는 친구를 돕는 가장 간단하고 효과적인 방법은 단순히 그의 이야기를 듣고, 그의 어려움에 공감하고, 질문하는 것입니다. 만약 친구가 조금이라도 삶의 어려움을 겪고 있음을 나타내는 말을 하는 경우, 대화를 멈추지 마세요. 조금 더 자세히 설명해 달라고 부탁하고, 주의 깊게 들어 주세요. 친구에게 연민, 고마움, 공감을 표현하세요."[29]

온정으로 함께하는 여러분의 존재가 어둠 속에서 고군분투하는 누군가에게 한 줄기 희망, 위안과 안도감을 가져다줄 수 있습니다. 어쩌면 그것이 그들이 더 나은 미래를 향한 용기 있는 첫걸음을 내딛는 데 필요한 전부일지도 모릅니다.

"자살 충동을 표현하는 사람들은 주로 우회적인 방식으로 도움을 요청하지만 궁극적으로는 도움을 받을 수 있습니다. 대부분 자살 생존자는 도움을 받고 나서 돌이켜 보면 자신이 그토록 극심한 절망의 순간에 놓여 있었다는 사실을 믿을 수 없다고 말합니다."[30]

실제로 자살이라는 선택 자체가 비극적이라 느껴지는 이유는 그들이 극복할 수 없는 절망감이라고 여기는 감정이 대개 일시적이기 때문입니다. 단순히 그러한 감정을 털어놓는 것만으로도 자살이 피할 수 없는 운명이라 여기는 그들의 인식을 급격하게 최소화시킬 수 있습니다. 전미정신질환연맹이 내놓은 연구 결과는 더 밝은 내일의 가능성을 입증합니다.

"자살 행위는 종종 개인이 겪는 깊은 괴로움의 감정과 생각을 통제하려는 시도입니다. 이러한 생각이 사라지면 자살 충동도 사라집니다. 자살 충동은 재발할 수 있지만 영구적인 것은 아닙니다. 자살 충동을 느꼈거나 자살 시도를 경험해 본 사람도 성공적이고 오랜 삶을 누릴 수 있습니다."[31]

용기를 가지세요. 스스로 생을 마감하려는 생각으로 힘들어하는 사람들에게도 희망은 남아 있습니다.

자살 충동을 느끼는 사람을 도울 하나의 지원책으로 이 책을 활용할 수 있습니다. 2부에서 다룰 세 가지 영적 원리와 영적 도움을 익히면 자살성 사고를 경험하는 사람과의 대화에서 이러한 도구를 쉽게 적용할 수 있습니다. 이러한 영적 원리와 영적 도움의 방법은 중독과 애도 과정의 어두움과 그 외 어려움 속에서 고통받는 사람들에게 매우 효과적이라고 입증되었습니다. 임상 심리학자인 멜린다 무어 박사는 이 책의 초고를 읽은 후, 소중한 사람의 자살 사별로 인한 극심한 후유증을 겪는 사람들이 잠재적으로 자살할 확률이 높다는 점을 언급하며, 이 책이 제시하는 원리들이 추가 자살 예방에 실질적인 도움이 될 것이라고 평했습니다.

만일 여러분의 지인이 자살 충동의 징후를 보인다면, 가능한 한 빨리 전문가에게 연락하십시오. 긴급한 입원이 그들의 안전을 보장하는 즉각적이며 가장 최선의 선택일 수 있습니다. 아울러 정서적이고 영적인 지원이 필요한 사람들에게는 본당 사제도 훌륭한 지원군이 될 수 있습니다.

다시 말씀드리지만, 용기를 내기 바랍니다. 하느님의 은총을 신뢰하세요. 그리고 자살 충동을 느끼는 사람에게 여러분이 힘든 시간을 견디는 그들 곁에서 도우려 한다는 확신을 심어 주기 바랍니다.

이제부터 심각할 정도로 빠르게 급증하는 자살의 유행에 기여하는 몇 가지 근본적 이유를 더 면밀히 살펴봅시다.

자살의 원인

자살의 여러 위험 요인에 대해서는 '부록 1'에 정리해 놓았습니다. 하지만 자살은 한 가지 단일 요인에 의해 발생하는 경우가 드뭅니다. 그리고 그 이유가 항상 명확하지 않습니다. 연구가들은 놀랍게도 "자살 사망자의 절반 이상이 사망 당시 특이 정신 질환 진단 병력이 없었다."라는 사실을 알아냈습니다.[32]

제 할머니도 정신 질환의 외형적 징후를 보이지 않았기 때문에 할머니의 자살은 가족에게 큰 충격을 안겨 주었습니다. 그렇다면 할머니를 포함한 수많은 사람이 어떻게 그러한 일을 감행할 수 있었을까요? 자살 위험을 높이는 여러 가지 이유에는 관계 문제 또는 상실, 약물 오남용, 신체 건강 문제, 다양한 정신 장애, 그리고 직업, 돈, 법률, 주거 스트레스 등이 있습니다.[33]

최근 연구에 따르면 자살에 이르는 '새로운' 이유가 있다는 사실이 밝혀졌습니다.

"현재 많은 연구에서 인터넷을 자살률 증가의 새롭고 중요한 위험 요인으로 지목합니다. 기존의 우울증이나 재정적 또는 관계적 고통과 같은 명백한 위험 요인과 달리 소셜 미디어는 정상적으로 기능하는 사람이 선별된 '또래' 집단과 비교하여 열등감이나 고립감을 느끼게 합니다. 이는 결국 라이프스타일, 인간관계, 또는 경제적 상황에 대한 어떠한 실질적인 변화 없이도 자존감 깊숙이 변화를 일으키는 것입니다. 실제로 건전한 친구들과 다양한 유형의 관계를 맺고 있고 자신이 꿈꾸던 직장에서 일하는 사람일지라도 어느 날 인스타그램을 보고 나서 자신의 처지가 한심할 정도로 불충분하거나 외롭게 느껴질 수 있습니다."[34]

때로는 삶이 너무 힘들어져 사람들이 자신을 과소평가하거나 무시한다고 생각할 수 있습니다. 삶의 무게에 완전히 압도되어 무력해지고, 아무것도 해낼 수 없다고 여길 수도 있습니다. 여러 가지 이유로 소외되거나 왕따 취급을 받을 수도 있습니다. 그들의 고통은 현실입니다. 그리고 그들은 자신의 생명이 하느님의 선물이라는 사실을 보지 못할 수 있습니다. 저는 이 자살하는 사람들이 '생명을 하느님의 선물로 보지 못한다.'라는 말에 핵심이 있다고 생각합니다.

오늘날 자살 문제에 대한 구체적이고 다양한 원인을 살펴보니, 그 모든 원인이 요한 바오로 2세 성인 교황이 우리가 '죽음의 문화'

속에 살고 있다고 회칙《생명의 복음》을 통해 정확히 진단하셨던 바를 뒷받침하는 것 같았습니다.[35] 저는 이러한 현실을 숙고해 보면서 고민에 빠졌습니다. 그리스도께서 우리에게 '생명의 복음'을 가져다 주시지 않았던가? 그리스도께서는 죄와 죽음을 정복하고, 풍성한 삶을 위해 인간의 영혼을 자유롭게 해 주시지 않았던가?

다시 한번 제 내면의 엔지니어와 사목자는 다음과 같은 질문을 떠올렸습니다.

"어떻게 우리가 이 지경에 이르렀을까? 이 죽음의 문화와, 이에 대한 가장 극심한 표지 중 하나인 자살률 급증의 근본 원인은 무엇인가?"

오랜 고찰과 기도 끝에 저는 현대 자살 위기의 근본적인 원인이 하느님에 대한 믿음의 결여에 있다는 결론에 도달했습니다. 이러한 일차적 원인과 함께, 우리의 개인적인 삶과 공동체적인 삶에 대한 믿음의 부족에 기여하는 이차적 원인도 있습니다. 즉 '세상'에 대한 무질서한 집착과 악마의 영향력이 그것입니다. 이제 이러한 원인에 대해 알아봅시다.

하느님에 대한 믿음의 결여

우리는 점점 더 하느님께 시간과 공간을 내어 드리지 않는 세상에 살고 있습니다. 17~18세기 프랑스 계몽주의에서 시작된 세속주의는 전 세계로 확산되어 많은 분야에서 종교적 믿음에 대해 배우고 경험하고 실천할 기회를 현저히 줄어들게 했습니다. 사회가 하느님의 은총에 대해 열려 있지 않으면 이에 대한 초자연적인 결과는 대단히 심각해지고 맙니다. 즉, 우리의 영혼은 메마르고 타락에 취약해집니다. 생각해 보세요. 하느님과의 적극적인 친교를 통해 우리가 얻는 모든 은총이 있음에도 우리의 삶은 충분히 힘들고 어렵습니다. 그러니 하느님과 그분의 은총 없이 사는 삶은 우리를 파괴할 수 있습니다. 아니, 실제로 파괴해 버립니다.

오늘날 세계는 인류 역사상 그 어느 때보다 세속화되었습니다. 세속주의가 우리 삶의 모든 측면에서 하느님을 제거하려는 극단적인 형태를 취하면 우리 사회는 불행과 불만에 빠질 수밖에 없습니다. 즉, 거의 모든 사회 및 공동체 단계에서 우리는 공개적으로 '스스로 죽어' 가는 것입니다. "주님이시며 생명을 주시는 성령"[36]이 제거되어 우리 환경에서 생명을 주는 활력이 사라진다면, 황폐하고 척박한 공동체에 사는 일부 개인들이 심각한 영향을 받고 우울증에 빠질 수 있지 않을까요? 그리하여 자살 성향이 나타나는 것은 아닐까요?

임상 심리학 석사 학위를 소지한 제 친구 진 자네티는 자살이 대개 우울증과 직접적인 관련이 있다는 점을 설명합니다. 그러나 자살

성 우울증의 영향과 원인이 각기 다르다는 점을 주목해야 한다고 말합니다. 예를 들어, 불안, 자살성 사고(자살 충동), 약물 남용은 우울증의 '결과'일 가능성이 있는 반면, 무의미함과 절망감은 종종 우울증의 '원인'이 된다는 것입니다. 상대주의와 무신론이 팽배한 사회에서 무의미함과 절망감이 발생하는 것은 당연한 결과입니다. 삶에서 목적과 의미를 발견하지 못한다는 것은 희망이 없는 삶과 같기 때문이지요.

이에 관한 또 다른 문제는 오늘날의 문화에서 교회와 하느님의 중요성이 점점 줄어든다는 사실입니다. 많은 사람, 특히 감수성이 예민한 청소년들이 하느님 부재의 사회로 인한 희생자가 되어 가고 있습니다. 살아 숨 쉬고 활성화된 신앙을 양성하는 지원 문화가 없기 때문에 청소년들의 삶에 하느님이 계시지 않습니다. 그 결과 그들은 거짓 우상들을 붙들고 필사적으로 삶의 공허함을 채우려고 애쓰며 절망의 바다에서 허우적댑니다. 종종 그들은 자신의 잘못이 아님에도, 그 공허한 고통을 끝내기 위해 아무것도 모른 채 잘못된 길을 갑니다.

이러한 절망적 상황에 대한 해결책이 있습니다. 바로 오늘날 우리 사회에서 안타깝게 사라지고 있는 신앙 기반의 종교 의식에 참석하는 것입니다. 일부 사람들은 종교 의식 참석과 자살 예방 사이의 연관성을 제기하기도 합니다. 월스트리트 저널도 이러한 연관성을 인정하는 기사를 게재한 일이 있습니다. 〈신은 자살 에피데믹의 해결책인가?〉라는 글에서 에릭카 앤더슨은 이렇게 서술합니다.

"미국의학협회 정신의학회지에 발표된 2016년 연구에 따르면 적어도 일주일에 한 번 이상 종교 의식에 참석하는 미국 여성의 경우 자살할 확률이 5배나 낮았다. 이 연구 결과는 …… 2019년 퓨 연구소Pew Research Center가 발표한 정기적인 종교 공동체 참여와 더 높은 수준의 행복감 사이에 분명한 연관성이 있다는 연구 결과와 일치하는 것이다. …… 정기적으로 교회나 회당에 참석하는 사람들에게는 자살 성향이 적다는 강력한 근거가 있다."[37]

인간은 하느님과의 깊은 일치를 위해 창조되었습니다.《볼티모어 교리서》에 따르면, "하느님께서는 이 세상에서 당신을 알고 사랑하고 섬기어 내세에서 영원히 하느님과 함께 행복하도록" 우리를 창조하셨습니다.[38] 그렇다면 궁극적인 행복이란 무엇일까요? 행복은 모든 욕구가 충만하게 되는 것입니다. 그러므로 인간이 끊임없이 갈망하고 찾는 진리와 행복, 즉 욕구의 충족은 오직 하느님 안에서만 찾을 수 있습니다. 아우구스티노 성인은 우리 자신보다 더 위대한 무엇인가에 대한 이러한 내면의 갈망을 고찰하며, "우리 마음은 하느님 안에 안식하기 전까지 불안하다."라는 통찰을 남겼습니다.[39] 사실 우리의 사랑하는 아버지이자 창조주께서는 우리 자신이 원하는 것보다도 훨씬 더 우리가 충만하고 행복하기를 원하십니다.

우리 공동체와 문화, 사회에서 하느님을 제거하는 행위는 악과 다를 바 없는 행위입니다. 그러나 토마스 아퀴나스 성인을 비롯한 다른 많은 신학자와 철학자들이 가르친 것처럼 악은 '실재하는 것'이 아니라 오히려 '선의 결핍'입니다. 즉 하느님께서는 선 그 자체이시며 자연적으로 선한 것만 창조하시기 때문에 악은 피조물 그 자체로 존재하지 않는다는 것입니다.

악은 사탄과 그의 악마적 세력 또는 우리 인간과 같은 지성을 지닌 피조물이 하느님과 그분의 사랑과 계명을 거부할 때 나타납니다. 우리는 사회에서(법원, 학교, 작업 환경, 심지어 가족 내에서까지) 하느님을 쫓아내고 그렇게 함으로써 우리 삶에서 선 자체를 제거합니다. 그리고 그 자리에 남는 것은 '악'이라는 텅 빈 공간, 즉 선의 결핍입니다.

오늘날 미국 학교에서 총격 사건이 많이 일어난다는 사실은 놀라운 일이 아닙니다. 우리는 누군가를 선하게 하고 무엇이든 좋게 만드는 바로 그 요소를 제거한 것입니다. 우리는 사랑과 정의와 생명의 원천이신 하느님을 제거했습니다. 이는 사회가 기쁨이나 만족감으로 행복해지는 데 도움이 되지 않고 오히려 그 반대의 효과를 불러일으킵니다.

몇 년 전 공항에서 어떤 여성이 입은 티셔츠에 '콜럼바인 총기 난사 사건, 샌디 훅 총기 난사 사건 …… 오 하느님, 어떻게 이런 일이 우리 학교에서 일어나도록 내버려 두실 수 있습니까?'라는 문구가 적혀 있는 것을 본 적이 있습니다. 그 바로 아래 줄에는 하느님의 응답으로 보이는 문구가 적혀 있었습니다.

'나는 너희들 학교에 들어갈 수가 없다!'

이 문구가 상기시켜 주듯이, 하느님께서 계시지 않는다면 배움과 질서의 확고한 중심인 교육 기관도 혼돈과 혼란의 장소가 될 수 있습니다.

더 나아가 사회에서 하느님을 제거하면 사회적 평화가 사라집니다. 언젠가 미치 파크와 신부(SJ)가 EWTN(영원한 말씀의 텔레비전 네트워크Eternal Word Television Network, 세계 최대 가톨릭 방송) 프로그램에서 이렇게 말한 것을 들었습니다.

"오늘날 자살하는 이가 그토록 많은 이유는 평화가 부족하기 때문입니다. 그리고 하느님 없이 우리에게 평화란 없습니다."

이는 1930년대에 예수님께서 겸손한 폴란드 수녀였던 파우스티나 코발스카 성녀에게 나타나시어 하신 말씀과 같습니다.

> 인류가 나의 자비에 의탁하지 않으면 평화를 얻지 못할 것이다
> (파우스티나 코발스카의 일기, 300).

평화는 하느님과 이웃에 대한 사랑과 함께 옵니다. 그리고 성삼위께서 영혼 안에 깃드실 때 찾아옵니다. 평화는 성사와 사랑이 있

는 삶을 통해 오는 것이지 하느님을 제거함으로써 오는 것이 아닙니다. 하느님께서는 사랑 그 자체이시기 때문입니다. 우리의 신앙은 우리가 선과 사랑 그 자체이신 분을 맞이하게 되면 평화가 따라온다는 것을 보여 줍니다.

앞서 언급한 바와 같이 일부 전문가들은 비종교적 성향과 자살률의 상관관계를 연구한 결과 비종교적 성향이 자살률 증가에 가장 큰 영향을 미치는 요인이라는 사실을 발견하기도 했습니다. 한 연구에서는 다음과 같은 결론을 내렸습니다.

"비종교적 성향의 피험자들은 종교적 성향이 있는 피험자보다 평생 자살을 시도한 횟수가 훨씬 더 많았고, 그들에게 자살한 직계 가족이 있는 경우가 더 많았다."[40]

물론 때때로 우울증, 정신 질환 또는 삶에서 일어난 비극이 우리의 평화를 방해하거나 **빼앗아** 갈 수 있습니다. 믿음이 있는 사람들도 슬픔의 골짜기를 지나며 겪는 고난에 압도되어 스스로 목숨을 끊게 될 수 있습니다. 누군가의 믿음이나 도덕성을 의심하려는 의도로 하려는 말은 아닙니다. 믿음이 있든 없든 모든 사람은 우울증이나 정신 질환으로 어려움을 겪습니다. 그럼에도 불구하고 저는 우리가 우리 삶과 사회에서 하느님께서 정당한 자리를 차지하시도록 허용한다면, 자살하는 이가 상당수 줄어들 것이라고 생각합니다.

저만 이런 의견을 갖고 있는 것은 아닙니다. 콜카타의 마더 데레사 성녀는 자신이 봉사했던 동양의 극심한 물질적 빈곤에 대해 자주 이야기했습니다. 성녀는 동양의 극심한 빈곤에도 불구하고 서양의 정신적 빈곤이 동양의 물질적 빈곤보다 훨씬 더 크다고 말했습니다. 또한 물질적으로 가난한 사람들에게서 볼 수 있었던 미소, 사랑, 고통 속에서의 인내에 대해 이야기하며 그것을 서구의 부유한 국가에서 '영적으로 가난한 사람들'의 얼굴에서 보았던 공허함과 대조하였습니다. 그러한 공허함은 세상의 모든 물질적 안락함을 누리는 사람들을 괴롭히는 중독, 폭력, 파괴 및 기쁨 없는 삶이 유발한 것입니다.[41] 마더 데레사 성녀는 세속주의의 문제점을 간파하고 그것이 전염병처럼 영적 질병으로 퍼질 것임을 이미 알았던 것입니다.

세상과 그 거짓 우상들의 미혹

마더 데레사 성녀는 서구 사회의 문제에 대해 거듭 지적했습니다. 그런데 우리가 그 말을 주의 깊게 들었던가요? 그분의 힘 있는 말씀, 예언자적 통찰력, 하느님께 봉헌한 삶의 모범을 본받으려고 했던가요?

우리는 그렇게 하지 않았습니다. 그렇기 때문에 신앙이 중요한 것입니다. 그리스도교 신앙은 우리가 어떻게 우리의 삶에서 하느님을 우선시하고 이 세상의 거짓 '신들'에 얽매이지 않을 수 있는지를 제시합니다.

사제가 된 지 오래되지는 않았지만, 저는 지금까지 수백, 수천 번의 수많은 고해성사를 들었습니다. 하지만 고해성사에서 제1계명을 어겼다고 고백한 사람은 단 한 명도 없었습니다. 우리는 우리가 적극적으로 다른 종교의 신을 숭배하지 않기 때문에 이 죄를 짓지 않는다고 착각합니다. 그러나 저는 누구든 한 번 이상은 첫 번째 계명을 어긴 적이 있다고 확신합니다. 때때로 우리는 마음의 임금이신 하느님을 밀어내고 하느님의 자리를 성性, 권력, 돈과 같은 것으로 대체합니다. 사실 이 세 가지를 '이 세상의 신'이라고 부를 수 있을 것입니다.

혼외 성관계는 기쁨으로 가는 한낱 환상에 불과한 길만 제공합니다. 혼인이라는 분리될 수 없는 결합 안에서 서로에 대한 헌신의 유대를 강화하기보다는 또 다른 사람을 개인적인 쾌락의 대상으로 삼는 것이죠. 혼외 성관계는 그리스도와 그분의 교회 사이의 결합을 그릇되게 모방한 것이라 할 수 있습니다.

권력은 우리로 하여금 아무런 책임이 없는 것처럼 느끼게 할 수 있습니다. 지상의 힘을 축적함에 따라 점점 더 자신이 하느님처럼 되어 간다고(창세 3,5 참조), 아니 심지어 '하느님'이 되고 있다고 아주 쉽게 믿게 됩니다.

돈에 대한 사랑은 우상 숭배의 또 다른 형태입니다. 한정된 세상

재물에 관심을 집중하다 보면 하느님이 필요 없다는 그릇된 안도감에 빠질 수 있습니다. 그러나 《가톨릭 교회 교리서》는 "돈을 사랑하는 자는 돈으로 만족하지 못한다."(2536항)라고 가르칩니다.[42] 돈에 대한 사랑은 우리의 눈을 멀게 하여 우리의 궁극적인 운명인 하느님께 집중하지 못하도록 만듭니다. 돈에서 안식과 안정을 찾으면 우리의 마음은 초월적이고 영원한 욕망을 결코 충족시키지 못하는 일시적이고 일회적인 쓰레기로 가득 차게 됩니다. 우리 마음은 오직 하느님 안에서만 안식과 충만과 평화를 찾을 수 있습니다. 예수님께서 친히 "너희는 하느님과 재물을 함께 섬길 수 없다."(마태 6,24)라고 계시하셨듯이 말입니다.

이러한 거짓 우상들은 우리에게 표면적인 기쁨, 즉 스트레스와 불안을 해소하는 일시적인 평화 상태를 제공합니다. 토마스 아퀴나스 성인이 말했듯이 우리는 기쁨 없이 살 수 없는 존재입니다. 따라서 영적인 기쁨이 없으면 육신의 쾌락에서 기쁨을 찾게 됩니다.[43] 그러나 결국 이 모든 우상은 우리에게 가짜 기쁨을 제공하는 자라는 것이 드러납니다. 그들이 전하는 기쁨이란 우리가 창조된 목적인 끝없이 영원한 행복, 즉 '하느님과의 결합'에 비하면 훨씬 모자란 가짜일 뿐이니까요.

성이라는 우상의 허구성과 지상 권력의 한계는 나이가 들고 노쇠하면서 드러나게 됩니다. 그리고 엎치락뒤치락하는 주식 시장의 모든 호황과 불황은 돈이 가진 힘의 한계를 드러냅니다. 그렇기 때문에 저와 같은 수도 사제와 봉헌 생활자 형제자매들이 돈, 성, 권력의 유혹을 이겨 낼 수 있는 은총을 주는 청빈, 순결, 순명의 세 가지 서원을 하는 것입니다.

우리가 이러한 거짓 우상(또는 여러분이 떠올릴 수 있는 다른 우상) 중 하나 또는 이 전부에 모든 희망과 확신을 둔다면 결국 무너지고 말 것입니다. 우리 사회 곳곳에서 이와 같은 현상을 발견할 수 있습니다. 그렇게 무너지고 난 후 직면하는 세상의 잔인한 현실은 일상생활을 완전히 감당할 수 없는 지경에 이르게 하는 경우가 많습니다. 그리하여 비극이 뒤따르고 심지어 자살로까지 이어지는 경우가 많이 발생합니다.

그러나 유혹과의 싸움에는 세상과 육신과의 싸움 그 이상의 것이 있습니다. 우리는 악마에 맞서 우리 영혼을 위한 영적 전쟁에 임하고 있습니다.

악마의 영향

많은 사람이 오늘날 악마에 대해 이야기하려 들지 않습니다. 그들은 악마가 있다고 믿지도 않고, 인간의 악과 죄를 원시적으로 설명하는 것으로 규정하거나 악마에 대한 모든 믿음을 단순한 미신으로 치부하기도 합니다. 악마가 단지 인간이 만들어 낸 상상의 결과일 뿐이며, 어린아이들과 유치한 사람들의 악몽 속에 등장하는 '도깨비' 정도라 믿고 싶어 하는 사람들도 있습니다.

실로 안타까운 일입니다. 우리의 신앙이 사탄의 존재와 그의 (제한된) 능력과 계략에 대해 분명히 알려 주기 때문입니다. 실제로 세례 전례의 일부와 세례 서약 갱신은 우리에게 사탄과 '그의 모든 일'과 '공허한 약속'을 거부할 것을 명시적으로 요청합니다. 사탄이 존재하지 않거나 단지 상상의 산물이라면 그를 거부하는 이유는 무엇일까요?

악이 가진 가장 큰 무기 중 하나가 악마를 믿지 않게 하는 것입니다. 그렇게 하면 마귀가 준비되지 않은 상태로 있는 우리의 영혼을 손쉽게 낚아챌 수 있기 때문입니다.

교회 전승에 따르면 천국의 천사 중 삼분의 일이 타락하여 지옥의 악마가 되었다고 합니다(묵시 9,1; 12,4 참조). 인류를 멸망시키려는 악마와 타락한 천사들의 역할을 감안할 때, 저는 악마가 많은 사람의 귀에 속삭이면서 그들이 범죄를 저지르거나 심지어 스스로 목숨을 끊도록 유혹하고 있다고 확신합니다. 예를 들어 플로리다에서 끔찍한 학교 총격 사건이 발생한 후 수사관이 범인에게 범행 동기를 묻자, 그는 학교에 난입하여 난동을 부리던 당시 머릿속에서 들려오는 목소리의 지시를 따랐을 뿐이라고 대답했습니다.[44]

물론 환청은 정신 질환에 의해서만 야기될 수 있지만, 이것이 악의 세력이 한 일이었을 가능성에 대해 성급히 간과해서는 안 됩니다. 그렇기 때문에 우리 삶과 사회의 토대로서 하느님을 모시는 것이 매우 중요합니다. 하느님께서는 만물을 창조하신 전능하신 분이시기에 마귀는 그분에게 아무런 힘이 없으며, 따라서 우리가 악에게 힘을 내어 주지 않는 한 악은 우리를 다스릴 힘이 없습니다. 우리가 하느님께 향할 때, 우리는 그분의 은총에 힘입어 악과 그의 하수인들의 공격으로부터 보호받을 수 있습니다.

1930년대에 그리스도의 신성한 자비의 계시를 받은 파우스티나 성녀처럼 우리도 하느님의 능력에 즉각적으로 의탁할 수 있습니다. 한번은 파우스티나 성녀가 영혼 구원을 위해 전구를 하고 있을 때 사탄이 성녀의 노력을 방해하려 했지만, 성녀는 두려움이나 걱정 없이 끊임없이 기도할 수 있었습니다. 파우스티나 성녀는 당시의 일을 다음과 같이 회상합니다.

사탄의 말에 관심을 기울이지 않고 두 배의 열정으로 죄인들을 위한 기도를 계속했다. 악령은 분노에 차 울부짖으며, "오, 내가 너를 굴복시킬 힘이 있다면!" 하고는 사라졌다. 나는 내 기도와 고통이 사탄을 묶어 버리고 그의 손아귀에서 많은 영혼을 빼내 온 것을 알게 되었다(일기, 1465).

희망을 위한 준비

우리는 자살에 대한 통계와 자살이 전 세계에 미치는 영향, 효과적인 예방법, 우리 사회에서 자살의 원인이 되는 충격적인 사례, 그리고 우리 문화가 이렇게 혼란에 빠진 이유 등을 살펴보았습니다. 다시 한번 강조하는 점은, 자살로 누군가를 잃은 후에 이 책을 읽고 있거나 그러한 상황에 처한 누군가를 아는 여러분은 결코 혼자가 아니라는 것입니다. 그렇다고 해서 그 고통이 덜하다는 것은 아닙니다. 어쩌면 여러분이 겪는 트라우마와 고통이 너무 극심해서 정상적인 삶으로 돌아가기 시작하는 데 수십 년은 아니더라도 몇 년이 걸릴 수도 있습니다.

사랑하는 사람이 스스로 목숨을 끊었다는 소식을 듣는 것만큼 충격적인 일은 없습니다. 그리고 많은 그리스도인은 사랑하는 이의 영혼 상태에 대한 매우 실제적인 두려움 때문에 더 큰 충격을 받습니다. 저는 할머니의 자살 소식을 접한 후 아무 말도 할 수 없었습니다. 회개할 기회 없이 생을 마감한 할머니의 모습만 떠올랐고, 할머니의 영원한 운명에 대한 걱정이 제 머릿속을 가득 채웠습니다. 여기서 "어쨌든 간에 교회는 스스로 목숨을 끊는 사람은 곧바로 지옥에 간다고 가르치지 않나요?"라고 물을 수 있습니다. 아니요. 그렇지 않습니다.

왜 그럴까요? 하느님의 형벌에 대한 우리의 두려움을 크게 능가

하는 힘, 바로 하느님의 자비가 작용하고 있기 때문입니다. 세라핌 미칼렌코 신부(MIC)에 따르면, '사랑할 수 없는 사람을 사랑하시고 용서할 수 없는 사람을 용서하시는 것이 바로 하느님의 자비'입니다. 하느님의 사랑은 우리의 고통과 불안과 접하면 그것을 완화시키기 위한 행동을 취합니다. 이것이 바로 자비이며, 우리의 고통에 대한 참다운 해답입니다. 하느님의 자비는 우리가 상실한 이들에게 궁극적인 희망을 줄 것입니다.

이제 저는 자살한 이들의 구원에 대해 희망이 가득한 이유를 여러분과 나누려고 합니다. 그리고 2부 후반부에서는 여러분의 치유를 희망할 수 있는 방법을 공유할 것입니다.

2장
희망 가득한 교회의 가르침

대죄 그리고 위대한 자비

지난 수십 년, 아니 수세기에 걸쳐 교회는 자살한 사람의 영원한 운명에 관한 가르침과 이해 그리고 관행에 있어 상당한 혼란을 겪었습니다. 일례로 제가 1장 마지막에서 던졌던 질문을 다시 살펴보겠습니다.

"교회는 스스로 목숨을 끊는 사람은 곧바로 지옥에 간다고 가르치지 않나요?"

아닙니다. 우선 자살이 왜 그렇게 중대한 문제인지부터 살펴보도록 합시다. 마르코 복음서는 다음과 같이 전합니다.

"율법 학자 한 사람이 이렇게 그들이 토론하는 것을 듣고 있다가 예수님께서 대답을 잘하시는 것을 보고 그분께 다가와, '모든 계명 가운데에서 첫째가는 계명은 무엇입니까?' 하고 물었다. 예수님께서 대답하셨다. '첫째는 이것이다. 이스라엘아, 들어라. 주 우리 하느님은 한 분이신 주님이시다. 그러므로 너는 마음을 다하고 목숨을 다하고 정신을 다하고 힘을 다하여 주 너의 하느님을 사랑해야 한다.' 둘째는 이것이다. '네 이웃을 너 자신처럼 사랑해야 한다.' 이보다 더 큰 계명은 없다."(마르 12,28-31)

여기서 문제점은 죄, 특히 자살이 하느님과 이웃을 사랑하라는 계명을 거스른다는 점입니다. 이러한 이유로 십계명은 자살 행위를 금합니다. 처음 세 계명을 거스르는 죄는 하느님 사랑을 위반하는 행위이고, 나머지 일곱 계명을 어기는 죄는 이웃 사랑을 위배하는 것이기 때문입니다.

자살의 문제는 바로 여기에 있습니다. 자살은 비윤리적이고 심각한 죄입니다. 하느님과 영원히 분리되는 상태, 즉 지옥으로 갈 수 있습니다. 그 근거는 무엇일까요?

첫째, 자살은 우리가 하느님에 대해 가져야 할 사랑을 위배하는 것이기 때문입니다. 많은 경우 우리는 하느님께서는 신이시지만 우리는 신이 아니라는 사실을 온전히 인식하지 못합니다. 그렇기에 종종 하느님의 뜻이 아니라 우리의 뜻을 선택하고 행합니다. 그분은 생명의 주인이시지만 우리 인간은 그렇지 않습니다.

"우리는 하느님께서 우리에게 맡기신 생명의 관리자이지 소유주가 아니다. 우리는 우리의 생명을 마음대로 처분할 수 없다."(《가톨릭 교회 교리서》, 2280항)

둘째, 자살은 이웃에게 상처를 남깁니다. 이는 자선의 덕행을 거스르는 죄입니다. 자살 사별을 겪은 우리는 모두 자살이 남겨진 사람들에게 어떠한 트라우마와 고통과 슬픔을 안겨 주는지 잘 압니다. 할머니의 자살이 제 가족에게 가져온 트라우마에 대해 할머니를 탓하지는 않습니다. 어찌 됐든 할머니는 끔찍한 고통을 안고 오랜 세월을 사셨고 그토록 오랜 기간 버티실 수 있었다는 사실도 그저 놀랍기만 합니다. 그럼에도 불구하고 할머니의 자살은 할머니를 사랑했던 사람들에게 깊은 상처를 남겼습니다. 할머니가 저희 가족, 특히 아버지에게 가져다준 고통에 대해서는 가슴 아프지 않을 수 없습니다. 사랑하는 사람의 삶에 그토록 극도의 심각한 고통을 불러일으킨다는 건 매우 가혹한 일입니다.

셋째, 자살은 자기 사랑에 어긋납니다(《가톨릭 교회 교리서》, 2281항 참조). 이에 대해 "자기 사랑이요? 그리스도교는 **이타적인** 사랑에 관한 종교가 아니었나요?"라고 물을 수 있습니다. 맞습니다. 하지만 그렇다고 우리가 올바른 자기 사랑을 하면 안 된다는 의미는 아니지요. 사실 우리는 반드시 자신에 대한 올바른 자기애를 가져야 합니다. 하느님께서 우리를 창조하지 않으셨던가요? 우리는 그분에게 사랑스러운 존재이지 않나요? 어떤 이들은 하느님께서 자신을 사랑하신다는 사실을 믿기 어려워합니다. 하지만 하느님께서 그들을 사랑으로 창조하셨고 그분의 사랑에 의해 그들이 존재한다는 사실을 이해한다면, 하느님께서 자신을 사랑하신다는 것을 믿게 될 것입니다. 하느님께서는 오직 사랑으로만 존재하는 모든 것을 유지하십니다. 그분의 본성이 사랑이기 때문이지요. 하느님께서 먼저 우리를 사랑하시어 존재하게 하셨으니, 하느님께서는 **언제나** 우리를 사랑하실 것입니다. 직접 창조하신 것을 미워하는 것은 그분의 본성에 어긋나기 때문입니다.

    여기서 떠오르는 질문이 있습니다. 우리도 하느님께서 친히 사랑하시는 것을 사랑해야 하지 않느냐는 것입니다. 우리가 우리 자신을 전혀 사랑하지 않는다면 성경에서 말하는 황금률('남이 너희에게 해 주기를 바라는 그대로 너희도 남에게 해 주어라.')은 과연 어떤 종류의 이웃 사랑을 명령하는 것일까요? 그러므로 자살은 우리에게 맡겨진 자기 돌봄, 자기 사랑, 그리고 성령의 성전인 육체를 관리하는 집사 직분의 기본 의무를 거스르는 행위임이 분명합니다. 그리스도의 두 가지 큰 계명 중 두 번째는 '네 이웃을 **너 자신**처럼 사랑해야 한다.'이지 '**너 자신** 대신에 너희 이웃을 사랑하라.'가 아닙니다.

    이러한 점에 비추어 볼 때 우리는 가톨릭 윤리 신학의 전통적 용어를 빌어 자살을 '중대한 문제'라고 표현합니다. 자살은 '사람을 죽이지 마라.'는 제5계명을 위반하는 행위입니다. 육체적, 정신적, 정서적, 영적으로 큰 고통을 겪는 사람이 그 고통을 끝내고 싶어 하는 것은 이해할 수 있지만, 그 목적을 달성하기 위한 수단으로 자살을 생각해서는 안 됩니다. 고통을 끝내고자 하는 마음은 사실 도덕적으로 수용될 수 있고 심지어 바람직할 수도 있지만, 우리가 그 고통을 끝내기 위해 선택하는 수단은 그렇지 않을 수 있습니다. 자살이나 안락사와 같은 행위는 목적이 수단을 정당화하지 못하는 예입니다.

자살의 심각성을 고려하면 '객관적으로' 이 죄는 중대한 문제로 분류되는 것이 맞습니다. 행위 자체를 볼 때 우리는 자살의 죄가 사람의 영혼을 잃게 할 수 있다는 사실을 이해해야 합니다. 그렇지만 그 죄가 '주관적으로' 중대한 문제인지, 결정적인 영혼의 상실을 초래하는지를 파악하기 위해서는 더 많은 요인을 고려해야 합니다. 그러나 모든 요인을 전부 다 알 수는 없습니다. 모든 것을 아시는 분은 오직 하느님뿐이십니다. 따라서 자살은 객관적으로 중대한 문제이지만, 주관적으로는 중대한 문제일 수도 있고 아닐 수도 있습니다.

그러면 이 장의 핵심 질문으로 돌아가 보겠습니다. 자살(또는 조력 자살)이 심각한 죄이고 결코 어떠한 문제에 대한 해결책으로 고려되어서는 안 되는 것이라면,[45] 왜 자살했다고 해서 반드시 지옥으로 가는 게 아니라고 보는 걸까요? 이를 좀 더 넓은 개념으로 살펴본다면, 그릇된 행위를 저지르는 것과 그 행위에 대해 전적으로 책임을 지는 것, 곧 유죄로 단정되는 것에는 차이가 있음을 알 수 있습니다.

예를 들어, 가게 한가운데서 짜증을 내는 어린아이와 원하는 제품이 없다는 이유로 사람을 때리는 어른의 차이점을 생각해 봅시다. 둘 다 소리를 지르면서 사람을 때리고, 전반적으로 볼 때 소란을 피웁니다. 그러나 어린아이보다 어른이 훨씬 더 많은 피해를 입힐 수 있고, 따라서 아이보다 어른의 행동 과실에 대한 책임이 더 큽니다.

왜 어른의 책임이 더 무거울까요? 어른은 자신이 잘못된 행동을 하고 있음을 완전히 숙지하고 있기 때문입니다. 더욱이 그는 그러한 나쁜 행동을 제어할 수 있고, 충분히 그것을 인지하는 확고하고 의식적이며 자유로운 의지를 갖고 있습니다. 다시 말해 아이와 어른 모두 객관적으로 그릇된 행동을 하지만 어른의 경우가 아이의 경우보다 훨씬 죄과가 많을 것입니다. 그런 식으로 행동할 수밖에 없었던 어떤 알 수 없는 이유가 있지 않는 한 말입니다. 이러한 경우에 '주관적으로' 어른과 어린아이는 모두 자신의 행동에 대해 전적인 책임을 지지 않을 수 있습니다. 가령 아이는 어리다는 이유로, 어른의 경우 정신 질환과 같은 이유로 정상 참작이 가능한 상황일 경우에 그러하겠죠. 사람이 어떠한 결정을 내릴 때 작용한 모든 요인은 오직 하느님만이 아십니다. 이는 '대죄'와 '소죄' 사이에, 즉 영혼의 은총을 완전히 파괴하여 지옥으로 떨어지게 만드는 죄와 영혼의 은총에 상처만 입히는 죄에는 차이가 있음을 의미합니다. 성경에 따르면 죄에는 죽을죄와 죽을죄가 아닌 죄가 있습니다(1요한 5,16-17 참조).

우리는 영혼을 성화시키는 은총의 현존과 그 은총을 통해 하느님의 생명과 사랑에 참여함으로써 구원을 받습니다. 우리 마음속에 있는 하느님의 생명과 사랑을 파괴하는 대죄를 고의로 저지르고 회개하기를 거부한다면 우리는 지옥으로 갑니다. 그러나 여러분도 잘 알듯이, 하느님께서는 그 누구도 지옥에 보내시지 않습니다. 지옥에 가는 사람은 지옥을 선택해서 그곳에 갑니다. 따라서 사람이 지옥에 가는 유일한 길은 회개하지 않고 대죄의 상태에서 죽는 것입니다. 《가톨릭 교회 교리서》는 다음과 같이 말합니다.

"죽을죄를 뉘우치지 않고 하느님의 자비로우신 사랑을 받아들이지 않은 채 죽는 것은 곧 영원히 하느님과 헤어져 있겠다고 우리 자신이 자유로이 선택하는 것을 의미한다. 그리고 '지옥'이라는 말은 이처럼 하느님과 또 복된 이들과 이루는 친교를 결정적으로 '스스로 거부한 상태'를 일컫는다."(1033항)

또한 교회는 대죄가 성립하기 위해서는 세 가지 조건이 충족되어야 한다고 가르치는 점도 유의해야 합니다(1857항 참조).

첫째, 하느님께 대한 사랑 또는 이웃 사랑에 반하는 죄(예: 간음죄)와 같이 저지른 죄가 정말로 **중대한** 문제여야 합니다.

둘째, 당사자가 죄의 중대함을 **완전히** 의식하고 있어야 합니다.

셋째, 자유 의지에 의해 **고의로** 죄를 범한 경우여야 합니다.

마찬가지로 교회는 "우리는 어떤 행위가 그 자체로 중대한 죄라고 판단할 수는 있지만, 사람들에 대한 판단은 하느님의 정의와 자비에 맡겨야 한다."(1861항)라고 가르칩니다.

다시 말해 우리는 자살과 같은 행위가 객관적으로 중대하고 대죄일 **가능성**이 있음은 알 수 있지만 그것이 **결정적**으로 대죄인지는 알 수 없습니다. 그 사람이 그 행위의 중대함에 대해 정확히 알고 있었는지 몰랐었는지, 또는 그들이 그러한 행위를 저지를 때의 의지가 전적으로 자유로웠던 것인지 정확하게 알 길이 없기 때문입니다.[46]

제 할머니의 사례, 더 나아가 스스로 목숨을 끊은 많은 이의 사례를 살펴볼 때, 할머니의 죄가 '지옥에 떨어져야 할' 죄인지 여부와 관련하여 몇 가지 사항을 고려해야만 합니다.

첫째, 우리는 자살 행위가 객관적으로 중대한 문제이며 하느님, 이웃 및 자기 자신에 대한 사랑을 거스르는 심각한 범죄 행위라는 것을 압니다.

둘째, 할머니는 자신의 행동의 심각성에 대해 충분히 인지하고 있었을 수도 있고 그렇지 않았을 수도 있습니다(확실히 알 수 없습니다).

셋째, 하지만 할머니는 정말로 온전히 본인의 자유 의지로 자살을 한 것이었을까요? 할머니는 과도한 삶의 압박, 부담과는 상관없이 정말로 스스로 목숨을 끊고 싶었던 것이었을까요?

저는 그렇지 않다고 생각합니다. 만일 제 생각이 맞다면, 할머니의 죄는 지옥에 떨어지기에 마땅한 죄가 아닙니다. 그리고 이는 다른 모든 자살자에게도 동일하게 적용됩니다.

《가톨릭 교회 교리서》는 이 문제에 대해 "중한 정신 장애나 시련, 고통, 또는 고문으로 겪는 불안이나 심한 두려움은 자살자의 책임을 경감시킬 수 있다."(2282항)라고 직접적으로 언급합니다. 다시 한번 읽어 보세요. 우리 어머니이신 교회의 공식적인 입장을 부디 반복해서 읽어 보시기 바랍니다. 부드럽고 사랑스럽고 이해심 많은 어머니의 입술에서 나오는 말처럼 이 교회의 입장문이 여러분의 마음 깊숙이 스며들기를 바랍니다. 사랑하는 고인이 "중한 정신 장애나 시련, 고통, 또는 고문으로 겪는 불안이나 심한 두려움"을 경험한 경우, 그들의 행동에 대한 책임 과실은 경감될 수 있습니다. 자살의 경우 '고문'에 대한 정의가 신체에 가해지는 협박뿐만 아니라 정신적 압박에도 적용될 수 있다고 주장할 수 있습니다.

저는 대부분의 자살이 위에 제시된 조건 중 한 가지 이상의 조건으로 일어난 결과라고 생각합니다. 할머니가 그런 경우였을 것입니다. 수십 년 동안 할머니는 엄청난 고통을 겪으셨어요. 그 모든 힘든 상황의 결과 우울증에 걸리셨죠. 고통이 더욱 악화될까 두려워할 만한 충분한 이유가 있었습니다. 그 어떤 것도 할머니의 고통을 덜어주지 못하였으니까요. 어떻게 보면 할머니는 육체적 고문(고통에 시달리는 몸), 그리고 소원해진 가족 관계로 인한 정신적 트라우마와 우울증으로 정신적 고문까지 동시에 겪던 것입니다. 따라서 저는 할머니의 자살이 완전한 자유 의지로 이루어진 것인지, 그리고 진정으로 그분이 그렇게 절박한 행위를 감행하길 원하였는지에 대해서 의문을 갖지 않을 수 없습니다.

20세기 오스트리아의 신비가였던 마리아 심마는 인터뷰에서 "자살한 사람들의 영혼은 어떻게 되나요? 자살한 영혼들이 방문한 적이 있나요?"라는 질문을 받자 이렇게 답했습니다.

"저는 지금까지 한 번도 지옥으로 떨어진 자살자를 접해 본 경우가 없었습니다. 물론, 그렇다고 그런 경우가 없다는 의미는 아닙니다. 그러나 많은 경우 이러한 영혼들은 그들 주변에서 무관심했거나 비방을 퍼뜨렸던 사람들의 죄과가 가장 크다고 말합니다. …… 자살한 영혼들은 자신의 행동에 대해 후회합니다. 왜냐하면 그들이 하느님의 빛 안에서 모든 것을 바라보게 되면서 자신들에게 허락되어 있던 남은 여생 동안 준비되었던 모든 은총을 그 즉시 알아볼 수 있기 때문입니다. …… 결국 그들에게 가장 큰 고통은 자신이 살아 있었다면 행하였을 선행을 스스로 생을 포기한 결과 행하지 못하게 되었음을 뒤늦게 깨닫는 것입니다. 하지만 자살의 원인이 질병 때문인 경우, 주님께서는 물론 그에 대한 것을 참작하십니다."[47]

많은 경우 자살은 절망감을 유발하는 임상적 우울증과 같은 일종의 '기분 장애'와 연관이 있습니다.[48] 그렇기 때문에 질병은 자살에 대한 죄과를 경감시키는 요인이 됩니다. 우울증은 사람의 명확한 추론 능력을 파괴하여 자유 의지에 영향을 줄 수 있습니다. 일부 우울증 환자들은 우울증을 앓는 것이 마치 탈출구가 없는 듯한 짙고 어두운 숲에서 무력하게 지내는 것과 같다고 묘사합니다. 분명 우울증은 올바른 판단력을 너무나 심각하게 손상시켜 그렇지 않았다면 결코 생각해 보지 않았을 일을 저지르게 할 수 있습니다.[49]

제 할머니의 사례에서 알 수 있듯이, 스스로 목숨을 끊는 사람들은 정서적, 신체적 또는 영적 질병 등으로 고통받는 경우가 많습니다. 그들의 행동이 반드시 성격이나 삶의 방식에 기인한 결과는 아닙니다. 자살은 극심한 고통이나 지독한 불안을 끝내려는 사람의 마지막 행동인 경우가 많습니다. 자살 충동에 맞서고 있는 사람이나 충동적으로 자살을 시도한 사람은 대개 어떤 형태로든 극심한 우울증, 고통 그리고 비참함을 견뎌 내는 사람입니다.[50]

우리는 허리나 발에 통증이 생기면 대개 의사를 만나야 하는 지표로 삼고 병원에 갑니다. 그러나 마음이 아프고 우울한 사람들은 이를 무시하고 하루 자고 나면 기분이 나아질 것이라 여기는 경우가 많지요. 치료 없이 방치된 우울증은 결국 비극적인 방식으로 발현될 수 있습니다. 이러한 점을 최대한 반영해서 본다면, 많은 경우가 '자살로 인한 사망'이라기보다 '우울증에 의한 사망'으로 간주될 것입니다. 자살을 시도하는 사람들은 흔히 그들을 사랑하는 이들과 전문가들이 아무리 최선을 다해서 그들을 도우려 해도 고통 상태에서 명확하고 이성적인 생각을 하지 못하는 경우가 많습니다.[51]

앞서도 살펴보았지만, 명확한 이성적 판단이 불가능한 상태에 있다는 것은, 분명 개인의 자유 의지에도 영향을 미치며 그렇기에 그들의 행위를 대죄라고 간주할 수 있는지 여부와도 관련이 있습니다.

자살은 여러분 생각과 다를 수 있습니다

자살이 여러분의 생각과 다를 수 있다는 말을 의외의 표현이라고 느낄 수도 있습니다. 저는 이 책의 여러 부분에서 일부 사람들이 자살을 선택하는 이유를 '절망'이라는 말로 설명합니다. 아마 이러한 점에서 일반적으로 자살에 대한 교회의 가르침이라 알려진 오해가 등장하는 듯합니다. 즉 자살은 절망의 결과이므로 용서받을 수 없다는 생각이지요. 이러한 오해는 절망이라는 단어의 의미가 혼동되면서 나타나는 일이라고 생각합니다.

일반적으로 우리가 이해하는 절망이란 '모든 희망을 포기하는' 상태입니다. 결국 스스로 목숨을 끊는 사람들의 경우가 이에 해당될 수 있습니다. 그들은 매일 일어나는 고통을 계속해서 견딜 수 없다고 여깁니다. 고통이 끝나거나 조금이라도 줄어들 것이라는 '희망'이란 존재하지 않는다고 생각합니다.

제 할머니도 이런 종류의 고통에 시달리던 사람 중 한 분이었죠. 트라우마, 불안, 우울증, 고통을 극복하기 위해 엄청난 노력을 기울였으나 결국 할머니는 싸움을 포기하고 굴복했습니다. 이런 상황에 처한 사람들은 더 이상 이 싸움에 쏟아부을 힘이 없습니다. 완전히 탈진해 버린 것입니다. 어떤 의미에서는 희망을 포기하고 절망에 빠진 것입니다. 안타깝게도 그중 많은 사람이 이 싸움을 포기한 결과, 생을 스스로 마감했습니다. 이때 명심해야 할 것은 이러한 행동을 결코 우리가 삶에서 직면하는 문제에 대한 해결책으로 여겨서는 안 된다는 것입니다.

그러나 여기에서 의미하는 절망은 교회가 정의하는 '절망의 죄'가 아닐 가능성이 큽니다. 교회가 말하는 '절망의 죄'는 그 자체로 매우 심각하며 사람의 구원을 위태롭게 할 수 있는 죄입니다. 《가톨릭 교회 교리서》는 첫째 계명이 희망을 거스르는 죄, 즉 절망 그리고 자의적 추정과 관련되어 있다고 가르칩니다.

"절망으로 인간은 하느님께서 자기를 구원해 주시고 구원에 이르도록 도와주시거나 죄를 용서해 주시리라는 희망을 버린다. 절망은 하느님의 선함과 의로움과 (하느님은 당신 약속에 성실하시다) 그리고 그분의 자비로움을 거스르는 것이다."(2091항)

대부분의 자살자로 하여금 스스로 목숨을 버리게 하는 절망과 교회가 말하는 절망이 같은 개념일까요? 저는 그렇지 않다고 봅니다.

할머니는 단지 본인의 고통이 멈추기를 원하셨을 뿐, 하느님으로부터의 구원에 대한 희망을 완전히 버리셨던 것이 아니라고 생각합니다. 할머니는 더 이상 고통이나 괴로움이 없는 천국에서 하느님과 함께 있기를 원하셨습니다. 불행하게도 그 목표에 도달하기 위해 선택한 수단은 정말 잘못된 것이었지요.

따라서 일반적으로 통용되는 의미에서의 '절망'을 할지라도 여전히 구원받을 가능성이 있는 것처럼 보입니다. 그렇다면 용서받을 수 없는 유일한 죄란 무엇일까요? 사실 절망에서 오는 가장 큰 죄란 마지막까지 뉘우치지 않는 죄입니다. 그러나 이는 교회가 정의한 절망을 뜻하는 것이지 일반적으로 통용되는 의미의 절망이 아닙니다. 결코 용서받을 수 없는 죄란 회개하고 하느님의 자비와 용서를 구하기를 거부하는 죄입니다. 이는 한사코 마음에 어떠한 사랑도 허용하지 않고, 기본적으로 사랑하기를 거부하거나, 사랑을 받아들이는 것 또한 허용하지 않는 것입니다. 따라서 용서받을 수 없는 유일한 죄의 본질은 그 죄를 짓게 하는 우울하고 절망적인 감정 상태를 말하는 게 아닙니다. 그 죄를 짓게 하는 것은 그 무엇으로도 깨뜨릴 수 없을 정도로 그야말로 완고히 굳어 버린 회개하지 않는 마음입니다.[52]

이렇듯 완고히 회개하지 않는 상태의 절망이란 제 할머니나 그와 비슷한 경우의 많은 사람이 경험한 절망의 유형과는 다르다고 할 수 있습니다. 이들에게는 아직 꺼지지 않은 희망의 불씨가 남아 있습니다. 지상 여정의 어려움을 지속할 수 없었던 그들의 영혼에게 하느님께서 자비를 베풀어 주실 것이며 고통이 중단될 것이라는 희망이 있습니다. 대부분은 하느님을 거부하려는 지독한 마음가짐으로 자살을 선택한 것이 아닙니다. 저는 대부분의 자살이 그러한 거부를 뜻한다고 생각하지는 않습니다. 다음 장에서 살펴보겠지만, 비록 그들이 하느님의 뜻을 전혀 고려하지 않고 자살을 감행했더라도 자비로우신 구세주께서는 그들 생의 마지막 순간에 그분의 은총으로 그들의 마음을 어루만져 주실 수 있습니다. 그리고 그들이 그러한 은총을 받아들인다면 여전히 구원받을 수 있습니다.

론 롤하이저 신부(OMI)는 자살에 굴복한 이들에 대해 다음과 같이 서술합니다.

"우리는 감정에 압도당할 수 있습니다. 어떤 사람들은 그렇게 되고 맙니다. 그렇지만 그것이 절망은 아닙니다. …… 정신 질환이 아니더라도 인생의 다른 많은 것들에 의해 패배를 경험할 수 있습니다. 비극적 사건, 가슴 아픈 상실감, 짝사랑에 대한 집착, 극심한 수치심 등은 때때로 마음을 아프게 하고, 의지를 꺾고, 영혼을 죽이고, 육체를 죽음에 이르게 할 수 있습니다. 이러한 상황을 판단할 때에는 하느님에 대한 이해가 반영되어야 합니다. 모든 것을 사랑하시는 자비로운 하느님께서 누군가 폭풍우를 견디지 못했다는 이유로 그를 정죄하실까요? 하느님께서 과연 구원이 주로 강한 자에게만 주어진다 여기는 우리의 편협한 생각을 옹호하실까요? 예수님을 믿는 분이라면 그렇지 않다는 것을 아실 것입니다.

예수님께서 죄를 지적하실 때 우리의 나약하고 무너진 부분이 아닌 강한 힘과 교만, 무관심과 남을 단죄하는 부분을 지적하신다는 점을 주목하십시오. 복음서를 잘 읽어 보시고 다음의 질문을 해 보시기 바랍니다. 예수님께서는 누구에게 가장 엄격하신가요?

답은 분명합니다. 예수님께서는 힘 있고 남을 단죄하고 폭풍 가운데에 있는 사람들에 대해 이타심이 없는 이들에게 가장 단호하십니다. 문 앞에 있는 가난한 사람을 무시하는 부자에게, 두들겨 맞고 도랑에 빠진 사람을 못 본 척한 사제와 율법 학자에게, 그리고 누가 하느님의 심판에 어긋나는지 아닌지를 즉각적으로 정하는 율법 학자와 바리사이들에게 예수님께서 얼마나 비판적이셨는지 눈여겨보기 바랍니다. 하느님에 대한 그릇된 이해만이 인생에서 짓눌린 상태가 곧 절망이라 간주하는 개념을 낳을 수 있습니다."[53]

그의 설명은 우리로서는 도저히 이해할 수 없는 선택을 한 사람에 대해 그 누구도 섣불리 판단할 수 없음을 강조합니다. 교회는 최근 자살과 관련된 상황에 대한 사목적 돌봄의 길을 식별함에 있어, 이를 보다 인격주의적 관점에서 바라보기 시작했습니다. 이제는 자살을 둘러싼 정상 참작 요인에 대해 더 잘 이해하게 되었기 때문입니다. 교회와 사회 전체가 자살을 비겁하고 순전히 이기적인 행위나 하느님을 전적으로 거부하는 절망의 죄로 여기기보다는, 삶을 견딜 수 없게 만든 인간의 조건에 굴복한 자포자기 행위일 수 있다는 시각으로 보기 시작했습니다.

그 결과 교회는 이제 자살한 이들을 정죄하기보다는 연민으로, 섣불리 판단하기보다 자비를 갖고 바라보는 경향을 보입니다. 고인을 위한 미사와 기도를 드리고 장례 예식도 완전하게 거행되는 경우가 많아졌습니다. 항상 그랬던 것은 아닙니다. 과거에는 자살이 자살자가 마음대로 저지른 행동으로 간주하는 것이 일반적이었고, 그가 겪던 심리적 압박에 대한 상황 참작이 늘 충분히 고려되지는 않았습니다. 스스로 목숨을 끊은 사람들은 종종 그리스도교식 장례를 거부당하기도 했습니다.[54]

이제는 이러한 요인이 일반적으로 참작됩니다. 따라서 《가톨릭 교회 교리서》는 다음과 같이 가르칩니다.

"스스로 목숨을 끊은 사람들의 영원한 구원에 대해 절망해서는 안 된다. 하느님께서는 당신만이 아시는 길을 통해서 그들에게 구원에 필요한 회개의 기회를 주실 수 있다. 교회는 자기 생명을 끊어 버린 사람들을 위해서도 기도한다."(2283항)

다시 한번 죄에 대한 교회의 가르침을 반복해 말씀드리겠습니다.

"우리는 어떤 행위가 그 자체로 중대한 죄라고 판단할 수는 있지만, 사람들에 대한 판단은 하느님의 정의와 자비에 맡겨야 한

다."(1861항)

이는 다음 장에서 다룰 무척 중요한 부분입니다. 우리에게 커다란 희망을 주는 가르침이지요. 이제 오늘날 교회가 스스로 목숨을 끊은 이들에게 건네는 은총과 희망에 대해 알아봅시다.

그리스도교 장례의 예

자살에 대한 교회의 입장이 늘 '희망적'이었던 것은 아닙니다. 그러나 이러한 인식은 실제로 교회의 가르침보다는 교회의 관행이나 규율에 그 원인이 있었습니다. 구체적으로 그리스도교 장례 예식의 예를 살펴봅시다.

가끔씩 교회 규율이 바뀌었다고 잘못 알고 아연실색하는 분들이 있습니다. 예를 들어, 저는 "교회가 금육재에 대한 규율을 바꾸면서부터 교회에 나가지 않았어요." 하고 말하는 나이 든 냉담 교우들을 정말 많이 만났습니다. 그러나 교회가 규율을 바꾼다는 것이 가정에서 자녀가 성장해 감에 따라 규칙을 변경하는 아버지보다 더 비난받아야 할 일은 아니라고 봅니다. 예를 들어, 저는 7세 때는 저녁 8시가 되면 잠자리에 들어야만 했지만, 13세부터는 밤 11시까지 깨어 있어도 괜찮았습니다.

교회의 관행이나 규율은 마치 가족 내 규칙이 변화하듯 바뀔 수 있습니다. 그러나 교회 교리(또는 교회의 가르침)는 별개의 문제입니다. 교회 규율은 변화하는 한편, 교회 교리는 발전합니다. 예를 들어 양심과 종교의 자유에 대한 교회의 가르침은 교회가 제2차 바티칸 공의회를 통해 인간의 존엄성을 더 깊이 숙고하면서 발전하게 되었죠. 이렇게 발전한 교회의 가르침은 교회가 다른 세계 종교인들과 관계를 맺는 방식과 교회 규율을 행사하는 방식에 관한 기존의 교회 관행을 변화시켰습니다.

다시 금육재에 대한 예시를 생각해 봅시다. 교회 규율은 여전히 매주 금요일에 일종의 보속을 행해야 한다고 주장하지만, 보속을 구체적으로 어떻게 행하는지에 대해서는 각 신자 개인 양심에 맡겨져 있습니다. 이는 도덕적 삶 속에서의 양심의 중요한 역할에 대한 교회의 발전된 가르침과 더욱 일치합니다.

누구에게 그리스도교 장례식이 허용되는지에 대한 교회 관행에도 비슷한 일이 일어났습니다. 교회는 현대 심리학의 결과를 더욱 심도 있게 숙고하고 인간에 대해 더 깊이 이해하면서 이 주제에 대한 규율을 한층 관대하게 바꾸었습니다. 앞서 설명한 바와 같이 과거에는 자살로 사망한 사람은 교회에서 장례식을 치를 수가 없거나 교회 묘지에 묻히는 것도 금지되는 경우가 많았습니다. 자살은 절망의 죄와 동일시되어 거의 모든 경우 스스로를 죽인 것으로 간주되었기 때문입니다. 또한 스스로를 살해한 사람은 회개할 기회가 없었다고 여겼습니다(하지만 교회법이 훨씬 더 엄격했던 시절에도 교회는 장례식과 매장을 실제로 금지하기 전에 개인의 정신 상태를 참작했습니다).[55] 다행히 교회법은 더 이상 자살을 교회 장례식이나 매장에 대한 예외 상황으로 바라보지 않습니다.[56]

그리하여 스스로 목숨을 끊은 사람들에게도 이제는 가톨릭 장례식이 허용됩니다. 이는 매우 중요한 의미를 갖습니다. 관행과 규율이 바뀐 건 맞습니다. 그러나 신앙이나 도덕에 관한 교회의 가르침(또는 교리)이 변한 것은 아닙니다. 오히려 새로운 통찰력과 정보에 대해 알면서 더욱 발전하게 되었습니다. 다행히 인간에 대한 교회의 이해가 진보함으로써 교회 장례를 승인받을 수 있는 사람에 대한 교회 관행은 변화하게 되었습니다.[57] 이를테면 교회는 공식 예식서인 장례 예식서에 '자살한 이'를 위한 기도문을 공식화하였습니다.* 이 기도문은 스스로 목숨을 끊은 이들의 구원 가능성에 대한 교회의 참된 믿음을 반영하는데, 이에 대한 내용은 1부 4장 '그리스도교 장례 예식: 희망의 여명'에서 다루겠습니다.

이제 교회가 자살에 희생된 사람을 새로운 시각으로 바라봄을 알게 되었습니다. 그러니 우리도 새로운 시각, 즉 희망의 빛으로 그들을 바라보아야 하겠습니다.

---

* 《미국 가톨릭 장례 예식서 *the Order of Christian Funerals*》에 추가된 내용으로, 한국 가톨릭 교회에서 사용하는 장례 예식서에는 포함되어 있지 않다. — 역자 주

3장
희망의 현현

죄책감

　자살로 주변 사람을 잃은 이들은 대부분 죄책감과 수치심, 당혹스러움 등의 감정을 느낍니다. 특히 주변 동료나 친구들에게 고인이 된 여러분의 가족이나 친구에게 무슨 일이 있었는지 질문을 받을 때면 더욱 그런 기분을 느끼게 됩니다. 저도 겪어 본 일이라 잘 압니다. 사실 저는 할머니의 자살 이후, 주변 사람들이 우리 가족에 대해 왈가왈부하는 것이 마음에 걸려 부모님께 신문 부고란에 할머니의 자살을 언급하지 말자고 부탁드리기도 했습니다.
　아이러니하게도 지금은 그 당시 할머니의 자살을 수치스럽게 여겼던 저 자신이 부끄럽습니다. 감정이란 시간이 지나면서 사라지고 변하는 것인데, 할머니의 자살에 대한 제 감정은 확실히 변한 듯합니다. 바로 이러한 이유로 이냐시오 데 로욜라 성인은 감정이란 일시적이므로 극단적인 위안을 느끼는 때나 절망이 몰려오는 때에는 절대로 중요한 결정을 내리지 말라는 가르침을 줬습니다. 그런 시기에는 보통 일시적인 감정에 휩쓸리기 쉬우니까요. 자살한 이를 애도하면서 우리는 이러한 일시적인 감정에 휩싸여 가족이나 친구의 죽음에 대해 자책할 수 있습니다. 하지만 이러한 감정이 밀려올 때 혼자서 모든 짐을 짊어지려고 해서는 안 된다는 사실을 꼭 명심해야 합니다.

할머니도 그렇고 대부분의 자살자의 경우, 그 책임 소재에 대해 우리가 확실히 알 수 있는 것은 한 가지뿐입니다. 비록 우리가 고인이 된 분들께 소홀했다는 어느 정도의 죄책감을 느끼더라도, 자살에 대한 궁극적인 '책임'을 져야 하는 사람은 결국 그로 인해 사망한 사람이라는 점입니다(앞에서 살펴본 바와 같이 전적으로 그들의 책임이 아닐 수도 있습니다). 자살을 결심한 사람의 선택을 늘 막을 수 있는 것은 아닙니다. 여러분이 무엇을 했든지 하지 않았든지, 혹은 무엇을 말했든지 말하지 않았든지 결과적으로 생을 스스로 마감하려는 결정은 그들에게 달린 것이고, 그들이 내린 것입니다.[58]

여러분 중에는 고인 생전에 고인과 불편한 관계였던 일을 마음에 둔 분이 있을 수 있습니다. 또는 생전에 고인에게 그다지 도움이 되지 않는 말과 행동을 한 일이 있거나, 고인의 마음을 몹시 아프게 했던 말이나 행동을 했을 수도 있습니다. 자신이 모든 최선을 다했고 자살의 원인 제공자도 아니었으며 자살에 대한 책임이 없음을 머리로 인지하신 분들도 있을 것입니다. 하지만 이성적 인지와 달리 이분들 또한 심적으로는 여전히 죄책감을 떨치지 못한 채 '왜 그랬을까'라는 질문에 얽매여 있습니다.[59]

고등학생 시절 할머니와 한동네에 살았던 저는 할머니가 얼마나 힘든 시간을 보내셨는지 잘 알았습니다. 할머니는 자주 집에서 고통에 시달리며 우울해하셨습니다. 저는 할머니가 돌아가신 후 종종 '내가 할머니를 자주 찾아뵈었던가?', '할머니의 고통을 덜어 줄 수 있는 조치를 취하지 못했던 건 아닐까?', '내가 말과 행동을 다르게 했다면 상황이 바뀌었을까?' 하고 자문하곤 했습니다. 이러한 '왜 그랬을까' 질문은 그대로 방치하면 우리를 평생 부당하게 괴롭힐 수 있습니다.

저는 고등학생과 대학생 시절에 무척 바빴습니다. 운동도, 공부도 열심히 했고 사회적으로도 활발한 활동을 했으며 멋진 여자친구도 있었습니다. 한마디로 다양한 활동에 몰두하던 전형적인 10대였죠. 당시에는 할머니의 고통에 대해 제가 더 이상 할 수 있는 게 없어 보였습니다. 그리하여 불필요한 죄책감이라는 무거운 짐을 제가 굳이 짊어져야 할 이유는 없다 여겼지요.

하지만 할머니가 돌아가신 후 되풀이되는 죄책감이 저를 괴롭히기 시작했습니다. 할머니를 위한 기도와 전구를 통해 더 적극적으로 도와 드려야 했다는 생각이 들었습니다. 따뜻한 말 한마디라도 건넸더라면, 잠시라도 전화를 걸어 할머니 생각을 하고 있다고 말씀드리는 등 사소한 방법으로라도 더 자주 챙겨 드렸더라면 하고 자책했습니다. 사랑하는 사람이 세상을 떠나기 전까지 얼마나 그 곁에 있어 주었는가에 대해 많은 분이 저와 비슷한 후회의 감정을 느끼실 것입니다. 이러한 죄책감은 악순환되고 우리가 하느님께 의탁하지 않는 한 자칫 여러 면에서 우리 마음을 억압할 수 있습니다.

이런 마음의 짐을 덜 수 있는 좋은 해결책으로 고해성사가 있습니다. 어떤 분들에게 고해성사는 가장 진실된 방법으로 지은 죄와 죄책감을 안심하고 고백할 수 있는 기회일 것입니다. 자신이 저지른 가장 악한 죄까지도 모두 고백하고, 보속을 통해 참회하고 사죄경을 받을 기회인 것입니다. 또 어떤 분들에게는 사제와 마음속 죄책감을 나눌 수 있는, 누군가에게 자신의 솔직한 감정을 비밀리에 나눌 수 있는 자리겠지요. 사죄경의 필요 여부와 관계없이, 사제는 진심으로 여러분이 마음의 짐을 내려놓을 수 있도록 도울 것입니다. 사죄경이 필요한 경우라면, 여러분이 어떤 심정이든 간에 사제는 객관적 입장에서 사죄경을 줄 것입니다.

우리가 어떤 행동을 했는지, 무슨 말을 했는지 여부와 관계없이 주님께서는 우리를 언제나 용서하실 수 있고, 용서해 주실 것입니다. 사제에게 사죄경을 받은 후 '내가 용서를 받은 건가?' 하고 생각하지 않아도 됩니다. 사제가 여러분에게 죄를 사한다고 말하는 순간 그 용서는 보장된 것임이 확실합니다. 그리스도께서는 사도들에게 죄 사함의 권한이 사제에게 부여되었으므로 사제가 죄를 사하면 천국에서도 그 죄는 사해질 것이라고 말씀하셨습니다(마태 18,18; 요한 20,21-23 참조).[60] 참으로 하느님께서 교회를 통해 우리에게 주신 은총은 대단합니다!

그러므로 만일 자살한 분에 대한 분노의 감정이 차오른다면, 고해실로 오십시오. 여러분을 그렇게 남겨 두고 떠난 사람을 용서하기 힘들다면, 고해실로 오십시오. 삶의 중요한 일부분이었던 사람이 사라져서 그들 없이 앞으로 어떻게 살아가야 할지 막막하고 두렵다면 고해실로 오십시오.

고해성사 중에는 솔직하게 마음을 털어놓으셔도 좋습니다. 괜찮습니다. 고해성사에서의 대화는 고해실 밖으로 새어 나가지 않습니다. 비밀 보장은 확실합니다. 저에게 총고해의 의미가 컸던 이유 중 하나가 바로 이 때문입니다. 총고해를 통해 저는 할머니의 자살을 애도하며 치유의 다음 단계로 나아갈 수 있었습니다. 그리고 그 단계로 나아가기 위해 제 과거를 직면해야만 했습니다.

총고해를 하며 과거를 성찰하던 중 가장 어려웠던 것은 더 이상

과거를 바꿀 수 없다는 사실을 받아들이는 일이었습니다. 저는 사실 할머니의 장례식도 잘 기억하지 못합니다. 장례식에 참석했던 기억은 있지만, 구체적인 내용을 전혀 기억할 수가 없습니다. 비슷한 상황에 놓인 자살 생존자들은 종종 이런 기억을 차단할 때가 있습니다. 저도 그러한 경우입니다. 사랑하는 사람의 장례식인데 눈물을 흘리지 않아 죄책감을 느끼기도 합니다. 이 역시 큰 충격에 처하면 흔히 일어나는 반응이지요. 2부에서 살펴보겠지만 애도는 시간이 요구되고, 자살로 인해 받은 직접적 충격에 대해 모든 사람이 똑같은 방식으로 감정을 처리하지 않습니다. 자살 생존자가 어떻게 반응해야 하는지에 대한 '정답'이란 없으니까요.

저에게 문제가 되고 이후로도 저를 괴롭혔던 생각은 장례식 때 할머니를 위한 기도조차 하지 않았던 것 같다는 사실이었습니다. 궁극적으로 저는 이것이 제 마음속에 있던 많은 죄책감의 근본 원인이었다는 점을 알게 되었습니다. 10년 후 제 삶에서 이러한 일들이 표면으로 떠오르기까지 이 죄책감은 오랫동안 제 양심을 괴롭혔습니다. 다행히 이 죄책감은 이전에 전혀 모르던 하느님 자비의 한 부분을 통해 치유될 수 있었습니다. 이 체험은 제 인생 전체를 바꿔 놓고 결과적으로 저를 사제직으로 이끌 만큼 강렬한 것이었죠. 하지만 그 이야기를 하기에 앞서 할머니가 돌아가시고 난 후의 10년에 대해 잠시 말씀드리겠습니다.

예수님께서 직접 운전대를 잡으시다

저는 할머니가 돌아가시고 난 이후, 산업 공학 학사 학위를 취득한 후 자동차 업계에서 일자리를 얻었습니다. 나중에는 경제 전문지 《포춘Fortune》이 선정한 '500대 기업' 리스트에 오른 한 자동차 부품 공급업체의 엔지니어링 관리자가 되었습니다. 상당히 좋은 직장이었고 수입도 꽤 좋았지만 제 삶은 여전히 무언가 부족한 듯했어요.

1997년에는 회사 내 승진에 도움이 되고 제 삶이 행복해질 거라 여겨, 미시간대학교에서 경영학 석사 학위를 받기도 했습니다. 하지만 여전히 저는 제 삶에 무언가 빠져 있다고 느꼈습니다. '지상에서의 행복'과 '궁극적인 행복'에 차이가 있다는 사실을 미처 깨닫지 못했기 때문이었죠.

행복에는 현세에서 얻을 수 있는 것이 있습니다. 예컨대 저는 디트로이트 레드윙스 하키팀이 11년간 스탠리 컵에서 4번이나 우승을 하자 매우 '행복'했습니다. 또한 물질적 풍요로움을 누리고 제 앞으로 오는 모든 청구서 금액을 지불할 수 있다는 사실에 '행복'했습니다. 하지만 앞서 말한 모든 욕구가 충족되는 '궁극적인 행복'이란 오직 하느님만이 주실 수 있는데 저는 그로부터 빗나가 있었습니다. 이 궁극적인 행복은 오직 우리가 하느님과 일치할 때 이루어지며, 그분과 일치하는 것은 우리가 그분을 온전히 사랑하게 될 때에 가능해집니다. 그렇기에 우리는 하느님을 알아야만 그분을 사랑할 수 있습니다. 알지 못하는 대상을 사랑할 수는 없으니까요. 따라서 저는 하느님을 알기 시작하고 그분을 사랑하게 되기까지 헛되이 온갖 그릇되고 세속적인 곳에서 참행복을 찾고 있던 것입니다.

고대 그리스 철학자 아리스토텔레스는 무언가가 창조되는 '목표', 또는 '목적'을 뜻하는 '텔로스'에 대한 가르침을 설파했습니다. 예를 들어 도토리가 자라나 떡갈나무가 되고, 새끼 고양이가 자라서 고양이가 되면 그것들의 텔로스가 달성되었다고 보는 것입니다. 그렇다면 과연 우리 인간의 텔로스는 무엇일까요? 우리 삶의 목적은 무엇일까요?

인간으로서 우리의 진정한 목적과 목표를 이해하려면 교회가 인식하는 행복에 관하여 살펴볼 필요가 있습니다. 《볼티모어 교리서》는 우리가 창조된 목적이 "하느님을 알고, 그분을 사랑하며, 이 세상에서 그분을 섬기고, 내세에서 그분과 영원히 행복하게 사는 것"[61]이라고 가르칩니다. 하느님께서는 언제나 우리를 사랑하시지만, 우리가 비로소 '궁극적으로 행복'해질 수 있는 것은 우리가 그분을 알고 사랑할 때입니다.

교회는 행복을 "피조물로서의 우리의 소명을 성취하는 것에 대한 기쁨과 참행복, 즉 하느님의 신성한 본성과 그분의 비전에 참여하는 것…… 우리를 세상에 내어 주신 하느님을 알고, 사랑하고 섬기게 하여, 천국의 행복에 이르는 것"[62]이라고 정의합니다.

이것을 이해하지 못한 채, 계속 세상적인 것으로만 충족하려 했던 저는 직장을 그만두고 독립적으로 개인 사업을 시작하려고 노스캐롤라이나로 향했습니다. 무한한 수입 창출 가능성을 지닌 저만의 사업체를 갖고 아름다운 경치를 누리며 사는 것이야말로 어쩌면 진정하고 '궁극적인 행복'에 도달하는 길이라고 생각했던 것입니다.

한동안은 이러한 활동이 매우 보람 있었습니다. 그리고 몇 년간 수없이 많은 노력을 한 끝에 물질적으로는 매우 잘 풀리기 시작했습니다. 샬럿 근교에 위치한 아름다운 노먼 호숫가에 집을 마련했고, 호수 건너편에는 제 회사가 있었죠. 어떤 날은 보트를 몰고 출근하기도 했습니다. 저는 제 인생에서 그 어느 때보다 많은 돈을 벌고 있었고, 노스캐롤라이나에서 가장 예쁜 여자와 결혼할 계획도 있었습니다. 저는 청년들이 원할 만한 모든 것을 얻었지만 그럼에도 불구하고 무언가, 아니 '누군가'가 빠져 있는 듯했습니다. 다행히도 그 **누군가**께서 제 인생에 개입하기로 결심하셨습니다. 어느 늦은 밤 퇴근길에 운전해서 집으로 돌아가던 중 놀라운 일이 벌어졌습니다.

그즈음 저는 출퇴근을 할 때마다 샬럿 교외에서 급성장 중인 도시 헌터스빌에 지어지던 성 마르코 성당을 지나갔습니다. 그렇지만 성당 주변을 지나갈 때면 애써 그곳을 무시하곤 했지요. 실제로 다른 방향을 바라보거나, 라디오를 켠다든가 하면서 제 주의를 분산시키곤 했습니다. 의식적으로 교회에 대한 생각을 하지 않으려던 행동이었습니다. 왜 그랬을까요? 냉담 중이었던 제가 양심의 가책을 느꼈던 것입니다.

저는 성당을 지나갈 때마다 교회의 존재를 신경 쓰지 않으려 했지만, 그럼에도 설명할 수 없는 무언가가 저를 계속 그곳으로 끌어당겼습니다.

그러던 어느 날, 2000년 초반의 늦은 밤이었습니다. 퇴근 후 집으로 돌아가던 길에 또다시 그 성당 앞을 지나가게 되었습니다. 그런데 갑자기 자동차의 핸들이 정상적으로 작동하지 않는 느낌이 들었습니다. 자동차 핸들이 말 그대로 오른쪽으로 완전히 꺾이더니 차가 교회 주차장으로 이어지는 진입로를 향해 미끄러지듯 들어가기 시작했습니다. 당시 성당은 아직 완공이 되지 않아 부지에는 경당만 세워진 상태였습니다. 제 기억으로 그날 밤은 몹시 춥고 칠흑같이 어두웠는데, 주차장에 세워진 몇 대의 차량 외에는 인적이 느껴지지 않았어요.

잠시 차에 앉아 상황을 파악하려고 했습니다. 그러나 이윽고 주변 환경을 점점 더 의식하게 되었고, 눈앞에 있는 건물에 이끌리게 되었습니다. 스스로 "내가 왜 여기 있지?" 하고 물었던 기억이 납니다. 왠지 이유를 알아내야겠다는 생각이 강하게 들었습니다. 그리고는 충동적으로 차에서 내려 긴 직사각형 형태의 건물 문 앞으로 다가갔어요. 정확히 이유는 모르겠지만 저는 안으로 들어가 보려 했습니다. 하지만 제가 열어 본 문은 모두 잠겨 있었습니다.

안으로 들어갈 수 없자 그곳에서 나가야겠다고 생각했어요. 그런데 차로 돌아가면서 계속 신경 쓰이는 게 하나 있었습니다. 아직 열어 보지 않은 문이 하나 남아 있던 것입니다. 건물 반대편 끝에 있는 문이었는데 무엇인가가 계속 저에게 그 문을 확인해 보라는 듯했습니다. 처음에는 그러한 영감을 무시하고 차가 있는 방향으로 걸어갔습니다. 차에 올라타서 시동을 걸려고 키를 꽂아 넣고는 3초간 망설였습니다. 이때의 3초가 제 인생을 송두리째 바꾸어 놓았습니다.

마침내 저는 궁금증을 풀어 보기로 결심하고 어둠 속에서 건물 반대편 맨 끝 문으로 다가갔습니다. 그러고는 그 문을 열었습니다. 다행히 문은 잠겨 있지 않았어요. 제 눈앞에 나타난 것은 다름 아닌 '성체 조배실'이었습니다.

저는 가톨릭 가정에서 나고 자랐지만, 그때까지 성체 조배를 해 본 적이 없었습니다. 그날 밤, 성체 안의 주님 앞에 선 저에게 주님께서는 큰 은총을 쏟아부어 주셨습니다. 성체와 마주한 그 순간 즉시 저는 예수 그리스도께서 성체 안에 현존하심을 깨닫게 되었습니다. 당신의 몸과 피, 영혼과 신성으로 말입니다. 순식간에 모든 것이 바뀌었습니다. 저는 그 즉시 하느님께로 돌아가기 시작했습니다. 하지만 제가 그곳에 서기까지, 하느님께서는 그 성당 주차장으로 저를 직접 끌고 오셔야 했습니다. 그 당시 일은 여전히 놀랍기만 합니다.

그도 그럴 것이 저는 자동차 업계 종사자였고, 저희 아버지도, 조부모님도 모두 자동차 업계에서 일하셨는데, 하느님께서 저를 당신께 돌아오게 하기 위해 자동차라는 매개체를 이용하셨으니까요……. 하느님의 유머 감각을 알아차리셨나요?

"할머니를 위해 하느님 자비를 구하는 기도를 드리세요."

그날 이후로 저는 더 많은 것을 체험하고 싶은 마음에 계속해서 성체 조배실을 찾아갔습니다. 마치 '불붙는 것' 같았습니다. 그전에는 전혀 생각조차 해 보지 않았던 성경 공부 모임에도 나갔습니다. 마음속에서 신앙의 불씨가 자라기 시작했어요. 그렇지만 그 신앙의 불이 더 활활 타오르지 못하게 막는 무엇인가가 있다는 것을 깨달았습니다. 바로 제가 지은 죄였습니다. 저는 그때까지 꽤 세속적인 삶을 살아왔기 때문에 제 영혼을 정화시킬 필요가 있다고 느꼈습니다. 그리하여 흔히들 말하는 총고해를 하기로 결심했어요.

일반적으로 고해성사를 할 때 우리는 이전의 고해성사 이후로 지은 죄, 혹은 그동안 고해하지 않았던 중죄가 생각날 경우 그것을 고해합니다. 반면에 총고해는 자신의 전 생애를 두고 가장 초창기 기억부터 시작하여 삶 전체를 찬찬히 성찰하면서 지은 죄들을 고백합니다. 그렇다고 마치 이전에 한 번도 고해성사를 해 본 적이 없던 것처럼 총고해를 할 필요는 없습니다. 다만 총고해는 하느님 은총의 빛 안에서 우리 삶 전체를 바라볼 수 있게 도와주고, 이전에는 깨닫지 못했던 죄를 성찰하여 고백하게 하는 건전한 영적 실천입니다. 어찌 됐든 우리는 시간이 지나고 성숙해지는 과정에서 죄를 지었을 당시에는 미처 깨닫지 못했던 우리의 과거를 새로운 관점으로 바라볼 수 있게 됩니다. 사실 죄를 지을 당시에는 그러한 행위가 죄라는 사실조차 깨닫지 못했을 수도 있습니다.

이렇게 보다 명확해진 관점을 고해성사에 적용하게 되면 우리와 하느님과의 동행에 큰 변화를 가져올 수 있습니다. 잘 수행된 특별 성찰(이냐시오 데 로욜라 성인의 성찰 기도로, 우리가 하루 동안 하느님의 은총에 어디에서 어떻게 협력했는지 분별할 수 있게 인도하는 성찰법)처럼, 총고해는 하느님의 은총이 우리 삶에서 적극적으로 활동하신 그 모든 시간을 성찰할 수 있게 도와줍니다.

그리하여 저는 2003년 노스캐롤라이나에서 한 고해 사제와 약속을 잡고 총고해를 했습니다. 저는 총고해를 통해 초등학생 시절부터 직장 생활을 하는 지금까지 지은 죄들을 되돌아볼 수 있어서 큰 도움을 받았습니다. 고해 사제에게 하나씩 성찰한 바를 고백하면서 점차 어깨에 짊어졌던 짐이 가벼워지는 것을 느끼기 시작했습니다. 1993년경의 이야기에 도달할 때까지 계속해서 제 인생을 되돌아보았습니다. 그때였습니다. 저는 고해 사제에게 "1993년에 일어났던 일을 떠올리면 아직도 마음이 무겁습니다." 하고 말씀드렸습니다.

그러자 신부님은 제게 "무엇이 마음에 걸리시나요?"라고 물었고, 저는 "할머니가 돌아가셨거든요." 하고 대답했습니다.

저는 고해 사제에게 할머니 곁에 있어 드리지 못했고, 할머니 장례식에 제대로 참석했는지도 잘 기억나지 않는다고 말했습니다. 더욱 실망스러운 건, 장례를 치르는 동안 감정적으로도 영적으로도 제가 부재중이었다는 사실이었죠. 그 당시 대학 학위, 직장, 새 집, 여자친구 등에 대한 걱정이 너무 많아서 할머니를 위해 기도한 기억조차 없다는 이야기도 했습니다. 저는 계속해서 이미 할머니는 하느님의 심판을 받으셨을 텐데, 10년 전 할머니께서 고통받다 돌아가셨을 때 할머니를 위해 기도해 드릴 기회를 놓쳤다는 점이 저를 괴롭힌다고 말했습니다. 하지만 저를 진짜 두렵게 만든 것은 오래전에 들었던 교회의 가르침이었습니다. 바로 자살한 사람은 곧바로 지옥에 간다는 말이었어요. 그 당시 저는 이 말을 사실로 받아들였습니다.

제 이야기를 들은 신부님은 "교회의 가르침은 그렇지 않아요." 하고 기탄없이 대답했습니다. 많은 사람처럼 저는 항상 그것이 교회의 가르침이라고 생각했기 때문에 신부님의 말은 제게 갑작스러운 희망의 계시처럼 다가왔습니다. 그 뒤에 들은 이야기는 제 인생을 바꿔 놓았습니다.

"오늘 밤 집에 가서 할머니의 영혼 구원을 위해 하느님 자비를 구하는 기도를 바치도록 하세요. 이 기도는 매우 강력합니다. 그리고 형제님이 드릴 이 기도를 통해 하느님께서 죽음과 심판의 순간에 놓여 있는 할머니를 도울 수 있는 은혜를 베풀어 주실 수 있습니다. 이제 형제님의 기도는 할머니가 하느님 자비의 손길에 '예.' 하고 대답하도록 도움을 줄 수 있어요!"

그때까지 그러한 개념에 관하여 금시초문이었던 저는 그 '하느님 자비를 구하는 기도'가 무엇인지 물어보기도 전에 신부님에게 반문부터 했습니다.

"네? 신부님, 할머니는 이미 심판을 받았을 테니 이젠 너무 늦었어요. 돌아가신 지 벌써 10년이 지났어요! 이제 할머니는 천국이든 지옥이든 영원히 그곳에 계실 테니 지금으로서는 제가 해 드릴 수 있는 게 없어요. 고작 제 기도로는 할머니가 연옥에 있는 시간을 조금이나마 줄어들게 하는 것이겠지요. 할머니께서 연옥에라도 가실 수 있었다면 말이지만요. 할머니의 영원한 운명은 이미 수년 전에 결정되었으니 이제 제 기도로는 할 수 있는 게 아무것도 없습니다."

제 말을 듣고 신부님은 이렇게 말했습니다.

"자, 생각해 보세요. 하느님께서는 시간에 구애받으시는 분이 아니십니다. 하느님께는 과거도, 미래도 없습니다. 하느님께는 단 하나의 큰 '영원한 현재'만이 있을 뿐입니다. 성경은 '주님께는 하루가 천 년 같고 천 년이 하루 같다.'라고 설명하지요(2베드 3,8 참조). 또한 아우구스티노 성인의 말씀에 따르면 '하느님의 영원성은 시간과의 관계로부터 예외'입니다.[63] 다시 말해 하느님께서는 모든 것을 한순간에 보십니다. 태초부터 세상의 종말까지, 그분께서는 우리의 자유의지를 손상시키지 않은 채, 모든 것을 동시에 바라보십니다. 성모님이 어떻게 원죄 없이 잉태되실 수 있었다고 생각하시나요?"

그래서 저는 "예수 그리스도의 수난과 죽음 그리고 부활에 의해서지요." 하고 대답했습니다.

"맞습니다. 하지만 예수님이 아직 태어나시기도 전인데 어떻게 마리아가 예수님의 삶과 죽음의 공로로 원죄 없이 잉태될 수 있었을까요? 성모님의 무염시태는 예수님의 수난과 죽음, 부활이 있기 48년 전에 이루어졌지 않습니까? 바로 하느님께서 시간 너머에 계시기 때문입니다."

그는 계속해서 설명을 이어 갔습니다.

"하느님께서는 전지전능하시기 때문에 과거, 현재, 혹은 미래의 어느 시점에 관계없이 우리가 하게 될 모든 기도에 관하여 알고 계십니다. 그리고 그분의 전능하심으로, 우리의 모든 기도를 들어주시고 모든 시점에 우리의 기도를 적용하실 수 있습니다. 심지어 과거에도 말입니다."

나의 희망의 현현

하느님께서 시간의 범위를 넘어서신 분이라는 개념은 저도 늘 알았지만, 이를 깊이 생각해 본 적은 없었습니다. 그리고 이미 오래전 세상을 떠난 사랑하는 이들의 임종 순간에 오늘날 우리가 드리는 기도로 그들을 도울 수 있다는 개념은 분명 제가 알지 못했던 것이었습니다. 어떻게 이러한 일이 가능한 것일까요? 저는 할머니께서 이미 심판받았고, 이제 와서 할머니를 도울 방법은 없다고 생각했습니다. 무엇보다도 저는 할머니의 영원한 운명은 이미 결정되었다고, 제 기도로는 바꿀 수 없다고 생각했습니다. 자살에 대한 교회의 실제 가르침에 대해 몰랐었기 때문에(1부 2장 참조), 저는 할머니 생애의 마지막에 일어난 사건으로 인해 할머니께서 죽음 이후 마주하게 된 영원한 운명이 끔찍한 것은 아니었을까 두려웠습니다. 이어서 신부님에게 들은 이야기는 이에 대하여 제가 알던 모든 것을 놀라울 정도로 바꿔 놓았습니다.

계속해서 저의 총고해가 이어지면서 신부님은 할머니를 위한 기도의 중요성과 10년 전에 돌아가셨음에도 불구하고 오늘 할머니를 위해 드리는 저의 기도가 할머니의 영원한 운명에 어떤 변화를 가져오는지 계속 강조했습니다.

"알다시피 자살은 대죄입니다. 그렇기에 할머니는 어떤 도움이라도 필요한 상태일 것입니다. 따라서 형제님이 드리는 기도를 통해 얻는 하느님의 은총으로, 할머니는 죽음의 순간에 하느님께서 다가오실 때 그분께 '예.' 하고 더 제대로 응답할 수 있을 것입니다."

그런 다음 그 신부님은 우리가 이러한 희망을 가질 수 있는 이유를 설명하기 시작했습니다.

"파우스티나 코발스카 성녀의 일기에 따르면, 예수님께서는 절망에 빠진 영혼을 세 번 방문하신다고 했습니다. 그리하여 그 영혼이 예수님을 받아들여 지옥에서 구원받을 수 있도록 세 번의 기회를 주신다고 기록하였습니다. 이를 살펴보면, 우리가 사랑하는 이의 영혼이 절망적인 상태에 놓여 있다 할지라도 그들이 회개하고 예수님께 '예.' 하고 응답하여 구원받을 수 있다는 것을 추론할 수 있어요!"

그때까지 저는 파우스티나 성녀와 그 성녀의 일기에 대해 전혀 들어 본 적이 없었습니다. 파우스티나 성녀의 일기에는 그 고해 사제가 인용한 내용이 '자비로운 하느님과 절망하는 영혼과의 대화'라는 일화로 기록되어 있었습니다. 다음은 성녀의 일기에 기록된 해당 대화에서 발췌한 내용입니다.

예수님: 오, 어둠에 빠져 있는 영혼이여, 절망하지 마라. 아직 모든 것이 다 끝난 것은 아니다. 사랑이시며 자비이신 너희 하느님께 와서 의탁하여라.

— 그러나 이 호소에도 영혼은 듣지 못하고 어둠 속에 감싸인다.

예수님께서 다시 [두 번째로] 부르신다: 내 아이야, 너희의 자비로우신 아버지의 목소리에 귀를 기울여라.

— 영혼에게서 "저를 위한 자비란 없습니다."라는 대답이 들려오고 영혼은 더 짙은 어둠으로 빠져들어 간다. 지옥을 미리 맛보는 것과 같은 절망이 그 영혼을 하느님께 가까이 갈 수 없게 만든다.

예수님께서는 그 영혼을 세 번째 부르신다. 그러나 영혼은 귀가 들리지 않고 눈이 먼 채로 완고함과 절망 속으로 잠겨 들어가고 있다. 그러자 하느님의 자비가 그 능력을 최대한 발휘하기 시작하면서 영혼으로부터는 어떠한 협력도 없이, 하느님께서 그 영혼에게 최후의 은총을 베푸신다. 만일 영혼이 이것마저도 거절한다면 하느님께서는 그 영혼을 그가 스스로 선택한 이 영원한 지옥의 상태에 내버려 두실 것이다. 이 은총은 자비로운 예수 성심으로부터 흘러나오며 특별한 빛을 영혼에게 준다. 영혼은 이 빛에서 하느님의 애쓰심을 이해하기 시작한다. 그러나 회심은 영혼 자신의 의지에 달린 것이다. 영혼은 이것이 자신에게 주어지는 최후의 은총이라는 것을 알고, 조금이라도 선의를 보인다면 하느님의 자비가 나머지를 이룰 것이다.

나의 전능한 자비가 이곳에 임하고 있다. 이 은총을 받아들이는 영혼은 행복하다(일기, 1486).

이 내용을 조금 더 자세히 보겠습니다. 이 만남에서 예수님께서는 절망에 빠진 영혼에게[64] 손을 내밀고 계십니다. 분명히 이것은 죽음의 순간에 일어나는 일이죠. 그렇지 않다면 그분이 베푸시는 은총을 '마지막' 은총이라고 부르지는 않았을 것입니다. 이는 죽음의 순간에도 하느님의 은총으로 회심과 회개로 인도할 기회가 아직 남아 있다는 의미일 것입니다. 기억하세요. 교회에서 정의하는 죽음은 생명이 끝날 때 영혼과 육체가 분리되는 순간이지, 모든 활력 징후가 사라져 육체적으로 사망했음을 나타내는 시점이 아닙니다.[65] 전자는 후자보다 몇 시간 후에 일어날 수 있기 때문에, 이 '시간' 동안에 하느님께서 원하신다면 기적을 행하실 수 있습니다.

여기서 우리는 파우스티나 성녀의 글을 통해 하느님께서 모든 사람이 구원받기를 바라시고 어느 누구도 잃지 않기를 바라시기 때문에 죽음의 순간에 영혼을 세 번 찾아오신다는 증거를 발견할 수 있습니다(1티모 2,4; 2베드 3,9 참조). 그러므로 우리는 하느님께서 마지막 순간에 모든 사람(스스로 목숨을 끊은 사람뿐만 아니라 죽은 모든 사람)에게 오셔서 구원의 자비를 베푸신다는 것을 유추할 수 있습니다.

그러한 일이 일어날 수 있다는 고해 사제의 설명을 듣고 저는 정말 굉장하다고 생각했습니다. 하지만 그것이 정말 사실일까요?

예수님께서 죽음의 순간에 영혼에게 세 번 찾아오셔서 그가 생전에 무엇을 했든지 회개의 기회를 주신다는 개념은 제가 가톨릭 신자로서 배웠던 내용과 상반되는 것이었습니다. 그러나 그 신부님은 그러한 내용이 요한 바오로 2세 성인 교황이 새 천년기의 첫 성인으로 시성하신 파우스티나 성녀가 쓴 일기에 기록되어 있다고 확인해 주었습니다. 그리고 여전히 의심이 간다면, 교회의 가르침도 이 개념을 설명하는 것을 찾아볼 수 있다고 덧붙였습니다. 이에 대한 《가톨릭 교회 교리서》의 가르침은 다음과 같습니다.

"우리는 스스로 목숨을 끊은 사람들의 영원한 구원에 대해 절망해서는 안 된다. 하느님께서는 오직 그분만이 아시는 방법으로 구원에 필요한 회개의 기회를 주실 수 있다."(2283항)

저는 "신부님, 정말 이 모든 것이 사실이라면 안심이에요. 예수님께서 오셔서 회개할 기회를 주실 때 저희 할머니가 '예.' 하고 대답하지 않으실 리가 없으니까요. 이건 정말 엄청난 일이에요! 고맙습니다. 신부님, 이제 충고해는 다 한 것 같군요!" 하고 말씀드렸죠.

그런데 그 신부님은 그런 저를 멈추게 하였습니다.

"잠시만요, 문제가 하나 있어요. 할머니가 냉담 중이셨다고 했죠? 할머니가 돌아가시기 전에 성사는 받으셨나요?"

제가 "그건 모르겠어요……."라고 대답하자 그는 설명을 이어 갔습니다.

"문제는 형제님의 할머니가 어떤 이유로든 자신의 삶 속에서 하느님을 외면했을 가능성이 있다는 것입니다. 반드시 의식적으로 거부했다기보다, 하느님을 찾지 않았다는 의미입니다. 이런 경우, 예수님께서 다가오실 때 할머니가 예수님을 알아보지 못할 수도 있어요. 그게 바로 죄가 하는 일입니다. 죄는 우리의 영혼과 하느님의 은총 사이에 장막을 쳐서 하느님의 은총과 사랑이 계속해서 쏟아질지라도 우리가 그것을 받을 수 없도록 만들어 버립니다. 그리하여 우리의 시야가 흐려져 하느님을 알아볼 수 없게 됩니다."

그는 계속해서 제게 당부했습니다.

"형제님의 기도는 그 장막을 걷어 내어 할머니께서 하느님을 더 분명하게 알아볼 수 있도록 도울 수 있어요. 그러면 할머니는 하느님의 모습을 훨씬 더 잘 알아볼 수 있을 것입니다. 여기서, 하느님께 '예'라는 대답을 해야 하는 건 할머니의 몫이지, 형제님이 대신 할 수는 없다는 점을 명심하세요. 하지만 형제님께서 분명 도움을 드릴 수는 있습니다. 이것이 전구轉求의 핵심이지요. 언제 전구를 드리든지 상관없이 말입니다."

제가 말했습니다.

"오, 이런. 신부님 말씀을 듣고 참 다행이라고 생각했는데, 이제는 예수님께서 오실 때 할머니가 예수님을 알아보지 못해 길을 잃으실까 봐 걱정되네요. 할머니께서는 특히 삶의 마지막 때에 하느님을 찾지 않고 계셨어요. 저희 할머니가 죽음의 순간에 예수님께 '예.' 하고 대답하지 못할 수도 있겠네요!"

그는 계속해서 말을 이어 갔습니다.

"형제님의 기도 없이는 할머니가 예수님을 알아보지 못할 수도 있습니다. 그러나 형제님의 기도로 할머니는 하느님의 자비로 허락된 더 많은 은총을 받게 될 것입니다. 성모님께서 파티마에 발현하셔서 그러한 영혼들을 위해 기도하는 이가 없어서 지옥에 가는 영혼이 많다고 말씀하셨던 이유가 바로 그것입니다!"[66]

저는 깜짝 놀라서 물었습니다.

"제가 할머니를 지옥에서 구해 낼 수 있다는 말씀인가요? 그렇지만 제 기억에 교회의 가르침은 그렇지 않았던 것 같은데요."

"아니요, 결코 그런 말이 아닙니다! 지옥은 영구적이며, 한 번 지옥에 가면 되돌릴 길이 없습니다. 형제님의 기도로 얻게 되는 은총으로 할머니에 대한 최종 운명이 봉인되기 전에 그분을 도울 수 있는 거예요. 마치 하느님께서 영혼에 대한 마지막 결정에 그것들이 반영될 수 있도록 허락하신 거라 볼 수 있습니다."

신부님은 계속해서 말을 이어 갔습니다.

"형제님의 기도는 현 시점[2003년]에서 과거 1993년의 할머니 영혼을 구하기 위한 전투에 폭격기 편대를 출격하는 것과 마찬가지예요. 그 기도들은 성모님의 손길을 거쳐 할머니가 죽는 순간, 특히 할머니의 심판 앞에 놓이게 됩니다. 다시 강조하지만, 하느님께서는 시간 밖에 계시기 때문입니다. 오늘 밤 형제님이 할머니를 위해 바치는 '하느님 자비를 구하는 기도'가 가져다줄 은총은 심판을 앞둔 할머니가 하느님께 돌아서서 '예.'라고 할 수 있을 정도로 충분할 것입니다. 그렇지 않았다면 할머니께서 받을 수 없었을 은총입니다."

신부님의 말이 제 영혼을 관통하는 순간 저는 그 한마디 한마디에 집중했습니다.

"형제님의 할머니는 전쟁터에서 쓰러져 [영적] 죽음의 위험에 처한 부상병처럼 스스로를 도울 수 없어요. 형제님은 기도를 통해 동료 군인으로서 할머니를 어깨에 둘러업고 안전한 곳으로 데려다주는 것이죠. 그분이 부상당한 병사처럼 전장에 홀로 남겨진다면 그대로 죽을 것입니다. 또한 파우스티나 성녀의 일기에서 설명했듯이 이 모든 과정에 협력해야 하는 건 할머니의 몫이라는 점을 기억해야 합니다. 할머니가 형제님의 도움을 받아들여, 하느님의 사랑을 받아들이기로 선택해야 하는 것입니다. 선택은 오로지 할머니 본인에게 달려 있어요. 하지만 형제님의 기도는 할머니가 하느님 구원의 은총을 받아들이기로 결정해야 하는 중요한 순간에 필요한 도움을 줄 수 있습니다."

신부님은 하느님께서는 늘 그분의 역할을 하시겠지만 우리도 우리의 역할(사랑하는 사람들을 위해 기도하는 것)을 해야 한다는 점을 강조했습니다. 그러자 그가 앞서 설명한 '제 역할'이 무엇인지 완벽히 이해하게 되었습니다. 그런 다음 그는 '하느님의 역할'을 설명하며 이야기를 마무리하였습니다. 고해 사제는 다시 파우스티나 성녀의 일기를 언급했습니다. 성녀는 모든 희망이 사라진 것 같은, 하느님 은총의 손길이 닿지 않을 것 같은 영혼에게도 예수님께서 찾아오신다고 서술합니다.

때때로 하느님의 자비는 마지막 순간에 죄인을 아주 놀랍고 신비로운 방식으로 어루만지신다. 겉으로는 모든 것을 잃은 듯 보이지만 실제로는 그렇지 않다. 하느님께서 주시는 강력한 마지막 은총의 빛 줄기로 밝혀진 영혼은 마지막 순간에 그러한 사랑의 힘으로 하느님께 돌아온다. 이 영혼은 한순간에 하느님께 죄와 벌을 모두 용서받는다. [이러한 단계의] 영혼은 더 이상 외적인 것에는 반응하지 않기에 겉으로는 아무런 통회나 참회의 표지가 드러나지 않는다. 오, 하느님의 자비란 이 얼마나 헤아릴 수 없는 것인가! 이미 죽음의 마지막 문턱에 놓여 있을지라도 자비로우신 하느님께서는 영혼에게 내적으로 밝아지는 순간을 주신다. 그리하여 만일 영혼이 원한다면 하느님께로 돌아갈 수 있는 가능성을 갖게 하신다(일기, 1698).

저는 벅찬 마음으로 되물었습니다.

"신부님, 이건 정말 대단한 일이군요. 이 얼마나 큰 은총인가요! 그러니까 신부님 말씀은, 저희 할머니가 돌아가셨을 때 이기적으로 기도할 기회를 놓친 저 같은 사람이, 10년이 지난 지금이라도 할머니를 구원받을 수 있게 돕는 것을 허락하실 만큼 많은 사랑과 자비를 지니신 하느님께서 계신다는 말씀이시죠?"

그러자 그 신부님은 기쁨으로 외쳤습니다.

"네, 바로 그 말입니다!"

저는 이 깨달음에 경외감을 느꼈습니다. 그저 계속해서 "우와!"라는 말만 반복했습니다. 그때 그 자리에서 저는 진정으로 희망의 현현顯現, 즉 하느님의 자비에 대한 현현을 얻을 수 있었습니다. 저는 기쁨에 휩싸여서 "신부님, 잘은 모르겠지만 이제 앞으로 제 여생 동안 하느님 자비의 메시지를 전해야겠어요!" 하고 외쳤습니다.

제 인생을 완전히 변화시킨 이 대화가 끝날 무렵, 신부님은 제게 하느님 자비를 구하는 기도를 바치는 방법에 관한 상본 하나를 건네주었습니다. 저는 그때까지 하느님 자비를 구하는 기도에 대해 전혀 들어 본 적이 없었습니다. 그런데 그 카드가 어디에서 인쇄된 카드였을까요? 다름 아닌 훗날 사제가 된 제가 현재 살고 있는 매사추세츠주 스톡브리지의 하느님 자비의 국립 대성당에서 발행한 상본이었습니다.

당시 저는 원죄 없이 잉태되신 마리아의 교부회 사제들이 '하느님 자비'를 알리는 사제들이라는 사실을 몰랐습니다. 이제는 저도 그들 중 한 명입니다! 제 인생에서 이보다 더 크게 행복한 적은 없습니다. 하느님께서는 제가 총고해를 하도록 이끄시면서 당신께서 제게 하실 일을 이미 알고 계셨습니다. 객관적인 악에서 더 큰 선을 이끌어 내고 계셨던 것입니다. 하느님께서는 심지어 할머니의 자살을 계기로 제가 사제 성소를 발견하도록 이끄셨습니다. 고통받는 영혼들을 만지고 치유하시는 그리스도의 신성한 자비의 도구가 될 저의 성소를 발견하도록 말입니다.

하지만 당시에는 그저 할머니를 위해 기도해야겠다는 생각밖에 없었습니다. 그날 밤 저는 집으로 돌아가 할머니를 위해 하느님 자비를 구하는 기도를 바쳤습니다. 그런데 갑자기 무언가가 느껴졌습니다. 제 기도가 할머니에게 변화를, 아주 큰 변화를 일으켰다는 것이 느껴졌어요. 어쩌면 그 기도를 통해 할머니는 수년 전 스스로 목숨을 끊었기에 희망이 없다고 여겼음에도 불구하고, 천국에 들어갈 수 있었을지도 모릅니다. 저는 그날 밤 주님께서 제가 할머니를 도울 수 있는 은총을 베풀어 주셨다고 믿습니다. 하느님, 감사합니다!

그 고해 사제와의 만남은 놀라움 그 자체였습니다, 지금도 그렇게 느껴집니다. 그야말로 제가 발견한 '희망의 현현'이었습니다. 자살 혹은 다른 어떤 유형으로든, 누군가를 잃은 경험이 있는 분에게도 이 희망의 현현은 똑같이 적용될 수 있습니다. 여기서 밝혀진 아름다운 사실은 제 고해 사제가 설명해 준 그 은총이 세상을 떠난 모든 이가 얻을 수 있는 은총이라는 것입니다. 비단 자살한 사람들에게만 해당되는 은총이 아닙니다. 우리가 세상을 떠난 고인들을 도울 수 있고 그들을 위한 희망을 얻을 수 있다는 뜻입니다. 우리의 기도 속에서 흐르는 하느님의 은총과 자비를 통해서 말이지요. 제 이야기가 여러분에게 희망이 되었기를 바랍니다. 비록 우리가 개인적으로 만난 적은 없지만, 여러분과 여러분이 잃어버린 사랑하는 이들을 제 마음에 담아 저의 기도와 미사 지향 속에 기억하겠습니다.

어떤 분들은 제 이야기를 고무적이라 여기겠지만, 어떤 분들에게는 많은 질문을 야기할 수도 있을 것입니다. 이제 이 이야기에 대해 지금까지 받아 온 질문 중 몇 가지를 살펴보겠습니다.

시간은 정말 실재하는가?

인간이 신을 '의인화'하는, 다시 말해 신성한 존재에 인간적 특성이나 행동을 투영하는 경향이 있는 건 사실입니다. 사실 우리가 인간이기 때문에 인간적으로 공감할 수 있는 방식으로 하느님을 더 잘 이해할 수 있게 도움을 준다면, 이는 좋은 방법일 것입니다. 그렇지만 이러한 사고방식에는 한계가 있습니다. 바로 인간적 한계를 하느님께 적용하여 특정 영역에서 하느님이 무력한 분이라 믿도록 유도할 수 있기 때문입니다.

종종 사람들이 이런 질문을 합니다.

"하지만 신부님, 자살하는 경우 죽는 순간에 하느님께서 자비를 베푸실 시간적 여유가 없을 거예요. 만약 그 사람이 즉시 사망한 경우라면, 그러니까 신부님의 할머니가 스스로 총을 쏜 경우처럼 말입니다. 방아쇠를 당기는 순간부터 총상으로 사망에 이르기까지 하느님께서 할머니의 영혼을 과연 세 번 방문하실 수 있는 시간이 있었을까요? 할머니께서 과연 구원의 필수 요건인 회개할 시간이 있었을까요?"

이 질문에 대한 답을 드리자면, 하느님께서는 우리가 평생 할 수 있는 것보다 훨씬 더 많은 일을 눈 깜짝할 사이에도 행하실 수 있는 분이라는 점을 상기시켜 드리고 싶습니다. 모든 피조물의 존재를 매 순간 유지시켜 주시는 분이 하느님이십니다. 그러니 그분께서 지닌 능력과 권능에 비하면 그런 일쯤은 아무것도 아닙니다.

믿기 어렵겠지만, 하느님께서는 저희 할머니나 돌아가신 여러분의 가족이 자살을 감행한 시점부터 실제 죽음을 맞이하기까지의 그 짧은 순간에도 그들과 소통이 가능하신 분입니다. 파우스티나 성녀의 증언에서 알 수 있듯이, 그분은 죽음의 순간에 영혼과 그 모든 대화를 나누실 수 있습니다. 그리고 많은 증언에 따르면 그분은 평생 지나온 시간을 순식간에 보여 주실 수도 있습니다. 사람들은 종종 이러한 경험을 '내 삶 전체가 눈앞에 스쳐 지나갔다.'라고 표현하곤 합니다. 밤에 잠을 자면서 꾸는 꿈을 생각해 보세요. 깨어날 때면, 마치 오랜 시간 동안 펼쳐진 사건을 세세하게 본 듯하게 느껴집니다. 그러나 이러한 꿈도 대부분 실제로는 몇 초 또는 몇 분만이 걸렸을 뿐입니다.

저는 순간 안에서 영혼과 소통할 수 있는 하느님의 능력에 관한 질문을 받을 때면 종종, "제 할머니를 죽게 만든 총알도 3인치를 날아갈 수 있었던 그 시간 안에 하느님께서 기적을 행하실 수 없었을 거라 여기는 건 아니겠지요?" 하고 되묻곤 합니다. 당연히 하느님께서는 기적을 행하실 수 있었을 것입니다. 이 순간이 바로 우리가 영혼들이 회개하였기를 바라는 결정적인 시간이니까요. 사실 실제로 영혼이 육체에서 언제 분리되는지 알 수가 없으므로, 그들에게 우리가 인지하는 것보다 회개할 시간이 더 많이 주어졌을 수도 있습니다. 어쩌면 영혼과 육체의 분리는 죽고 나서 몇 시간가량 걸릴 수도 있습니다. 교리서는 자살로 희생된 영혼에 대해 "하느님께서는 오직 당신만이 아시는 방법으로 그들에게 구원에 필요한 회개의 기회를 주실 수 있다."라고 명시하고 있습니다(《가톨릭 교회 교리서》, 2283항 참조).

저는 자살한 영혼의 마지막 회개를 목격한 또 다른 성인의 사례를 발견했는데 잠시 그 이야기를 나눠 보겠습니다.

요한 마리아 비안네 성인(1786~1859년)은 프랑스 아르스에 위치한 작은 시골 교회 사제였습니다. 그는 계몽주의 사상과 지역 향락주의로 황폐해진 마을을 신앙의 중심지로 탈바꿈시켜 프랑스 혁명의 여파로 혼란을 겪던 가톨릭 신앙을 회복시키는 데 기여했습니다. 끝없는 고해성사를 통해 그 모든 일을 해낼 수 있었지요. 성인은 고통으로 점철된 삶을 살았지만 많은 기적과 성모님의 크신 사랑 안에 있었습니다.

1856년, 한 여인이 아르스에 찾아왔습니다. 그 부인은 얼마 전 무신론자였던 남편을 잃었는데, 남편이 지옥에 갔을 거라 여기며 절망에 빠져 있었지요. 마침 비안네 신부가 11시 교리 수업을 마친 후 고해성사를 행하기 위해 성당으로 돌아가고 있었습니다. 그런데 성인이 갑자기 그 부인 곁에 멈춰 서고는 그녀에게 "남편분은 구원받았어요!" 하고 말했습니다.

그 부인은 몹시 놀랐습니다. 그러자 성인은 똑같은 말을 두 번 더 반복한 후 그녀에게 당부했습니다.

"부인, 남편분은 지금 연옥에 있으니 그를 위해 기도해야 합니다. 다리 난간에서 물로 떨어지는 순간에 그가 참회했어요."

성인은 부인의 남편이 복되신 성모 마리아에 대한 아내의 신심에 가끔씩 동참했던 일 덕분에 성모님께서 그가 그러한 은총을 얻을 수 있게 도와주셨다고 확인해 준 것입니다.

나중에 이 부인은 아르스 성지 순례에 동행한 다른 사제에게 비안네 신부로부터 들은 일에 대해 다음과 같은 소감을 남겼습니다.

"남편의 비극적인 죽음으로 인해 저는 캄캄한 절망에 빠져 있었습니다. 그는 하느님을 믿지 않았어요. 그리하여 제 인생의 유일한 소망은 그를 하느님께로 인도하는 것이었습니다. 그러나 그렇게 할 수가 없었어요. 그가 스스로 물에 뛰어들어 생을 저버렸으니까요. 저는 그가 구원의 기회를 잃었다고 생각할 수밖에 없었습니다. '오! 이제 다시는 우리가 만날 수 없는 것일까?' 하고 절망했습니다. 그런데 방금 들으신 것처럼, 아르스의 성자가 제게 한 번도 아니고 여러 번 '남편분은 구원받았어요!'라고 말씀해 주셨어요. 그러니 저는 천국에서 그를 다시 만날 수 있습니다!"[67]

스스로 자살을 선택한 사람이 회개하고 하느님의 자비를 받아들이는 것은 정말로 있을 수 있는 일입니다. 실제로 희망은 있습니다. 또한 이 경우 부인의 남편이 무신론자였음에도 불구하고 어느 정도는 아내의 믿음과 신심으로 그 순간 구원을 받을 수 있었다는 점을 가리키고 있습니다. 따라서 우리도 사랑하는 이들을 위해 그렇게 할 수 있습니다. 그렇지만 여러분이 고통 중에 있다고, 하느님께서는 자비로우신 분이니 목숨을 버려도 된다는 성급한 결론은 절대 내리지 마십시오. 이는 하느님의 뜻을 마음대로 간주하는 죄에 해당할 수 있으며 하느님에게서 영원히 분리되는 결과를 초래할 수도 있습니다. 그러니 절대 그러한 위험을 감수하지 마십시오!

제가 변화를 가져올 수 있나요?

가능합니다. 완벽한 예로 예수님께서 중풍 병자를 고치신 복음 이야기를 생각해 봅시다(마태 9,1-8; 마르 2,1-12 참조). 네 명의 친구는 예수님께서 친구를 고쳐 주실 수 있다고 믿었기에 병자인 친구를 예수님 앞에 데려가려고 했습니다. 그러나 집 안에는 이미 많은 군중이 들어차 있어서 예수님께 다가갈 수가 없었죠. 그들은 주저하지 않고 지붕을 뚫고 침대에 누워 있던 병자를 예수님 앞으로 내려보냅니다.

그들에겐 믿음이 있었어요. 그리고 예수님께서는 믿음만 있으면 산도 옮길 수 있다고 말씀하십니다. 그들이 병자인 친구를 예수님께 데려갔을 때 예수님께서는 즉시 그를 치유해 주셨습니다. 이때 예수님께서는 무엇이라 말씀하셨나요? 중풍 병자의 믿음으로 그가 치유되었다고 말씀하셨나요? 아닙니다. 성경은 이렇게 기록합니다.

"그런데 사람들이 어떤 중풍 병자를 평상에 뉘어 그분께 데려왔다. 예수님께서 그들의 믿음을 보시고 중풍 병자에게 말씀하셨다. '얘야, 용기를 내어라. 너는 죄를 용서받았다.'"(마태 9,2)

예수님께서 병자에게 기적을 행하실 수 있었던 것은 친구들의 믿음 때문이었습니다. 따라서 여러분의 믿음은 하느님께서 여러분의 마음속에 두신 이들, 즉 치유와 구원이 필요하다고 여기는 이들을 도울 수 있습니다. 예수님께서는 다른 이를 통해서라도 가능한 모든 방법으로 모든 이를 축복하기를 원하십니다! 그렇지만 중요한 점은 이에 대한 우리의 믿음입니다.

하느님께서는 악에서 저절로 더 큰 선의 상황을 이끌어 내시지는 않습니다. 사실 악은 보통 더 많은 악을 낳을 뿐이죠. 남에게 괴롭힘을 당한 피해자가 다른 이에게 해코지하는 경우가 많다는 사실을 떠올려 보세요. 또는 이 책에서 다루는 '자살이라는 악'에 대해 생각해 봅시다. 연구에 따르면 자살 행위는 종종 또 다른 이의 자살, 결혼 파탄, 알코올이나 약물 남용, 신앙 상실과 같은 또 다른 악한 상황을 불러일으킵니다. 요컨대 악은 우리를 악순환으로 몰아갑니다.

그러나 이러한 악순환의 고리를 끊는 한 가지 해결책이 있습니다. 바로 하느님의 자비입니다. 하느님께서는 악의 상태에서 더 큰 선함으로 우리를 이끌어 낼 힘을 지니시며, 그 힘을 '하느님의 자비'라고 부릅니다. 그렇지만 악에서 선을 이끄시는 하느님 자비의 힘은 그냥 주어지는 것이 아닙니다. 이를 얻기 위해서는 우리도 우리의 역할, 즉 하느님 자비의 힘을 불러일으킬 수 있는 무언가를 해야 합니다.

과연 그것이 무엇일까요? 우리는 그것을 믿음, 또는 **의탁**이라 부르기도 합니다. 제 동료 마리아회 사제 한 명이 어떻게 믿음과 의탁으로 하느님 자비의 힘을 얻을 수 있는지를 성찰한 글이 있습니다.

"어찌하여 예수님께서는 고향인 나자렛에서는 많은 기적을 행하지 못하셨던 것일까요(마르 6,5 참조)? 기억하시나요? 예수님께서 하실 수 있는 일이라고는 누군가의 내향성 발톱을 치료하는 것처럼 작은 기적이 전부였습니다. 왜 그곳에서 예수님은 큰 기적을 행하실 수 없었을까요? 바로 사람들의 믿음이 부족했기 때문입니다. 생각해 보십시오! 전능하신 하느님이시며 인간이신 분, 물 위를 걷고 귀신을 쫓아내고 귀머거리와 눈먼 자를 고치시는 그 위대한 분도 어떤 의미에서는 우리가 그분께 우리의 믿음을 내어 드리지 않으면 힘을 쓰실 수가 없습니다. 그러나 그분 자비의 힘을 불러일으키는 것이 있는데, 그게 바로 믿음이고, 의탁입니다. 이것이 아기 예수의 데레사 성녀가 하느님께 의탁하는 것을 강조한 이유입니다. 이것이 곧 예수님께서 파우스티나 성녀에게 '예수님, 저는 당신께 의탁합니다.'라는 서명이 담긴 하느님 자비의 예수님 이미지를 그려 달라 청하신 이유이기도 합니다."[68]

예수님께서는 왜 우리가 그분께 의탁하기를 원하실까요? 주님은 왜 우리가 믿음을 갖기를 원하시나요? 그래야만 주님께서 우리에게 자비를 베푸실 수 있기 때문입니다. 바로 그렇게 함으로써 그분의 자비가 우리 삶 속의 악을 선으로 바꿀 뿐 아니라, 그로부터 더 큰 선을 이끌어 낼 수 있습니다.

하지만 우리가 그분이 그렇게 하시도록 내어 드릴 수 있을까요? 우리가 그분께 의탁할 수 있을까요?

핵심은 바로 이 두 질문에 있습니다. 물론 자살과 같은 끔찍한 비극은 우리의 믿음을 시험에 들게 하고 하느님께 의탁하기 어렵게 할 수 있습니다. 그렇다면 믿음이 없어 어려움을 겪는 경우는 어떻게 해야 할까요?

다시 한번 성경을 살펴봅시다. 마르코 복음서 9장을 보면 더러운 영에 시달리는 소년의 아버지가 예수님께 "주님, 믿음이 없는 저를 도와주십시오!" 하고 외칩니다(마르 9,24 참조). 소년의 아버지는 왜 굳이 그렇게 말했던 걸까요? 바로 예수님께서 자신을 도와주실 것이라는 희망과 기대를 가졌기 때문입니다. 이것이 바로 희망의 힘입니다. 희망은 우리가 그저 견뎌 낼 수밖에 없게 내몰린 삶의 비극에 대처하도록 도와주는 열쇠입니다.

어떻게 이것이 가능한가요?

그렇다면 우리가 기도를 언제 드리든지 효력이 있을 수 있다는 주장이 어떻게 가능할까요? 그 근거 중 하나는, 노스캐롤라이나에서 만났던 한 사제의 말처럼 하느님께서는 '모든 것을 다 아시는 전지전능하신 분'이시기 때문입니다.

하느님께서는 우리가 기도하기 전에 이미 우리가 드릴 모든 기도를 알고 계십니다. 《가톨릭 교회 교리서》는 이에 대해 "하느님께는 시간의 모든 순간이 실제적으로 현재이다. 그러므로 하느님께서 그 '예정'의 영원한 계획을 수립하실 때, 거기에는 당신 은총에 대한 각 사람의 자유로운 응답도 포함된다."(600항)라고 명시합니다. 또한 하느님께서는 철학자이자 작가인 피터 크리프트가 "소설 속 모든 사건이 작가의 마음속에 존재하는 것처럼, 하느님께 모든 시간은 영원 속에서 동시에 존재한다."라고 말한 것과 같이 전지전능하신 분이십니다.[69]

하느님께서는 우리의 기도를 받아들이시어 과거, 현재, 미래에 적용할 능력이 있으십니다. 예를 들어, 예수님께서는 예수님의 수난으로부터 1,900년 후에 이루어진 파우스티나 성녀의 기도가 당신의 쓰라린 수난을 견디는 데 도움이 되었다고 말씀하셨습니다(일기, 1212, 1214, 1224 참조). 이 사례는 우리의 기도가 시간을 초월할 수 있음을 보여 줍니다. 누군가가 죽은 후에 드리는 우리의 기도는 그들이 연옥에 머무는 시간을 단축시킬 뿐만 아니라 그들의 구원에도 변화를 가져다줄 수 있습니다. 하느님께서 우리의 기도를 받는 시점이 그 사람이 죽고 난 '이후'가 아니기 때문입니다. 하느님께 제 할머니의 자살은 10년 전에 일어난 일이 아닙니다. 그분께는 모든 것이 동시에 존재합니다.

우리가 진심 어린 마음으로 정성껏 드린 기도를 뒤늦은 날짜에 올렸다는 이유로 효력이 없는 기도로 여기실지 모른다는 생각은 사랑 그 자체이시며 자비로우신 하느님께 합당치 않아 보입니다. 할머니가 자살하셨을 당시, 저는 신앙생활에 적극적이지 않았고, 하느님의 사랑과 자비가 얼마나 큰 영향을 미치는지도 전혀 아는 바가 없었습니다. 나중에 제가 회개하고 교회로 돌아오면서 저는 어쩌면 10년 전에 드렸을 기도보다 훨씬 더 진실한 마음으로 돌아가신 할머니를 위해 기도드릴 수 있었습니다. 어쩌면 그러한 이유로 하느님께서 일이 그렇게 되도록 허락하셨는지도 모릅니다. 제 경험에 비추어 볼 때, 할머니의 구원을 위해 제가 기도드린 시기와 상관없이 하느님께서 제 기도를 받아 주신다는 생각은 이치에 맞아 보일 뿐 아니라 하느님의 선하심과도 전적으로 상응하는 일이라 여겨집니다.

피에트렐치나의 비오 성인이나 도로시 데이와 같은 교회의 위대한 인물은 우리의 기도가 '시간 영역 너머'로까지 도달할 수 있다고 말했습니다. C. S. 루이스 같은 그리스도교 문학 작가나 예수회의 로버트 스피처 신부나 지미 에이킨, 피터 크리프트와 같은 오늘날의 신학자와 철학자 모두 이에 대한 믿음을 거듭 강조했습니다(자세한 설명은 '맺음말'을 참조하세요).

따라서 현 시점에서는 이러한 주장이 사실이라는 가정하에 논의를 계속하겠습니다. 이후 더 자세히 살펴보겠지만, 과거에 일어난 어떤 특정적인 사건에 대한 변화를 지향하며 기도하는 건 부적절합니다. 하지만 그 밖의 것을 기도하는 것은 전적으로 합당합니다.

이제 주님께서 믿기 어려울 정도로 놀라운 이 희망에 대해 저를 어떻게 확신시켜 주셨는지에 대한 이야기 하나를 더 나누고 싶습니다. 여러분도 이 이야기를 통해 확신을 갖게 되기를 바랍니다.

의심스러운가요?

할머니의 죽음에 대한 마음의 평화를 되찾은 후 저는 사제가 되어 슬픔에 빠진 이들에게 제 체험을 나누기 시작했음에도 몇 가지 의구심이 남아 있었습니다. 그러한 희망을 의심하고 싶은 유혹이 들었습니다. 하지만 이번에도 다시 한번, 주님께서 개입하셨습니다.

어느 날 본당 선교 활동(신부나 그리스도교 신앙 강연자가 교회에서 평신도들에게 하느님 이야기를 전하는 신앙 교육 행사)을 하던 중이었습니다. 특별히 그날은 본당 선교 활동을 진행하는 동안 할머니가 돌아가신 후 수년 동안 올린 하느님 자비를 구하는 기도가 정말 할머니에게 도움이 되었는지에 대한 두려움과 의심이 들기 시작했습니다. 어쩌면 제 기도로 할머니의 영원한 운명을 바꿀 수 있다는 생각이 교만이 아닌가 하는 의심이 들기 시작했습니다. 마치 파우스티나 성녀가 그랬던 것처럼 저도 악마의 도전을 받는 듯했습니다.

사실 그러한 의심이 너무도 강하게 든 나머지 더 이상 본당에서 강론할 때 이 주제에 대한 이야기는 하지 않기로 결심했습니다. 그리고 '어쩌면 할머니의 영혼이 잘 계실 거라고 혼자 상상한 거였는지도 몰라. 어쩌면 할머니께서 천국까지 가지 못하셨을 수도 있어.'라고 생각했습니다. 그래서 '주님, 만일 이러한 가르침이 사실이고, 제가 이에 대한 강론을 하길 원하신다면 저에게 표징을 주세요.' 하고 기도했습니다. 하느님께 그런 식으로 도전할 것을 권장하지는 않지만, 선하신 주님께서는 제가 힘들어하는 것을 아셨고 또 그런 질문을 허락하시기도 합니다. 이에 대한 주님의 응답이 있기까지는 그리 오래 걸리지 않았습니다.

제 체험에 대한 강론을 더 이상 하지 않기로 결심한 바로 그날이었습니다. 3일간 진행되던 본당 선교 활동의 마지막 강론을 하기 위해 사제관에서 나와 교회로 걸어가고 있을 때 놀라운 일이 일어났습니다. 저는 주차장을 가로질러 가다가 차에서 내리던 한 젊은 여성과 시선이 마주쳤습니다. 제가 그분에게 살짝 미소를 지었는데, 그 여자분은 잠시 저를 쳐다보며 자신이 아는 사람인지 아닌지 파악하려는 듯 보였습니다. 그러고는 제게 "혹시 요셉 신부님이세요?" 하고 물었습니다.

그래서 제가 대답했습니다.

"아, 그런 셈이죠. 마리아의 협력자 협회 이사에게 주어지는 명예 직함이 '요셉 신부'인데, 현재 그 직책을 제가 맡고 있으니까요. 저는 크리스 에일라 신부라고 합니다."

그러자 그녀는 제게 "신부님이 CD에서 할머니의 자살에 대해 이야기한 그 신부님 맞으세요?" 하고 물었습니다.

할머니에 관한 이야기를 더 이상 하지 않기로 결심한 지 불과 얼마 되지 않았는데 그런 질문을 받은 저는 "네, 그렇습니다." 하고 대답했습니다.

그러자 그 자매는 "신부님, 잠시 이야기를 나눌 수 있을까요? 드릴 말씀이 있어요."라고 말하였고 저는 그렇게 하기로 했습니다. 그러고 나서 그녀는 놀라운 이야기를 하기 시작했습니다.

"신부님, 저도 친척 중에 스스로 목숨을 끊은 분이 있어요. 4년 전 삼촌이 돌아가셨는데, 신부님과 마찬가지로 삼촌이 돌아가시기 전에 삼촌을 위한 기도를 전혀 하지 않았기 때문에 몹시 힘들었지요. 나중에 시간이 지나서야 심각할 정도로 저에게 자애심이 부족했음을 깨닫게 되었는데 그때 저는 이미 너무 늦었다고 생각했어요."

그래서 저는 그분께 말했습니다.

"너무 자책하지 마세요. 때론 우리가 삶의 균형을 잡으려 하는 와중에 그런 일들이 일어나기도 합니다."

그녀가 말했습니다.

"그렇지 않아요, 신부님. 제가 이기적이어서 삼촌을 위해 기도하지 않았던 거예요. 그리고 신부님이 그러셨던 것처럼 저도 삼촌이 지옥에 갔다고 생각했고 부분적으로는 제 잘못이라고 생각했습니다. 그런데 신부님의 이야기를 듣고 즉시 삼촌을 위한 기도를 드리기 시작했어요. 삼촌에게 도움이 되길 바라면서 하느님 자비를 구하는 기도를 많이 바쳤습니다."

"정말 잘하셨습니다."

"그러니까…… 신부님, 제가 정말로 드리려는 말은…… 몇 달 전 제가 고해성사를 하려고 어떤 사제 한 분을 찾아갔을 때 일어난 일이에요. 신비가로 알려진 그 고해 사제는 심지어 영혼의 상태도 읽는 분이라고 하더라고요. 잘은 모르겠지만요. 어쨌든 제가 고해성사를 마치고 떠나려고 하는데 그 사제가 저에게 '그런데 자매님의 기도가 효과가 있었군요.' 하고 말씀하시는 거예요. 제가 '무슨 말씀이신가요?' 하고 반문하자 그분은 저에게 '4년 전에 스스로 목숨을 끊은 삼촌이 있죠?' 하고 묻더군요. 저는 즉시 '신부님, 그걸 어떻게 아셨어요? 제가 말씀드린 적이 없었는데요.' 하고 묻자, 신부님은 '자매님 삼촌은 지금 천국에 있습니다.'라고 하셨어요. 저는 충격을 억누르며 '신부님, 그걸 어떻게 아시나요?' 하고 물었습니다. 그러자 신부님은 '제가 방금 보았으니까요.'라고 말씀해 주셨어요."

저는 그 자매의 체험담에 완전히 감화되었습니다. 불과 몇 시간 전까지만 해도 저는 제 이야기에 큰 의심이 들었습니다. 그리고 그 자매와 마주치기 불과 몇 분 전만 해도 하느님께서 제게 그것이 참되다는 표징을 주시지 않는다면, 즉 몇 년이나 뒤늦은 기도일지라도 기도를 통해 죽음의 순간에 할머니와 다른 죽은 영혼들이 도움을 받을 수 있다는 표징을 보여 주시지 않는 한 다시는 이러한 이야기에 대한 강론을 하지 않겠다고 결심했었습니다. 그런데 이때 놀랍도록 명백한 확답이 온 것입니다. 하느님께서는 선하십니다! 하느님께서는 자비로우십니다!

이 시점에서 어쩌면 여러분은 이렇게 느낄 수도 있습니다.

"정말 다행이군요, 크리스 신부님. 하지만 제가 사랑하는 이에 대해서는 그런 확신을 갖을 수가 없어요."

어쩌면 여러분은 그다지 큰 희망을 느낄 수 없는 상황에 있는지도 모릅니다. 제 할머니가 고통과 시련 속에서 하느님이 과연 존재하는가 의심했던 것처럼, 여러분도 하느님이란 존재가 있는지에 대해 궁금해하고 있는지도 모릅니다.

만일 그런 상황에 있다면 하느님께서는 실재하시는 분이며, 항상 우리 모두를 부르고 계신다는 사실을 기억하세요. 삶 속에서 하느님의 선하심을 수없이 많이 체험하고도 어찌 주님의 자비를 의심할 수 있겠습니까? 제게 희망이 찾아 온 것은 이를 깨닫고 마침내 그분께 응답했을 때였습니다. 환시로 주님을 뵈었음에도 하느님의 선하심에 의심을 품었던 파우스티나 성녀의 신비로운 체험은 제게 위로를 주었습니다. 성녀는 "나는 늘 미혹당할까 봐 두려웠기 때문에, 하느님의 은총들을 너무 많이 낭비했다."(일기, 143)라며 자신의 의심에 관하여 서술합니다.

우리는 종종 하느님의 무한한 자비에 대해 의문을 품거나 심지어 의심하기도 합니다. 이에 대한 이유 중 하나는 "지각을 뛰어넘는"(에페 3,19) 그리스도의 신성한 사랑의 "너비와 길이와 높이와 깊이"를 인간적으로 이해하는 것이 불가능하기 때문입니다. 하지만 예수님께서는 우리가 당신께 의탁할 수 있도록 모든 확신을 주고 싶어 하십니다. 의탁은 하느님 자비의 수문을 여는 열쇠입니다. 주님께서는 다음과 같이 파우스티나 성녀에게 당신의 마음을 전하셨습니다.

내 딸아, 사제들에게 나의 이 상상할 수도 없는 자비에 대해서 말하여라. 자비의 불꽃이 나를 불태우고 있다. 나의 자비를 영혼들에게 계속해서 쏟아부어 주고 싶다. 하지만 영혼들은 나의 선함을 믿으려고 하지 않는다(일기, 177).

우리는 하느님의 선하심이 이토록 특별할 수 있다는 점을 이해할 수가 없기에 하느님의 자비를 의심합니다. 사실 주님의 자비는 너무나 큰 나머지, 우리는 그것을 믿을 수 없을 때가 많습니다. 가련한 죄인들을 향한 주님의 사랑은 상상할 수 없을 정도로 큽니다. 예수님께서는 파우스티나 성녀에게 "이 자비의 불꽃이 쓰여지기를 갈망하면서 나를 불태우고 있다."(일기, 50)라고 말씀하십니다. 그분은 우리와 우리가 사랑하는 이들에게 믿기 어려울 만큼의 자비를 쏟아부어 주시기를 원하십니다.

그렇지만 그러기 위해서는 믿음이 있어야 합니다. 하느님께서는 진리이시며 거짓을 말하시는 분이 아니기에 우리는 그분을 믿을 수 있습니다. 하느님께서는 자비 그 자체이십니다. 그래서 우리는 그분을 '하느님의 자비이신 예수님'이라고 부릅니다. 자, 주님께 이렇게 말씀드리며 하느님 자비의 타오르는 불꽃을 받도록 합시다!

"네, 예수님, 저는 믿습니다. 저는 당신께 의탁합니다. 제가 사랑하는 이의 온 영혼 가득히 당신의 자비를 부어 주소서! 그들에게 자비를 베푸소서. 우리와 온 세상에 자비를 베푸소서!"

4장
파우스티나 성녀의 영성 신학: 희망의 신학

이번에는 '희망의 현현'의 배경에 자리한, 기초적이지만 매우 흥미롭고 이와 높은 연관성이 있는 신학을 나누고자 합니다. 이 신학은 고찰할 만한 충분한 가치가 있습니다. 저의 총고해를 받아 준 고해 사제에 따르면, 하느님께서는 시간 밖에 계시기에 우리는 사랑하는 고인이 죽음과 심판의 순간에 은총을 받아 구원에 이르도록 지금이라도 기도할 수 있습니다. 정말 놀라운 개념입니다. 하지만 이에 대해 다음과 같은 질문이 뒤따를 수도 있습니다.

"그들이 죽는 순간에 예수님께서 자비를 베풀기 위해 오신다면, 왜 굳이 우리가 그들을 위해 기도해야 하는 건가요?"

아주 중요한 질문입니다. 이 질문에 대해 제 고해 사제는 "우리가 그들을 도울 수 있으니까요. 그들의 영혼은 우리의 전구로 얻어진 은총으로 예수님께서 다가오실 때 '예.'라고 더 분명히 말할 수 있습니다."라고 답해 주었습니다.

이를 잘 이해하기 위해서는 우리에게 '희망의 현현'을 계시한 파우스티나 성녀의 가르침을 조금 더 심층적으로 살펴보는 것이 도움이 됩니다. 성녀의 가르침은 우리가 그토록 그리워하는 이들을 도울 수 있다는 큰 희망으로 우리 마음을 부풀어 오르게 합니다. 이번 장에서는 갑작스럽게 비극적으로 생을 마감한 이들을 위한 파우스티나 성녀의 영성 신학, 즉 '희망의 신학'에 대해 살펴보겠습니다.

희망의 증인

요한 바오로 2세 성인 교황의 일대기를 다룬 가장 최고의 전기는 아마도 조지 웨이겔이 저술한 《희망의 증인 *Witness to Hope*》일 것입니다. 저는 이 책이 최고의 전기일 뿐 아니라 그분을 가장 잘 묘사하는 호칭을 제목으로 삼았다고 생각합니다. 요한 바오로 2세 성인 교황은 뼛속까지 진정한 희망의 증인이었기 때문이지요.

왜 요한 바오로 2세 성인 교황은 희망의 증인이 되었을까요? 저는 그 배경에 파우스티나 성녀가 관련되어 있다고 생각합니다. 두 성인은 모두 폴란드인이었습니다. 세상적인 관점에서 본다면, 두 성인 모두 잘못된 시기에 잘못된 장소에서 살았습니다. 하지만 하느님의 관점에서 두 성인은 하느님께서 원하시는 시간과 장소에 있었다고 할 수 있습니다. 인류 역사상 최악의 전쟁이었던 제2차 세계 대전 중, 두 성인이 살았던 폴란드는 가장 많은 사상자를 냈습니다. 그러나 그 끔찍한 어둠 속에서도 예수님은 세상에 빛이 될 강력한 희망의 메시지를 전해 주셨습니다.

이 모든 것은 파우스티나 성녀에게서 시작됩니다. 전쟁이 발발하기 직전에 예수님께서는 이 폴란드 수녀에게 발현하시고는 새로운 복음이 아닌 복음의 핵심을 강조하는 하나의 메시지를 말씀해 주셨습니다. 하느님의 자비로운 사랑, 다시 말해 하느님께서는 고통과 어둠 속에서도 우리를 버리지 않으신다는 것, 그리고 우리가 하느님의 사랑을 받아들인다면 더 큰 자비를 우리의 마음과 삶에 쏟아부어 주신다는 것을 이해하는 것이었습니다.

저는 이 희망이 가득 담긴 메시지의 핵심이 하느님 자비의 성화(파우스티나 성녀가 환시에서 본 예수님의 모습에 기초하여 제작한 그림)에 가장 잘 담겨 있다고 생각합니다. 즉 부활하신 구세주께서 우리의 어둠 안으로 발걸음을 옮기시면서 "예수님, 저는 주님께 의탁합니다." 하고 기도하도록 초대하시는 모습에서 말입니다. 이것이 바로 하느님의 자비입니다. 하느님께서는 우리에게 다가오시고 우리의 고통 속에서 우리를 만나시고, 그 고통에 대해 무엇인가를 행하십니다.

요한 바오로 2세 성인 교황은 이 하느님 자비의 메시지에 대한 깊은 신심을 갖고 있었습니다. 실제로 "하느님 자비의 메시지는 항상 제 곁에 있었고 소중했습니다. …… 저는 하느님의 자비에 대한 제 개인적인 체험을 베드로좌로 가져왔고, 어떤 의미에서 보면 이는 이 교황직을 형상화합니다."[70]라고 말씀하실 정도였습니다.

그분이 직접 묘사한 것처럼 하느님 자비의 메시지가 요한 바오로 2세의 교황직을 형상화한다면, 이 너그러운 동시대 인물과 하느님 자비의 메시지는 떼려야 뗄 수 없는 관계라고 할 수 있겠지요. 요한 바오로 2세 성인 교황은 이 자비의 메시지를 우리 시대를 위한 하느님의 특별한 선물이라 여기어 교회 전체에 널리 전파하도록 하였고 전 세계 사람들은 이 메시지에 실린 희망에 깊이 감화되었습니다. 특히 우리처럼 소중한 사람을 잃은 사람들에게는 더욱 큰 희망을 가져다줍니다. 이제 기도에 의지하고 하느님 자비에 의탁하는 희망의 영성 신학을 좀 더 자세히 살펴봅시다.

기도의 필요성

앞서 전구의 놀라운 능력을 입증하는 파우스티나 성녀의 일기 구절을 인용하였습니다. 이 구절은 세상을 떠난 이들의 구원에 대한 희망을 주는 데 매우 중요하므로 다시 읽어 볼 필요가 있습니다.

나는 종종 죽어 가는 이들의 임종을 지키면서 이들이 하느님의 자비에 의탁하는 은총을 얻어 내기를 간구하고, 언제나 승리하시는 하느님의 은총이 풍성하게 내리기를 하느님께 간청한다. 때때로 하느님의 자비는 마지막 순간에 죄인을 아주 놀랍고 신비로운 방식으로 어루만지신다. 겉으로는 모든 것을 잃은 듯 보이지만 실제로는 그렇지 않다. 하느님께서 주시는 강력한 마지막 은총의 빛 줄기로 밝혀진 영혼은 마지막 순간에 그러한 사랑의 힘으로 하느님께 돌아온다. 이 영혼은 한순간에 하느님께 죄와 벌을 모두 용서받는다. [이러한 단계의] 영혼은 더 이상 외적인 것에는 반응하지 않기에 겉으로는 아무런 통회나 참회의 표지가 드러나지 않는다. 오, 하느님의 자비란 이 얼마나 헤아릴 수 없는 것인가! 이미 죽음의 마지막 문턱에 놓여 있을지라도 자비로우신 하느님께서는 영혼에게 내적으로 밝아지는 순간을 주신다. 그리하여 만일 영혼이 원한다면 하느님께로 돌아갈 수 있는 가능성을 갖게 하신다(일기, 1698).

이번에는 성녀가 죽어 가는 영혼과 대화하며 그들을 위해 하느님의 자비를 얻는 내용이 담긴 또 다른 구절을 읽어 봅시다.

나는 죽어 가는 영혼들과 자주 대화를 나누고 그들을 위해 하느님의 자비를 얻어 준다. 오, 하느님의 선하심은 얼마나 크신지, 우리가 헤아릴 수 없을 정도로 위대하시다. 천국이 놀랄 정도의 하느님 자비의 순간과 신비가 있다. 우리는 영혼들을 판단하지 말아야 한다. 그들에 대한 하느님의 자비란 정말 놀라운 것이기 때문이다 (일기, 1684).

두 구절에 나타난 정황을 살펴보면, 파우스티나 성녀가 죽어 가는 영혼을 위해 하느님의 자비를 얻기 위한 기도를 하고 있음을 알 수 있습니다. 성녀는 하느님의 자비와 선하심이 우리의 이해를 초월하는 놀라운 것임을 깨닫습니다. 말 그대로 '우리가 헤아릴 수 없을 정도로 위대한' 것입니다. 하느님의 선하심과 자비는 너무나 크고 헤아릴 수 없어서 '천국이 놀랄 정도'입니다. 생각해 보세요. 천사와 성인들, 권품 천사들과 능품 천사들, 하늘나라의 모든 이가 하느님의 '경이로운' 자비의 위대함에 놀랍니다. 이것은 우리에게 커다란 위로와 의심할 여지가 없는 희망을 줄 것입니다. 하느님의 자비는 우리가 이해할 수 있는 것보다 더 클 뿐만 아니라 온 하늘의 이해를 뛰어넘는 것입니다.

또한 이 두 구절에서 파우스티나 성녀는 죽어 가는 영혼이 '모든 것을 잃은 듯' 보일지라도 우리가 그들의 상태를 판단할 수는 없다고 주장합니다. 죽음에 처한 영혼은 겉으로는 아무런 반응을 보일 수 없습니다. 하지만 내적으로 그들에게는 '정말 놀라운 하느님의 자비가' 베풀어집니다. 그러나 우리는 죽어 가는 영혼을 위해, 그들이 죽음을 맞이하는 순간에 이 헤아릴 수 없는 자비를 얻기 위해 기도할 수 있고 또 기도해야만 합니다. 이것이 바로 그리스도의 지체로서 우리가 행해야 할 중재 역할 중 일부인 것입니다.

  죽음의 순간을 맞이한 영혼을 위해 강력하게 자비를 구하는 내용을 담은 일기 구절을 하나 더 봅시다. 예수님께서 친히 파우스티나 성녀에게 이를 행할 것을 요청하시며 말씀해 주신 내용입니다.

  죽어 가는 이들을 위해서 할 수 있는 한 많이 기도하여라. 너의 간청으로 그들이 내 자비에 의탁하도록 기도하여라. 그들은 가장 많이 의탁해야 함에도 불구하고 가장 적게 의탁하고 있기 때문이다. 어떤 영혼들의 마지막 순간에 그들을 위한 영원한 구원의 은총을 얻게 되는 것은 너의 기도에 달려 있다는 것을 확신하여라(일기, 1777).

  예수님께서는 파우스티나 성녀에게 '죽어 가는 이들을 위해서 할 수 있는 한 많이 기도할 것'을 부탁하시며, 하느님 자비에 의탁하는 것이 바로 그분의 헤아릴 수 없는 자비를 얻는 열쇠라고 설명하십니다. 또한 파우스티나 성녀에게 죽어 가는 영혼들은 종종 그분의 무한한 선하심에 의탁하지 않으며, 그렇기에 성녀의 기도가 그들이 하느님 자비에 의탁하도록 하는 열쇠를 쥐고 있다고 말씀하십니다.

이번에는 이 강력한 내용을 담은 위의 세 가지 구절을 다 함께 읽어 봅시다. 파우스티나 성녀는 죽어 가는 이들을 위한 성녀의 '간청'으로 예수님의 신성한 자비의 수문이 열리는 것을 봅니다. 그리고 성녀가 그들을 위해 전구할 때면 하느님의 은총은 '언제나 승리'하는 것처럼 보일 정도라고 설명합니다(비록 우리의 전구가 다른 사람의 구원을 보장하지는 않지만, 그럼에도 불구하고 우리가 왜 이러한 희망을 갖을 수 있는가에 대해서는 후에 설명하겠습니다). 우리의 전구는 매우 강력할 수 있습니다. 그리하여 '하느님께서 주시는 강력한 마지막 은총의 빛에 밝혀진 영혼은 하느님으로부터 한순간에 죄와 벌에 대한 용서를 받을 수 있는, 그러한 사랑의 힘으로 마지막 순간 하느님께로 향할 수' 있습니다.

'그 내적으로 밝혀진 순간'에 비치는 하느님의 마지막 은총의 빛은 너무나 강력하여, 영혼은 죄와 그 죄로 인한 모든 형벌에서 영혼을 완전히 정화시키는 '사랑의 힘'으로 응답합니다. 마치 영혼이 세례성사 또는 '하느님의 자비 주일'[71]을 잘 지키면서 얻는 은총으로써 한순간에 새롭게 다시 태어나는 것처럼 말입니다. 이는 상상할 수도 없는 선입니다. 이 은총은 우리의 이해를 뛰어넘습니다. 이것은 또한 헤아릴 수 없는 하느님의 자비입니다!

따라서 우리는 부분적으로나마 우리의 기도에 의해 영혼이 하느님께로 향한다는 주장을 할 수 있습니다. 그렇기에 예수님께서는 파우스티나 성녀에게 죽어 가는 이들을 위해 기도하라고 명하시면서 이렇게 "어떤 영혼들의 마지막 순간에 그들을 위한 영원한 구원의 은총을 얻게 되는 것은 너의 기도에 달려 있다는 것을 확신하여라."(일기, 1777) 하고 말씀하셨습니다. 하느님의 선은 너무나 크시기에 그분은 우리에게 이 영혼들을 도와줄 것을 애원하십니다. 우리는 죽어 가는 영혼들이 그들의 구원에 필요한 하느님의 은총을 받을 수 있도록 돕는 기도의 힘에 의탁할 수 있습니다. 우리는 사랑하는 이들의 영혼이 정화될 수 있도록 이러한 은총의 수문을 열어 줄 수 있습니다. 우리는 변화를 일으킬 수 있습니다.

무엇이 이를 가능하게 할까요? 그것은 바로 우리의 기도가 이웃을 향한 **사랑의 행위**(두 번째 큰 계명)이자 하느님에 대한 **의탁의 행위**(가장 큰 첫째 계명에 대한 표현)이기 때문입니다. 하느님께서는 이웃에 대한 우리의 사랑과 그분을 향한 우리의 사랑을 보십니다. 그리고 그것을 하느님께서는 문이 열린 것으로, 임종의 마지막 순간에 있는 영혼에게 부어 주고자 하시는 모든 은총에 대해 우리가 동의해 드리는 것으로 여기십니다. 어느 한 성공회 설교가는 '우리의 기도는 하느님께서 우리를 도우시도록 설득하는 것이 아니라 하느님께서 그렇게 하실 수 있도록 허락하는 것'이라 정의했습니다. 이렇듯 하느님의 응답, 즉 자비는 우리를 향한 그분의 사랑의 응답입니다. 하느님께서는 공의公儀이십니다. 그리고 하느님의 공의는 모든 사람의 죄에 대해 그분의 자비에 간청할 것을 요구하십니다. 하지만 그분의 자비는 너무나 크시기에, 죽어 가는 사람을 위하는 우리의 사랑에 감복하십니다! 그 뒤 우리의 간청의 결과로 얻은 하느님의 은총을 받아들이는 몫은 그 영혼의 선택에 달려 있습니다.

일례로 저는 마음속으로 저희 할머니에게 그러한 하느님의 은총이 주어졌을 때 할머니가 확실히 그 은총을 받아들이셨다고 믿습니다. 하느님께서는 할머니에 대한 제 마음속 사랑을 보시고는 그 사랑에 마음을 움직이셨습니다. 하느님께서는 우리가 사랑하는 이들과 하느님을 향한 우리의 사랑을 보십니다. 그러고는 당신에게 내재된 부성애적 선하심 속에서 그들 영혼에게 '쏟아져 내리는 은총'을 주시고자 하십니다. 이는 또한 (그들이 그 은총을 받아들임과 함께) 자살의 죄를 포함한 그들의 모든 죄에 대한 심판을 만족시킵니다. 베드로 사도가 "사랑은 많은 죄를 덮어 줍니다."(1베드 4,8)라고 가르치듯이 말입니다.

어떤 영혼에게는 최후의 순간에 최후의 은총을 받아들이는 것이 정말로 우리의 기도에 달려 있습니다. 예수님께서 말씀하신 것처럼 그것은 사랑에 달려 있기 때문입니다. 그리고 파우스티나 성녀가 그리스도의 요청에 응답하고 기도했던 것처럼, 우리도 가능한 한 그들 영혼을 위해 기도해야 합니다. 그러나 여러분이 저와 비슷한 성향이라면 철저하게 기도하고자 하는 유혹을 받을 수도 있습니다. 다시 말해, 과도할 정도로 너무 열심히 기도해야 한다는 압박감을 느끼고, 항상 기도하지 않으면 죄책감을 느끼게 될 정도로 말이죠.

잠시만요. 제가 방금 '너무 열심히 기도한다.'라고 했던가요? 지나치게 기도하는 것이 정말 가능한 일이냐고요?

가능합니다. 예수님께서 파우스티나 성녀에게 하신 말씀에 따르면, 우리는 실제로 지나칠 정도로 기도를 많이 할 수 있습니다.

> 오늘 영성체를 하고 난 후, 나는 주님께 특별히 가까운 사람들에 대해 길게 말씀드렸다. 그때 나는 이런 말씀을 들었다. "내 딸아, 그렇게 말을 많이 하려고 하지 마라. 네가 특별하게 사랑하는 사람들을 나도 역시 특별히 사랑한다. 너를 위해서 나는 그들에게 나의 은총을 쏟아부어 준다. 나는 네가 그들에 대한 말을 해 주는 것이 기쁘지만, 그렇게 하려고 지나치게 애를 쓰지는 말아라."(일기, 739)

이 놀라운 구절을 깊이 묵상하면서 우리는 예수님의 사랑과 어마어마하게 광대한 그분의 자비에 다시 한번 감명받게 됩니다. 여기서 예수님께서는 파우스티나 성녀가 소중히 여기는 사람들에 대한 사랑을 표현하십니다. 그러고는 그들에게 은총을 베푸시어 성녀를 얼마나 사랑하시는지 보여 주십니다. 우리도 희망을 갖고 우리가 잃은 소중한 이들의 운명에 대한 위로를 구해야 합니다. 우리가 사랑하는 사람을 예수님께서도 사랑하십니다. 그리고 그 사랑은 얼마나 크시겠습니까? 이에 대해서는 네 명의 친구와 중풍 병자에 관한 복음을 떠올려 보시기 바랍니다(마태 9,1-8; 마르 2,1-12 참조). 이 복음에서와 같이 우리는 사랑하는 이의 믿음의 정도를 알 수 없다 하더라도, 우리의 믿음으로 여전히 그들의 구원을 희망할 수 있습니다!

우리가 잃어버린 이들을 위해 기도합시다. 그러나 우리가 특별히 아끼는 사람들은 예수님께서도 더욱 특별한 방식으로 그들을 사랑하심을 알고 평안한 마음으로 기도합시다. 충분히 오래 기도를 한 것인지 아닌지 궁금해하고 불안과 스트레스를 느끼며 지나치게 무리할 필요는 없습니다. 우리가 지치고 피곤해서 때때로 더 이상 기도할 수 없을 때에도 하느님께서는 개입하십니다. 그러고는 그 영혼들을 위해 은총을 베푸십니다.

여기서 중요한 것은 은총이 우리가 아니라 하느님에게서 오는 것이며, 하느님께서는 당신의 구원 사업에 우리와 우리의 기도를 사용하신다는 사실입니다. 어떻게 그런 일이 일어날까요? 가톨릭 신앙은 우리가 성사를 통해서 그리스도의 신비체에 결합된다고 가르칩니다. 나중에 살펴보겠지만, 이는 우리가 기도할 때 예수님께서도 기도하신다는 의미로 볼 수 있습니다.

예수님께서는 하느님과 사람 사이의 중개자이십니다(1티모 2,5 참조). 성사 안에서 우리는 그분과 밀접하게 결합합니다. 사울(바오로 사도)이 그리스도인을 붙잡아 가고 박해할 때 예수님께서 하신 말씀에서 이러한 사실을 알 수 있습니다. 예수님께서는 사울에게 "사울아, 왜 **나를** 박해하느냐?"라고 하셨지, '사울아, 왜 **내 제자들을** 핍박하느냐?'라고 말씀하시지 않았던 것입니다(사도 9,4 참조).

이제 이러한 개념을 이해할 수 있기를 바랍니다. 우리의 기도는 어느 시점에 그 기도를 드리든지 관계없이 매우 효과적일 수 있는 것입니다. 그렇다면 우리는 무엇을 위해 기도해야 할까요?

무엇을 위해 기도해야 하나요?

하느님의 '영원성' 그리고 사랑하는 이들을 도울 수 있는 기도에 대한 개념은 특히 미사에서 적용 가능합니다. 베네딕토 16세 교황은 《전례의 정신 Spirit of the Liturgy》에서 미사 중에는 교회의 지붕이 열리며 그 어느 때보다도 하늘과 땅이 맞닿음을 경험하게 된다고 말합니다. 천사들과 성인들이 오르내리고 '신성한 시간'(하느님의 시간)이 '물리적 시간'(우리의 시간)과 하나가 됩니다. 우리는 미사를 통해 인류 구원을 위한 그리스도의 유일한 희생이 실제로 일어나는 수난에 영적으로 함께 참여하게 됩니다.[72] 비록 물리적으로는 21세기 교회의 신자석에 앉아 있지만, 영적으로는 2,000년 전에 일어난 사건에 참석하는 것입니다. 교황은 이렇게 서술합니다.

"자, 과거와 현재가 이렇게 서로 관통하고, 과거의 본질이 단순히 과거의 일이 아니라 현재에 이르는 지대한 영향력이라면, 미래 역시 전례에서 일어나는 사건 속에 현존하는 것입니다 …… 과거, 현재, 미래는 서로에게 스며드는 가운데 영원에 닿게 됩니다."[73]

미사는 가장 강력한 기도의 형태이기 때문에, 고인이 된 가족과 친구를 위해 한 대 혹은 여러 대 이상의 미사를 봉헌하는 것은 훌륭한 실천 방법이라 할 수 있습니다. 또한 미사에 참석하여 하느님께서 여러분 마음에 두신 분들의 영혼을 구원하시고 안식을 주시기를 바라며 기도하는 것도 좋습니다.

특히 제 친구 마이클 게이틀리 신부(MIC)가 '미사에서 최고로 강렬한 순간'이라고 묘사하는 때에 그렇게 기도를 올릴 수 있습니다.[74] 이는 제대에서 사제가 그리스도의 성체와 성혈을 손에 들고 다음 말씀과 함께 성체와 성혈을 아버지께 봉헌하는 **마침 영광송**을 의미합니다.

"그리스도를 통하여, 그리스도와 함께, 그리스도 안에서 성령으로 하나 되어, 전능하신 천주 성부, 모든 영예와 영광을 영원히 받으소서. 아멘."

이 시간은 최고로 강렬한 순간입니다. 예수님께서 미사 중에 당신의 몸과 피, 영혼과 신성을 친히 우리 손에 내어 주시기 때문입니다. 그야말로 사제의 손에, 영적으로 제단에서 사제가 드리는 제사에 자신의 희생을 결합하는 모든 평신도의 손에 내어 주시는 순간이기에 더욱 강렬한 순간입니다. 우리는 다 같이, 각자의 방식으로, 우리를 대신하신 예수님의 무한한 사랑의 희생을 아버지께 바칩니다. 이것이 미사의 힘입니다. 우리 손에 놓인 예수님의 사랑의 희생을 하느님 아버지께 올리는 것이며, 아버지께서는 그러한 완벽한 제물을 거부하실 수 없습니다. 그리스도와 결합하고 그리스도 안에서 우리는 지극히 거룩한 성삼위의 삶, 삼위일체의 사랑의 친교 안으로 들어가게 됩니다!

미사는 참으로 부드러움과 친밀함을 모두 갖춘 가장 완벽한 형태의 기도입니다. 기도가 하느님과의 친교라면, 미사 성제에서의 기도는 하느님과 이루는 온전한 친교라 할 수 있습니다. 미사는 하느님과의 일치 안에서 우리와 함께하시는 성령의 능력으로 성부께 바치는 성자의 기도이며 희생이기 때문입니다. 이러한 이유로, 노스캐롤라이나주 샬럿에 위치한 벨몬트 수도원의 전직 수도원장 에드먼드 맥카프리 신부는 미사를 '하느님께 하느님을 바치는 하느님'이라고 묘사하곤 했습니다. 우리의 죄와 온 세상의 죄를 속죄하기 위해 아들이신 성자 하느님의 희생을 성부 하느님께 바치는 것은 성령 하느님이십니다. 이것이 바로 미사가 무한한 가치를 지니며, 세상을 떠난 이들을 위해 기도할 수 있는 가장 유익한 기회를 제공한다고 보는 이유입니다.

그리스도교 장례 예식: 희망의 여명

전례 신학에는 라틴어로 '기도의 규칙은 믿음의 규칙'이라는 의미의 '렉스 오란디, 렉스 크레덴디 lex orandi, lex credendi'라는 원칙이 있습니다. 우리가 기도하는 방식은 우리가 믿는 것에 영향을 미치며, 우리가 믿는 것은 우리가 기도하는 방식에 영향을 미친다는 의미입니다.[75]

교회가 공식적으로 죽은 이를 위한 전례에 사용하는 기도서를 장례 예식서라고 합니다. 이 예식서는 고인을 위한 철야(밤샘 예식), 장례식(장례 미사 또는 미사 없는 장례식), 그리고 고인과의 고별식(매장)에서 사용됩니다. 이 예식의 시작 기도와 마무리 기도에는 '자살한 이'를 위한 두 가지 선택 기도문이 포함되어 있습니다.* 이 두 기도문은 죽은 이들과 그들의 죽음을 슬퍼하는 이들을 위한 교회의 희망을 잘 나타냅니다. 각 기도문을 살펴보고 그 의미를 풀이해 봅시다.

---

* 미국 가톨릭주교회의의 인가를 받아 공식적으로 사용되는 미국 가톨릭 교회 장례 예식서에 포함된 기도문으로 한국 가톨릭 교회에서 사용하는 공식 장례 예식서에는 포함되어 있지 않다. — 역자 주

자살한 이를 위한 기도

영혼을 사랑하시는 하느님,

당신은 당신께서 창조하신 것을 소중히 여기시며

모든 것은 당신의 것이기에 당신은 모든 것을 살리십니다.

당신의 종 (   )을 너그러이 바라보시어,   [죽은 이들을 위한 희망]

십자가 성혈로 그의 죄와 과오를 용서하소서.

비탄에 잠긴 이들의 믿음을 기억하시어

당신과 함께, 영원토록 살아 계시며 다스리시는

부활하신 우리 주 그리스도 안에서

만물이 다시 새로워질 그날을 기다리는 이들의

소망을 채워 주소서.   [우리를 위한 희망]

아멘.[76]

또는

전능하신 만물의 아버지 하느님,

당신은 십자가의 신비와

당신 아드님의 부활 성사로 우리를 굳건하게 하시나이다.

우리 형제/자매 (   )에게 자비를 베푸소서.   [죽은 이들을 위한 희망]

그의 모든 죄를 용서하시고 평화를 허락하소서.

갑작스러운 죽음으로 슬퍼하는 저희를 위로해 주시고.

주님의 능력과 보호로 저희에게 위안을 주소서.   [우리를 위한 희망]

우리 주 그리스도를 통하여 비나이다.

아멘.[77]

우선 이 전례 기도문의 구조를 살펴봅시다. 이 기도문들은 '영혼의 연인'이시며 '만물의 아버지'이신 전능하신 하느님께 드리는 기도입니다. 첫 번째 기도문은 하느님께서 당신이 손수 만드신 것을 '소중히 여기시고', 모든 것이 그분의 것이기 때문에 '모든 것을 살리신다.'라고 표현합니다. 두 기도문 모두 하느님께서 모든 자녀의 영원한 생명을 원하시는 사랑의 아버지시라는 교회의 믿음을 잘 나타냅니다. 또한 자살로 죽은 사람과 그를 애도하는 사람이라는 두 주체를 대신하여 청원합니다(이 책은 이러한 교회 기도문의 구조와 일치하는 방식, 즉 '죽은 이들을 위한 희망'과 '우리를 위한 희망'이라는 두 개의 구조로 구성되었습니다). 마지막으로 교회는 예수님의 십자가 공덕에 대한 확신에 찬 희망과 믿음을 갖고 그리스도를 통하여 이러한 청원을 올립니다.

이제 이 기도문의 몇 가지 핵심적인 내용을 살펴봅시다. 첫째, 이 기도문은 자살한 사람의 (모든) 죄를 용서해 달라고 간구합니다. 우리는 하느님께 용서를 구하는 기도에 익숙해져 있기 때문에 언뜻 보기에 이 기도의 중요성에 대해 그다지 큰 의미를 두지 않을 수도 있습니다. 그러나 이 기도문은 이미 죽은 사람을 위해, 장례 미사일 경우 아마도 3일 이상, 즉 영혼이 이미 육체와 분리된 상태에 있을 시점에 하느님께 그의 죄를 용서해 달라고 간구합니다. 교회는 영혼이 죽음과 동시에 개별 심판을 받는다고 믿습니다. 《가톨릭 교회 교리서》에는 다음과 같은 내용이 명시되어 있습니다.

"각 사람은 죽자마자 자신의 삶을 그리스도께 셈 바치는 개별 심판으로 그 불멸의 영혼 안에서 영원한 갚음을 받게 된다. 이러한 대가는 정화를 거치거나, 곧바로 하늘의 행복으로 들어가거나, 곧바로 영원한 벌을 받는 것이다."(1022항)

교회의 해석에 따르면, 영혼은 육체적 죽음의 순간에 개별 심판을 받았을 것입니다. 따라서 이미 천국(연옥을 거치든 그렇지 않든 간에) 또는 지옥이라는 영원한 운명이 결정되었을 것입니다. 그러나 이러한 장례 예식 기도문을 통해 교회는 죽음 이후와 심판 이후의 영혼을 위해 전구합니다. 교회가 바치는 기도는 영혼의 개별 심판에 대한 하느님의 생각을 '바꿀' 수 없습니다. 핵심은 바로 이것입니다. 자살로 죽은 사람을 위한 교회의 이러한 기도는 **오로지 하느님께서 영원하시고 시간을 초월하는 분이시며, 우리의 기도가 그들의 죽음의 순간에 적용되어 변화를 가져올 수 있을 때여야만** 효과적이거나 혹은 그 의미가 타당하다고 할 수 있습니다. 자살한 이에 대한 구원이 불가능하다면, 이러한 교회의 기도는 심판 이후에 드리는 것이 되어 버리기에 무의미하고 본질적으로 무효입니다.

여기에서 주목해야 할 또 한 가지 중요한 사실은 이러한 기도가 그리스도의 십자가 신비에 힘입어 용서를 얻는 데 효과가 있을 수 있다는 것입니다. 십자가는 우리가 자살한 이들에 대한 하느님 자비의 희망을 갖게 해 주는 수단입니다. 십자가는 모든 죄를 속죄하고, 모든 영혼을 사랑하시는 아버지의 무한하신 자비를 누리게 합니다. 십자가는 비탄에 잠긴 이들에게 사랑하는 이와의 영원한 삶에 대한 희망을 주어 '부활하신 우리 주 그리스도 안에서 만물이 다시 새로워질 그날에 대한 소망을 채워' 줍니다. 이러한 이유로 자살한 이들을 위해 봉헌되는 미사는 그들의 구원에 대해 헤아릴 수 없을 정도의 큰 희망을 줍니다. 특히 그들의 안식을 위한 장례 예식으로 거행될 때 가장 적절하고 효과적이라 할 수 있습니다.

교회의 전구를 통해 고인의 마지막 순간에 베풀어지는 희망은 오로지 자살한 영혼에게만 국한된 것이 아닙니다. 이는 어떤 방법으로 죽게 되었는지와 관계없이 죽은 모든 이에게 제공됩니다. 우리가 이미 살펴본 바와 같이, 교회는 '죽음의 문'을 통과하는 영혼이 하느님께서 베푸시는 마지막 자비를 알아보는 데 필요한 은총을 얻기 위해 시간을 거슬러 올라가 그들을 위한 전구를 바칠 수 있습니다.

이제 돌아가신 분을 위한 장례 예식에서 시작 기도와 마침 기도로 사용 가능한 일반 기도문 하나를 살펴봅시다.

> 거룩하신 주님, 전능하시고 영원하신 하느님,
> 당신께서 이 세상에서 불러 가신 당신의 종 (   )을 위한
> 우리의 기도를 들어주소서.
> 그의 죄와 과오를 용서하시고
> 그에게 회복, 빛, 안식의 자리를 허락하소서.
> 그가 죽음의 문을 무사히 통과하여
> 빛 가운데서 복된 이들과 함께 살게 하소서.[78]

이 기도문에서는 세 가지 점이 두드러집니다. 첫째, 하느님을 "전능하시고 영원하신" 분으로 호칭하여 그분이 전능하시고 시간을 초월하신다는 교회의 믿음을 나타냅니다. 둘째, 영혼은 이미 하느님에 의해 '이 세상에서 소환'되었으며, 이는 영혼이 더 이상 이전의 지상에서의 상태로 존재하지 않음을 의미합니다. 셋째, 교회는 전능하시고 영원하신 하느님께 "그의 죄와 과오를 용서"하고 "죽음의 문을 무사히 통과하여 빛 가운데서 복된 이들과 함께 살게" 해 달라고 청원합니다. 이 세 번째 요점은 교회가 영혼이 영원으로 가기 전에 하느님께 "죄와 과오"를 용서해 달라고 간청한다는 것을 보여 줍니다. 그러나 다시 한번 유의해서 살펴보아야 하는 점은 교회가 그들을 위

해 이 기도를 대신할 때 그 사람은 이미 죽은 시점이라는 것입니다.

장례 예식서 중 3번째 양식에 나오는 이 세 가지를 고려해 볼 때, 교회의 전례 기도가 영혼의 죽음의 순간에도 적용된다는 확고한 결론을 내릴 수 있습니다. 이런 식으로 영혼은 아직 죄를 용서받을 수 있고 '빛 안에서 복된 이들과 함께' 영원한 생명을 얻을 수 있습니다. 장례 미사 전례에서 바치는 교회의 전구는 사랑하는 사람을 잃은 모든 이들에게 확신에 찬 희망의 현현을 선사해 줍니다. 또한 그들의 구원을 위해 시간을 거슬러 올라가는 우리 기도가 갖는 전구의 힘을 다시 한번 확인시켜 줍니다.

끊임없이 기도하십시오

바오로 사도는 우리에게 "끊임없이 기도하십시오."(1테살 5,17)라고 권면합니다. 하지만 현실적으로 우리가 매일 24시간 내내 미사에 참여할 수는 없지요. 그러나 하루 종일 기도하는 자세로 마음을 다해 하느님과 끊임없이 친교를 나누기 위한 노력은 할 수 있습니다. 그리고 일종의 미사의 '연장선'이라 볼 수 있는 방식으로 전례와 연결할 수 있는 또 다른 방법이 있습니다. 바로 묵주 기도와 하느님 자비를 구하는 기도입니다. 이 두 가지 기도 모두 우리가 매번 전례에서 거행하는 그리스도의 파스카 신비에 참여하는 형태를 취하는 기도라 할 수 있습니다. 이에 대해 살펴봅시다.

미사는 크게 두 부분, 즉 말씀 전례와 성찬 전례로 나누어져 있습니다. 말씀 전례의 본질은 무엇일까요? 그것은 성경에 대한 묵상입니다. 그렇다면 묵주 기도의 본질은 무엇인가요? 묵주 기도 역시 성경에 나오는 그리스도의 생애에 대한 묵상입니다(흔히 생각하는 것처럼 '성모송'을 여러 번 암송하는 것이 아닙니다). 그렇기 때문에 저는 미사의 연장선상에서 묵주 기도를 바칠 것을 권합니다.

말씀 전례가 끝나면 미사는 성찬 전례로 들어갑니다. 사제가 **희생 제사**를 바치는 때가 바로 이때입니다. 이제 하느님 자비를 구하는 기도가 어떤 역할을 하는지 생각해 봅시다. 이 기도는 여러분이 세례 때 부여받은 보편 사제직을 활용하여 희생 제물을 바칠 수 있도록 합니다(《가톨릭 교회 교리서》, 1546-1547항 참조). 세례를 통해 여러분은 그리스도의 세 가지 직분, 즉 사제직, 예언직, 왕직(봉사직)을 공유한다는 사실을 기억하세요. 그리고 사제는 희생 제사를 바칩니다.

저는 하느님 자비를 구하는 기도의 힘을 보았습니다. 이 기도에 대한 여러 체험도 들었습니다. 이 기도가 누구에게 특히 큰 힘을 발휘하는지 아시나요? 죽어 가는 사람들입니다. 하느님께서는 파우스티나 성녀에게 주신 메시지를 통해 다음과 같이 말씀하셨습니다.

임종하는 사람의 곁에서 이 자비의 기도를 바칠 때에 …… 헤아릴 수 없는 자비가 그 영혼을 감싸게 된다. 그리고 내 부드러운 자비의 깊은 심연은 내 아들의 슬픈 수난 때문에 감동을 받는다(일기, 811).

이 말씀이 죽어 가는 사람의 곁에서 하지 않은 기도는 하느님께서 보시기에 아무런 가치가 없다는 의미일까요? 저는 할머니의 임종 때 할머니 '곁에' 있지 않았습니다. 누군가가 죽어 갈 때 그 곁에서 물리적으로 함께하며 기도하는 것은 매우 막강한 힘과 은총으로 가득한 일입니다. 하지만 주님께서 죽어 가는 이의 바로 곁에서 드리지 않은 기도에는 아무런 공로가 없다고 말씀하신 것은 아니라고 생각합니다. 하느님께서는 순수한 영이시며, 그분의 본질상 시간 밖에 계실 뿐만 아니라 공간 밖에도 계시는 분이라는 사실을 떠올려 보시기 바랍니다. 그분은 모든 곳에 동시에 존재하시므로 시간에 관한 동일한 개념이 공간에도 적용될 수 있으며, 이는 우리가 어디서든지 그러한 기도를 할 수 있음을 의미합니다. 파우스티나 성녀는 다음과 같이 서술하였습니다.

때때로 죽어 가는 사람이 두세 건물 건너편에 있는 경우도 있다. 그러나 영에게 공간이라는 것은 존재하지 않는다. 어떤 때에는 몇백 킬로미터나 떨어진 곳에서 죽어 가는 사람이 있음을 알게 된다.

이런 경우가 여러 번 있었는데 내 가족이나 친척이나 수녀님의 경우도 있었고, 심지어 살아생전에 나와는 전혀 알지 못하던 사람들의 죽음을 알게 되는 경우도 있었다(일기, 835).[79]

할머니가 스스로 목숨을 끊었을 당시 저는 물리적으로 할머니 곁에서 할머니를 위해 기도하지는 않았습니다. 하지만 하느님께서는 시간뿐만 아니라 공간 밖에도 존재하시므로, 어떤 식으로든 저로 하여금 그곳에서 할머니를 위해 기도하고, 할머니가 하느님의 자비를 받아들일 수 있도록 하는 은총을 얻게 하실 수 있었습니다. 이렇듯 사랑하는 사람이 언제, 어디서, 어떻게 죽었든 상관없이 여러분도 그 곁에 있을 수 있습니다.

이제 저는 파우스티나 성녀의 기도를 통한 희망의 영성 신학에 관하여 마지막으로 한 가지를 강조하고자 합니다.

모든 것을 봉헌하십시오

어린 시절 제가 무엇인가를 불평하기 시작하면 어머니는 곧바로 제게 "모든 것을 (하느님께) 봉헌해라." 하고 말씀하셨어요. 저는 그 말이 그저 제가 원하는 것을 얻을 수 없다는 뜻이라고 여기곤 했습니다. 그래서 정말이지 그 표현을 좋아하지 않았습니다. 특히 낚시하러 갈 수 없다는 것을 의미할 때면 더욱 그랬습니다! 하지만 어머니가 말씀하시고자 했던 참뜻은 '가만히 서서 불평만 하지 말고 그 고통을 잘 활용해라.'라는 것이었습니다.

과연 고통을 무엇에 활용하라는 의미일까요? 다른 사람의 구원을 위해서입니다! 우리의 기도가 죽은 사람을 돕는 것처럼 우리의 고통도 그들을 돕기 위해 쓰일 수 있습니다. 이는 우리의 죄와 다른 이들의 죄를 속죄할 수 있다는 우리의 신앙이 주는 가르침입니다(하느님 자비를 구하는 기도에 나오는 "저희가 지은 죄와 온 세상의 죄를 보속하는"이라는 구절을 생각해 보세요). 우리는 파티마의 성모님 발현을 통해 이를 알 수 있습니다. 성모님은 어린 목동들에게 다른 이들을 위해 기도하고 희생을 바치라고 격려하면서 "기도하여라, 많이 기도하여라. 죄인들을 위해 희생을 바쳐라. 많은 영혼이 지옥에 가는데, 아무도 희생으로 그들을 도우려 하지 않기 때문이다." 하고 말씀하셨습니다.[80]

우리는 이미 미사와 하느님 자비를 구하는 기도에서 최고로 강렬한 순간이 무엇인지에 대해 알아보았습니다. 그러므로 이제는 우리가 어디에서 어떻게 기도를 바칠 수 있는지 분명해졌을 것입니다. 그러나 우리는 고통 또한 인류 구원을 위해 십자가에서 자신을 희생하신 그리스도의 고난에 결합시킬 수 있습니다. 그것이 바로 미사의 전부입니다. 즉 십자가 위의 그리스도께서 모든 사람의 죄를 대속하시는 동안 우리는 그리스도의 골고타 수난에 영적으로 동참합니다.

그리스도께서 십자가에서 돌아가셔야 했던 이유 중 하나가 죄에 대한 형벌, 또는 죄의 대가가 죽음이기 때문입니다(로마 6,23 참조).

우리가 죄를 지으면 죽어 마땅합니다. 그러나 우리가 그리스도께서 베푸신 구원의 은총을 받아들인다면 그분은 우리를 위해 죄의 빚을 갚으시고 우리의 죄 때문에 죽으시어 우리를 살리십니다. 이는 수난을 재연하는 것이 아니며 실제로 그리스도를 다시 십자가에 못박는다는 의미도 아닙니다. 예수님께서는 오직 단 한 번 골고타 언덕 위 십자가에서 그 희생을 모두 치르셨습니다.

골고타 수난은 전 세계의 모든 미사에서 신비롭게 이루어지고 사제에 의해 성부께 봉헌됩니다. 그렇기 때문에 우리도 미사에서 봉헌이 이루어지는 순간이나 하느님 자비를 구하는 기도를 바칠 때 고통을 함께 봉헌하여 결합시킬 수 있습니다. 이것은 우리에게 주어진 경이로운 선물입니다. 예수님께서는 우리가 당신의 구원 사업에 동참할 수 있도록 힘을 주시고, 적극적으로 우리 자신의 기도와 고통을 통해 그분이 다른 사람들을 구원하도록 하십니다.

조지 코시츠키 신부(CSB)와 비니 플린은 《지금은 자비가 필요한 때 Now is the Time for Mercy》에서 예수님의 사명에 동참하는 것의 중요성에 대해 다음과 같이 설명합니다.

"예수님의 구원 사업은 아직 끝나지 않았습니다. 그분은 구속 사업에 협력하고 이 세대에 그분의 자비를 베풀기 위해 우리를 '필요로' 하십니다. 이러한 종류의 협력 관계에는 자비의 구원 사업에 참여하기 위해 그분의 고난에 함께 동참하는 것이 포함됩니다. 이것이 고난의 십자가가 의미하는 바입니다. 그것은 구원적이며 소중한 것입니다. 그러니 고통을 낭비하지 마십시오!"[81]

우리는 다른 이를 위해 기도하고 고통을 봉헌함으로써 예수님의 구속에 동참할 수 있으며, 우리만의 제한된 방식으로 '공동 구속자'가 될 수 있습니다. 이는 예수님의 말씀이 기록된 파우스티나 성녀의 일기를 통해 확인할 수 있습니다.

나는 갈망한다. 나는 영혼의 구원을 갈망한다. 내 딸아, 영혼을 구할 수 있도록 나를 도와다오. 너의 고통을 나의 수난에 결합시키고, 그것을 죄인들을 위하여 천상 아버지께 봉헌해 다오(일기, 1032).

하느님께서는 왜 세상에 그러한 고통과 아픔을 허락하실까요? 그것은 고통이 구속적이기 때문입니다. 이를 통해 하느님께서는 고통에서 더 큰 선을 가져오기를, 즉 영혼의 구원을 원하시기 때문입니다. "이제 나는 여러분을 위하여 고난을 겪으며 기뻐합니다. 그리스도의 환난에서 모자란 부분을 내가 이렇게 그분의 몸인 교회를 위하여 내 육신으로 채우고 있습니다."(콜로 1,24)라고 한 바오로 사도의 말씀처럼 말입니다.

어쩌면 "그리스도의 고난에서 무엇이 부족하다는 겁니까?"라는 질문을 할 수도 있습니다. 답은 "당신의 고난"입니다.

누구나 어떤 식으로든 고통을 겪습니다. 여러분은 가까운 사람을 잃고 헤아릴 수 없을 정도로 큰 슬픔의 무게를 짊어졌을지도 모릅니다. 그것은 대단히 고통스럽지만, 그들의 구원뿐만 아니라 연옥에서의 해방을 위해 바칠 수 있는 강력한 고통입니다. 그들에 대한 우리의 슬픔이 우리의 봉헌된 기도를 통해 실제로 그들에게 도움이 될 수 있다는 사실이 놀랍지 않습니까?

많은 성인은 고통에 대해 그것이 다른 형태의 기도만큼, 혹은 그 이상의 영적 힘을 발휘할 수 있다고 말합니다. 다음은 예수의 데레사 성녀가 남긴 유명한 말씀입니다.

"고통받는 사람을 기도하지 않는 사람이라고 생각해서는 안 됩니다. 그는 자신의 고통을 하느님께 봉헌합니다. 그들은 혼자서 고요히 묵상하면서 눈물 몇 방울을 흘리면 그것이 기도라고 생각하는 사람보다 훨씬 더 진실되게 기도하는 경우가 많습니다."

바로 이 점을 깨닫는 것이 매우 중요합니다. 고통의 한가운데서는 모든 것이 무척 어둡게 느껴질 수 있습니다. 그 결과 바로 그 순간에는 고통을 기도로 바칠 능력이나 인식조차 없을 수 있습니다. 고통은 종종 우리의 시야를 흐리게 하고 의지를 약화시킵니다. 하지만 우리가 고통을 명확하게 이해하면 의식적으로 다른 이에게 필요한 도움을 주기 위해 그 고통을 바치거나 혹은 다시 바치고자 하는 의지를 가질 수 있습니다.

현시점에서 우리가 겪는 고통의 구속력을 폄하하는 것은 아닙니다. 그렇지만 앞서 하느님의 전능하시고 영원하심에 대한 우리의 이전 논점에 따라, 우리는 주님이 또한 우리의 고통으로 얻게 되는 공덕을 어느 순간에든 적용할 수 있는 지식과 능력을 지니신다는 결론을 내릴 수 있습니다. 우리가 극심한 고통과 괴로움의 순간에 거의 무력화되어 의식적으로 고통을 바칠 생각조차 하지 못했는데, 훗날 이에 대해 좀 더 의식적으로 인식하고 신체적으로도 그렇게 할 수 있을 때 그 고통을 봉헌할 수 있다면 저는 사랑의 하느님께서 그 봉헌을 마다하실 이유가 없다고 생각합니다.

이 모든 것은 하느님의 자비에서 비롯됩니다. 실질적으로 우리가 봉헌하는 것은 하느님께서 실제로 이 일을 하실 수 있다는 우리의 신뢰며, 이에 대한 의탁 자체도 하느님의 은총인 것입니다. 예를 들어 젊었을 때 끔찍한 두통을 앓다가 마침내 의사의 치료를 받고 완치되었다면, 지금이라도 자녀의 회심과 구원을 위해 그 두통으로 인한 고통을 봉헌할 수 있습니다(자녀가 두통 유발의 원인이었다면 말입니다). 두통을 앓던 25세 때에는 '고통을 봉헌한다.'라는 개념을 이해하지 못했을 수 있지만, 지금은 이해할 것입니다. 오늘날 하느님께서 그 고통을 보시고는 가치가 없다고 하실까요? 그 고통에는 분명히 가치가 있다고 생각합니다. "하느님을 사랑하는 이들, 그분의 계획에 따라 부르심을 받은 이들에게는 모든 것이 함께 작용하여 선을 이룬다는 것을 우리는 압니다."(로마 8,28)라고 서술한 바오로 사도의 글을 통해 하느님께서는 가치를 지닌 모든 것을 절대로 잃어버리지 않으신다는 것을 알 수 있습니다.

언젠가 예수님께서는 파우스티나 성녀에게 다음과 같이 말씀하셨습니다.

너는 너 자신을 위해서가 아니라, 영혼들을 위해서 살고 있다. 그리고 다른 영혼들은 너의 고통으로부터 도움을 받게 될 것이다. 너의 오랜 고통은 그들에게 나의 뜻을 받아들일 수 있는 빛과 힘을 줄 것이다(일기, 67).

우리가 사랑하는 이들을 위해 기도를 드리는 것과 같이 고통을 봉헌함으로써 그들을 돕고, 심지어 그들의 죽음의 순간에도 도울 수 있다는 것은 참으로 놀라운 일입니다. 그렇다고 하면 우리 모두 내어 드릴 고통이 아주 많이 있습니다!

안타깝게도 고통의 가치를 깨닫지 못하고 고통을 봉헌하기보다는 가치가 없다고 무시하여 많은 은총을 받을 기회를 놓치는 사람이 적지 않은 듯합니다. 심지어 어떤 사람들은 자신의 고통이 하느님께서 주시는 보복적인 형벌이라고 믿기도 합니다. 물론 우리가 겪는 고통은 인류가 생겨난 이래로 생긴 결과이지만, 하느님께서 원하시는 것은 고통으로 우리를 벌하는 것이 아닙니다. 대신 우리의 고통에서 더 큰 선을 이끌어 내기를 원하십니다.

요양원을 방문할 때면 마음이 아플 때가 많습니다. 주로 그곳에 계신 분들의 고통 때문에 마음이 아프지만, 그보다 그들 중 자신의 고통이 가치 있다고 여기는 사람이 거의 없기 때문에 더욱 그렇습니다. 그들 중 상당수는 자신이 사회와 가족에게 짐이 될 뿐이라고 믿는 듯 보이고(그러한 생각은 실제 사실과는 무관합니다), 그렇게 생각한 나머지 삶의 의지를 잃는 경우가 많습니다. 안타깝게도 그들은 큰 기회를 놓치고 있습니다. 그들의 고통은 구속적일 수 있으며, 영혼 구원을 위해 하느님께 봉헌될 때 매우 강력한 힘을 발휘할 수 있습니다. 그러한 이유로 파우스티나 성녀는 다음과 같은 내용을 일기에 서술하였습니다.

만일 천사들이 우리를 부러워할 수 있다면, 그들은 두 가지를 부러워할 것이다. 하나는 영성체를 받는 것이고, 다른 하나는 고통이다(일기, 1804).

이는 참으로 놀라운 일입니다. 그러나 대부분 사람들은 영성체에 대해 무관심하고, 대부분 고통과 무관하게 살아가고자 합니다. 그러나 이 두 가지가 바로 천사들이 우리를 부러워하는 이유입니다. 천사들은 첫째, 영이기 때문에 성체를 받을 수 없고, 둘째, 육체가 없기 때문에 주님처럼 고통을 받을 수 없습니다. 이 두 은총은 천사들이 예수님과 결합할 수 없는 방식으로 인간을 예수님과 가장 친밀하게 일치시켜 줍니다.

우리는 맡은 바 역할을 해야 합니다

그렇다고 해서 모든 고통을 행복하게 견뎌야 한다거나 고통의 완화나 회복을 절대로 추구해서는 안 된다는 뜻은 아닙니다. 예수님께서도 겟세마니 동산에서 고뇌하실 때 고통의 잔을 거두어 달라고 간구하셨습니다(그렇지만 예수님께서는 이것이 자신의 뜻이 아니라 아버지의 뜻에 따라 이루어지기를 간구하셨다는 점을 명심하세요). 예수님께서도 골고타 언덕으로 가시는 길에 도움을 받으셨고 위안도 얻으셨습니다. 그분은 슈퍼히어로로 수난을 견디신 것이 아니라 한 인간으로서, 가족과 친구들이 있는 사람으로서, 도움이 필요한 사람으로서, 도중에 다른 사람들이 필요한 인간으로서 그 고난을 견디셨습니다.

따라서 교회는 사람들이 고통과 질병에서 회복하도록 돕고 육체적 필요를 충족시키며 고통을 완화시켜 주기 위해 병원을 설립하고 수많은 자선 활동에 적극 참여해 왔습니다. 사실 가톨릭 신자들은 고통을 완화하기 위해 올바르고 적절한 자연적, 초자연적 수단을 활용하도록 부르심을 받았습니다. 이 모든 것은 '위로자'이신 성령의 현시입니다. 그분의 위로는 고통받는 이에게 힘을 줍니다. 때로는 그러한 위로가 고통을 없애 줍니다. 어떤 때에는 예수님께 그러하셨던 것처럼, 평화롭게 고통을 견디어 낼 힘을 주기도 합니다.

그러므로 몸이 아프거나 고통이 있을 때는 의사와 상담하기 바랍니다. 정서적으로 또는 영적으로 메마름을 느낄 때는 상담사[82]나 사제 또는 영적 지도자와 이야기하십시오. 여러분이 느끼기에 혹은 여러분이 신뢰하는 사람이 여러분에게 도움을 받는 게 좋겠다고 권유한다면, 애도 전문가의 도움을 받기 바랍니다. 도움이 필요한 때에는 필요한 도움을 구하세요. 그리스도교는 극기주의가 아닙니다. 무언가 잘못되었을 때 아무 말도 하지 않고 그저 조용히 고통받기만 하라는 것이 아닙니다. 우리는 하느님 가족의 일원이며, 가족 구성원들은 서로 돌보아야 합니다.

또 한 가지 기억해야 할 점은 이러한 도움을 기다릴 필요가 없다는 것입니다. 도움이 필요할 경우 그 즉시 가능합니다. 자살 생존자 지원 단체(LOSS)는 "현재 미국 전역을 비롯해 국제적으로 활동하며, 자살로 인한 사망이 발생했을 때 신앙 공동체 내에서 할 수 있는 역할에 대한 모범적 기준을 제시합니다. 평신도 사목자와 신앙 단체의

지도자들은 이제 막 자살 유가족이 된 이들을 사랑의 마음으로 지원해 주고, 자살 현장에 나타나 연민과 비판단적 자세로 필요한 정보와 도움을 제공하는 활동에 참여할 수 있습니다. 이는 극심한 고통과 고립의 순간들 속에서 하느님의 사랑을 보여 줄 수 있는 가장 좋은 방법"[83]일 것입니다.

여러분은 왜 같은 종류의 비극이 각 가정마다 다른 영향을 미치는지 생각해 본 적이 있나요? 왜 그러한 삶을 변화시키는 사건들을 통해 어떤 사람들은 서로 더 가까워지고, 어떤 사람들은 서로 갈라지는 걸까요? 저는 많은 사람이 도움을 구하는 것을 두려워하는 데 그 이유가 있다고 생각합니다. 이러한 두려움을 극복해야 합니다. '혼자서 다 해결하려는 것'은 우리의 공동체적 특성에 위배되며, 종종 이러한 태도는 비극이 일어난 후 이전처럼 사회적으로 기능하기 어렵게 만듭니다.

교회나 지원 단체 그리고 기타 사회 단체와 같은 조직은 우리에게 무척 큰 도움이 되어 줄 수 있습니다. 예수님께서 살아생전에 어떻게 도움을 구하셨는지 살펴보기 바랍니다. 예수님께서는 고립된 채로 살지 않으셨고 남자와 여자로 구성된 '지원' 팀으로 자신을 둘러싸고 계셨습니다. 하느님께서는 때때로 다른 사람들을 통해 고통 중에 있는 우리를 도우시며, 우리가 그러한 도움을 구하도록 격려하십니다. 월스트리트 저널의 오피니언 기고가인 에릭카 앤더슨이 자살 예방에 있어 종교적 실천의 역할에 대해 쓴 글을 다시 한번 인용하겠습니다.

"성경은 '하느님의 거처는 사람들 가운데에 있다.'라고 말한다. 다시 말해 교회는 무엇보다 영적 친교를 위해 사람들이 함께 모이는 곳이다. 그 구성은 단순해 보이지만, 교회는 예방 치료와 지원 그룹 요법 그리고 치유의 희망을 제공해 주는 초월적인 진료소라고 할 수 있다."[84]

지금까지 고통의 가치, 그리고 고통을 치유하고 필요하다면 도움을 받아야 한다는 점을 알아보았으니, 이제 또 다른 점을 생각해 봅시다. 오늘날 우리 문화에서 고통은 왜 그리 오해를 받는 걸까요? 이에 대한 가장 큰 이유는 현대 사회의 많은 사람이 죽음 이후에도 삶이 있다는 것을 믿지 않기 때문입니다. 그렇기에 그들은 고통에 영원한 가치가 없다고 생각하는 것입니다.

그러나 죽음 이후에도 삶이 있습니다. 죽음, 심판, 천국, 지옥으로 알려진 사말 교리는 실제로 존재합니다.

5장

죽음 이후의 삶에 대한 희망

우리 시대를 살아가는 이들은 희망에 굶주려 있습니다. 천국을 경험하고 돌아와 그 이야기를 전한 한 소년의 이야기를 다룬 책 《천국은 진짜 있어요*Heaven is for Real*》가 크게 인기를 끈 이유가 바로 이 때문일지도 모릅니다.[85] 이 책의 제목은 정확한 사실을 말합니다. 천국은 실재합니다. 그리고 천국의 실재를 인식하는 것은 우리가 삶 속에서 잃은 사람들에 대한 희망의 원천이 되어 줍니다. 그리스도인에게 내세란 천국 그 이상을 뜻하므로, 우리는 전통적으로 '사말 교리'라 불리는 죽음, 심판, 천국, 지옥에 대해서 모두 살펴보아야 합니다. 이 마지막 때의 네 가지는 모두 실재하기 때문입니다.

죽음

영적인 관점에서의 죽음은 우리 육신의 삶이 끝날 때 영혼과 육신이 분리되는 것으로 정의됩니다. 죽음은 많은 사람이 피하고 싶어 하는 주제이고, 이는 신앙인도 마찬가지입니다. 죽음은 우리가 아는 세상, 즉 우리에게 익숙한 형태의 존재 상태에 있는 모든 것의 종말을 의미합니다. 우리가 아직 경험하지 못한 낯선 영역으로의 첫걸음인 셈입니다. 하지만 인간인 우리는 대개 낯선 것들에 대한 두려움을 갖고 있기에 죽음을 피하고 싶어 합니다. 흔히 인생에서 확실한 것은 죽음과 세금 두 가지뿐이라는 농담을 합니다. 대부분 사람들은 피할 수 없는 죽음보다는 세금에 대한 생각에 훨씬 더 많은 시간을 할애합니다. 그러나 현실을 한번 직시해 봅시다. 세금을 회피할 수 있는 사람은 있을지 몰라도 죽음을 피할 수 있는 사람은 아무도 없습니다. 그렇다면 우리는 죽음이 우리에게 무엇을 의미하는지에 대한 거시적 고찰에 조금 더 시간을 들여야 하지 않을까요?

우리는 모두 언젠가 죽게 됩니다. 이는 엄연한 사실입니다. 이러한 죽음의 현실은 스스로에게 '내 삶의 의미는 무엇인가?'라는 질문을 던지게 합니다. '내가 존재하는 이유, 나란 **존재**의 목적은 무엇인가?' 이 질문은 우리가 스스로 할 수 있는 가장 근본적인 질문입니다. 우리 모두 진지하게 받아들여야 하는 질문이지요. 결국 **영원한 삶**과 죽음이 걸려 있는 문제이니 말입니다.

하느님께서 우리를 창조하신 목적은 우리가 하느님과 그리고 서로 간에 사랑의 친교를 맺을 수 있도록 하기 위함이라는 것을 기억하세요. 이 친교에는 삼위일체의 세 위격을 본받아 하느님과 다른 이들과의 관계에서 자신을 봉헌하는 것이 포함됩니다. 무질서한 자기애 또는 이기심은 우리의 관계를 조화롭지 못하게 합니다. 이것이 바로 바오로 사도가 "죄가 주는 품삯"은 죽음이라고 말한 이유입니다(로마 6,23 참조). 아담과 하와가 원죄에 빠지자, 그 영적 죽음으로의 추락과 함께 인간이 하느님에 대한 사랑과 그분께 대한 의탁에서 돌아서면서, 동시에 육체적인 죽음이 오게 되었습니다.

하지만 여러 가지 면에서 이 '형벌'은 하느님께서 베푸시는 자비의 선물입니다. 왜 자비의 선물일까요? 죽음은 우리가 유한한 존재라는 현실을 다시금 돌아보게 하기 때문입니다. 우리는 스스로 죽음에서 살아남을 수 없는 필멸의 존재입니다. 죽음의 현실은 우리를 하느님과 다른 이들과의 관계의 현실로 방향을 새롭게 바꾸어 놓습니다. 마찬가지로 중요한 점은, 죽음이 우리의 삶과 세상의 질서의 조화를 회복하는 데 하느님이 필요함을 강조한다는 사실입니다. 그것은 인간으로서의 우리의 핵심을 꿰뚫어 보고 우리의 영원한 목적과 가장 깊은 열망과 소망의 성취를 향해 우리를 인도합니다.

그러나 죽음은 처음부터 하느님께서 우리에게 의도하신 것이 아닙니다. "어떻게 그럴 수 있죠?" 하며 의아해할 수도 있습니다. "모든 일은 하느님의 섭리 아닌가요? 존재하는 모든 것을 전지전능하게 유지하시는 하느님께서 의도하지 않으신 일이 대체 어떻게 일어날 수 있다는 건가요?" 이는 참 좋은 질문입니다. 그리고 질문의 답은 매우 흥미롭습니다.

우선 간단히 구분해 봅시다. 하느님께서 **정하신 뜻**과 **허용하시는 뜻**에는 차이가 있습니다. 하느님께서 정하신 뜻은 선을 위한 것입니다. 즉 하느님께서 원하시는 일이며 처음부터 우리를 위해 의도하신 일입니다. 우리가 아는 죄의 결과인 고통과 죽음은 이에 속하지 않습니다. 그러나 그 정해진 뜻에는 당신의 피조물이 자유 의지를 가질 수 있는 선택이 포함되며, 그로 인해 죄의 가능성과 고통과 죽음의 결과가 따릅니다. 이는 곧 하느님께서는 그분의 능력에도 불구하고 사랑으로 우리의 모든 행동을 직접 통제하지 않기로 선택하셨다는 것을 의미합니다.

하느님께서는 선을 원하시지만, 그분의 피조물이 자유로운 선택을 할 수 있기를 원하십니다. 그분은 우리가 우리 자신의 자유 의지로 사랑하기를 원하십니다. 따라서 하느님께서는 당신이 허용하시는 뜻 안에서 우리가 좋든 나쁘든 스스로 결정을 내리도록 허락하십니다. 그리고 그 결정의 결과로 오는 결과를 허용하십니다. 그러므로 어떤 의미에서 하느님께서는 악의 존재를 허용하셔야만 합니다. 그것은 그분이 의도하신 것이 아니라 우리의 자유를 위해 허용하시는 것입니다. 즉 단순히 어떤 로봇이나 노예처럼 그분께 순종하는 것이 아니라 자유로운 피조물로서 하느님을 사랑할 수 있는 능력을 위해 주님께서 대가를 지불하신 것입니다.

하느님께서는 우리에게 사랑하는 마음으로 자유 의지를 주심으로써 가장 큰 위험을 감수하셨다고 합니다. 그렇게 하심으로써 우리가 죄를 짓고 타인에게 상처를 주고 그 대가로 하느님을 사랑하지 않기로 선택할 가능성이 있기 때문이지요. 그렇다면 인간의 자유는 세상에서 가장 흔한 질문 중 하나에 대한 해답을 갖고 있다고 할 수 있습니다.

"선하고 사랑이 많으신 하느님께서는 왜 세상에 악을 허용하시는가?"

위에 제시된 답이 처음에는 이해하기 어렵겠지만, 시간을 들여 심사숙고한다면 충분히 이해할 수 있을 것입니다.

하느님께서는 육체적 죽음이 어느 누구에게도 종말이 되기를 바라지 않으셨습니다. 이는 우리 죄의 결과입니다. 그러나 하느님께서는 우리 죄(악)의 결과를 기회로 삼아 더 큰 선을 이끌어 내십니다. 실제로 미사에 필요한 기도문들은 이 점을 강조합니다. 《로마 미사 경본》 위령 감사송 1에는 다음과 같이 명시되어 있습니다.

"…… 주님, 믿는 이들에게는 죽음이 죽음이 아니요, 새로운 삶으로 옮아감이오니, 세상에서 깃들이던 이 집이 허물어지면, 하늘에

영원한 거처가 마련되나이다."⁸⁶

실제로 하느님께서는 우리를 죽음이 아닌 생명을 위해, 사랑하는 사람들과의 헤어짐이 아니라 친교와 사랑을 위해 만드셨습니다. 따라서 성경 속 죽음을 극복해야 할 마지막 적인 '원수'라고 부르는 것은 타당합니다(1코린 15,26 참조). 그러나 그리스도께서 죽음을 이기신 결과로, 그리스도인은 죽은 이의 부활과 앞으로 다가올 세상의 삶을 믿습니다. 이에 대한 믿음은 미래에 대한 희망을 줍니다. 우리가 어떠한 방식으로든 현재의 고통 너머를 볼 수 있다면 가능합니다. 하지만 대체로 그렇지 못한 경우가 많지요. 지상에서의 고통은 누군가를 죽음으로 잃고 홀로 남겨졌을 때 절정에 이릅니다. 바로 그때가 우리의 믿음과 인내가 시험에 드는 때입니다. 우리는 이 눈물의 골짜기에서 상실에 상실을 거듭하며 마침내 생명의 주님으로부터 본향으로의 부름을 받을 때까지 계속 나아가야 합니다.

그러므로 그리스도인이 사랑하는 사람의 죽음을 슬퍼하는 것은 잘못된 게 아닙니다. 우리는 가짜 행복에 매이거나 가슴이 미어지는 슬픔을 미소로 부정하도록 제약받지 않습니다. 예수님께서도 라자로의 죽음에 눈물을 흘리셨고(요한 11,35 참조), 그토록 축복받으면서도 때때로 신실하지 못했던 예루살렘을 두고 한탄하셨습니다(마태 23,37-39 참조). 죽음을 슬퍼하는 것은 삶의 자연스러운 과정입니다.

2부에서 논의하겠지만, 우리는 고인을 잃은 슬픔을 애도할 수 있고, 또 그래야만 합니다. 우리가 슬퍼한다고 해서 믿음이 부족하거나 고인에 대한 기억을 배신하는 것이 아닙니다. 오히려 정상적인 인간성을 보이는 것입니다. 대부분 자살의 여파로 느껴지는 슬픔은 가까운 사람이 갑작스럽고 비극적으로 죽었다는 사실로 인해 더욱 강하게 느껴집니다. 평안한 죽음의 은총을 누리지 못하는 사람은 많습니다. 제 할머니 또한 그런 경우였지요. 그렇다면 비극적으로 죽은 이들의 희망은 어디에서 찾을 수 있을까요?

그들의 희망은 십자가에 못 박히시고 부활하신 예수님께 있습니다. 우리의 희망은 우리를 너무나 사랑하신 나머지 외아드님을 보내시어 우리 중 한 사람으로 살게 하시고, 우리와 함께 고난을 받게 하시고, 우리를 위해 죽으심으로써 죄의 대가를 치르시고 영생을 얻게 하신 하느님 안에 있습니다. 그분은 죽음을 이기시고 부활하셨으며, 교회와 성사를 통해 계속해서 우리에게 다가오십니다.

파우스티나 성녀의 일기(1486, 1698 참조)에서 살펴보았듯이, 하느님께서는 죽음의 순간에 놓인 영혼들에게 더욱 직접적인 방법으로 다가오실 수 있습니다.

예수님께서 파우스티나 성녀에게 죽어 가는 영혼에 대한 당신 자비의 깊이에 대해 하신 말씀을 읽어 보면, 한 가지 결론에 도달합니다. 희망은 있다는 것입니다. 어떤 사람이 어떻게 죽었든, 그들이 임종하는 순간에도, 또한 이제와 그들이 죽을 때에 아무리 희망이 없어 보일지라도 구원에 대한 희망은 여전히 존재합니다. 죽음은 새로운 생명으로 나아가는 관문일 뿐입니다.

심판

우리는 하느님께서 완전하고 전지전능한 심판자이심을 믿습니다. 더 나아가 하느님께서 우리 모두에게 자유 의지를 갖게 하셨음을 믿습니다. 그리고 그러한 자유 의지가 있다는 것은 그에 대한 우리의 행동이 실질적인 결과를 야기한다는 뜻입니다. 따라서 우리가 죽으면, 소위 '개별 심판'이라고 불리는 심판을 받습니다. 하느님께서는 우리 각자를 개별적으로 심판하시며, 우리는 지상에서의 공로에 따라 천국, 지옥 또는 연옥과 같은 영원의 상태로 들어가게 됩니다(《가톨릭 교회 교리서》, 1021항 참조).

이상하게 들릴지 모르지만, 저는 하느님의 심판에서 희망을 발견합니다. 완전한 공의이신 하느님께서 모든 것을 헤아려 주시기 때문입니다. 2장에서 논의했던 대죄의 조건을 다시 생각해 보기 바랍니다. 누군가가 지옥에 떨어지는 데에는 심각하게 잘못된 행동을 저질렀다는 것만으로는 충분하지 않습니다. 지옥에 가는 경우는 그 행위를 완전히 인식한 상태에서 온전한 자유 의지로 행해진 경우여야만 합니다.

하느님께서는 의로운 심판자이십니다. 주님은 모든 것을 알고 모든 것을 보십니다. 그분께 숨겨진 것은 아무것도 없기에 그분은 할머니가 겪으셨던 고통에 대해서도 완벽하게 아십니다. 하느님께서는 고통스러운 밤과 암울한 날마다 할머니와 함께 계셨습니다. 앞서도 언급했듯이, 제가 섬기는 사랑의 하느님께서 할머니가 완전한 자유 의지로 그러한 치명적인 결정을 내렸다고, 즉 할머니가 원해서 자살을 감행하였다고 말씀하실 것 같지는 않습니다.

제가 틀렸을 수도 있습니다. 결국 하느님과 할머니 외에는 아무도 이에 대해 확실히 알 길이 없으니까요. 하지만 저는 할머니의 우울증과 고통이 스스로 목숨을 끊게 만들었고, 할머니의 심판 때 하느님의 정의가 그 점을 고려하셨을 것이라고 믿습니다. 하느님께서는 심판자이시지만, 우리 모두를 고발하는 마귀에게서 영혼을 보호하시기도 합니다(묵시 12,10 참조).

고발자인 마귀는 우리를 정죄하기 위해 가능한 한 모든 것을 들춰내려 합니다. 그러나 신심 전통에 따르면 사탄은 심판의 순간에 고해하지 않은 죄만 들춰낼 수 있다고 합니다. 고해성사는 하느님 앞에서 우리 죄를 정화시킬 뿐 아니라 그리스도의 성혈이 지닌 공로와 힘을 통해 마귀의 손아귀에서 우리를 빼내어 줍니다. 실제로 성경은 "해 뜨는 데가 해 지는 데서 먼 것처럼 우리의 허물들을 우리에게서 멀리 하신다."(시편 103,12)라고 말합니다. 따라서 고해소에서 모든 죄를 용서받는다면 심판의 순간에 마귀는 여러분에 대해 아무것도 고발할 수 없습니다.

하지만 이것이 전부는 아닙니다. 제가 희망을 갖는 가장 위대하고 으뜸가는 마지막 이유가 있습니다. 바로 우리의 원죄 없이 복되신 우리의 어머니, 성모 마리아이십니다. 성모님께서는 그분께 강림하신 성령의 정배이시며 그분께서는 성령을 온전히 받아들이신 나머지 성령으로 잉태하시는 열매를 맺었습니다. 성모님은 우리가 영원한 행복 속에서 영원히 그분과 함께 있기를 바라시는 하느님, 곧 파라클리토(위로자이며 보호자이신 성령)의 정배이십니다.

또한 성모 마리아는 다윗의 자손이신 그리스도왕의 어머니로서 하늘의 모후이시기도 합니다. 예수님의 혈통인 다윗 왕가에서 왕비가 맡은 역할이 무엇이었는지 아십니까? 왕비는 가난한 농민을 포함한 백성들을 대변하는 옹호자의 역할을 맡았습니다. 하느님의 옥좌 앞에 서 있는 우리의 모습이 바로 이러한 가난한 농민의 모습입니다. 왕비는 그러한 궁정에서 자비의 목소리를 내는 대변인이었습니다. 그렇기 때문에 우리가 사랑하는 사람들을 위해 기도나 고통을 봉헌할 때 성모님의 손에 그것을 맡기고 예수님께 가져다주시도록 청해야 합니다. 성모님은 왕의 어머니이시며 가난한 이들인 우리의 대변자이십니다. 그렇기에 우리는 성모님께서 우리의 기도에 동참하시어 성모님의 공덕으로 기도를 풍성하게 하시고, 그리하여 우리의 기도가 성모님의 기도가 되게 하신다는 것을 알 수 있습니다.

하지만 여기에서 그치지 않습니다. 마리아는 예수 그리스도의 어머니가 되기를 승낙하시면서, 또한 교회의 어머니가 되는 것 역시 승낙하였습니다. 우리 모두 그리스도의 신비체의 지체이며, '교회의 머리이신 예수님'의 어머니는 또한 그 신비체의 어머니심이 틀림없습니다.

이전 장에서 우리는 서로를 위한 기도의 효력, 특히 죽음의 순간에 대한 기도의 효력에 대해 알아보았습니다. 이어서 하느님께서 우리가 이웃을 위해 기도할 때 우리 마음속에 있는 사랑을 보시고, 우리가 기도하는 사람에게 은총을 베푸심으로써 그 사랑에 응답하신다는 점을 살펴보았습니다. 사랑은 사랑으로 응답합니다. 영혼을 사랑하시는 위대한 사랑이신 하느님께서는 이웃을 향한 우리의 사랑을 통해 당신의 은총이 흐르도록 하십니다. 그리하여 당신의 은총을 기꺼이 받아들이고자 하는 은총을 포함하여 이웃이 필요로 하는 특별한 은총을 베풀어 주십니다. 어찌 보면 하느님께서는 우리의 믿음과 신뢰에 의존하여 당신 자비의 수문을 여시는 것입니다.

성모님은 자비의 어머니이십니다. 성모님만큼 예수님을 사랑한 사람이 있었을까요? 그리고 성모님보다 예수님의 말씀을 더 신뢰했던 마음이 있었을까요? 우리는 하느님의 은총이 우리 안에서 영향력을 발휘하기 위해 필요한 그분께 대한 신뢰가 부족한 경우가 많습니다. 하지만 성모님은 주님에 대한 신뢰가 결코 부족한 적이 없었습니다. 요한 세례자를 임신한 사촌 엘리사벳을 찾아간 마리아를 떠올려 봅시다. 마리아의 음성을 들은 엘리사벳은 성령으로 가득 찼으며, 배 속 아기가 뛰어놀자 엘리사벳은 외쳤습니다.

"당신은 여인들 가운데에서 가장 복되시며 당신 태중의 아기도 복되십니다. …… 행복하십니다, 주님께서 하신 말씀이 이루어지리라고 믿으신 분!"(루카 1,41-45 참조)

더불어 예수님께서 설교하실 때 군중 가운데 한 여자가 "목소리를 높여" "선생님을 배었던 모태와 선생님께 젖을 먹인 가슴은 행복합니다!" 하고 외쳤던 장면을 생각해 보세요(루카 11,27 참조). 물론 마리아는 주님을 낳고 돌보도록 선택된 그릇으로서 은총을 받은 것이 사실입니다. 그러나 예수님께서는 마리아에게 주어진 은총의 더 큰 원인이 마리아의 믿음과 신뢰임을 강조하시면서, "하느님의 말씀을 듣고 지키는 이들이 오히려 행복하다!"라고 선포하셨습니다(루카 11,28 참조). 마리아는 처녀로서 하느님의 아들을 잉태한다는 것이 도무지 이해하기 어려웠을 때에도 하느님의 말씀을 믿었습니다.

그러므로 우리가 하느님 앞에 나아가 개별 심판을 받을 때, 우리는 주님의 자비에 대한 신뢰로 가득 찬 마음으로 현존하시는 어머니가 함께 계실 것을 확신할 수 있습니다. 우리를 향한 하느님의 헤아릴 수 없는 사랑과 자비에 대한 신뢰가 부족할 때, 성모님은 성모 성심의 사랑과 신뢰로써 우리를 위해 전구해 주십니다. 성모님은 우리의 어머니로서 임종의 순간에 우리를 돕기 위해 우리에게 부족한 하느님에 대한 신뢰를 공급해 주십니다. 사랑으로 가득하고 완전하며, 지극히 자애로우신 성모 어머니는 하느님의 옥좌 앞에서 우리를 위해 중재해 주시는 우리를 위한 '변호인단'의 일원이십니다.

이제 여러분은 제가 하느님의 심판에 대해 그토록 큰 희망을 품은 이유를 이해할 것입니다. 하느님의 어머니가 저희 편에 계시기 때문입니다. 우리가 하느님의 어머니께 조금이라도 사랑이나 신심의 표시를 보였거나, 누군가 그분께 우리를 도와 달라는 간청을 했다면, 우리는 우리를 대신해 하느님께 자비를 구하는, 피조물 중 최고의 중재자를 우리 편에 둔 것입니다. 이를 알았으니, 비통한 슬픔을 겪는 우리는 묵주 기도를 바치면서 우리 마음에 있는 이들을 위해 성모님의 전구를 청해야 합니다.[87]

저는 하느님의 심판에 희망을 품습니다. 하느님의 공의는 언제나 그분의 자비로운 사랑에 의해 좌우되고 그분의 공의는 그분의 자비를 섬깁니다. 실제로 예수님께서는 파우스티나 성녀에게 이렇게 말씀하셨습니다.

> 더 큰 죄를 지은 죄인일수록 나의 자비에 대해 더 큰 권리를 갖게 된다(일기, 723).

그렇기 때문에 우리는 하느님의 '부당'하거나 가혹한 심판을 두려워할 필요가 없습니다. 우리 영혼에 수많은 죄가 있더라도 우리가 진심으로 뉘우친다면 하느님의 자비가 풍성하게 부어질 것이기 때문입니다. 그러한 경우 하느님의 자비는 분명히 그분의 공의보다 우선할 것입니다.[88] 그러면 우리는 비록 연옥을 거칠지라도 천국에 갈 수 있을 것입니다.

천국(때로는 연옥을 거치는 천국)

《볼티모어 교리서》에 따르면, 우리는 천국을 위해 만들어졌습니다. 우리는 구원받기 위한 존재입니다. 그렇다면 천국은 어떤 모습일까요?

성경과 전통, 그리고 수 세기에 걸친 교도권과 더불어 철학자와 신학자들의 가르침은 우리가 천국을 더 잘 이해하게 도와줍니다. 교회는 우리에게 천국이 어떤 곳일지 엿볼 수 있게 해 줍니다.

"하느님의 은총과 사랑을 간직하고 죽은 사람들과 완전히 정화된 사람들은 그리스도와 함께 영원히 살게 된다. 그들은 하느님을 '있는 그대로' '얼굴과 얼굴을 마주' 보기 때문에 영원히 하느님을 닮게 될 것이다."(《가톨릭 교회 교리서》, 1023항)

하느님과 '얼굴을 마주하며' 바라본다는 것은 무엇을 의미할까요? 성경은 하느님의 얼굴을 본 사람이 없다고 말합니다. 그러나 요한 묵시록 22장 4절에서 언급한 것처럼 우리가 하느님을 뵐 것이라고도 합니다. 남침례교에서 가톨릭으로 개종한 팀 스테이플스는 표면상 모순적으로 보이는 이 표현에 대해, '얼굴을 맞대고 하느님을 바라본다.'라는 것은 우리가 하느님을 육신의 눈으로 본다는 뜻이 아니라 온전히 영이신 하느님을 지성의 눈으로 볼 수 있음을 의미한다고 말합니다.

"다시 말해, 인간은 자연적으로 타고난 능력으로는 어떤 의미에서도 하느님을 볼 수 없다. 성인들과 천국의 축복을 받은 모든 이들은 직접 직관적인 지성의 눈으로 하느님의 본성을 '보고', 또 그렇게 '보았던' 사람들이라고 할 수 있다."[89]

이것이 지복직관입니다. 즉 우리가 천국에서 하느님을 있는 그대로 보는 것을 뜻하는 말입니다. 스테이플스는 "교회는 천국을 주로 장소가 아닌 상태"로 가르친다고 합니다. 따라서 지복직관을 사람들이 하느님을 바라보다가 그분에게서 눈을 돌리는 것으로 이해해서는 안 됩니다. 스테이플스는 "천국에 간 이들은 끊임없이 하느님을 관상하는 상태에 있게 된다."[90]라고 설명합니다. 그는 계속해서 다음과 같이 서술합니다.

"본질적으로 천국은 완전하고 절대적인 성취의 상태이다. 지복직관 안에서 하느님을 소유한 축복받은 이들은 말로 표현할 수 없는 것, 즉 우리가 상상할 수 있는 모든 것을 초월하는 하느님과의 완전한 결합을 경험할 것이다. 그리고 그리스도 안에서 하느님과의 완전한 결합을 이룸으로써 이들은 또한 그리스도의 몸을 이루는 다른 지체와도 우리의 상상을 초월하는 결합을 경험하게 될 것이다."[91]

그러나 이 점은 천국과 관련된 또 다른 질문으로 이어집니다.

"신부님, 저는 제 아이들이 천국에 없다면 천국에서 결코 행복할 수 없을 거예요."

지상에서 우리는 천국의 모습을 그저 어렴풋하게만 알 수 있기 때문에(1코린 2,9; 13,12 참조) 죽음 이후의 경험에 대해서는 이해하기 어렵다는 점을 말씀드리고 싶습니다. 그러나 우리는 하느님께 다음과 같은 약속을 받았습니다.

"그들의 눈에서 모든 눈물을 닦아 주실 것이다. 다시는 죽음이 없고 다시는 슬픔도 울부짖음도 괴로움도 없을 것이다. 이전 것들이 사라져 버렸기 때문이다."(묵시 21,4)

사랑하는 사람을 그리워하는 것은 고통이나 슬픔의 범주에 속하기 때문에 하느님께서는 그마저도 지워 주시겠다고 약속하십니다. 천국에서는 모든 것이 다 괜찮아질 것입니다. 모든 비통함은 더 이상 느껴지지 않을 것입니다. 언젠가 우리가 천국에 갈 날이 올 때 그 방법에 대해서 알게 되리라 희망합니다.

그러므로 우리의 초점을 우리가 사랑하는 이들 중 살아 있는 이들은 그리스도께로 인도하고 죽은 이들을 위해서는 그들을 위한 기도를 하는 데 두어야 합니다. 그리하여 우리가 천국에 갔을 때 그들이 천국에 없어서 행복하지 못할까 걱정하기보다는 그들이 천국에 갈 수 있도록 기도해야 합니다.

우리의 바람은 하느님의 자비와 우리의 기도를 통해 사랑하는 이들이 마지막 순간에 하느님을 받아들이고, 우리의 전구를 통해 연옥을 신속히 통과하여 천국에서 우리를 기다리는 것입니다.

천국에 대해 많은 것을 경험한 성인들의 체험담도 있습니다. 천국이 어떤 곳인지 '직접 경험'한 파우스티나 성녀를 통해 이 놀라운 천국의 실재를 엿볼 수 있는 이야기를 한번 살펴보겠습니다.

오늘 나는 영으로 천국에 있었고 상상할 수 없는 아름다움과 죽음 이후에 우리를 기다리는 행복을 보았다. 모든 피조물이 하느님께 끊임없이 영광과 찬미를 드리는 것을 보았다. 하느님 안에서의 행복이 얼마나 큰지를, 그리고 그 행복이 모든 피조물에게 퍼져 나가 그들이 행복해지는 것을 보았다. 그리고 나서 이 행복으로부터 솟아나는 모든 영광과 찬미가 그 근원으로 되돌아가는 것을 보았다. 또한 그들이 완전히 통찰하거나 헤아릴 수 없는 성부와 성자와 성령이신 하느님의 내적인 삶을 관상하면서, 하느님의 깊은 곳으로 들어가는 것을 보았다.

이 행복의 근원은 그 본질적으로 불변하지만, 그곳에서는 항상 새롭게, 모든 피조물을 위한 행복이 세차게 내뿜어진다. 이제 나는 바오로 성인께서 하신 말씀을 이해한다. "어떠한 눈도 본 적이 없고 어떠한 귀도 들은 적이 없으며 사람의 마음에도 떠오른 적이 없는 것들을 하느님께서는 당신을 사랑하는 이들을 위하여 마련해 두셨다."(일기, 777)

하느님의 생생한 현존이 갑자기 나를 휘감았다. 나는 하느님의 엄위하신 대전에 영으로 들려 올라갔다. 나는 주님의 천사들과 성인들이 어떻게 하느님께 영광을 드리는지를 보았다. 하느님의 영광이 얼마나 위대한지 나는 감히 그것을 글로써 묘사할 엄두도 나지 않는다. 나는 그렇게 할 수 있는 능력도 없고, 또 영혼들은 내가 기록해 둔 것이 전부라고 생각할 수도 있기 때문이다. …… 하느님께로부터 온 모든 것은 같은 방법으로 그분께로 되돌아가 그분께 완전한 영광을 돌린다(일기, 1604).

하느님께서는 우리를 당신의 입양된 자녀들로서 당신과 친교를 나누도록 창조하셨습니다. 우리는 천국에서 영원히 함께 모여 즐거운 행복을 누리는 성인의 통공의 일원이 되어야 합니다. 그러나 그렇게 하기 위해서는 다른 사람들과 완전한 조화를 이루며 살아야 합니다. 천국에 있다는 것은 하느님의 생명에 참여하는 것이며, 하느님의 생명은 절대적이며 자신을 내어 주는 사랑입니다. 따라서 아주 사소한 죄(자기애)조차도 그 전적인 자기 봉헌의 길을 방해합니다. 그렇기 때문에 사랑에 불완전한 사람은 천국에 들어갈 수 없습니다.

하지만 그렇다고 해서 결함이 있는 모든 사람이 지옥에 간다는 뜻은 아닙니다(우리 중 누구도 완벽하지는 않습니다). 연옥은 우리가 온 마음으로 하느님을 사랑하지 못하게 하는 집착의 결함이 있을 때 이를 깨끗이 정화하기 위해 필요한 곳입니다. 따라서 연옥은 "하느님의 은총과 사랑 안에서 죽었고" "영원한 구원이 보장"되기는 하지만, 하늘의 기쁨에 들어가기 위해 여전히 정화가 필요한 사람들이 거친다고 정의됩니다(《가톨릭 교회 교리서》, 1030항 참조).

갑자기 죽음을 맞이한 대부분의 사람은 성사의 혜택을 받지 못한 채 세상을 떠납니다. 그리고 그들은 영혼에 어떠한 죄, 혹은 죄로 인한 잠벌暫罰을 안은 채 죽는 경우가 많습니다. 따라서 그들이 회개하지 않은 대죄를 범한 적이 없다면 지옥이 아닌 연옥에 있을 수 있습니다. 그러므로 연옥의 목적은 회개하지 않은 모든 잠벌을 씻어 내는(또한 불완전하게 회개한 모든 소죄 또는 대죄에 대한 형벌을 면제하는) 것입니다.

소죄에는 중대한 교정이 필요 없다고 여길 수도 있습니다. 그럼에도 불구하고 이 죄를 씻어 내야 하는 필요성은 간과할 수 없을 만큼 중요합니다. 연옥은 영혼을 사랑 안에서 온전하게 만들기 위한 집중적인 정화 과정에 지나지 않습니다. 그것은 불로 금속을 정제하여 찌꺼기 불순물을 태우는 정련 과정과 유사한 것입니다. 바오로 사도는 코린토 신자들에게 다음과 같이 말합니다.

"그 기초 위에 어떤 이가 금이나 은이나 보석이나 나무나 풀이나 짚으로 집을 짓는다면, 심판 날에 모든 것이 드러나기 때문에 저마다 한 일도 명백해질 것입니다. 그날은 불로 나타날 것입니다. 그리고 저마다 한 일이 어떤 것인지 그 불이 가려낼 것입니다. 어떤 이가 그 기초 위에 지은 건물이 그대로 남으면 그는 삯을 받게 되고, 어떤 이가 그 기초 위에 지은 건물이 타 버리면 그는 손해를 입게 됩니다. 그 자신은 구원을 받겠지만 불 속에서 겨우 목숨을 건지듯 할 것입니다."(1코린 3,12-15)

여러분은 결혼식 날 깨끗하게 준비된 최상의 모습이 아닌 채로 식장에 들어가 미래의 배우자를 만나고 싶습니까? 그렇지 않을 것입니다. 결혼식 예복에 얼룩 한 점 없기를 바라겠지요. 우리의 신랑이신 그리스도께서도 우리가 천국의 혼인 잔치에 들어갈 때 우리의 혼인 예복, 즉 우리의 영혼에 어떠한 얼룩도 남아 있지 않기를 바라십니다.

선교사이자 작가로 활동하는 엠마누엘 마이야르 수녀는 이렇게 설명합니다.

"연옥에서 그리스도의 현존은 영혼을 약간의 고통으로 물든 기쁨으로 채웁니다. …… 이는 영혼이 온전히 그리스도의 빛을 받아들일 준비가 되어 있지 않기 때문입니다."[92]

엠마누엘 수녀의 설명에 놀랄 수도 있습니다. 어쩌면 흔히 극심한 고통과 형벌의 장소로만 여기는 연옥이 하느님께서 베푸시는 엄청난 자비라는 사실을 생각하지 못했을 것입니다. 연옥은 치유와 성화를 동시에 이루는 형벌입니다. 달리 말하면, 연옥은 영적인 치유 과정이며, 동시에 그 과정에서 받는 고통은 죄로 인한 잠벌을 감형해 줍니다.

무엇 때문에 그럴까요? 제노바의 가타리나 성녀는 연옥 영혼들에 대해 다음과 같이 말하였습니다.

"그들에게는 하느님께서 큰 자비를 베푸신 것 같다. 하느님의 선하심이 예수 그리스도의 보배로운 성혈로써 당신의 공의를 자비로 누그러뜨리고 충족시켜 드리지 않았더라면, 한 가지 죄만으로도 천 개의 영원한 지옥에 처할 수도 있었을 것이다."[93]

성녀의 진술은 연옥에 수많은 영혼이 있다고 전한 다른 많은 성인의 증언과도 일치합니다. 이렇게 상세한 진술은 가능한 한 많은 영혼을 구원하려는 하느님의 거대하고 자비로운 노력을 더욱 강조합니다. 따라서 우리가 마땅히 받아야 할 형벌을 주지 않으시는 것은 하느님의 자비입니다.

더 나아가 가타리나 성녀는 연옥에 관한 논문에서 정화가 필요한 영혼에 대하여 다음과 같이 서술합니다.

"영혼은 또한 자신과 하느님과의 결합에 방해가 되는 장애물을 볼 때 이것이 오로지 연옥을 통해서만 떨쳐 버릴 수 있음을 깨닫고 재빨리 스스로를 기꺼이 연옥에 던진다. 속죄가 이루어지지 않은 죄는 영혼이 하느님께 가까이 가는 것을 방해하기 때문이다. 연옥이 하느님의 위대한 자비라는 것을 이해하기에 그곳에 자신을 던진다. …… 연옥에 있는 영혼들은 가장 큰 행복을 누리면서 가장 큰 고통을 견디어 낸다. 또한 서로를 방해하지 않는다."[94]

믿기 어렵겠지만, 연옥에 있는 영혼들은 모두 결국 천국에 들어갈 것이기 때문에 사실 **행복**해합니다. 그러므로 연옥에 대한 자비는 우리가 고인이 된 소중한 이들을 위한 희망을 가질 수 있는 또 하나의 이유라고 할 수 있습니다.

지옥

역설적이게도 지옥은 하느님께서 사랑이시기 때문에 존재합니다. 정말 이상하게 들리겠지만, 잠시 생각해 보기 바랍니다. 하느님께서는 사랑이십니다. 그리고 당신 피조물에게 대가 없이 주어지는 사랑을 원하십니다. 하느님께서 단순히 우리의 의지를 조종하여 그분을 사랑하도록 강요하신다면 그것은 진정으로 그분께 사랑을 드리는 것이 아니겠지요? 결코 진정한 사랑이 아닙니다. 진정한 사랑은 자유로워야 합니다. 강요할 수 없으며 서로 주고받아야 하는 것입니다. 이 경우, 사랑하지 않겠다는 선택을 하는 것도 가능해야 합니다.

사실 우리는 하느님을 닮은 모습으로 만들어졌습니다. 온전한 사랑 가운데 사시는 삼위일체의 위격을 본받아 만들어졌지요. 우리가 하느님과 이웃을 사랑하기를 거부한다면, 인간으로서의 본성 자체를 부정하는 것입니다. 우리를 충만하게 하고 우리의 가장 깊은 소망에 응답하는 바로 그 사랑을 부정하는 것입니다. 지옥에 갇히는 것입니다.

그런데 지옥은 왜 영원할까요? 지옥에 떨어진 자들은 왜 영원히 그곳을 떠날 수 없는 걸까요?

첫째, 우리가 어떤 영적 상태로 죽든지 그 상태는 영원히 고착됨을 유념합시다. 천사들이 하느님을 섬길 것인지 아닐지를 선택했을 때 그들은 우리와 달리 선택의 모든 결과를 내다볼 수 있었습니다. 그렇기에 그들은 그 즉시 축복을 받거나 저주를 받고 (악마가 되어) 영원히 그 상태에 머물게 되었습니다. 우리 인간은 (죄로 인해) 하느님의 사랑에서 멀어지더라도 현세에서 회개하고 하느님께 돌아올 기회가 있습니다(고해성사를 통해 가장 완전한 회개를 할 수 있습니다). 그러나 영혼이 육체에서 분리될 때 하느님에 대한 우리의 최종 선택은 우리의 마지막 결정이며, 그 선택에 따라 우리는 심판받게 됩니다. 우리의 지향점은 하느님께 향하든지, 혹은 하느님에게서 멀어지게 될 것이며, 그렇게 정해진 상태는 영원토록 바뀌지 않을 것입니다.

둘째, 하느님은 사랑이시고 그 사랑은 영원하시지만 그분께서는 언제나 우리의 자유 의지에 의한 선택을 존중하신다는 사실을 기억하세요. 하느님은 우리를 사랑하시기에 결코 우리를 버리지 않으십니다. 하지만 우리의 선택을 존중하시기에 우리는 자칫 그분의 사랑에 보답하기를 거부하고 지옥을 선택할 수 있습니다.

따라서 지옥은 진정 하나의 선택지입니다. 작가 C. S. 루이스는 "지옥의 문은 안쪽에서 잠겨 있다."[95]라는 말을 한 적이 있습니다. 그의 표현은 자비로우신 하느님께서 왜 일부 영혼의 지옥행을 허용하시는지를 설명합니다. 그들은 지옥에 가고 싶어 합니다. 하느님에 대한 증오로 그들은 천국에서 그분을 섬기는 것을 비참하다고 여겨 그분과 자신을 분리합니다. 하느님과 영원히 분리되는 것이 바로 지옥의 핵심입니다. 악은 그야말로 선의 결핍이며, 궁극적인 선이신 하느님과 분리되는 선택은 궁극적인 악, 즉 지옥이라는 결과를 낳습니다.

그러나 우리가 마지막 순간에도 하느님을 선택할 수 있다는 사실은 가장 비참한 영혼에게도 희망을 줍니다. 저는 여러분의 고인은 모르지만, 제 할머니는 압니다. 할머니와 여러분의 고인은 모두 자신의 고통을 끝내고 싶어 자살을 선택하였을 확률이 큽니다. 하느님을 영원히 거부하고자 하는 마음을 품어 그러한 선택을 하지는 않았을 것입니다. 이 세상에서 비참한 삶을 살다가 스스로 목숨을 끊은 사람이라고 할지라도 제 할머니와 마찬가지로 자비 그 자체이신 예수님을 만나고 받아들일 수 있는 기회를 가진다고 믿습니다. 그렇기에 저는 할머니의 구원과 여러분과 가까우셨던 분들의 구원에 대해 희망을 가지고 있습니다.

악마는 우리가 지옥으로 떨어지길 원하고, 우리의 죄를 고발하고, 자비 없는 정의를 보고 싶어 합니다. 그러나 하느님께서는 저주하기 위해서가 아니라 구원하기 위해, 사람들을 지옥에 던져 넣기 위해서가 아니라 천국의 문을 열기 위해 그분의 아드님을 보내셨습니다. 하느님께서는 사랑이시며 우리 모두를 사랑하시며 우리 모두 구원받기를 원하시지만, 일부 사람들은 하느님의 사랑을 거부하고 구원받지 못할 것입니다.

결론은 우리가 전구를 통해 우리의 형제자매를 돕도록 노력해야 한다는 것입니다. 죽음의 순간에 그들이 그 마지막 은총을 받아들일지 거부할지 알 수 없기 때문입니다. 우리가 배운 대로, 우리는 기도와 희생을 통해 다른 이들을 도와, 그들이 지옥을 피하고 자비로운 하느님 사랑의 영원한 품인 천국에 들어갈 수 있게 하는 진정한 희망을 가질 수 있습니다.

저는 죽음 이후의 삶에 대한 교회의 이러한 가르침이 저에게 큰 위안을 주는 원천이라는 점을 강조하면서 이 논의를 마치려고 합니다. 교회의 가르침이 왜 위안을 주는 걸까요? 바로 사랑하는 사람을 다시 만날 수 있기를 희망할 만한 충분한 근거가 있기 때문입니다.

우리는 세말世末 모든 죽은 이들의 부활 때, 최후의 심판에서 다시 만날 것입니다. 그 이전에 천국에서 그들 모두를 만날 수 있기를 바랍니다.

윌리엄 바이런 신부(SJ)는 자살한 이들에 대한 하느님의 심판에 대해 다음과 같이 말합니다.

"하느님의 결정은 …… 하느님의 자비를 통해 여과된다. 현세의 끝에서 일어난 비극이 내세에 있을 영원한 비극의 확실한 표징은 아니다."[96]

하느님의 자비, 우리의 신앙이 말하고자 하는 것이 바로 그것입니다. 이는 하느님께서 당신의 지혜와 사랑 안에서 우리가 받아들이기를 원하시는 것입니다. 따라서 우리에게는 희망이 있습니다.

의탁의 다리
그들의 구원에 대해
확신을 가질 수 있습니다

일반적으로 다리는 서로 다른 두 땅을 연결하여 한 장소에서 다른 장소로 쉽게 이동하게 하는 역할을 합니다. '의탁의 다리'는 고인이 되신 분에 대한 희망(1부)과 여러분에 대한 희망(2부)을 연결합니다. 하느님에 대한 의탁이 바로 이 두 가지 희망을 이어 주는 다리라고 할 수 있지요. 베네딕토 16세 교황은 회칙 《희망으로 구원된 우리》에서 이렇게 밝힙니다.

"우리의 희망은 언제나 본질적으로 다른 이들을 위한 희망이기도 합니다. 그럴 때에만 그것은 나를 위한 희망도 됩니다."[97]

이 글에서 사랑하는 이가 구원받기를 바라는 희망이 곧 나에 대한 진정한 희망이라는 결론을 내릴 수 있습니다.

여러분도 그러한 희망을 찾아 남편, 아내, 아들, 딸, 조카, 손자, 손녀, 친구, 또는 친구의 친구 등 세상을 떠난 소중한 사람들이 하느님과 함께하는 영원한 생명을 얻기를 바라는 마음으로 이 책을 접했을 것입니다. 저 역시 여러분과 그러한 희망을 함께합니다. 저는 하느님의 선하심에 의탁합니다. 심지어 부모님의 사랑보다도 한계가 없는 하느님 사랑의 자비를 더욱 신뢰합니다. 물론 부모님이 저를 사랑하신다는 사실에는 한 치의 의심도 없습니다. 이러한 하느님의 무한하신 선과 자비에 의탁하고 여러분이 사랑하는 이를 위해 기도하는 희망을 근거로 다음과 같은 대담한 주장을 하고자 합니다.

저는 여러분의 사랑하는 고인이 하느님 곁에서 영원한 생명을 누리기를 확신을 갖고 희망합니다.

저는 할머니처럼 아주 선량한 영혼을 지녔지만, 삶 속의 불행과 만성적인 고통에 무너진 이들이 **하느님 곁에서 영생을 누리기를 확신을 갖고 희망합니다.** 또한 그들보다 훨씬 더 어두운 삶을 살았고, 그들처럼 스스로 목숨을 끊었거나, (우리가 아는 한) 하느님에게서 훨씬 더 멀어진 영혼의 상태에 있었고, 그들의 삶에서 아주 미미한 미덕의 불꽃만을 드러내던 사람들에 대해서도, 여러분은 여전히 그들이 구원받는다는 희망을 가질 수 있습니다. 어떻게 그럴 수 있을까요? 지금도 그들을 위해 기도하고 희생을 바칠 수 있기 때문입니다.

그리고 그들이 받아들인다면 구원으로 이끌 수 있는 그 마지막 은총을 얻도록 도울 수 있기 때문입니다.

"신부님은 가톨릭 사제로서 어떻게 그렇게 대담하고 파격적이며, 심지어 신학적으로 무모한 주장을 할 수 있습니까?" 혹은 "교회는 지옥의 가능성, 즉 하느님과의 영원한 분리의 가능성이 있다고 가르칩니다!"라고 말할 수도 있습니다.

하느님으로부터의 영원한 분리는 우리에게 일어날 수 있는 매우 현실적인 가능성입니다. 또한 우리는 교회가 성인으로 인정하는 몇몇 영혼을 제외하고는 누구에게도 하느님과 함께하는 영생을 얻는다거나 얻지 못한다고 단정적으로 말할 수 없습니다. 제가 이 대담한 주장을 하는 이유는 예수 그리스도께서 친히 주신 계시를 믿기 때문입니다. 저는 여러분의 사랑하는 고인들을 향한 하느님의 무한한 자비를 믿으며, 여러분도 그럴 것이라 생각합니다.

저는 파우스티나 성녀와 함께 하느님 아버지의 사랑 가득한 마음에 호소합니다.

> 오 저의 유일한 희망이신 저의 하느님이시여! 저는 당신께 모든 것을 의탁했기에 실망하지 않을 것을 압니다(일기, 317).

많은 신학자가 예수님의 가장 위대한 공적 가르침이라고 여기는 산상 설교의 결말에서, 그리스도께서는 친히 어려움에 처한 자녀들을 위한 아버지의 무한한 선과 자비에 대한 보증인이 되어 주십니다. 예수님께서는 이렇게 선포하십니다.

"청하여라, 너희에게 주실 것이다. 찾아라, 너희가 얻을 것이다. 문을 두드려라, 너희에게 열릴 것이다. 누구든지 청하는 이는 받고, 찾는 이는 얻고, 문을 두드리는 이에게는 열릴 것이다. 너희 가운데 아들이 빵을 청하는데 돌을 줄 사람이 어디 있겠느냐? 생선을 청하는데 뱀을 줄 사람이 어디 있겠느냐? 너희가 악해도 자녀들에게는 좋은 것을 줄 줄 알거든, 하늘에 계신 너희 아버지께서야 당신께 청하는 이들에게 좋은 것을 얼마나 더 많이 주시겠느냐?"(마태 7,7-11)

여러분의 자녀가 도움이 필요하다면, 돌이나 뱀을 주겠습니까? 당연히 그러지 않겠지요! 여러분은 사랑하는 이들을 위해 영원한 생명을 간구할 것입니다. 그리고 이 책을 읽으면서 여러분은 그들을 위한 영원한 생명이라는 보상을 얻고자 합니다. 기도와 고통을 봉헌함으로써, 여러분은 하느님 자비의 문을 두드릴 수 있습니다. 그리하여 그 문이 열려 여러분이 사랑하는 고인이 생명을 얻고 하느님의 아들 예수 그리스도 안에서 하느님 아버지와 함께 영원토록 충만하게 살 수 있도록 할 수 있습니다.

요약하자면, 여러분은 사랑하는 이들의 구원을 간절히 원합니다. 여러분 자신도 불완전하고 연약한 존재임에도, 여러분은 그들의 영원한 생명을 원하며 할 수만 있다면 즉시 그것을 그들에게 줄 것입니다. "너희가 악해도 자녀들에게는 좋은 것을 줄 줄 알거든, 하늘에 계신 너희 아버지께서야 당신께 청하는 이들에게 좋은 것을 얼마나 더 많이 주시겠느냐?"(마태 7,11)라는 말씀을 유념하기 바랍니다.

그들의 구원은 예수님의 무한하신 선에 대한 의탁의 그릇을 통해 여러분 능력의 영역 안에 있습니다. 하느님의 무한하신 선이 사랑하는 사람들을 향한 여러분의 간절한 소망보다 얼마나 더 크시겠습니까? 무한히 더 크십니다!

예수님께서는 파우스티나 성녀에게 주신 계시에서 이렇게 말씀하십니다.

> 내 마음은 영혼들, 특히 불쌍한 죄인들을 위한 큰 자비로 넘쳐흐른다. 그들이 내가 그들에게 가장 좋은 아버지이고, 자비가 넘쳐흐르는 샘처럼 그들에게 은총을 베풀기 위해 나의 성심으로부터 피와 물이 흘러나오는 것을 이해할 수만 있다면, …… 그러나 그들 자신이 은총을 받아들이기를 원하지 않는다(일기, 367).

그러나 우리는 이러한 예수님의 끝없는 은총을 받아들이기를 진심으로 원합니다. 그리고 하느님께 청하고 구하고 두드리는 자녀인 우리는 이러한 은총을 주시는 분이 '최고의 아버지'이심을 믿습니다.

또한 예수님께서는 파우스티나 성녀에게 이렇게 말씀하시며 우리가 확고하게 그분께 의탁하는 것에 대한 기쁨을 표현하십니다.

오, 나에게 온전히 의탁하는 영혼들을 내가 얼마나 사랑하는가! 나는 그들을 위해 무엇이든 다 할 것이다(일기, 294).

우리에게는 우리 한 사람 한 사람에게서 당신의 아들을 보시고 우리가 진심으로 구하고 청하는 모든 좋은 선물을 주시는 하느님 아버지가 계십니다. 여러분과 저는 이 무한히 선하신 아버지께서 우리가 사랑하는 사람들에게 영원한 생명을 허락하시리라 믿습니다. 설령 그들이 스스로 목숨을 끊었을지라도 말입니다. 우리는 파우스티나 성녀에게 "나의 자비를 믿고 의탁하는 모든 영혼이 자비를 얻을 것이다."(일기, 420)라고 말씀하신 하느님 자비이신 예수님께 대한 확신을 가지고 있습니다.

그러니 이 무한하신 하느님 자비의 원천에서 우리 가족과 친구들의 영원한 구원을 위하여 자비를 길어 올립시다. 파우스티나 성녀와 온 하늘과 함께 "저희를 위한 자비의 샘이신 예수 성심에서 세차게 흘러나온 피와 물이시여! 저는 당신께 의탁하나이다!"라고 선포합시다(일기, 84 참조). 특히 이 기도는 죄인들의 회심에 믿을 수 없을 정도로 강력한 힘을 발휘합니다. 파우스티나 성녀는 일기에서 두 차례 이상 이 기도에 대하여 이야기합니다(일기, 187. 309 참조). 이는 예수님께서 파우스티나 성녀에게 친히 말씀하신 내용에서도 드러납니다.

> 죄인들을 대신해서 나의 자비를 구하여라. 나는 그들을 구원하기를 갈망한다. 너희가 통회하는 마음과 믿음으로 어떤 죄인을 대신하여 이 기도를 바칠 때, 나는 그에게 회개의 은총을 베풀 것이다(일기, 186).[98]

여기에서 우리는 예수님께서 죄인들의 구원을 간절히 바라신다는 점을 알 수 있습니다. 심지어 예수님 자비의 불꽃이 실제로 당신을 태우고, 이 자비의 불꽃을 가장 곤경에 빠진 영혼을 구하는 데 사용하라고 외치실 정도로 죄인들을 사랑하신다는 사실을 알 수 있습니다. 예수님께서 직접 하신 이 말씀을 다시 읽어 보세요.

> 나는 그들을 구원하기를 갈망한다. …… 나는 그에게 회개의 은총을 베풀 것이다.[99]

1부에서 우리는 하느님께서 시간을 초월하는 분이시기에 우리의 기도가 시간을 초월할 수 있음을 살펴보았습니다. 분명 사랑 그 자체이신 자비로우신 주님께서는 우리가 원하는 것보다도 더욱 우리가 사랑하는 이들의 구원을 바라십니다. 그리고 그분께서는 우리를 사랑하십니다. 그리하여 우리가 하느님과 함께하는 우리의 궁극적인 선인 영원한 생명을 향할 때 우리 마음속 소망을 채워 주시기를 원하십니다. 요한 사도도 첫째 서간을 통해 "이것이 그분께서 우리에게 하신 약속, 곧 영원한 생명입니다!"(1요한 2,25)라고 선포합니다.

우리는 스스로 목숨을 끊은 이들을 위해 기도할 때, 하느님의 선하심과 자비에 대한 믿음으로 예수님께 의탁합니다. 우리가 언제 그 기도를 하든지 관계없이 예수님께서 그 기도를 들으시고, 그들의 마지막 순간에 은총을 베풀어 주시고, 그분께서 친히 약속하신 **영원한 생명**을 그들에게 주실 것이라는 믿음으로 의탁하는 것입니다. 이러한 이유로 저는 예수님께서 친히 선포하신 약속에 의탁합니다. 그렇기에 우리가 사랑하는 이들이 하느님과 함께하는 영원한 생명에 대한 몫을 얻게 될 것이라는 담대한 희망을 주장합니다. 그리하여 저는 여러분과 함께 하느님의 자비를 간구하는 기도를 바칩니다.

"오, 저희를 위한 자비의 샘이신 예수 성심에서 세차게 흘러나온 피와 물이시여, 저희는 당신께 의탁하나이다!"

하느님과 함께하는 사랑하는 이의 영원한 생명에 대한 희망을 가진다면, 우리는 우리 자신에 대해서도 희망을 가질 수 있습니다. 하느님 자비의 깊은 우물에서 자신의 영혼을 위한 더 많은 치유와 평화를 얻을 수 있습니다. 어쩌면 우리는 여전히 슬픔을 느끼고 있을 수 있습니다. 여전히 사랑하는 가족이나 친구를 잃은 극심하고 형언할 수 없는 고통을 느낄 수도 있습니다. 그런 경우라면 제가 하느님께서 주시는 '희망의 처방약'이라고 부르는 다음의 기도문이 우리 마음속에 부드럽게 울려 퍼지도록 해야 합니다.

"예수님, 저는 당신께 의탁합니다."

이 여정의 후반부에는 여러분에게 희망을 불어넣기 위한 내용을 담았습니다. 2부에서는 우선 자살이나 비극적인 상실 이후에 겪는 애도의 일반적인 유형과 그 영향, 그리고 애도의 단계에 대해 살펴볼 것입니다. 그다음에는, 세 가지 기본 영적 원리와 깊은 감동을 주는 한 개인의 체험담을 나눌 것입니다. 그리고 삶을 송두리째 바꾸어 놓은 비극적 사건의 여파 가운데서도 희망을 갖게 하시는 하느님 자비의 메시지와 연관된 영적인 도움의 방법을 추가로 제공할 것입니다. 마지막으로, 하느님의 무한하신 사랑이 여러분의 고통, 아픔 그리고 상실로부터 더 큰 선을 이끌어 내고, 여러분이 사랑하는 이들과 함께 하느님과 성인들의 친교를 이제와 영원토록 온전히 나눌 수 있게 한다는 확신에 찬 희망으로 마무리하고자 합니다.

저희와 함께 이 여정을 계속함으로써, 사랑과 자비 그 자체이신 분을 통해 회복되고 강건해지면서 여러분 각자의 '희망의 현현'이 있기를 기도합니다.

2부

당신에게 참으로 희망이 있습니다.

"나는 내 뜻이 아니라 나를 보내신 분의 뜻을 실천하려고 하늘에서 내려왔기 때문이다. 나를 보내신 분의 뜻은, 그분께서 나에게 주신 사람을 하나도 잃지 않고 마지막 날에 다시 살리는 것이다. 내 아버지의 뜻은 또, 아들을 보고 믿는 사람은 누구나 영원한 생명을 얻는 것이다. 나는 마지막 날에 그들을 다시 살릴 것이다."(요한 6,38-40)

다시 뭉친 두 형제

저는 제이슨 루이스입니다. 크리스 에일라 신부님에게 마리아의 협력자 협회의 선교 사명에 함께해 달라는 부탁을 받고 무척 기뻤습니다. 이는 제가 세상에서 가장 큰 열의를 느끼는 카리스마, 선교, 복음의 핵심인 하느님의 자비 영성과 다시 연결됨을 의미했기 때문입니다. 이전에 원죄 없이 잉태되신 마리아의 교부회 사제들과 함께 신학교를 다녔고, 지금은 크리스 신부님과 함께 수도회에 있는 수도자인 제가 집으로 돌아오는 길은 멀고도 험난했습니다. 하지만 저에게 이보다 더 잘 어울리는 곳은 없을 것입니다.

2018년 가을, 크리스 신부님과 저는 하느님 자비의 국립 대성당이 위치한 매사추세츠주 스톡브리지에서 다시 만났습니다. 몇몇 프로젝트를 함께 진행하면서 저는 열의를 갖고 일을 시작했습니다. 하지만 그중 유독 크리스 신부님의 마음을 무겁게 하는 프로젝트가 있었습니다. 바로 이 책을 집필하는 일이었죠. 크리스 신부님은 할머니를 잃었던 개인적인 경험을 저와 나누었고, 그 이야기는 제 가슴에 크게 와닿았습니다. 마리아의 협력자 협회 이사로서 대단히 바쁜 일정을 소화해야 했던 크리스 신부님은 책을 완성하는 데 충분한 시간을 할애할 수 없음에 아쉬움을 표했습니다. 그리하여 신부님은 제게 이 특별한 프로젝트를 함께 진행해 보자고 제안했습니다.

"제이슨, 이 책은 사람들에게 꼭 필요해요. 이 책으로 소중한 사람을 잃고 깊은 슬픔에 잠긴 사람들, 특히 사랑하는 사람의 자살로 인해 형언할 수 없는 고통을 겪는 사람들의 마음을 어루만질 수 있어야 해요. 상처받은 그들의 마음을 위로하고 고인의 구원에 대한 희망과 현재의 비통함 가운데 있는 그들을 위한 희망을 주어야 합니다. 하느님의 자비가 바로 그런 것이니까요."

저는 그 말을 듣자마자, 옳다고 생각했습니다. 작은 '현현'의 순간이었죠. 저는 예전에, 심지어 최근까지도 그러한 사별의 아픔을 겪었습니다. 따라서 저는 제가 경험한 것들을 공유하여 그러한 상실을 겪은 분들과 아직도 과거에 일어난 상실의 슬픔에 빠진 분들에게 희망을 북돋아 주고 싶었습니다.

이 책은 자살과 관련된 사별의 아픔을 다룹니다. 그러나 여기서 다루는 교리는 복음과 하느님 자비 영성의 기본 원리를 바탕으로 이루어졌기에, 자살 외 다른 유형의 슬픔과 상실을 겪는 경우에도 적용됩니다. 이는 예수 그리스도의 구속 행위를 통해 신앙이 우리에게 가져다준 엄청난 실재이자 은총이신 전지전능하시고 사랑 넘치시는 하느님을 증거합니다. 그리고 우리에게 사랑하는 이들이 하느님과 함께하며 영원한 생명을 얻을 것이라는 희망을 갖게 합니다. 이를 통해 우리는 **하느님의 자비 안에서 그리고 그분의 자비를 통해서, 현세를 살아가는 우리가 치유받을 수 있다는 확신**을 가질 수 있습니다. 다시 말해 여러분에게 희망이 있음을 의미합니다.

슬픔 속 치유의 여정

우리는 '의탁의 다리'에서 얻은 사랑하는 이들의 구원과, 언젠가 천국에서 그들과 재회할 수 있다는 확고한 희망을 갖고 있습니다. 주님께서는 바로 그러한 목적을 이루시기 위해 인성을 취하시고 우리 중 하나가 되셨습니다. 그분은 죽음에 이르는 수난이라는 끔찍한 고통을 겪으심으로써 우리에게 영원한 생명을, 그리고 그 생명을 사랑하는 사람들과 나눌 수 있는 희망을 갖게 해 주셨습니다.

그리스도께서는 우리에게 죽음이 결코 최후를 의미하지 않는다는 것을 보여 주셨습니다. 이 희망은 현세를 살아가는 우리에게 상당한 위안을 줍니다. 이 희망이야말로 우리 존재에 의미를 부여하고 슬픔의 골짜기를 인내할 수 있는 용기를 주는 '위대한 희망'이라 할 수 있습니다.

그럼에도 불구하고 사랑하는 사람을 잃은 후에 느끼는 고통의 여파는 계속될 수밖에 없습니다. 가까운 사람의 자살은 우리가 경험할 수 있는 가장 큰 트라우마 중 하나입니다. 자살 사별 이후의 삶은 결코 예전과 같지 않을 것입니다. 크리스 신부님은 자살 사별 이후의 공동체 회복 탄력성에 대한 전문가이자 미국 국립회복탄력성연구소의 설립자 겸 CEO인 몰리 마티 박사와의 만남을 상세하게 전해 주었습니다. 마티 박사는 다음과 같은 말을 했다고 합니다.

"신부님, 자살은 어떤 공동체에 폭탄이 터지는 것과 같은 수준의 위력을 갖고 있어요. 수많은 깊은 상처를 남기지요. 많은 경우에 자살은 예상치 못한 상처를 남기고, 때로는 그 상처가 드러나지 않는 경우도 있어요. 신부님과 신부님의 주변 분들은 인생에서 가장 감당하기 어려운 비극을 겪은 생존자예요."

훌륭한 전문가의 정확한 견해라 할 수 있습니다. 우리는 이 조언을 마음에 새겨야 합니다. 자살의 영향은 광범위하며 수많은 생명에게 영향을 미칩니다. 갑작스럽게 찾아온 마음의 고통, 특히 자살로 받은 고통은 우리를 정서적으로 마비시킬 정도로 치명적일 수 있습니다. 이는 매우 심각한 현실입니다. 그렇지만 이에 대한 치유가 가능하다는 점을 기억합시다.

슬픔의 치유는 하나의 과정입니다. 외상 후 스트레스 장애를 겪는 사람들이 트라우마를 되짚어야 하는 것처럼, 여러분도 반복해서 자살이라는 비극적인 상처와 직면해야 할 수도 있습니다. 우리가 슬픔 가운데에서도 회복의 길을 함께 걸을 수 있기를 바랍니다. 제가 저의 치유 과정 중 발견했던 것처럼 여러분도 '희망의 현현'을 경험하기를 바랍니다.

  이 여정의 첫 번째 단계로 애도의 유형과 그 영향력, 그리고 애도의 단계를 살펴보며 사별 애도의 전반적인 개요를 논할 것입니다. 그리고 소중한 친구인 새미 우드와 슬픔을 헤쳐 나가는 그녀의 놀랍고도 감동적인 치유 여정을 소개하겠습니다. 두 번째로 슬픔의 치유 과정에 적용할 수 있는 세 가지 영적 원리와 상처 회복을 위한 몇 가지 영적 도움의 방법을 논의할 것입니다. 마지막으로 사랑하는 사람들과 함께하는 영원한 생명에 대한 궁극적인 희망에 대한 이야기를 나누겠습니다. 이 '희망의 기슭'에서 슬픔에서 치유를, 고통에서 기쁨을, 죽음에서 생명을 가져다주시는 자비로우신 사랑의 하느님의 경이로우심을 묵상하면서 새로운 위안을 얻을 수 있을 것입니다.

  지금부터 이러한 애도의 본질과 그 양상을 자세히 살펴봅시다. 애도의 범주와 영향, 그 단계에 대해 이미 잘 아는 경우 또는 이와 관련된 내용이 너무 무겁게 느껴지는 경우에는 2부 1장 마지막에 있는 '다른 이들과 함께 나누는 슬픔'으로 넘어가셔도 됩니다.

1장
자살 사별 애도와 그 영향

    자살 생존자를 위한 희망에 관한 논의는 영적인 관점에서 이루어질 것입니다. 구세사를 통틀어 이러한 접근 방식은 사별 슬픔의 대처에 효과적이라고 검증되었습니다. 크리스 신부님과 저는 가톨릭 신앙과 영성 그리고 사목 지침과 관련된 교리를 전문적으로 다루어 왔습니다. 이러한 바탕은 저희가 자살의 여파 가운데에서 겪는 슬픔을 영적인 관점으로 접근하도록 준비시켜 주었습니다.
    하지만 그렇다고 이 분야의 전문가들이 제공하는 사별 애도와 관련된 몇 가지 보편적인 정보를 언급하지 않고 넘어갈 수는 없을 것 같습니다. 자살 사별 문제는 복합성을 지닙니다. 그러므로 어느 정도 '정상적인 삶'의 회복을 위해 노력하는 과정 중에는 전문가의 도움을 받을 것을 적극적으로 권장합니다. 저희는 여러분께 어떠한 허황된 약속이나 거짓된 희망을 제시하고 싶지 않습니다.

친밀한 관계였던 사람과의 사별은 심각한 슬픔을 야기할 수밖에 없지요. 물론 자살 사별의 트라우마는 인간이 견딜 수 있는 가장 힘들고 당황스럽고 극심한 고통일 수 있습니다. 마치 여러분을 둘러싼 세계가 통제 불능으로 돌아가는 것 같거나, 다시는 '정상적인' 평화를 경험하지 못할 것처럼 느껴질 수도 있습니다. 그러나 이 책의 후반부에서 자세히 다룰 한 사례의 주인공이자 소중한 친구인 새미 우드의 말처럼, 사랑하는 사람을 자살로 잃은 슬픔은 결코 '잊을 수' 없지만 '헤쳐 나갈 수' 있습니다.

이러한 희망과 치유의 과정을 시작하려면 자살의 여파가 우리 삶에 끼치는 영향을 살펴봐야 합니다. 〈임상신경과학의 토론*Dialogues in Clinical Neuroscience*〉이라는 학술지에 게재된 한 온라인 논문은 자살 생존자가 겪는 고통의 다차원적 파급 효과를 이렇게 요약합니다.

"사랑하는 사람과 사별한 후 일반적으로 경험하는 상실감, 슬픔, 외로움은 종종 죄책감, 혼란, 거부감, 수치심, 분노의 감정과 자살 사망의 불명예와 트라우마의 영향으로 자살 생존자에게 더욱 크게 느껴지는 경우가 많다. 뿐만 아니라 자살 생존자에게는 주요 우울증, 외상 후 스트레스 장애, 자살 충동이 발생할 위험이 더 높아지고 복합성 애도라고 하는 장기적인 형태의 슬픔을 겪을 위험이 더 높아진다."[100]

자살 생존자가 경험하는 이러한 증상과 이후 상황은 매우 심각합니다. 이에 대한 '빠른 해결책'이나 '처방전 없이 쉽게 구하는' 치료법도 없습니다. 그러한 까닭에 일반적으로 자살 생존자는 엄청난 어둠과 고통, 혼란의 순간들을 힘들게 헤쳐 나갈 수밖에 없습니다.

애도의 세 가지 유형

정신 건강 전문가들은 애도의 유형을 급성, 통합성, 복합성 세 가지로 분류하는 경우가 많습니다. 이 세 가지 분류는 우리가 겪을 수 있는 애도의 종류를 설명하는 데 널리 사용됩니다.

급성 애도란 사랑하는 사람과 사별한 후 초기 며칠 혹은 몇 주 동안 경험하는 슬픔을 뜻합니다. "충격, 괴로움, 상실감, 분노, 죄책감, 후회, 불안, 두려움, 상념으로 인한 불편함, 이인증離人症, 압도된 느낌, 외로움, 불행, 우울증 등은 흔히 묘사되는 감정 상태 중 일부에 불과"합니다.[101] '급성'이라는 표현은 상실의 고통이 생생하고 선명하게 느껴지는 가장 예리한 상태를 의미합니다.

통합성 애도란 일반적으로 사별 후 몇 달간 경험하는 지속적인 슬픔을 말합니다. 이 단계에서 생존자는 정상적 근무 패턴, 일상적 업무, 사회적 관계와 같은 일반적인 활동을 일상생활에 통합하기 시작합니다. 그들은 부분적으로나마 삶의 기쁨을 다시 경험합니다. 이 과정을 거치는 사람의 내면에서는 변화가 일어날 가능성이 매우 높습니다. 종종 그들은 삶 속에서 의미를 발견하고 새로운 차원에서 치유와 온전함을 찾게 됩니다. 그들의 삶은 이전보다 통제가 가능해집니다. 통합성 애도 단계의 생존자들은 보통 "상실의 여파로 새로운 능력, 지혜, 지금껏 발견하지 못했던 장점, 새롭고 의미 있는 관계, 더 폭넓은 관점이 나타난다."[102]라는 사실을 깨닫게 됩니다.

최근 정신의학계는 외상 후 성장이라는 개념을 연구했습니다. 이는 트라우마에 맞서 고군분투한 결과로 개인에게 긍정적인 심리 변화가 실제 일어날 수 있음을 제시합니다. 멜린다 무어 박사는 고통스러운 상실을 겪은 이후에도 성장이 가능함을 인지하는 것은 개인에게 희망을 갖게 할 뿐만 아니라 "이러한 트라우마로 인한 자신의 변화에 대한 참된 이해와 함께 삶을 재건하기 위한 도구를 제공한다."라고 합니다.

외상 후 성장을 촉진하도록 하는 접근 방식은 전문가와 단체 모두 활용할 수 있는 중요한 방식입니다. 무어 박사는 이 접근 방식이 끔찍한 사건을 겪은 가족에게 "그들의 삶이 영원히 바뀌었지만, 그럼에도 불구하고 그렇지 않았을 때보다 더욱 탄력적이고 견고하게 성장할 수 있는 기회를 제공한다."라고 설명합니다.[103]

여전히 급성 애도의 영향에서 헤어 나오지 못하는 경우라면, 이 통합성 단계에서의 치유와 자아 발견의 가능성은 틀림없이 여러분이 현재 겪는 시련에 대한 희망을 가져다줄 것입니다. 1부에서 살펴본 것처럼, 이러한 자아 발견은 슬픔을 겪는 여정에서 하느님께서 우리에게 허락하시는 작은, 때로는 커다란 '현현의 순간'의 형태를 띨 수 있습니다. 그러나 특히 자살의 통렬한 비애를 감안할 때, 이러한 통합 상태와 그 일부 효과가 확연히 드러나기까지는 몇 달, 심지어 몇 년이 걸릴 수도 있습니다. 통합의 상태에 도달하지 못한 생존자 중 일부 소수는 복합성 애도의 상태를 겪게 됩니다.

복합성 애도란 급성 애도의 연장선상에서 사랑하는 사람을 잃은 생존자가 자신의 삶을 유의미한 방식으로 재통합할 수 없는 상태를 말합니다. 일상적인 활동은 여전히 힘들며, 상실의 고통은 시간이 지나도 지속되며 반복됩니다. 깊은 우울증과 외상 후 스트레스 장애 증상은 복합성 애도에서 흔히 나타납니다.[104]

또한 자살로 인한 복합성 애도를 겪는 사람들은 자살성 사고(자살 충동)에 빠지는 경향이 훨씬 더 큽니다.[105] 아들이나 딸, 어머니나 아버지, 남편이나 아내, 형제나 자매, 기타 친밀한 관계에 있는 사람을 잃은 자살 생존자의 25~43퍼센트는 복합성 애도를 겪는 것으로 추정됩니다. 이는 다른 형태의 사별로 인한 복합성 애도에 비해 약 두 배에 달하는 수치입니다.[106] 일부 연구에 따르면 자살에 대한 충격으로 고통받는 사람의 경우 통합성 애도의 단계에 도달하기까지 3년

에서 5년이 걸릴 수 있다고 합니다.[107]

여러분이 장기간 급성 또는 복합성 애도의 상태에 머물고 있다면, 상실로 인한 고통을 도울 수 있는 숙련된 의료 전문가를 즉시 찾을 것을 권장합니다. 도움을 청하는 것은 결코 부끄러운 일이 아닙니다. 무거운 십자가를 고통스럽게 짊어지고 골고타 수난 언덕을 향하는 길에 제자들(키레네 사람 시몬, 베로니카, 십자가 곁에 있던 여인들, 요한 사도, 물론 그분의 어머니까지)의 보살핌과 지지를 받았던 하느님이시며 사람이신 예수님을 떠올려 보세요.

애도의 영향

자살학 전문가들의 연구에 따르면, 자살 생존자에게 사별이 미치는 영향은 일반적 유형의 사별에서 보이는 애도의 영향과는 질적으로 다른 것으로 나타났습니다.

"모든 애도 과정에서 전형적으로 보이는 필연적 슬픔, 비통함, 불신감 이외에도, 자살 관련 애도 과정에서는 압도적인 죄책감, 혼란, 거부감, 수치심, 분노 등의 증상이 종종 두드러지게 나타납니다."[108]

무어 박사에 따르면 자살로 인한 슬픔은 외상 후 스트레스 장애, 장기적 애도 장애,[109] 주요 우울증 및 불안 장애[110]와 같은 정신과적 장애와 관련이 있으며, 이 모든 것이 자살 생존자의 자살 위험률[111]

을 높일 수 있다고 합니다. 연구에 따르면 배우자를 잃은 사람의 자살 위험이 다른 원인으로 인한 사별의 경우보다 더 높다고 나타났습니다.[112] 또한 자녀를 자살로 잃은 경우, 다른 원인으로 사망한 자녀의 죽음을 애도하는 부모의 경우보다 부모 자살 위험이 더 높아집니다.[113] 직계 가족 내에서 자살한 경우에는, 가족 구성원 사이에서 자살로 인한 사망이 두 배나 증가하는 것으로 관찰되었습니다.[114]

자살 생존자들은 실제보다 자신의 상실에 대해 훨씬 더 큰 개인적 책임을 느끼는 경우가 많습니다. 1부에서 언급했듯이 자살 생존자들이 '왜?'라는 질문과, '내가 자살을 예방하기 위해 무엇을 했어야 했을까?', '내가 놓친 징후는 무엇이었을까?' 등의 질문에 대한 답을 찾기 위해 수개월 또는 수년 동안 고민하는 일은 일반적입니다. 사건이 일어난 이유를 납득하기 위해 자살 생존자는 자살로 이어진 모든 사건을 머릿속으로 되새기며 하나하나 되짚어 보는 경우가 많습니다. 자살 생존자에게 자살의 낙인으로 인한 수치심은 흔한 일입니다. 또한 그러한 비극을 막지 못했다는 죄책감에 시달릴 수 있습니다. 특히 자살로 자녀를 잃은 부모의 삶에서 이러한 증상은 매우 흔하게 나타납니다.

모든 사람이 같은 방식으로 애도 과정을 경험하지는 않습니다. 이를 거듭 기억하십시오. 여러분 중에는 급성 애도, 통합성 애도, 복합성 애도의 과정 중 나타나는 다양한 증상을 모두 경험하는 분도 있을 수 있습니다.

우리의 인격은 영과 혼, 그리고 육으로 구성됩니다. 따라서 소중한 사람을 잃었을 경우에 우리는 영적, 정신-정서적, 그리고 신체적으로 영향을 받습니다. 이 세 가지 측면에 나타나는 증상은 사별 후 다양한 형태로 나타나는 경우가 많습니다. 이러한 증상에 대해 잘 파악하면 우리가 겪는 상황을 이해하는 데 도움이 될 것입니다. 예를 들어, 자살 사별의 슬픔을 겪는 경우 인격의 세 가지 영역에서 다음과 같은 '증상' 또는 반응을 경험할 수 있습니다.[115]

신체적(육)

- 무감각
- 짧은 주의력 지속 시간
- 집중력 상실
- 불규칙한 수면 패턴
- 무관심
- 피로
- 공허함
- 가슴 묵직함
- 메스꺼움
- 두통
- 신체적 통증
- 불안
- 식욕 부진
- 과식
- 잦은 울음
- 울 수 없음

정신-정서적(혼)

- 충격
- 죄책감
- 깊은 슬픔
- 분노
- 갈망

영적(영)

- 신앙의 상실
- 강한 의심
- 하느님에 대한 분노
- 깊어지는 신앙심
- 하느님에 관한 강한 관심과 믿음

실로 광범위한 목록입니다. 고통을 겪는 동안 애도 증상이 어떻게 발현될 수 있는지에 대한 다양한 범주를 이해하는 것은 큰 도움을 줍니다. 실제로 이러한 증상은 우리를 무기력하게 만들 수 있습니다. 애도는 우리 삶에 불안감과 불안정감을 불러올 수 있습니다. 때때로 우리가 '현실'이라고 알던 것이 영적으로, 심지어 신체적으로도 현실이 아닌 것처럼 여겨질 수 있습니다. 이러한 극적인 변화는 우리가 완전히 이질적인 곳에 사는 것처럼 느끼게 할 수 있습니다.

지금까지 의료 전문가들이 흔히 세 가지 유형으로 분류하는 애도의 종류와 그 과정에서 신체적, 정신적, 영적으로 미칠 수 있는 애도의 영향을 살펴보았습니다. 이제 우리에게 잘 알려진 애도의 다섯 단계에 대해 알아보도록 합시다. 이 애도의 다섯 단계는 수십 년 전 엘리자베스 퀴블러 로스가 처음 분류한 것으로, 많은 이들이 이 분류를 통해 사별 후 겪는 감정을 이해하는 데 도움을 받았다고 알려졌습니다.[116]

애도의 다섯 단계

가까운 사람을 잃은 상실의 아픔을 치유하고 앞으로 나아가기 위해서는 필연적으로 상실의 고통스러운 과정을 겪어야 하는데, 일반적으로 이 과정은 애도의 특정 단계를 거치면서 진행됩니다. 인간이라면 누구나 일생 중 어느 한 시점에서 상실의 아픔을 겪게 됩니다. 때로는 그 아픔이 반복되기도 하지요. 하지만 모든 인간관계는 저마다 다르기에 모든 사랑의 상실은 고유하며, 동일할 수 없습니다. 그러므로 각자가 겪는 애도의 과정은 개개인마다 다릅니다. 그럼에도 그 과정 중 모두가 겪는 보편적 특징이 존재한다는 점은 사실입니다.

다음과 같은 애도의 다섯 단계를 통해 가까운 사람을 잃은 후 발생하는 몇 가지 반응을 이해하는 데 도움을 받을 수 있습니다.

① 부정
② 분노
③ 타협
④ 우울
⑤ 수용[117]

우선 이러한 단계는 애도 과정에서 나타나는 현상을 이해하기 위한 하나의 틀일 뿐이라는 점에 유의해야 합니다. 이 목록이 자살 생존자에게 나타나는 성향을 하나도 빠짐없이 기록하여 만들어 놓은 것이라 보기는 어렵습니다. 퀴블러 로스와 데이비드 케슬러가 공동 집필한 《상실 수업 On Grief and Grieving: Finding the Meaning of Grief Through the Five Stages Of Loss》에서 두 저자는 애도하는 사람들이 이러한 단계를 전부 겪지 않거나 같은 순서로 경험하지 않을 수 있다고 말합니다. 단계 사이를 오갈 수도 있고 특정 단계로 몇 번이고 되돌아갈 수도 있습니다.

애도의 단계를 거치는 데 얼마만큼의 시간이 걸리는지도 정해져 있지 않습니다. 퀴블러 로스는 이에 대해 다음과 같이 설명합니다.

"전형적인 상실의 유형이 없듯이 상실에 대한 반응에도 전형적인 반응이란 없습니다. 우리가 애도하는 과정은 우리 각자의 삶만큼이나 개별적이라 할 수 있죠."[118]

이제 다섯 가지 단계가 각각 어떤 형태로 나타나는지 좀 더 자세히 살펴봅시다.

1) 부정

애도 과정 중 첫 단계인 부정은 피하기 어려운 경우가 많습니다. 비극적 사건에 대한 충격은 우리를 무력화할 수 있습니다. 부정은 처음 맞닥뜨린 엄청난 충격, 곧 이 낯설고 고통스러운 현실과의 첫 대면에 대처하는 방법입니다. 이는 우리를 불신에 빠뜨립니다.

초기 치유 과정에서 부정은 은총이 될 수 있으며 진정한 은총이라고도 할 수 있습니다. 우리가 상실을 겪은 후 정서적, 영적, 때로는 신체적으로 불구가 된 상태에서 계속 살아갈 수 있게 하기 때문입니다.

이 시기에 우리는 무감각하거나 멍한 상태라고 느낄 수 있습니다. 시간이 지나면서 상실의 고통을 느끼기 시작하지만,[119] 부정은 고통의 감정으로 이어지기보다 점진적이고 '감당할 수 있는' 속도를 유지하게 합니다.

2) 분노

애도 과정에서 가장 먼저 나타나는 감정이 분노인 경우가 많습니다. 분노는 애도 과정에서 정상적인 부분이고, 때로는 반드시 필요합니다. 대개 분노를 항상 억제해야 하는 부정적인 감정으로 인식하는 경우가 있습니다. 그러나 이에 대해서 퀴블러 로스와 케슬러는 "분노는 힘이 될 수 있으며, 상실의 허무함에서 일시적으로나마 구조적인 틀을 제공하는 닻이 될 수 있다."[120]라는 이견을 주장합니다.

분노가 위험한 수준에 이르거나 지나치게 오랫동안 지속되는 경우가 아닌 이상, 분노를 느끼는 것은 괜찮습니다. 건강한 감정이라고도 말할 수 있습니다.

분노는 종종 자기 자신, 고인, 동료, 가족, 친구, 심지어 하느님에게 향할 수도 있습니다. 현 상태에서 분노를 느낀다면, 궁극적으로 그 분노는 점차 줄어들고 결국 사라질 것입니다. 하지만 분노를 느끼고도 직면하기를 거부한다면 이 감정은 더 오래 지속됩니다.[121]

분노는 우리가 상처를 받았다는 신호입니다. 우리는 우리가 무척 소중히 여기는, 결코 무엇으로도 대체할 수 없는 사람을 잃었습니다. 이 감정은 자연스러운 일입니다. 분노를 느끼는 자신의 감정을 받아들이세요. 신뢰할 수 있는 친구와 가족, 영적 지도자 또는 정신건강 전문가와 분노의 감정을 공유하며, 안전하고 건강한 방법으로 분노를 표출하세요. 어떤 이들은 운동이 분노를 관리하고 상실감으로 인한 정서적 고통을 극복하는 데 도움이 된다고 합니다.[122]

3) 타협

이 단계는 자살과 같이 예상치 못한 갑작스러운 상실로 애도 과정을 겪는 사람들에게는 특히 힘들 수 있습니다. 사랑하는 사람이 다시 돌아오기를 간절히 바라면서 '만일 이랬다면 어땠을까.', '그랬다면 괜찮았을 텐데.' '~할 수 있었는데.' '~했을 텐데.', '~했어야만 했는데.' 등의 끝없는 가정을 반복합니다. 이 시기는 죄책감이 더욱 강렬하게 나타나는 단계이기도 합니다.

다시 강조하지만, 모든 애도의 단계가 항상 일직선상으로 이루어지는 것이 아니라는 점을 유념합시다. 이 단계들은 한 번 일어났다가 사라지는 깔끔한 방식으로 진행되지 않습니다. 이러한 감정은 몇 주, 몇 개월, 심지어 몇 년에 걸쳐 반복될 수 있으며, 하루 동안의 몇 시간, 몇 분에 걸쳐 반복되기도 합니다.

타협은 애도 과정의 중요한 부분입니다. 상실의 무의미함을 이해하려는 시도이자 사랑하는 사람의 죽음에 대한 우리의 마음을 다독이고 다시 삶의 의미를 되찾으려는 시도입니다.[123]

이 단계를 통과하는 데 도움이 되는 방법 중 하나는 자신의 감정을 일기로 쓰는 것입니다. 일기는 훗날 자신을 돌아보는 데 매우 유용한 자료가 될 수 있습니다. 성찰을 통해 하느님의 은총이 삶의 어느 부분에서 작용했는지를 확인할 수 있기 때문입니다.

4) 우울

비가 내리는 잿빛 날씨 속에서 늪에 갇혔다고 느껴지는 감정이 우울입니다. 끝이 보이지 않고 영원히 계속되는 것처럼 보일 수 있습니다. 모든 것이 공허하고 무의미해 보이기도 합니다. 이 단계는 주로 상실에 대한 감정이 완전히 현실화되었을 때 발생합니다.

그렇지만 가까운 사람의 사망 이후에 겪는 우울증은 매우 흔한 증상이니 안심하세요. 누군가 깊은 실의에 빠져 있다면 그것은 사랑하는 사람을 잃었을 때, 특히 갑작스럽고 아무런 해결 방법이 없는 상실일 경우 더욱 그렇게 느끼게 됩니다. 우울은 애도 과정에서 반드시 겪는 단계이며, 통제할 수 없거나 극단적인 감정을 차단하는 나름의 건설적인 역할을 할 수 있습니다. 우울증 단계에서는 침대에서 일어나기, 출근하기, 집중하기, 식사하기, 삶에 대한 의지 갖기 등의 일상적인 활동이 어려울 수 있습니다. 이 시기에는 마치 에베레스트산을 오르는 것처럼 느껴지겠지요.

어떤 이들은 우울증을 초대하지도 않았고, 반갑지도 않지만 피할 수 없는 손님처럼 대하는 것이 유용하다고 말합니다. 때로는 이 손님이 절대 떠나지 않을 듯하기도 합니다. 하지만 그 감정을 그대로 수용하는 것이 어느 정도는 도움이 될 수 있습니다. 다시 말하지만, 우울증은 애도의 과정에서 나타나는 자연스러운 감정입니다.[124]

우울할 때는 평상시 했던 기도조차 할 수 없다고 느낄지 모릅니다. 매일 드리는 염경 기도 혹은 묵상 기도조차 벅차게 느껴질 수 있지요. 이럴 때는 자신을 편안하게 해 주는 것이 가장 좋습니다. 하느님께서는 무슨 일이 일어나는지 이해하시므로 어둠 속에 있는 우리에게 매우 가깝게 다가오십니다.

때로는 고통의 신비 속에서 침묵하는 것, 곧 하느님 아버지께서 그러한 상태에 놓인 우리 안에서 여러 번 외로움과 버림받음을 경험하신 고통받는 당신 아드님을 보시고 애틋한 마음을 품으신다는 사실을 아는 것이 우리가 우울과 고통 속에서 할 수 있는 유일한 일입니다.

1부에서 크리스 신부님도 인용하였던 예수의 데레사 성녀의 말씀을 다시 전합니다.

"고통받는 사람을 기도하지 않는 사람이라고 생각해서는 안 됩니다. 그는 자신의 고통을 하느님께 봉헌합니다. 그들은 혼자서 고요히 묵상하면서 눈물 몇 방울을 흘리면 그것이 기도라고 생각하는 사람보다 훨씬 더 진실되게 기도하는 경우가 많습니다."

예수님께서 여러분과 함께하시도록 자신을 내맡기고 그분 사랑의 고요한 품에 안기세요. 여러분의 침묵 속 고통이 기도가 되게 하십시오.

수개월 혹은 수년간에 걸쳐 우울한 상태가 지속되는 일은 비통함에 잠긴 사람들에게 있어서 보기 드문 일이 아닙니다.[125] 그러나 현재의 감정이 강렬하게 느껴지더라도 시간이 지나면 그 정도가 완화된다는 사실을 기억하기 바랍니다.

"시간이 약이다."라는 격언을 들어 봤을 것입니다. 현재로서는 성가시게 들릴지 모르지만, 사실입니다. 시간은 치유 과정에서 반드시 있어야 할 필수 요소입니다.

5) 수용

많은 사람은 이 단계를 사랑하는 사람을 잃었다는 사실이 '괜찮아지는' 단계라고 알지만, 반드시 그런 것은 아닙니다. 수용은 시간에 따라 전개되는 과정을 통해 사랑하는 사람의 물리적인 존재 없이도 새로운 삶을 다시 살아갈 수 있음을 의미합니다. 이러한 수용이 가능해지는 부분적인 이유는 우리가 그들과 영적 친교를 이룰 수 있다는 희망이 있음을 알게 되기 때문입니다.

수용 단계에 접어들면 힘든 날보다 좋은 날이 더 많게 느껴지기 시작합니다. 새로운 관계, 구조, 변화된 일상이 새로운 일상의 일부가 되는 경우가 많습니다. 다른 모든 단계와 마찬가지로 수용 단계도 수시로 오갈 수 있습니다.[126]

현재로서는 불가능해 보일 수도 있습니다. 고통이 발생한 시점이 근래일 경우에는 수용에 대해 듣는 것조차도 불쾌하게 느껴지며 분노의 감정이 유발될 수 있습니다. 그럼에도 현시점에서 받아들일 수 있는 유일한 사실은 애도의 과정에서 '우리가 보이는 반응이 그 시점에 처한 우리의 현주소'라는 점입니다. 즉 우리는 종종 방향을 잃은 듯 느껴지거나 '정상적인 평소의' 자신과 다르게 느껴지는 감정의 기복을 겪을 것입니다. 다시 강조하지만, 괜찮습니다. 그저 평이하게 슬픔이 자연스러운 과정을 거치도록 받아들인다면 더 깊은 수용과 평화가 우리를 맞이할 것입니다.

다른 이들과 함께 나누는 슬픔

안타깝게도 많은 자살 생존자는 외상 후에 작은 성장조차 경험하지 못할 수 있습니다. 고인과 함께했던, 다시 할 수 없는 관계로 인해 여러분의 슬픔이 고유하다는 사실은 이미 앞서 언급했습니다. 만일 최근에 급작스러운 상실을 겪었다면, 고통의 끝을 상상할 수 없을 정도로 압도당한 상태일 것입니다. 혼란스럽고 길을 잃은 듯하며 자칫 방향 감각이 사라질 듯 느껴지겠지요. 세상이 통제 불능으로 돌아가는 것처럼 느껴지고, 크리스 신부님의 개인적 체험 속 '희망의 현현'은 도달할 수 없는 경지 같아 보일 수 있습니다.

무엇보다도 먼저 여러분과 하느님 외에는 그 누구도 여러분의 고통과 슬픔의 정도를 완벽히 알 수 없다는 사실을 말씀드리고 싶습니다. 주변에 아무리 연민을 갖고 공감해 주는 지원 네트워크가 있다고 하더라도 그들이 여러분이 겪는 일을 항상 완전히 이해할 수는 없습니다. 하지만 그럼에도 불구하고 크리스 신부님과 제가 여러분이 겪은 그 침통한 고통을 직접 겪은 친구로서 여러분에게 다가가고자 함을 알아주기 바랍니다. 물론 여러분의 고통을 없앨 수 있는 '마법의 약'은 없습니다. 그런 약이 있었다면 여러분에게 그 약을 드렸을 것입니다. 다만 저희는 여러분이 이 힘든 시기를 견뎌 내고 난 뒤에 여러분을 기다리는 선물이 무엇인지 알 뿐입니다. 저희는 지금 이 책을 집필하는 순간에도 책을 읽을 분들을 위하여 기도하고 있습니다.

때때로 고통 중에 받을 수 있는 최고의 선물은 나를 걱정해 주는 다른 사람의 존재, 내가 느끼는 감정이 잘못된 것이 아님을, 있는 그대로도 괜찮다고 말해 주는 누군가의 존재일 수 있습니다. 혼란스럽고, 방향 감각을 잃고, 때로는 통제 불능이 되어도 괜찮습니다. 분노를 표출해도 괜찮습니다. 길을 잃은 듯이 느껴져도 괜찮습니다. 예수님 품에 쓰러져 안길 수 있게 풀썩 주저앉아도 괜찮습니다. 급성 애도의 초기 단계에서 완전히 압도당하고 감당할 수 없는 고통이 끝나지 않으리라 느껴질 때, 그런 기분이 영원히 지속되지 않으며 모든 것을 집어삼키는 이 고통도 언젠가는 줄어들 것이라는 점을 상기시켜 줄 누군가가 곁에 있음은 진정한 축복입니다.

저는 애도 과정을 통해 견뎌야 하는 고통을 이해해 주는 사람들이 주변에 있는 것이 얼마나 중요한지 깨달았습니다. 저는 그들을 '신뢰의 서클'이라고 불렀는데, 메리와 빌리, 어머니와 아버지, 톰 신부님과 커트 신부님, 그리고 찰리 베어가 이에 해당합니다. 그러한 가까운 이들이 없었다면 몹시 힘들었던 시기를 어찌 견뎌 냈을지 상상조차 되지 않습니다.

신뢰의 서클에 속한 사람들은 저마다 독특한 방식으로 제 곁에 있어 주었습니다. 어느 누구도 제가 매 순간 짊어지던 모든 짐들을 함께 짊어질 수는 없었을 것입니다. 각자의 삶이 있으니까요. 그러나 그들은 제가 슬픔에서 회복되는 과정을 함께 걸어 주었고 오직 하느님의 섭리만이 마련할 수 있는 방식으로 그 시간을 함께해 주었습니다.

또한 그에 더해 특별한 '천상의 서클'이 저를 도와주었습니다. 이들은 제 선택이 아니라 그들이 저를 선택한 것이었습니다. 제가 마음속으로 인지한 천상의 서클에는 파우스티나 성녀, 예수의 데레사 성녀, 아우구스티노 성인, 마르코 복음사가, 요한 바오로 2세 성인 교황, 모니카 성녀, 그리고 예수님께서 사랑하신 제자인 요한 사도와 같은 성인들이 있었습니다. 아마 더 많은 분이 있었을 것입니다. 저는 이 두 개의 서클을 모아 이끌어 주신 분이 지구상에 존재한 그 어떤 인간보다 고통의 아픔을 잘 이해하시는 우리의 어머니 성모님이었다는 사실을 이제야 이해합니다. 물론 이 모든 과정에는 자비롭고 다정하시며 강인하신 사랑의 예수님께서도 계셨습니다.

여러분도 여러분만의 '신뢰의 서클'을 형성하기를 기도합니다. 여러분이 하느님께 여러분을 사랑과 돌보심으로 에워싸도록 허락한다면, 주님께서는 이 지상과 천국에서 여러분에게 꼭 맞는 사람들을 보내 주실 것입니다.

혼자만의 시간을 갖는 것도 좋습니다. 사실 그런 시간은 꼭 필요합니다. 그러나 치유를 위한 고독이 사랑의 손길이 닿지 않는 곳에 자신을 방치하는 해로운 고립으로 이어지지 않도록 주의해야 합니다. 매일 사람들에게 둘러싸여 있어도 스스로 마음의 벽을 쌓아 둔다면 이러한 고립은 발생할 수 있습니다.

인간은 혼자 무거운 짐을 지고 살아가도록 만들어지지 않았습니다. 하느님께서는 우리를 사회적, 공동체적 존재로 창조하셨습니다. 우리는 지상과 천국에서 주님, 그리고 다른 여러 사람과 관계를 맺으며 살도록 창조되었습니다. 여러분의 서클에 속한 사람들과 대화를 나누어 보세요. 위로와 은총, 그리고 영적인 방향을 제시해 줄 수 있는 사목자와도 이야기를 나누어 보세요.

슬픔을 감당하기가 힘들다면, 여러분의 이야기를 잘 들어 주면서 기꺼이 여러분이 기댈 수 있는 어깨를 내어 줄 애도 상담 전문가와 만나 보세요. 애도 상담 전문가는 특별한 소명을 받아 애도의 단계와 반응에 대한 훈련을 받습니다.

또한 지역 교구에서 운영하는 애도 회복 그룹이나 지역 사회 봉사 프로그램의 애도 회복 모임에 참석하는 것도 고려해 보세요. 비슷한 경험을 한 다른 분들과 슬픔의 감정을 나누는 것도 좋습니다.

대부분의 애도 전문가는 사별에 대한 이야기를 나누는 것이 장기적으로 도움이 될 수 있다는 데 동의합니다. 트라우마에 대해 이야기하는 자체를 거부하거나, 떠나보낸 소중한 이의 죽음을 받아들이지 않는다면 애도 과정을 통과할 수 없습니다. 그러한 상태는 오히려 앞으로 더 큰 어려움에 처하는 지름길을 제시할 뿐입니다.

또한 예수님께서 여러분과 함께하시며 고통의 성모님께서 함께 걷고 계신다는 사실을 기억한다면, 결코 혼자가 아님을 알 수 있을 것입니다. 하느님께서는 여러분을 사랑하시고 늘 함께하십니다. 여러분이 그분께 의지할 때 치유와 희망이 시작될 것이라는 사실을 꼭 기억하세요.

2장

자살 사별의 세 가지 영적 원리

　　　　　　지금까지 애도 전문가들이 제공하는 자료를 바탕으로 애도의 본질과 자살 사별이 갖는 특수하고 복합적인 측면에 대해 살펴보았습니다. 이제부터는 치유 과정에서 우리가 취할 수 있는 매우 중요한 영적 접근 방식에 초점을 맞추겠습니다. 사별로 인한 심적 고통을 치유하는 데 도움이 되며 여러분에게 참된 희망을 줄 수 있는 세 가지 영적 원리는 다음과 같습니다.

　첫째, 사랑하는 사람을 잃은 상실에 대한 무력함 인정하기.

　둘째, 하느님 자비이신 예수님께서 우리 삶을 통제 가능한 상태로 회복시켜 주실 수 있음을 믿고 의탁하기.

　셋째, 우리의 의지와 삶, 그리고 우리가 사랑하는 사람을 하느님 사랑의 보살핌과 보호에 맡겨 드리기로 결심하기.

여러분이 자살 사별의 슬픔에 잠겨 있다면, 자신이 처한 상황의 많은 부분이 앞뒤가 맞지 않는 듯 느껴질 것이 분명합니다. 여러분의 삶을 완전히 뒤흔들어 놓은 그 일련의 사건을 '제대로 파악'한다는 것은 불가능합니다.

그러나 자살 사별을 견디기 위한 이 세 가지 영적 원리는 더욱 견고한 기반에 여러분이 설 수 있도록 함께 작용할 것입니다. 물론 통제 가능한 상태로 회복되기까지 걸리는 시간, 즉 '다시 정상 궤도로 돌아가는 데 걸리는 시간'은 각자 다를 수 있습니다. 지금 당장은 알기 어렵겠지만, 하느님 아버지께서는 여러분을 사랑하시며 여러분의 고통 가운데에서 여러분을 고아처럼 내버려 두지 않으실 것입니다. 그분은 **반드시** 여러분을 도우십니다.

다음 장에서는 이 세 가지 영적 원리가 어떻게 여러분 각자의 치유에 도움이 될 수 있는지, 나아가 어떻게 비극적이고 충격적인 상실의 여파 가운데 희망을 제공하는지 자세히 설명할 것입니다. 그에 앞서, 17세 딸의 자살이라는 상상할 수 없이 처참한 비극을 견디어 낸 한 친구 가족의 사례를 통해 이 세 가지 영적 원리가 그들의 슬픔을 치유하는 과정에서 어떤 영향력을 미쳤는지 살펴보겠습니다.

상실과 비통함에 사무친 한 어머니의 마음

저는 크리스 신부님을 통해 새미 우드에 관한 이야기를 전해 들은 후, 감명 깊었다는 표현이 모자랄 정도로 가슴 뭉클한 감동을 받았습니다. 그리고 2부를 집필하면서, 새미와 직접 대화를 나눌 필요가 있다고 생각했습니다. 대화를 나누기 전부터 새미와 영적 유대감을 느낄 수 있을 거라는 예감이 들었고, 제 직감은 맞았습니다. 비록 직접 만나지는 못했지만 저는 마치 새미가 오래전부터 알고 지낸 친구인 듯 느껴졌습니다. 새미는 이제 확장된 저의 '신뢰의 서클' 일부가 되었습니다. 그녀의 경험은 사랑하는 사람을 잃은 이들에게 진심 어린 위로와 용기를 전해 줍니다. 여러 면에서 새미는 우리와 함께 이 책을 집필한 공동 저자와 같습니다. 그녀의 체험과 강인함, 그리고 희망에 관한 나눔은 매우 귀중한 가치를 담고 있습니다.

새미는 2017년 〈마리아의 협력자〉 소식지 여름 호에서 멜라니 윌리엄스 기자의 기사를 통해 10대였던 딸을 잃은 가슴 아픈 사연을 처음 공유하였습니다. 그때 실렸던 기사를 다시 옮깁니다.

> 뉴멕시코주 클레이튼에 거주하는 세 아이의 엄마이자 주부이며, 소를 키우는 목장주인 새미 우드는 2014년 8월 10일의 사건을 눈물로 회상하며 말했습니다.
>
> "눈앞에서 하늘이 무너졌다 해도 그날 일어난 사건만큼 충격

적이지는 않았을 거예요."

사건 발생 하루 전인 토요일 저녁, 새미와 그녀의 남편 칩, 그리고 막내딸 클레어(17세)는 함께 미사에 참여했습니다. 그러고 나서 클레어는 고등학교 3학년이 시작되기 전에 열리는 댄스 파티에 참석했습니다.

큰 키에 늘씬하고 아름다운 외모를 지녔고, 늘 쾌활하게 지냈던 클레어는 웃음과 우정, 그리고 신앙을 소중히 여기던 10대 소녀였습니다. 클레어는 종종 어머니와 두 명의 동생과 함께 부엌에서 춤을 추며 노래를 부르곤 했습니다. 배구 선수로 활동했으며 치어리더이자 전미우등생연합회의 회원이기도 했습니다. 다른 사람에게 그들을 위해 기도하겠다고 말하던 믿음이 있는 소녀였습니다. 클레어는 주님을 사랑했고 '하느님께서 사랑받게 하소서.'와 같은 작은 메모를 스스로에게 남기기도 했습니다.

그렇다고 성인처럼 거룩하게 살았다는 말은 아닙니다. 그녀는 수도 없이 좋은 일을 많이 했지만, 실수도 많이 했습니다. 여러 자료를 살펴본 끝에, 자신의 견진성사 수호성인으로는 의지가 강했던 것으로 유명한 코르토나의 마르가리타 성녀를 선택했습니다.

댄스 파티 다음 날인 주일 아침, 새미는 클레어의 침실로 건너가 침대에서 딸을 끌어안고 누워 지난밤 파티가 어땠는지 물었습니다. 클레어는 별다른 반응이 없었습니다. 별로 말하고 싶지 않아 하는 눈치로 피곤하다고 말했습니다. 새미는 클레어를 잠시 그렇게 끌어안고 있다가 방을 나왔습니다. 그리고 매일 아침마다 하던 대로 파우스티나 성녀의 유해가 담긴 묵주를 손에 들고 그날 임종을 맞이할 누군가를 위해 묵주 기도와 하느님 자비를 구하는 기도를 바치기 위해 산책을 나갔습니다.

새미가 집에 돌아오자, 클레어가 일어나서 "엄마, 어디 갔다 왔어?"라고 물었습니다. 새미는 "묵주 기도와 하느님 자비를 구하는 기도를 하려고 나갔다 왔어. 오늘 임종하는 사람을 위해 기도했단다." 하고 대답해 주었습니다.

화창했던 뉴멕시코의 아침은 갑자기 흐린 날씨로 변했습니다. 새미의 남편 칩은 마당에서 스테이크를 구우며 가족들의 점심 식사를 준비하고 있었는데, 날씨가 험해지자 우드 가족은 집 안으로 들어왔습니다. 새미와 칩은 자리를 잡고 골프 경기를 보기 시작했고, 새미는 TV를 보는 동안 만들던 크리스마스 장식용 양말에 자수를 놓고 있었습니다. 클레어는 다른 방에서 TV를 보고 있었습니다. 그러다 새미는 클레어를 찾아가 말을 건넸습니다. 그녀는 클레어 옆에 무릎을 꿇고는, 함께 골프 경기를 보지 않겠냐고 물었습니다. 클레어는 여전히 기분이 좋지 않은 듯 보였고, 별로 그러고 싶지 않다며 거절했습니다.

클레어를 그 방에 혼자 두고 나오기 전, 새미는 클레어에게 몸을 기울여 그녀가 여러 가지 대학 진학 준비로 인해 가을에 새 학년을 시작하는 것이 힘든가 보다, 하며 이해한다는 말을 해 주었습니다. 그러고는 클레어에게 사랑한다고 말하고, 클레어의 이마에 십자가 인호를 그어 주며 축복해 주었습니다. 그것이 딸이 살아 있는 모습을 본 마지막이었습니다.

새미와 칩이 밖에서 들려온 '팝' 하는 날카로운 소리를 들었을 때, 높은 평원 위 하늘에는 계속 구름이 몰려오고 있었습니다. 그들은 그 소리가 날씨와 관련이 있다고 생각했습니다. 하지만 몇 분 후 새미의 아버지가 비명을 지르며 집 안으로 뛰어들어 왔습니다.

"클레어가 권총으로 스스로를 쐈어! 클레어가 죽었어!"

가족이 운영하는 목장 내 축사 가까이에 위치한 집에 살던 새미의 친정 부모님은 클레어가 쏜 총성을 들었습니다. 클레어는 차를 몰고 축사로 간 후, 축사 시멘트 통로 위에서 스스로 목숨을 끊었습니다. 그녀는 평소와 달리 스카풀라를 착용하고 있었습니다. 클레어는 차에 '모두 정말 사랑합니다. 제발 용서해 주세요. 정말 미안해요.'라고 적힌 노트를 남겨 두었습니다.

새미와 칩이 생명이 없는 막내딸의 시신을 발견했을 무렵, 하늘에서는 폭우가 쏟아져 내리기 시작했습니다. 그들은 딸의 시신을 축사 안으로 옮기고 응급 구조대에 신고했습니다. 우드 일가가 사는 곳에서 가장 가까운 마을은 53킬로미터나 떨어진 곳에 있었습니다. 응급 구조대가 도착하기까지는 3시간이 걸렸습니다.

그사이 목장에 모인 가족들이 비탄에 빠진 가운데 새미는 딸의 시신을 끌어안은 채 통곡하며 기도했습니다.

이후 우드 부부는 클레어가 언니에게 남긴 이야기를 통해 학교에서 여학생들과 문제가 있었고 사이버 폭력의 피해자였다는 사실을 알게 되었습니다. 배구팀 동료의 예전 남자친구가 클레어에게 이성적인 관심을 보였고 클레어는 그 남학생에게 별 관심이 없었지만 같은 반 여학생들이 그 문제로 클레어를 괴롭혔음을 알게 되었습니다.

우드 부부는 클레어가 죽기 전날 밤, 댄스 파티에서 그 남학생이 클레어에게 함께 춤을 추자고 했다는 사실도 알았습니다. 그리고 그 둘이 댄스 플로어에서 키스하는 모습을 누군가가 보았습니다. 클레어는 그런 일이 일어나도록 내버려 둔 자신에게 화가 났고 배구팀 동료인 여학생에게 전화를 걸어 사과하려 했지만, 그 여학생과 친구 몇몇은 이미 그 일을 말하고 다니기 시작했습니다. 50명으로 이루어진 작은 마을의 한 학급에서 그 일에 대한 소문과 험담이 들불처럼 퍼져 나갔습니다.

새미는 이렇게 말했습니다.

"클레어에게 평소와 다르다고 생각되는 점을 발견할 수 없었어요. 그 아이는 전형적인 10대였어요. 하지만 클레어가 죽던 날, 아이는 스스로 목숨을 끊을 정도로 동시다발적인 최악의 스트레스 상태를 겪고 있었어요."

또한 클레어는 극심한 습진, 천식, 알레르기를 앓았으며 이로 인해 약을 복용하고 있었습니다. 새미는 나중에 그 약이 자살 충동이라는 심각한 부작용을 일으킬 수 있다는 사실을 알았습니다.

그녀는 즉시 자식을 잃는 아픔이 어떤 것인지, 누구보다 잘 아시는 성모님께 도움을 청했습니다.

"클레어가 떠난 날 밤, 잠을 한숨도 이룰 수가 없었어요. 그저 울며 뒤척거리고 멍하니 서성거릴 뿐이었지요. 저희 집 거실에는 큰 창문이 있고 그 앞에 흔들의자가 놓여 있어요. 이른 새벽에 일어나서 저는 그 의자에 앉았습니다. 구름이 걷힌 하늘에 커다란 '보름달'이 떠 있는 밤이었습니다. 그 커다란 창문으로 보이는 달은 정말 컸어요. 흔히 달은 아드님이신 예수님의 빛을 반사하는 성모님을 상징한다고 하는데 저는 그 말을 믿어요. 성모님이 저와 함께 묵묵히 철야 기도를 해 주셨다고 믿습니다."

장례식에서 많은 학생이 새미에게 다가와 클레어가 자신들이 심각한 우울증을 겪었던 어려운 시기를 극복하도록 도움을 주었다고 말했습니다. 그들 중 일부는 자신들이 학교 내 괴롭힘을 당할 때 클레어에게 보호받았다고도 말했습니다.

새미는 이 모든 것을 이해해 보려고 몇 날 며칠을 아니 수개월을 머리를 쥐어짜며 고민했습니다. 뭔가 그녀가 알아차리지 못했던 것이 있었던 걸까요? 새미가 클레어에게 그날 임종하는 이를 위한 기도를 바쳤다고 말한 것이, 딸의 자살을 은연중에 '허락'한 셈이었을까요? 하느님께서는 왜 새미의 딸을 구해 주지 않으신 걸까요? 왜 새미에게 클레어가 겪던 일을 알려 주지 않으셨을까요? 왜 새미는 딸이 풀 죽어 있는 것을 보고도 집에 있지 않고 기도하러 밖으로 나갔을까요?

그러나 새미는 결코 모든 '이유'를 이해할 수 없을 것이고, 설령 그녀가 그 모든 '이유'에 대해 이해한다고 해도 딸의 자살에 대한 충분한 이유가 될 수 없음을 깨달았습니다.

슬픔에 잠긴 가운데 도움과 지지를 구하던 새미는 교회와 신앙 안에서 해결책을 얻어 보려 했지만, 자신이 도움받을 만한 구체적인 프로그램이나 사목 활동을 찾지는 못했습니다.

새미는 "악마가 이 일을 이용해 우리 가족을 무너뜨리려 한다는 것을 알았지만, 저는 그런 일이 일어나도록 내버려 두지 않았습니다."라고 이야기합니다.

클레어가 세상을 떠난 지 두 달 후, 새미는 학교에서 쓰라고 딸에게 사 주었던 공책에 성경 말씀, 교리서, 힘든 시기를 견디어 낸 성인들에 관한 글에서 발견한 적절한 구절들을 기록하기 시작했습니다. 그렇게 만들어진 노트는 새로운 삶의 사명에 필요한 밑바탕이 되었습니다. 이 사명은 혼자 슬퍼하는 사람이 없도록 각 교구로 전파되는 가톨릭 애도 사목 프로그램을 만드는 것이었죠.

한편 새미와 친구들, 그리고 가족들은 클레어 영혼의 안식을 위한 수백 대의 미사를 봉헌했습니다. 새미는 다른 이들에게 연옥 영혼들을 위한 기도의 중요성을 알리고 싶다고 말합니다.

"우리 모두 세상을 떠난 사랑하는 사람들을 위해 기도하는 것을 잊지 말아야 해요. 돌아가신 분들이 틀림없이 천국에 갔을 것이라 지레짐작하지 마세요."

클레어가 세상을 떠난 지 6개월쯤 지난 어느 날 밤, 새미는 꿈속에서라도 딸이 자신에게 나타나 잘 지내는지 알려 주기를 간절히 기도했습니다. 그녀는 표징이 필요했습니다. 그날 밤 새미는 잠을 이룰 수 없어 밤새도록 집 안을 돌아다녔습니다. 이른 아침이 되어서야 겨우 잠이 들었던 새미는 드디어 그 표징을 받았습니다.

꿈속에서 새미는 큰 호텔에 있었습니다. 그곳에서 두 명의 소녀가 선물 가게에서 장난을 치며 그녀를 웃게 하려고 열심히 애쓰는 모습을 보았습니다. 새미는 그들을 보고 소리 내어 웃고 또 미소를 지었습니다. 소녀들의 얼굴은 선물 가게에서 파는 가면과 깃털로 가려져 있었기에 볼 수가 없었습니다. 하지만 어느 순간 소녀들이 서로 가면을 주고받았고, 새미는 그중 한 명이 클레어임을 알아챘습니다. 그녀는 클레어에게 달려가 이름을 부르며 볼에 뽀뽀를 했습니다. 클레어는 활짝 웃었습니다. 클레어는 새미의 팔을 잡고 그녀를 복도로 이끌었습니다. 꿈에서 클레어는 "엄마, 전 이제 돌아가야 해요!"라고 말했습니다. 새미가 "클레어, 왜 돌아가야 해?"라고 묻자, 클레어는 "그곳의 모든 것이 훨씬 더 감미로워요. 여기서 모든 걸 다 해 보았지만 그곳이 훨씬 더 멋져요, 엄마."

그러자 새미는 "클레어, 그곳의 뭐가 그렇게 멋지니?"라고 물었고 클레어는 "전 그곳에서 하느님의 아름다움을 바라보아요."라고 대답했습니다.

그 순간 알람이 울렸고 그녀는 잠에서 깨어났습니다. 이 꿈은 새미에게 큰 위로를 안겨 주었습니다. 심지어 꿈속에 등장한 또 다른 여자아이가 클레어를 낳기 전에 유산했던 아기가 아니었을지 궁금하기도 했습니다.

그 이후에 새미의 여정은 치유와 용서의 여정이 되었습니다.

"저는 딸을 괴롭힌 여자아이들이 누구였는지 찾지 않습니다. 그 아이들을 용서하고, 그들이 착하고 거룩한 젊은 여성이 될 수 있도록 그 아이들을 위해 기도하고 희생합니다."

그녀는 "결국 의지를 굽히면 마음이 부드러워지고 용서가 훨씬 쉬워집니다."라고 말하며 용서란 때때로 자신의 의지를 굽혀야 하는 과정이라고 이야기합니다. 하지만 남을 용서하는 것보다 더 어려웠던 것은 그녀 자신을 용서하는 일이었습니다. 지금도 새미는 여전히 죄책감에 시달립니다.

"허공에 대고 '클레어, 제발 용서해 다오.'라고 외치는 날도 있습니다. 저는 복되신 어머니 마리아께 어머니의 희망과 신뢰, 믿음으로 저를 도와주시기를 기도합니다. 미래를 생각하면 힘들지만, 그래도 저는 예수님과 복되신 어머니와 가까이 지내고 있습니다. 클레어와는 그 어느 때보다 지금 더 가깝게 있는 듯이 느껴져요. 저는 그저 평범한 여자고 별로 해 드릴 수 있는 것도 없지만, 누군가가 이런 일을 겪으면서 혼자 비통함에 잠겨 있거나 영매나 '선견자' 같은 것에 의지하지 않았으면 하는 마음입니다. 가톨릭에는 구속적 고통, 성인, 복되신 성모님과 성체성사가 있어요. 이러한 신앙의 요소는 우리가 어떤 일이든, 인생의 가장 어려운 순간일지라도 헤쳐 나갈 수 있게 합니다."

새미의 또 다른 자녀인 샐리와 거스는 그녀가 언제나 좋은 어머니였다는 사실을 상기시켜 주었습니다. 새미는 막내딸 클레어를 위해 매일 하느님 자비를 구하는 기도를 바칩니다. 그녀는 이렇게 말합니다.

"하느님께서 시간과 공간을 초월하신다는 것을 알아요. 그렇기에 하느님께서 제 기도를 통해 얻게 된 은총을 클레어가 죽음

> 을 맞이한 순간에 적용하실 수 있다는 것을 압니다. 저는 자비가 하느님의 가장 위대한 속성임을 알기에 그분의 손에 의탁합니다. 저는 하느님께서 제가 할 수 있는 것보다도 더, 무한히, 클레어를 사랑하심을 압니다. 저는 하느님께서 클레어를 사랑으로 돌보실 것을 믿습니다. 우리가 해야 할 기도는 '예수님, 저는 주님께 의탁합니다.'예요. 파우스티나 성녀께서 알려 주신 것처럼 말이죠!"

정말 놀라운 이야기입니다. 새미는 가슴이 산산조각 나는 깊은 상실감 속에서도 희망과 평화를 찾을 수 있었습니다. 사랑하는 사람을 잃은 상실의 경험이 모두 똑같을 수는 없지만, 이러한 비극적인 사건에 대하여 새미가 보여 준 반응은 우리에게 많은 영감과 교훈을 줍니다. 새미는 사랑하는 사람을 자살로 잃은 상실감은 결코 '잊을 수' 없지만 슬픔과 트라우마는 '헤쳐 나갈 수' 있다고 말합니다.

지금부터 새미의 이야기를 바탕으로 상실에 대한 무력감과 예수님께 의탁함, 그리고 하느님께 내맡김이라는 세 가지 영적 원리와 관련된 내용을 좀 더 자세히 분석해 봅시다.

상실에 대한 무력함

먼저 사랑하는 딸 클레어를 잃은 우드 가족의 비극적인 사연에서 그들을 무력화시킨 몇 가지 부분을 생각해 봅시다. 우리는 클레어가 친구들 사이에서 인기가 많았고 가족에게도 사랑을 받던 소녀였음을 알 수 있습니다. 그녀는 '하느님께서 사랑받게 하소서.'라는 메모를 스스로 남겼던 신앙인이었습니다. 또한 또래 친구들 사이에서 어려움을 겪던 청소년들을 기꺼이 도와주기도 했습니다. 그녀의 자살은 그녀의 가족과 그녀가 속했던 공동체에 큰 충격을 줄 정도로 아무도 예견하지 못했던 일이었습니다.

클레어의 사망 장면은 정말 참혹했습니다. 비를 피해 클레어를 축사로 옮긴 새미는 구급대가 도착하기를 기다리며 약 3시간 동안 생명이 없는 딸의 차가운 시신을 품에 안고 있었습니다. 새미의 회상에 따르면, 구조대가 도착하기 전 그녀가 클레어를 안고 통곡하던 현장에, 그들 가족이 다니던 본당의 '친분이 깊은' 부제가 도착했습니다. 불안과 충격, 당혹감에 휩싸여 눈물이 가득 찬 눈으로 그 부제를 바라보던 새미는 부제에게 "이젠 아무것도 소용없어요. 아무것도요." 하고 말했습니다.

어떠한 말로도, 어떠한 영적인 통찰로도, 심지어 하느님의 성직을 맡은 부제가 가까이 있을지라도, 그 어떤 것도 방금 그들에게 일어난 사건에 대한 위로가 되지 않고, 어떠한 설명도 소용이 없었습니다. 새미와 그녀의 가족이 느낀 거친 감정과 트라우마의 실체는 과소평가하거나 묵과할 수 있는 것이 아닙니다. 오직 그대로 견디는 수밖에 없습니다. 이 감정이 바로 무력감입니다.

이 장면은 주님이 십자가에서 돌아가신 직후, 예수님께서 어머니의 품에 안겨 있는 장면을 연상시킵니다. 이 부분에서 미켈란젤로가 〈피에타〉에서 묘사한 아드님을 안고 있는 성모님의 모습을 떠올리지 않을 사람이 있을까요? 분명, 새미와 그녀의 가족은 앞으로 수년간 그날의 일을 마음속으로 되풀이하며 떠올릴 것입니다. 어떻게 그렇지 않을 수 있을까요?

우드 가족은 그 후 몇 주간, 아니 수개월 동안 도저히 감당할 수 없을 만큼 힘든 시간을 보냈습니다. 새미는 클레어를 잃은 후 즉각적으로 나타난 급성 애도 반응에 대해 이렇게 설명합니다.

"갑작스럽고 비극적으로 딸을 잃어버리고 나니 세상이 낯설게 느껴졌어요. 상상할 수 없는 일이 실제로 일어났으니까요. 마치 한밤중에 폭풍우가 몰아치는 바다 한가운데로 떨어진 것 같았습니다. 슬픔과 충격, 절망의 파도가 사방에서 우리를 덮쳤습니다. 때때로 우리는 파도의 밑바닥에서 간신히 숨을 몰아쉬고 있었습니다. 어떤 때에는 파도의 꼭대기에 있었는데, 그럴 때면 저 멀리 해안선이 보이는 듯했습니다. 유일한 희망은 구명 튜브에 매달리듯 십자가에 매달리는 것이었습니다. 오직 예수님만이 우리가 이 폭풍을 헤쳐 나갈 수 있도록 인도하신다는 것을 알았기 때문입니다. 그분만이 우리를 '반석 위에 높이 세우시고' 우리를 구원하실 수 있습니다."

여기에서 새미는 슬픔에 잠겨 있을 때 경험할 수 있는 절망감을 생생하게 묘사합니다. 그녀는 갈 곳이 없었습니다. 완전히 길을 잃고 무력감을 느낀 그녀의 가족은 그들이 알고 있는 유일한 희망의 원천인 그리스도의 십자가에 의지했습니다.

클레어의 자살은 새미와 칩, 나머지 가족에게 수많은 의문점을 남겼습니다. 새미는 상황을 납득해 보려고 '몇 날 며칠을 아니 수개월을 머리를 쥐어짜며' 애를 썼습니다. 클레어가 힘들어하던 명백한 징후를 모성적 마음이 놓치고 지나쳤던 것은 아니었는지 알고 싶었습니다. 새미는 클레어가 죽음에 이르게 된 사건을 하나도 놓치지 않고 머릿속으로 되새기고 또 되새기며 고민했습니다. 또한 칩은 가족을 보호하고 지키는 것이 자신의 의무라고 여기는 아버지로서 상황을 이해하기 위해 끊임없이 고뇌했습니다. 새미는 자녀를 돌보고 보호하는 부모의 가장 기본적인 임무에 실패한 것 같은 기분이 든다고 털어놓았습니다. 이것이 무력감입니다.

또한 우리는 새미가 기도하고 신앙심을 가진 여성임에도 불구하고 하느님께 의문을 품었음을 알 수 있습니다. 딸이 자살하기 직전, 새미는 그날 임종을 맞이할 누군가를 위해 묵주 기도와 하느님 자비를 구하는 기도를 바치며 목장을 거닐었습니다. 새미는 왜 이런 이해할 수 없는 비극에서 딸을 구해 주지 않으셨는지 이유를 물으며, 하느님께 매달리고 간구했습니다. 시간이 지나면서 그녀는 클레어의 죽음에 대해 자신이 무력하다는 사실과 아무리 많은 질문을 하고 퍼즐을 맞추어 보려 할지라도 완전한 해결책은 없다는 사실을 깨닫게 되었습니다. 설사 그에 대한 답을 안다고 해도, 여전히 이해가 되지 않을 것입니다.

답을 얻으려고 질문하고 추측해 보는 것은 사별의 슬픔을 해결하려는 정상적 반응입니다. 하지만 자살의 경우에는 이러한 경향이 심화되고 증폭됩니다. 삶의 수수께끼 중에는 우리 인간의 한계를 훨씬 뛰어넘어, 지적 능력이나 선한 의지로 만족할 만한 설명을 내놓을 수 없는 것들이 있습니다. 새미는 다음과 같은 결론에 도달합니다.

"유일한 희망은 구명 튜브에 매달리듯 십자가에 매달리는 것이었습니다. 오직 예수님만이 우리가 이 폭풍을 헤쳐 나갈 수 있도록 인도하신다는 것을 알았기 때문입니다. 그분만이 우리를 '반석 위에 높이 세우시고' 우리를 구원하실 수 있습니다."

그녀는 이 상황을 이해할 수 있는 능력도, 클레어를 다시 살려 낼 능력도 없다는 것을 알기에, 하느님께 의탁하며 자신이 겪는 모든 혼란과 풀리지 않는 의문과 함께 클레어를 그분 손에 맡겼습니다.

예수님께 의탁함

우리는 새미가 납득하기 어려운 상실의 여파 속에서 어떻게 예수님과 성모님을 신뢰하며 위로와 힘을 얻고 희망을 찾을 수 있었는지 살펴보았습니다.

클레어가 자살하기 여러 해 전, 새미와 칩은 유산으로 아이를 잃은 경험이 있었습니다. 당시 고통과 분노에 휩싸인 새미는 하느님을 향한 마음의 문을 닫아 버렸습니다. 깊은 상처를 받은 사람들이 흔히 보이는 반응이지요. 그러나 새미는 이번에는 하느님께 예전과 같은 분노의 반응을 보일 수 없다는 사실을 깨달았다고 말했습니다. 딸의 죽음 앞에서, 새미는 자신의 힘으로는 앞으로 닥칠 고통과 아픔을 견디어 낼 수 없음을 알았습니다. 오직 하느님에게서만 얻을 수 있는 힘이 필요했습니다.

클레어가 떠난 날 밤, 극도로 불안하고 안정을 찾지 못했던 새미는 큰 보름달을 바라보며 복되신 어머니의 존재를 느꼈습니다. 그리고 그 안에서 형언할 수 없는 마음속 깊은 고통을 공감하고 보살피시는 성모님의 관심과 배려를 느끼며 희미한 희망을 보았습니다. 하느님의 어머니 마리아는 고통받는 아들이 눈앞에서 죽어 가는 모습을 보았습니다. 새미는 누구보다 엄마의 고통을 잘 이해하는 성모 마리아를 어둠 속에서 하느님의 빛을 가장 밝게 비추는 존재로 바라보게 됩니다.

새미는 고통을 겪을 때 하느님께서 우리에게 가장 가까이 다가오심을 믿는다고 말한 바 있습니다. 아버지이신 하느님께서는 고통받는 우리 안에서 아드님이신 예수님을 보시기 때문입니다. 그분은 우리의 고통에서 예수님의 수난을 보시고 예수님, 즉 임마누엘(히브리어로 '우리와 함께하시는 하느님'이라는 뜻)에게 가까이 다가가십니다. 새미는 자신의 연약함과 고난 속에서 가장 확고한 위로와 이해의 원천이 하느님이심을 알기에 기도 안에서 그분의 힘에 의지합니다.

또한 새미는 클레어를 잃은 후 자신과 가족을 파괴하려는 악의 힘을 인식했습니다. 마치 가족이 함께 사는 굴에 침입한 침입자와 싸울 준비가 된 사나운 어미 곰처럼, 그녀는 악마의 조롱과 위협에 굴복하지 않았습니다. 그녀는 계속해서 하느님께 의탁하고 그분의 보호 아래 자신을 내맡겼습니다.

하느님의 돌보심과 보호에 내맡김

하느님의 사랑을 깊이 체험한 신앙인으로서 새미는 클레어가 하느님의 보살핌 안에 있음을 확신합니다. 그래서 하느님의 무한하신 자비를 신뢰하며 그것이 그분의 가장 큰 속성이라고 선포합니다. 새미는 딸을 지극히 사랑한 엄마인 자신이 할 수 있는 것보다 아버지이신 하느님께서 클레어를 '더, 무한히' 사랑하신다는 점을 알고 있습니다. 그녀는 딸을 위해 수백 대의 미사를 봉헌해 왔고, 성체성사 때마다 클레어를 아버지께 봉헌합니다. 1부에서 설명하였듯이, 하느님께서는 우리가 아는 연대기적 시간 밖에 계신다는 점을 믿기에 새미는 자신의 기도가 클레어의 죽음의 순간에 이르러 변화를 가져올 수 있다는 점을 확신합니다. 또한 자신과 비슷한 아픔을 겪은 사람들에게 자살로 사망한 사람들이 영원한 생명을 얻지 못한다 여기지 말라고 용기를 북돋아 줍니다.

새미는 딸을 위해 매일 하느님 자비를 구하는 기도를 바칩니다. 새미는 자살 행위가 얼마나 심각한 일인지 잘 알기에 끊임없이 클레어를 위해 기도합니다. 그녀는 클레어의 행동이 가족과 지역 사회에 끼친 고통을 인식하지만, 절망에 굴복하거나 딸에게 분노하지 않습니다. 새미는 클레어가 하느님을 사랑했고, 당연히 하느님도 그녀를 상상할 수 없을 만큼 많이 사랑하신다는 것을 알기 때문입니다.

하느님 안에서 클레어와의 친교

새미는 고통 속에서 하느님께 의지하고 그분의 위로를 받지만, 그럼에도 불구하고 상실의 기억은 항상 그녀에게 남아 있습니다. 그녀는 이러한 비유를 들어 설명합니다.

"가스레인지 위에 항상 끓는 물이 담긴 냄비가 있는 것과 똑같아요. 다른 사람과 클레어에 대해 이야기를 나눌 때면 냄비의 뚜껑을 열어 압력과 증기를 방출하는 것처럼 느껴져요. 클레어는 항상 저와 함께하며 뚜껑 바로 아래에서 끓고 있어요."

통합성 애도와 치유의 수용 단계에 접어들었지만, 클레어와 클레어의 죽음과 관련된 일들은 새미에게 매일 매 순간 함께합니다.

우리가 우드 가족의 이야기에서 엿볼 수 있는 또 다른 사실은 새미가 '하느님 안에서' 클레어를 계속 사랑하며, 당신의 어린 자녀 중 어느 하나도 잃지 않기를 바라시는 하느님 아버지의 자비로우신 마음을 신뢰한다는 것입니다. 그녀는 육체적 죽음이 딸의 마지막이 아니라 새로운 존재 방식, 즉 충만한 삶의 방식의 시작일 뿐이라는 것을 알기에 클레어와 계속 친교를 나눕니다. 세상을 떠난 우리의 소중한 이들도 마찬가지입니다. 그들은 존재를 멈춘 것이 아니라 다른 존재 방식으로 존재할 뿐입니다. 교회의 가르침에서와 같이, 우리 그리스도인들은 그리스도의 몸인 성인들의 통공의 일부입니다. 우리는 죽은 후에도 하느님의 영을 통해 세상을 떠난 신자들과 계속해서 친교를 나눌 수 있습니다.

클레어가 죽은 지 6개월 후, 새미는 클레어에게 자신의 꿈으로 찾아와 표징을 달라고 청했습니다. 그리고 그날 밤, 천국에서 자신을 찾아온 어린 소녀 클레어의 꿈을 꾸었습니다. 새미는 클레어가 기쁨과 평화가 가득한 눈으로 자신을 향해 미소 짓는 것을 보았습니다. 클레어는 그녀에게 하느님의 아름다움을 끊임없이 바라보는 '더 감미로운' 곳으로 가야 한다고 말했습니다. 이 꿈은 새미에게 주어진 큰 은총이었고, 소용돌이치는 슬픔 속에서 받은 하느님의 위로였습니다.

딸이 죽은 지 5년이 지난 지금, 새미는 다음과 같이 말합니다.

"그 어느 때보다 클레어와 가까워졌다고 느껴요. 하루에도 몇 번씩 마음속으로 클레어에게 사랑한다고, 보고 싶다고 말합니다. 저는 항상 그 아이를 위해 기도하는데, 특히 하느님 자비를 구하는 기도를 바칩니다."

그녀는 멀티태스킹에 익숙한 엄마로서 하루 종일 클레어를 곁에 두고 다닌다고 말합니다. 새미의 경험에서 알 수 있듯이, 그리스도의 신비로운 성체를 통해 고인이 된 사랑하는 사람과의 지속적인 친교는 커다란 위로가 되어 주며, 여러분의 치유 과정에 도움이 될 수 있습니다.

슬픔이 치유된 결과, 새미는 자신의 주변에 딸이 현존함을 알리는 작은 흔적, 즉 기억을 불러일으키는 사소한 것들을 알아차립니다. 새미는 평소와 다른 장소에서 동전이나 깃털 같은 것을 발견하면 클레어와 함께했던 소중한 순간을 떠올린다고 말합니다. 이는 딸과의 사별을 여전히 슬퍼하지만 딸이 가까이에 있고 안전하게 보호받고 있음을 상기시켜 줍니다. 사랑하는 사람을 잃었을 때 하늘에서 보내는 이러한 위로의 신호를 인식하고 받아들이는 것은 중요합니다. 누군가에겐 하찮아 보일 수 있어도, 여러분에겐 세상의 전부와 같은 의미가 될 수 있으며, 사랑의 하느님께서 주신 고귀한 선물로 소중히 간직해야 할 순간일 수 있습니다.

한 생존자의 다른 이에 대한 배려

새미는 클레어를 잃은 자신의 내적 고통을 조금이나마 완화하기 위해 자신이 겪은 상황을 바탕으로 타인을 도울 방법에 대해 관심을 갖게 되었습니다. 그녀는 자신의 가족을 위해, 또 비슷한 유형의 상실을 겪은 다른 많은 사람을 위해서도 기도합니다. 또한 그런 어려움에 처한 이들을 돕기 위해 애도 프로그램의 초안을 만들기도 했습니다. 그 내용 중 일부가 이 책에 포함되어 있습니다.

그녀는 딸의 물리적인 부재로 얻은 상처를 계속해서 안고 살아가야 함을 알지만, 자신의 여정을 통해 "하느님께는 모든 것이 가능하다."(마태 19,26)라는 것을 증거합니다. 그녀의 삶과 참담했던 경험은 이제 통제 가능할 뿐만 아니라, 말할 수 없이 고통스러운 상실로부터 축복과 선을 만들어 낼 수 있는 신비로운 변화를 가져왔습니다.

새미는 클레어를 비롯하여 우리가 잃은 모든 이들과 함께 궁극적으로 하느님의 자녀로서 그분과 친교를 이루도록 부름받았다는 사실을 가장 가슴 절절하게 보여 줍니다. 즉 우리의 진정한 운명인 '하느님의 아름다움을 바라보며', 우리의 본질적 희망이신 하느님 안에서 그분과 영원한 생명을 누리도록 부름받았다는 사실을 나타냅니다. 앞으로 이 책의 여러 부분에서 새미의 체험이 제공해 주는 추가적인 통찰을 함께 살펴볼 것입니다. 우선 세 가지 영적 원리가 애도의 여정에서 어떻게 도움이 되는지 심도 있게 살펴보겠습니다.

3장

세 가지 영적 원리에 관한 세부 설명

이전 장에서는 애도의 치유 과정에 포함할 수 있는 세 가지 영적 원리를 소개했습니다. 그러나 이는 애도의 치유뿐만 아니라 그리스도인으로서 살아가는 여정 어디에서든 적용이 가능합니다. 사실 이 원리들은 인류가 처음으로 구원의 기쁜 소식을 듣게 되었을 때 그리스도께 보인 첫 반응을 요약한 것에 불과합니다.

사도들은 부활하신 그리스도를 만나고 성령의 능력을 받은 후 어둠 속에 사는 이들에게 희망의 메시지를 전하기 위해 길을 나섰습니다. 사도행전을 살펴보면, 복음을 듣는 사람들에게는 세 가지 행위가 요구됩니다. '회개'하고, '예수님의 이름을 믿고,' '세례를 받는 것'입니다. 이 세 가지 행위는 슬픔을 치유하는 데 필요한 세 가지 영적 원리와 서로 일치합니다. 그리하여 하느님을 향한 사랑 가운데 계속해서 성장하기를 바라는 사람이라면 누구에게나 도움이 될 수 있는 원리입니다.

첫 번째 원리는 사랑하는 사람을 잃은 커다란 슬픔이 우리에게 미치는 영향에 대해 우리가 무력한 존재임을 인정하도록 요구합니다. 이는 삶에서 죄의 굴레와 그 영향에 대해 무력함을 인정하는 회개와 본질적으로 상응합니다.

두 번째 원리는 삶의 통제 능력을 회복하기 위해서 하느님 자비이신 예수님께 의탁하는 것입니다. 이는 예수님의 이름과 그분의 위격에 대한 믿음과 그 믿음이 우리에게 불어넣는 희망에 해당합니다.

세 번째 원리는 우리 자신과 사랑하는 이들을 하느님의 보살핌과 보호에 내맡기는 의식적인 행위로, 세례와 일치하는 행위입니다. 이는 우리 자신을 하느님 아버지의 사랑의 보살핌에 다시 맡기는 행위라는 면에서 세례 서약 갱신과 매우 흡사하다고 볼 수 있습니다. 이제 이 세 가지 영적 원리를 자세히 살펴봅시다.

첫 번째 원리: 상실에 대한 무력함 인정하기

소중한 사람을 상실하는 경험은 마치 팔다리를 잃는 경험과 비슷할 것입니다. 팔을 잃기 전까지는 얼마나 그 팔에 의존했는지 깨달지 못합니다. 우리는 아이를 안고, 일을 하고, 문을 열고, 빨래를 집어 들고, 리모컨으로 채널을 바꾸고, 쓰레기를 버리는 등의 간단한 일을 할 때도 팔을 사용합니다. 우리는 두 팔로 생활하는 데 이미 익숙해져 있어 한쪽 팔을 잃는다면 일상적인 활동이 갑자기 감당할 수 없을 만큼 힘들어질 것입니다. 심지어 아직 팔이 붙어 있는 것처럼 행동하는 '환상사지증후군'을 경험할 수도 있습니다.

마찬가지로 우리는 누군가가 떠나기 전까지 그가 우리 삶의 일부이자 존재의 일부라는 사실을 결코 깨닫지 못합니다. 팔다리를 잃었을 때와 마찬가지로, 그 사람이 없으면 삶을 감당하지 못한다고 느낄지도 모릅니다. 그들은 우리 일부였으며, 어쩌면 우리 일상의 한 부분이었을 수도 있습니다. 우리는 그들과 함께 울고 웃고 이야기를 나눴습니다. 그저 그들과 함께 즐거운 시간을 보냈습니다. 떠난 이가 아들이나 딸일 경우, 여러분은 그들이 살아 있던 동안 그들을 돌보았을 수도 있습니다. 혹은 그들이 여러분을 돌보았을 수도 있습니다. 아니면 그들과 오랫동안 결혼 생활을 함께하며 인생의 기쁨과 어려움을 함께 겪어 왔을 수도 있습니다.

사랑하는 사람을 갑자기 떠나보내면, 삶이 완전히 통제 불능이 되고 낯설게 느껴질 수 있습니다. 우리는 그들과 대체할 수 없는, 적어도 완전히 같은 방식으로는 결코 대체할 수 없는 사랑의 유대를 형성하고 있었습니다. 그 특별했던 순간을 다시는 그들과 공유할 수 없을 것입니다. 그들이 떠나면 우리는 공허함을 느낄 수밖에 없으며, 때로는 회복할 수 없을 것 같은 끔찍하고 가슴이 찢어지는 듯한 공허함을 느끼게 될 수 있습니다.

마치 환상 속의 사지 감각을 느끼는 사람들처럼, 우리는 사랑하는 사람이 여전히 우리와 함께 있다는, 언제든 현관문을 열고 집 안으로 들어올 것이라는 깊이 몸에 밴 기대감을 가지고 살아갈 수 있습니다. 그들이 우리와 함께 미사에 참여하거나 산책을 가거나 또는 좋아하는 TV 프로그램을 함께 볼 것이라고 기대하며 살아갈지도 모릅니다. 앞서도 언급했지만, 이러한 부정의 단계는 애도 과정에서 나타나는 자연스러운 반응입니다.

이 단계는 사랑하는 사람이 떠난 삶에 적응하며 정신을 가다듬을 수 있는 시간을 제공합니다. 처음에는 어색하고, 좌절감을 느끼고, 괴로울 수 있습니다. 마치 없어진 팔다리가 계속 느껴지는 것처럼 하루에도 수백 번씩 우리는 떠나간 사람을 떠올릴 수 있습니다.

그러나 어느 순간 그러한 상실에 우리가 완전히 무력함을 받아들여야 합니다. 상실로 초래된 일련의 결과에 대해서도 무력하다는 것을 받아들여야 합니다. 하지만 많은 경우, 이러한 무력함을 그대로 받아들이기란 쉽지 않습니다. 어쩌면 상실 자체를 인정하고 싶지 않을 수 있습니다. 우리의 마음은 여전히 아픕니다. 애도 반응으로 나타나는 증상들은 마음에 들지 않습니다. 우리가 사랑하던 사람은 세상을 떠났습니다. 그리고 우리 앞에 놓인 냉혹한 현실은 어떤 노력을 한다 해도 그들이 다시 곁으로 돌아올 수 없다는 사실입니다. 이러한 현실이 내면 깊숙한 곳에 닿는다면, 우리는 완전히 방향을 잃고 혼란을 경험할 것입니다.

흔히 혼란과 외로움은 급성 애도 반응에 동반되는 증상입니다. 애도의 증상이 어떻게 발현되든, 그것이 여러분의 잘못이 아니라는 점을 유념해야 합니다. 이는 여러분 삶에 발생했을 중대한 변화로 인해 일어나는 반응입니다. 어떤 증상을 견디든 자신을 부드럽게 대해야 함을 잊지 마세요. 중요한 것은 현시점에 여러분이 겪는 슬픔의 감정을 인정하는 것입니다. 사별의 슬픔과 비통함에 잠기는 것은 삶의 한 부분입니다. 기억하세요. 예수님조차 죽음 앞에서는 슬퍼하셨습니다.

올바른 애도

요한 복음서에는 "예수님께서는 눈물을 흘리셨다."(요한 11,35)라는 말씀이 있습니다. 짧은 구절이지만 여기에는 심오한 뜻이 담겨 있습니다.

예수님께서는 마르타와 마리아의 형제이자 예수님의 친구인 베타니아 마을의 라자로가 병을 앓는다는 소식을 전해 들으십니다. 예수님과 제자들이 라자로의 집에 도착했을 때, 이미 라자로가 무덤에 묻힌 지 나흘이 되었다는 사실을 알게 되었습니다. 예수님께서는 '마르타와 그 여동생과 라자로를 사랑하셨기에' 그곳에 가셨습니다(요한 11,5 참조). 유다인들의 관습에 따라 '많은 유다인이 마르타와 마리아에게 와서 그들 오빠의 일을 위로'했습니다(요한 11,19 참조). 라자로의 친척과 친구들은 고인의 무덤에서 울면서 그를 애도하고 있었습니다.

예수님께서는 당신이 그들의 슬픔에 얼마나 깊이 있게 공감하는지 보여 주셨습니다. 그분은 라자로의 죽음에 대해 '마음이 북받치고 산란해'지셨습니다(요한 11,33 참조). 예수님께서는 마르타와 마리아가 오빠를 잃은 아픔을 함께 느끼셨고, 눈물을 흘리셨습니다. 이 이야기에서 알 수 있듯이 예수님께서는 '죄를 빼고는 모든 것이 우리와 같으신' 분이시기 때문에 인간의 감정과 정서를 동일시하십니다. 따라서 '우리에게는 우리의 연약함을 동정하지 못하는 대사제가 아니'십니다(히브 4,15 참조). 우리는 주님께서도 우리가 사랑하는 사람을 잃은 아픔을 함께 느끼신다는 것을 확실히 알 수 있습니다.

주님도 애통해하셨습니다. 그리고 그리스도교 성인 중 일부도 울며 비탄에 잠기는 경험을 했습니다. 우리가 비통해한다는 사실이 우리가 믿음을 잃거나, 신앙을 의심하거나, 혹은 신뢰하지 못하게 되었다는 의미는 아닙니다. 애도는 이기적인 행동이 아닙니다. 슬픔을 느끼는 것은 자연스러운 일입니다. 그것은 솔직한 감정입니다. 슬픔을 느낀다는 것은 대체 불가능한 가치를 지닌 사랑했던 사람을 상실했거나, 적어도 이전에 익숙해져 있던 방식으로는 더 이상 그 존재를 느낄 수 없다는 것을 의미합니다.

사실 사별에 대한 애도는 중요합니다. 사별 후 스스로에게 시간을 좀 주는 것도 필요합니다. 각 문화권마다 고인을 애도하는 다양한 방식의 의식이 있습니다. 가령, 아일랜드에는 웨이크(장례식 밤샘 전통) 전통이 있고 유다인에게는 카디쉬(애도자의 기도) 전통이 있습니다. 일부 문화권에서는 배우자가 사망한 후 일정 기간 동안 미망인이 검은 옷을 입는 전통이 있습니다.

'고통의 성모님'을 묘사한 예술 작품을 통해 성모님의 애도를 떠올려 보세요. 성모님은 하느님의 은총으로 아드님의 부활이 임박했음을 미리 알 수 있었음에도 불구하고 골고타 언덕에서 예수님의 고통과 죽음을 몹시 슬퍼하셨습니다. 미켈란젤로가 묘사한 〈피에타〉에 등장하는 성모님의 모습에 감동하지 않을 사람이 있을까요?

애도 기간과 의식을 통해 슬픔을 표현하는 것은 큰 도움이 됩니다. 빈소에서 밤샘하고, 장례 미사를 드리고, 가족이나 친구의 유해를 매장하거나 안치하는 과정을 통해 본당 공동체 및 가까운 친척들과 함께 애도의 기회를 가질 수 있습니다. 전체 공동체가 따라야 할 장례 의식이 주어지면, 유족을 위해 무얼 해 주어야 할지 반복하여 고민하는 가까운 지인들의 문제가 해결됩니다.

사별의 슬픔을 겪으며 "언제쯤 '완전히' 괜찮아질 수 있을까?"라고 자문할 수 있습니다. 이에 대한 답은 사람마다 다릅니다. 일반적으로 사별 후 첫 1년은 매우 감당하기 힘든 시기입니다. 장례식 절차는 물론, 삶에 일어난 중대한 변화의 결과로 직면하게 된 여러 문제도 처리해야 합니다. 난생 처음 기념일과 생일, 떠오르는 추억들로 가득 찬 휴일을 그냥 지나치게 됩니다. 여러분은 삶의 한가운데에 거대한 공백이 남아 있는 채 삶을 살아가려고 노력합니다.

일반 전문가들이나 영적 전문가 모두 공통적으로 권고하는 한 가지 사항은 사별 애도와 같은 절망을 겪는 시기에는 가급적 중요한 결정을 내리지 않는 것입니다. 깊은 슬픔에 잠기면 이성적이고 영적인 판단보다는 결국 지나갈 감정에 과도하게 영향을 받기 쉽습니다. 중대한 결정을 내리기 전에는 슬픔의 격한 감정이 가라앉을 때까지, 기다리세요. 급하게 결정해야 할 일이 있다면, 신뢰할 수 있는 사람과 상의하길 바랍니다.

소비자 주의 사항

애도 과정에서 경계해야 할 한 가지 중요한 사항이 있습니다. 자격을 갖춘 의료 전문가가 규제하고 모니터링하지 않은 물질을 자가 처방하게 될 잠재적 위험에 관한 것입니다. 삶에서 자살과 같은 충격적인 사건을 겪은 사람들이 그 고통을 완화하려고 알코올, 습관성

처방약 또는 불법 약물에 의존하는 경우가 많이 있습니다.

이러한 비규제 물질은 사별의 슬픔에 즉각적으로 발현하는 극심한 고통을 완화시킬 것입니다. 하지만 1부에서도 언급했듯이 이러한 자가 처방은 심리적, 생리적 의존성, 불안, 더 깊어진 우울증, 통제력 부족 현상 등을 초래하는 위험하고 걷잡을 수 없이 힘든 길이 될 수 있습니다.

진정한 평화와 삶의 통제력을 되찾기 위해서 언젠가는 상실의 고통을 딛고 스스로 걸어 나와야만 합니다. 특히 알코올이나 불법적인 향정신성 화학 물질을 통해 우리가 겪는 고통을 완전히 회피하려고 하면 더욱 깊은 수렁에 빠질 수 있습니다. 약물 남용은 우리에게 심각한 해를 입히거나 심지어 사망에까지 이르게 할 수 있습니다.

여러분이 조금이라도 알코올 중독 또는 기타 약물 중독의 징후나 증상을 겪는다 여겨지면, 즉시 도움을 요청하기 바랍니다. **도움받는 것은 절대로 부끄러운 일이 아닙니다.** 신뢰할 수 있는 사람과 이야기를 나눠 보세요. 담당 사목자와 상담하거나 의료 전문가에게도 도움을 받아보세요. 혹은 익명의 알코올 중독자 모임이나 이와 유사한 12단계 프로그램의 회원들과 같이 유사한 고통에서 회복 중인 사람들에게 연락해 보기 바랍니다. 그들은 기꺼이 도와줄 것이며 그 어떤 비판도 하지 않을 것입니다.

하느님에 대한 분노

상실에 대한 무력함을 받아들이면서 고려해야 할 또 하나의 요소는 하느님을 향한 우리의 감정입니다. 급성 애도의 시기에는 삶이 통제 불능 상태에 빠진 듯하고 마치 피할 수 없는 눈사태가 언제든 우리를 덮쳐 버릴 태세로 다가오는 것처럼 느껴질 수 있습니다. 이처럼 힘겨운 시기에는 하느님께 기도조차 할 수 없을 정도로 무기력해질 수 있습니다. 심지어 하느님께서 우리를 완전히 버리셨다고 여기며, 그분을 믿을 수 없다고 생각할 수도 있습니다. '결국 모든 생명의 창조주는 하느님이 아니신가요? 하느님께서 이러한 상실을 허락하신 것 아닌가요? 하느님께서 우리의 소중한 이들이 스스로 목숨을 끊게 내버려 두신 것 아닌가요? 그분이 이 모든 일에 관여하신 것 아닌가요? 그들의 비참함과 절망 가운데에서 하느님의 자비는 어디에 있었나요? 우리 삶 속에 대체 하느님이 어디에 계신다는 겁니까?' 이러한 질문과 함께 우리는 하느님에 대한 분노를 보일 수 있습니다.

하느님을 향한 분노는 애도 과정에서 흔하게 나타나는 반응이며 충분히 이해할 수 있는 감정입니다. 분노한다고 해서 우리가 신실하지 못하거나 하느님을 믿지 않는다는 의미는 아닙니다. 사실 어떤 면에서는 하느님께 화를 내는 것이 괜찮을 수 있습니다. 분노는 사별의 슬픔을 헤쳐 나가는 과정에서 치유를 돕는 필수 요소입니다.

또한 하느님께 분노한다는 것은 여러분이 그분을 믿고, 그분을 알고, 그분께 의탁하고 있음을 증명합니다. 그렇지 않았다면 하느님께 말조차 (혹은 불평조차) 하지 않았겠지요.

성경에서 이에 대한 일례를 찾아볼 수 있습니다. 욥 역시 자신과 가족에게 일어난 일로 하느님께 분노했습니다. 욥은 하느님의 처사에 대해 불평했고, 그 불평은 타당해 보였습니다. 무고했던 욥은 자신의 행동과는 무관한 끔찍한 고통을 겪었습니다. 그래서 자신에게 닥친 고난을 해명해 달라고 하느님께 부르짖었고, 하느님께서는 욥의 비통한 탄원을 들으시고 분노와 혼란에 빠진 당신의 종 앞에 찾아오셨습니다. 욥은 하느님께 자신의 결백과 자신과 가족에게 닥친 불의에 대한 부당함을 고백하며 불평했습니다.

그러나 조금 더 자세히 살펴본다면, 하느님에 대한 욥의 신뢰가 흔들리지 않았음을 알 수 있습니다. 그는 정서적, 심리적, 영적 고통 속에서도 겸손함을 유지한 채 주님께 부르짖었습니다. 살아 계신 하느님의 현존과 마주한 욥은 그의 진실한 기도, 즉 하느님과의 솔직한 대화를 통해 마침내 평안을 얻었고, 하느님께서는 욥에게 이전과는 차원이 다른 통찰력을 선물해 주셨습니다. 우리가 주님께 부르짖을 때에도 같은 일이 일어날 수 있습니다.

여러분도 욥처럼 하느님께 화를 낼 수 있습니다. 하느님께 여러분의 혼란스러운 마음을 이야기하세요. 성체 조배는 그러한 대화를 나누기에 아주 훌륭한 방법입니다. 그곳에서 주님께서는 '우리에게 사로잡힌 청중'이 되어 주십니다. 그러고는 빵에 가려진 모습으로 스스로를 낮추시어 우리를 기다려 주십니다. 그리하여 우리는 그렇게 스스로를 작게 하신 하느님을 향해 두려움에 떨지 않고 다가갈 수 있습니다.

또한 시편, 특히 탄원 시편이나 애가 시편에서[127] 어떻게 위로를 찾고 분노를 표출해야 하는지 찾을 수 있습니다. 분노, 고통, 혼란스러운 심정을 하느님 앞에 표현할 수 있도록 말입니다. 수천 년 동안 시편은 유다인과 그리스도인에게 기도의 모범이 되었습니다. 놀랍게도 시편에는 원망이나 비탄의 심정을 담은 구절이 많은 부분을 차지하고 있습니다.

우리의 죄와 연약함과, 분노와 슬픔 속에서, 또 말문이 막힐 정도의 비통함 속에서 하느님께서는 우리가 그분께 다가가기를 바라신다는 사실을 꼭 기억하세요. 그분은 우리가 사랑과 확신을 갖고 그분께 나아가기를 원하십니다. 하느님께서는 여러분을 사랑하십니다. 그리고 멀리 떨어져 계신 것처럼 느껴질 때에도 그분은 여러분의 이야기를 듣고 계십니다. 아니, 특히 그럴 때일수록 더 열심히 귀를 기울이십니다. 하느님께서는 여러분의 분노를 나무라지 않으십니다. 그분은 솔직한 기도를 정죄하지 않으십니다. 주님께서 십자가 위에서 겪으신 고난을 상기하시기 바랍니다. 주님은 극도의 고통 중에 우리와 공감하시며 "저의 하느님, 저의 하느님, 어찌하여 저를 버리셨습니까?"(마태 27,46) 하고 부르짖으셨습니다.

우리가 하느님께 화를 낸다는 것은 아직 잘 이해하지 못하는 무언가가 있어서이기도 합니다. 때때로 우리는 "왜 내게 이러한 일이 일어나지? 도대체 어떤 신이 이런 일을 용인한단 말이야? 대체 무슨 일이 일어나고 있는 건지 알아내야겠어!"라고 부르짖습니다. 어쩌면 하느님의 의도에 대해서도 의심을 품을 수 있습니다. "하느님께서 정말로 우리를 무조건적으로 사랑하시는가? 우리가 고통받기를 바라시는 건 아닌가?" 이런 식으로 비극적인 상황 앞에 놓인 우리가 무력하고 이해가 부족하다는 점을 인정합니다.

하느님께서는 정말 선하신가요?

"하느님께서는 정말 선하신가요?"라는 질문은 참혹한 비극을 견뎌 온 우리에게, 특히 하느님께서 그러한 비극을 막으셨어야 한다고 생각하는 우리에게 중요한 문제가 될 수 있습니다. 어떻게 하면 이전에 간직했던 선하신 하느님에 대한 믿음으로 돌아갈 수 있을까요? 우리는 여전히 그분의 존재를 믿고, 여전히 그분의 권능을 확신합니다. 그러나 우리가 겪은 상실을 떠올리면 다음과 같은 질문에 이끌리는 강한 유혹을 느낄 것입니다.

"이것이 당신이 하실 수 있는 최선이었나요? 저에게 그토록 소중한 사람이 이렇게 죽기를 원하신 건가요? 제가 이 모든 고통과 슬픔을 겪기를 원하셨나요?"

역사상 위대한 그리스도교 문학 작가 중 한 명인 C. S. 루이스는 《헤아려 본 슬픔》에서 이러한 종류의 의문을 강렬하게 표현했습니다. 저는 이 작품이 이제까지 본 문학 작품 중 사별의 슬픔에서 오는 고통을 가장 설득력 있는 문학적 언어로 형상화했다고 여깁니다. 이 작품에서 루이스는 하느님을 거침없이 비판합니다. 그리고 실은 하느님께서 '우주를 다스리는 가학자'가 아닌가 하는 의문을 품고, 하느님께서 고통과 괴로움을 기뻐하여 의도적으로 고통을 야기하는 것은 아닌지 묻습니다. 루이스는 사별의 슬픔 속에서 이렇게 하느님의 선하심에 도전하였으나 결국 다시 그분에 대한 모든 신뢰를 되찾습니다. 그는 어떻게 하느님께서 우주를 다스리는 가학적인 신이 아니라 선하신 분임을 확신하게 되었을까요? 바로 그가 하느님의 선하심을 드러내는 두 가지 '현현'을 발견했기 때문입니다.

루이스는 자신이 이성을 감정으로 대체하려는 시험에 들었음을 깨달았습니다. 다시 말해 슬픔이 자신의 사유 능력을 압도한다는 점을 알아차렸지요. 단기적으로는 이러한 반응이 불가피할 수 있습니다. 엄청난 슬픔에 잠기면 때로는 이성적인 능력을 상실할 때가 있습니다. 그럴 만한 일입니다. 인간은 이성적 동물 그 이상의 존재이기 때문입니다. 우리는 사랑을 위해 만들어진 하느님의 아들이고 딸입니다. 그렇기에 사랑하는 사람을 잃으면 당연히 마음이 아플 수밖에 없습니다. 예수님께서는 산상 설교에서 "행복하여라, 슬퍼하는 사람들! 그들은 위로를 받을 것이다."(마태 5,4)라고 선포하셨습니다.

또한 그는 가학적인 신에게는 꽃과 같은 아름다움을 창조하거나 우리에게 해넘이와 같은 단순한 즐거움을 선사해 주거나 혹은 우리의 필요를 충족시켜 줄 능력이 없음을 깨달았습니다. 이러한 것들은 타인의 고통만을 즐기는 이의 이해 범주를 완전히 벗어난 것입니다. 즉 창조주가 본래 선하고 아름다운 분이지 않고서야 이렇게 선하고 아름다운 것을 상상할 수는 없습니다. 그는 이 세상에 고통과 아픔이 존재하지만, 그럼에도 세상은 조화를 이루는 경이로움과 아름다운 신비로 가득 차 있다고 보았습니다.

아우구스티노 성인도 루이스와 같은 결론을 내리며 다음과 같이 말했습니다.

"땅의 아름다움에게 묻고, 바다의 아름다움에게 묻고, 드넓게 퍼져 가는 대기의 아름다움에게 묻고, 하늘의 아름다움에게 묻고 …… 이 모든 실재하는 것에게 물어보십시오. 모든 것은 이렇게 대답할 것입니다. '보세요, 우리는 이렇게 아름답지 않습니까.' 그들의 아름다움은 하나의 고백입니다. 변화하는 이 아름다움들을 변하지 않는 아름다움이신 분이 아니면 그 누가 만들었겠습니까?"(《가톨릭 교회 교리서》, 32항)[128]

이 두 명의 위대한 사상가는 하느님께서 세상의 모든 선한 것을 만드신 분이라는 이유로 그분의 선하심 또한 확신합니다. 하지만 하느님께서 선하신 분이라는 사실이 지금 우리가 겪는 어려움 중에는 위로가 되지 않을 수도 있습니다. 그 선하심을 여러분이 경험한 비극과, 우리가 속한 이 부서지고 무너진 세상과 어떻게 일치시킬 수 있을까요?

여러분은 우리가 속한 세상이 망가졌음을 인정해야 합니다. 그렇지만 고칠 수 없을 정도로 망가진 것은 아닙니다. 이 모든 것은 우리가 하느님의 자비에 의지할 때 비로소 다시 이해되기 시작합니다.

우리가 스스로의 불완전함, 즉 상실에 대한 무력함을 인정한다는 것은 여러 면에서 보았을 때 이치에 맞는 행위입니다. 처음에는 자신의 무력함을 인정하는 것이 나약함을 드러내고, 스스로 삶에 대처할 수 없다는 의미로 인식될 수 있습니다. 하지만 이는 사실과 거리가 있습니다. 심각한 정신적 고통과 슬픔을 견뎌 내려면 엄청난 용기와 결단력이 필요합니다. 상실이 우리에게 미치는 영향에 대해 우리가 무력함을 받아들이는 것 역시 큰 용기를 필요로 합니다.

많은 경우 우리는 그저 강하게 버티면서 스스로의 힘으로 일어나면 모든 게 괜찮아질 것이라고 배우고 또 그렇게 길들여집니다. 물론 이러한 접근 방식이 삶에서 마주치는 많은 역경에는 효과를 보일 수 있습니다. 하지만 슬픔과 상실의 상황에 이러한 방식을 적용한다면 암울한 결과를 초래할 수 있지요. 퀴블러 로스와 케슬러는 이에 대해 "고통을 감추려 하면 사라지지 않습니다. 오히려 수없이 많은 형태의 고통이 더 쌓여 가기만 합니다."[129]라고 평합니다.

우리가 감추려는 고통은 늘 수면 아래에 존재하기 때문에 우리에게 보이지는 않을지라도, 그것들은 해결되지 않은 채 서서히 자리를 잡습니다. 이런 방식으로는 치유가 불가능할 정도는 아니더라도 어려워지게 됩니다.

우리의 어둠을 헤쳐 나갈 유일한 길은 하느님의 은총 안에서 용기를 가지고 걸어가는 것입니다. 이것이야말로 진정한 힘을 나타내는 표식입니다. 살면서 우리가 걸어가야 할 가장 힘든 여정이 될 이 길을 걷기 시작하며 우리가 가져야 할 마음가짐인 것입니다. 우리가 고통의 불길 속을 걸어갈 때, 그 고통의 저편에는 우리를 변화시킬 치유가 기다립니다. 퀴블러 로스와 케슬러는 복음의 가르침과 마찬가지로, "고통의 중심에는 평화가 있으며, 비록 고통스럽기는 하지만 외부 활동으로 주의를 분산시킬 때보다 훨씬 더 빨리 그 고통을 극복할 수 있을 것"[130]이라고 확신합니다.

슬픔을 회피하고, 저항하고, 억누르는 것은 고통을 미뤄 둘 뿐입니다. 때로는 몇 주, 몇 달, 심지어 몇 년간은 피할 수 있겠지요. 하지만 치유되지는 않습니다.

새미의 경험을 다시 한번 살펴봅시다. 이전 장에서 언급했듯이 새미와 그녀의 남편은 딸 클레어가 세상을 떠나기 여러 해 전에 아이를 유산한 경험이 있었습니다. 새미는 고통 속에서 하느님을 등지고 그분께 분노했습니다. 그녀는 당시의 슬픔을 이렇게 기억합니다.

"딸을 잃은 슬픔으로 저는 하느님께 분노를 느꼈고, 사실 너무 화가 나서는 하느님께 '저는 제 아기를 보고 싶어요! 그러니 이제 어디 한번 하느님이 저를 그리워해 보시죠.'라고 말했어요. 그리고 그분께 등을 돌리고 떠났습니다. 저는 분노와 괴로움, 원망 속으로 걸어갔습니다. 그곳은 춥고 어두웠으며 외로웠어요."

결국 새미는 분노가 해결책이 아니라는 것을 깨달았습니다. 그녀는 자신의 생각이 변화된 것에 대해 이렇게 말했습니다.

"예수님께서는 계속해서 저를 당신께로 부르셨고, 그분의 은총으로 저는 다시 돌아갔습니다. 훗날 클레어를 잃었을 때 저는 이전과 같은 방식으로는 슬퍼할 수 없음을 알았어요. 그렇게 대응한다면 결코 견뎌 내지 못할 것 같았어요. 저는 제게 하느님의 도우심이 필요함을 알았습니다."

새미의 이야기에서 알 수 있듯이, 사랑하는 사람을 잃은 슬픔과 그 슬픔이 삶에 미치는 영향에 대한 무력감을 인정하고 나면, 다시 정상적으로 활동할 수 있는 힘을 스스로에게서 찾아야 합니다. 이렇게 우리는 슬픔을 치유하는 두 번째 영적 원리에 도달하게 됩니다. 바로 예수님께 대한 의탁입니다.

두 번째 원리: 예수님께 의탁하기

때로는 다른 사람, 심지어 하느님을 신뢰하는 것조차 어려울 수 있습니다. 우리가 현 상태의 무력함 속에서 취약함과 두려움을 느끼기 때문에 그럴 수 있습니다. 하지만 의탁을 향해 한 발자국 나아가는 것이 생각보다 그리 어렵지 않을 수 있습니다.

예수님께서는 우리의 약함과 곤경 가운데 우리에게 다가오시는 선한 목자이십니다. 그분께서는 당신의 우정과 은총에 대한 대가로 우리에게 무거운 짐을 지게 하시거나 불가능한 조건을 요구하시지 않습니다. 그분의 멍에는 편하고 그분의 짐은 가볍습니다(마태 11,30 참조). 이러한 이유로, 예수님께서는 당신께 향하는 의탁의 문을 여는 간단한 방법을 알려 주십니다. 우리의 무력함에서 의탁으로 나아가도록 이끄는 세 가지 통로, 즉 '자연'과 '침묵 기도' 그리고 '하느님 자비의 성화'에 대해 알아봅시다. 이 세 개의 통로는 우리에게 많은 것을 요구하지 않습니다. 우리가 주님께 더 쉽게 의탁할 수 있도록 인도하시는 하느님의 소박한 선물입니다.

"우리에게는 우리의 연약함을 동정하지 못하는 대사제가 아니라, 모든 면에서 우리와 똑같이 유혹을 받으신, 그러나 죄는 짓지 않으신 대사제가 계십니다. 그러므로 확신을 가지고 은총의 어좌로 나아갑시다. 그리하여 자비를 얻고 은총을 받아 필요할 때에 도움이 되게 합시다."(히브 4,15-16)

자연

1장에서 애도의 영향에 대해 논의한 바와 같이, 우리가 사별의 슬픔에 잠겨 있을 때에는 하느님께 마음을 여는 것이 어려울 수 있습니다. 인생을 뿌리째 뒤흔들어 놓은 심각한 사건을 겪은 후, 우리는 자신만의 고립된 상태로 숨어드는 경우가 많습니다. 앞서 고립의 위험성에 대해 간략하게 설명했습니다만 이러한 감옥에 갇힌 경우, 어떻게 해야 그곳에서 빠져나올 수 있을까요?

간단한 방법으로 하느님과 교감을 이루기 위해 자연을 접할 수 있습니다. 이를 주제로 한 글은 많이 있습니다만, 이 책에서는 자연이 우리의 정신 건강에 미치는 긍정적인 영향에 대해서만 다루고자 합니다. 창조의 아름다움에 대한 경험은 우리를 둘러싼 '단단한 껍데기'에서 벗어나 치유로 나아갈 수 있는 강력한 길입니다. 다시 말해, '자연의 방식'을 통한 '자연스러운' 치유 방법입니다. 우리는 그저 맑은 밤하늘의 별을 바라보고, 해안가에 부서지는 파도를 바라보며 바다의 광활함을 묵상하고, 아름다운 일몰을 감상하고, 산 정상에서 장엄한 경치를 바라보면 됩니다. 자연의 경이로움은 하느님이 만드신 창조 세계의 아름다움과 광대함을 깨닫게 하지요. 자연과 깊은 교감을 이루는 것은 하느님께서 주신 모든 것을 바라보면서 우리를 향한 하느님의 사랑을 신뢰하도록 만드는 데 매우 유용합니다.

자연을 접하는 것과 개인의 행복 지수 사이에 상관관계가 존재한다는 연구 결과가 점점 많아집니다. 이러한 결과에 따르면 인근 지역에 녹지 공간이 많을수록 '그 지역에 사는 아이들의 평균 체질량 지수가 낮아진다.'라고 합니다. 자연은 기분을 전환해 주고 사기를 북돋아 줍니다. 탐험가 트리스탄 굴리는 이런 말을 했습니다.

"수술 후 회복 중인 환자의 병실 창밖으로 벽돌 벽이 아닌 나무들이 보일 경우 병원 입원 기간이 하루 정도 줄어든다는 사실이 밝혀졌다. 최근 발표된 한 연구에 따르면 사람들은 자연을 담은 사진을 본 후에 마음이 더 너그러워지는 것으로 나타났다. 자연에서 보내는 시간은 자존감과 갈등 해결 능력을 향상시키는 것으로 보인다. 한 시간 동안 자연 속에 머무는 경우 기억력과 집중력이 20퍼센트나 더 향상될 수 있다. 자연은 우리의 마음을 진정시키고 집중력을 높이는 데에 도움이 되며 심지어 항우울제 역할도 할 수 있다."[131]

자연은 우리의 감각적인 면뿐만 아니라 영적인 면도 일깨워 줍니다. 하느님께서는 당신의 아름다움을 드러내는 물소리, 새소리, 산들바람 같은 것을 통해 우리에게 말씀하십니다. 창조 세계의 조화와 균형은 영원히 현존하시는 하느님을 드러냅니다. 자연은 우리가 처한 상황을 초월하는 현실로 우리를 이끄는 능력을 가지고 있습니다. 우리가 삶의 불행에 짓눌려 우리 자신을 더욱 폐쇄적으로 가두려 할 때 자연은 우리 마음이 하느님을 향해 열리도록 해 줍니다. C. S. 루이스와 아우구스티노 성인을 통해 알아본 바와 같이, 우리는 잠시 바깥을 산책하는 것만으로도 우주를 창조하신 '지적 설계자'의 현존에 감사할 수 있습니다.

저는 크리스 신부님이 밤늦게까지 협회 회원들에게 편지와 이메일을 쓰는 모습을 자주 목격합니다. 신부님은 주님을 위해 많은 시간을 할애해 일합니다. 또한 야외 활동에도 열정적입니다. 사무실에서 하는 일이 버겁게 느껴질 때면 맑은 물이 흐르는 곳에서 농어 낚시를 즐깁니다. 또한 인근에 위치한 후사토닉강에서 카약을 타며 비버, 독수리, 사슴과 함께 자연을 공유합니다. 수도회 형제들과 야외에서 함께 보내는 시간은 그를 치유해 주며 그의 업무에 다시 활력을 불어넣어 줍니다. 자연의 아름다움을 통해 신부님은 하느님을 더 깊이 생각하고, 하느님을 향한 감사함도 느낀다고 합니다.

자연 치유력의 또 다른 측면을 살펴봅시다. 이런 생각을 비웃는 분들도 있겠지만, 반려동물을 '신뢰의 서클'의 일원으로서 키우는 분들은 반려동물이 사별의 아픔을 극복하는 데 얼마나 큰 위로가 되는지 공감하실 것입니다. 모든 피조물은 우리를 향한 하느님의 선과 사랑을 반영하는 하느님의 선물입니다. 하느님께서 우리에게 반려동물이라는 선물을 주신 일에 대해 주님께 감사해야 한다고 강조하는 사제의 강론을 들은 적이 있습니다. 저도 그 의견에 동의합니다.

큰 슬픔에 빠졌을 때, 제가 키우던 강아지 찰리 베어는 큰 위안이 되어 주었습니다. 귀여운 찰리 베어는 제가 녀석의 사랑이 필요할 때를 본능적으로 아는 것 같았습니다. 그리고 이러한 경험을 뒷받침해 주는 과학적 연구 결과가 있습니다. 연구에 따르면, 사람은 개를 쓰다듬을 때 세로토닌과 도파민이라는 두 가지 '기분 좋은' 신경 전달 물질을 뇌로 방출합니다.[132] 저는 찰리 베어를 데리고 양로원을 방문했을 때 이 효과를 두 눈으로 직접 목격했습니다. 실제로 많은 양로원에서 어르신들을 위해 이러한 자연 치료적 방법을 채택합니다. '찰리 베어 효과'는 시험 기간 중에 스트레스가 가득 쌓인 고등학생들을 방문했을 때에도 분명하게 나타났습니다. 학생들은 찰리 베어와 함께할 때 즉시 스트레스가 해소되고 차분하게 시험에 임하는 모습을 보였습니다. 일부 학교에서는 교실 안 장애인 보조견들이 주는 긍정적인 효과를 실험하기도 했습니다.[133]

놀랍게도 최근 연구에 따르면 개와 인간 모두 장기간 상호작용을 하는 동안 뇌에서 또 다른 화학 물질인 옥시토신이 분비된다고 합니다. 이 화학 물질은 엄마와 아기가 유대감을 형성할 때 분비되는 것과 동일한 화학 물질입니다. 어떤 사람들은 이를 '사랑의 화학 물질'[134]이라 부르기도 합니다. 이러한 증거는 여러분이 이미 아는 사실, 즉 우리의 털복숭이 친구들이 우리가 애도의 과정을 겪는 동안 지속적으로 신뢰할 동반자가 될 수 있다는 사실을 입증합니다(지금 여러분 곁에 반려동물이 있다면 이 글을 읽으면서 분명 미소를 짓고 계실 것입니다. 반려동물은 그런 효과를 불러옵니다).

침묵 기도

슬픔에 빠져 있을 때는 그 어떤 기도도 제대로 하기 어렵습니다. 새미는 고통의 무게에 짓눌려 '한 마디 기도조차 올릴 수 없는' 날이 많았다고 합니다. 우리 중 많은 사람이 아마 같은 경험을 했을 것입니다. 하지만 하느님께서는 이해하십니다. 사랑하는 사람을 잃은 슬픔을 견딜 때, 특히 그것이 자살 사별일 경우, 바로 그때 하느님께서는 우리에게 더욱 가까이 다가오십니다.

우리가 약해져 있을 때는 복잡하고 긴 호칭 기도문이나 암송으로 기도를 가득 채워야 할 필요가 없습니다. 예수님과 함께 '그저' 그분의 현존 안에 머물러 앉아 그분이 우리를 사랑하도록 내어 드리기만 해도 괜찮습니다. 예수님께서는 파우스티나 성녀에게 이렇게 말씀하셨습니다.

> 고통받고 있는 인간들에게 내 자비로운 성심의 품에 매달리라고 말하여라. 그러면 내가 그들을 평화로 채워 줄 것이다(일기, 1074).

예수님께서 말씀하신 것처럼, 이러한 기도를 하는 동안은 아무 말도 할 필요가 없습니다. 사랑이신 하느님의 고요한 현존 안에 **그저 머물기만** 하면 됩니다. 사실, 이런 기도는 주님을 가장 기쁘게 해 드립니다. 우리가 고통의 수렁에서 스스로를 일으켜 세울 수 없는

'어린아이'로서 주님께 다가가는 기도이기 때문입니다.

우리는 어린아이들이 필요를 충족시키기 위해 전적으로 부모에게 의존한다는 사실을 압니다. 유아는 자신의 필요를 말로 표현할 수 없습니다. 배고플 때 스스로 먹을 수도 없고, 배변했을 때 스스로 옷을 갈아입을 수도 없습니다. 그런 아이들에게 기본적으로 필요한 것들을 제공해 주는 것이 기쁘지 않나요? 마찬가지로 선하시고 사랑이 많으신 하느님 아버지께서는 우리가 겪는 슬픔의 고통을 아시고 우리에게 필요한 것을 헤아릴 수 없을 만큼 가득 채워 주십니다.

비록 여러분의 슬픔에 대해서 아무것도 할 수 없을지라도, 예수님께 나아가서 그분의 발아래에 머물러 보시기 바랍니다. 고개 들어 예수님을 바라보며 기도조차 할 수 없는, 부서질 대로 부서진 모습일지라도 예수님께 나아가 그분의 끝없는 선하심에 의탁하세요. 저는 힘든 순간을 겪을 때마다 경당 안에 들어가 감실에 계신 예수님 앞에 구부정하게 앉아 "주님, 제가 가진 것은 이것뿐입니다. 지금 제가 할 수 있는 것은 이것뿐입니다." 하고 말씀드리곤 했습니다. 그곳에서 우리는 가장 부드러운 포옹을 받을지도 모릅니다.

하느님 자비의 성화

침묵 기도와 함께 하느님 자비이신 예수님의 시각적 이미지를 바라보는 것은 별다른 노력 없이도 우리에게 엄청난 은총과 위로를 가

저다줍니다. 이 성화는 주님에 대한 묵상과 경배를 바치는 이들에게 풍성한 은총을 줍니다. 그리고 부드럽고 사랑이 많으신 하느님 앞에 자신의 무력함을 드러내게 해 줍니다. 이 성화에는 하느님에 대한 신뢰를 불러일으키는 초자연적인 힘이 있습니다.

하느님 자비의 성화를 보면 예수님께서 짙은 어둠 속에서 새로운 희망의 빛으로 모습을 드러내시며 다가오시는 것을 볼 수 있습니다. 예수님의 왼발을 잘 살펴보세요. 예수님께서는 고통과 아픔, 심지어 절망에 빠진 여러분을 만나기 위해서라면 어디든, 여러분을 향해 부드러운 첫걸음을 내딛으십니다. 그분의 발걸음은 공격적이지 않습니다. 그분은 온화한 대사제의 옷을 입고 오른손을 들어 여러분에게 강복해 주십니다. 그분의 눈은 연민으로 가득 차 있으며, 사랑으로 여러분을 바라보십니다.

이 성화에서 내가 응시하는 눈길은 십자가 위에서의 나의 눈길과 같다(일기, 326).

예수님께서는 부드럽고 사랑스러운 친구로서 여러분의 아픔을 이해하십니다. 그분은 가장 가혹한 고난과 배신, 거절의 상처를 손과 발의 못 자국으로 지니고 계십니다. 대사제이시면서 희생자이신 예수님은 죄를 제외한 모든 면에서 우리와 똑같이 되셨기 때문에 우리의 모든 연약함을 동정하십니다(히브 4,14-16 참조).

예수님의 사랑은 시공간 제한이 없이 무한합니다. 순수하고 자비로운 사랑으로, 그분은 의사인 하느님을 필요로 하는, 즉 치유가 가장 절실한 우리에게 이끌리십니다. 예수님께서는 "행복하여라, 마음이 가난한 사람들! 하늘나라가 그들의 것이다."(마태 5,3)라고 가르치셨습니다. 그리고 파우스티나 성녀에게는 지상에 있는 그분의 왕국이 사람들의 영혼 안에 있는 그분의 삶이라고 말씀하셨습니다(일기, 1784 참조). 비참한 심정으로 깨어지고 부서진 마음보다 예수님께서 더 온전히 머무실 수 있는 곳은 없습니다. 부서진 마음은 다른 해답을 찾지 못했고 무력하며 또 스스로가 그렇게 무력함을 알기 때문입니다. 하느님만이 그 마음의 유일한 희망입니다.

하느님의 자비는 그러한 마음을 외면하실 수 없습니다. 예수님께서는 슬픔에 잠긴 우리 마음에서 나오는 모든 중얼거림을 듣기 원하십니다. 주님께서는 당신 성심을 덮은 휘장을 걷어 내시어 그 한없는 깊이를 드러내시면서 우리와 마음을 나누기를 제안하십니다.

> 내 마음을 들여다보아라. 그리고 내가 인류에 대해 가지고 있는 사랑과 자비를 보아라. …… 보아라, 그리고 나의 수난 속으로 들어오너라(일기, 1663).

예수님의 성심 안에서 여러분의 어려움을 도우시는 모든 은총을 발견할 것입니다. 그리고 여러분 마음속에는 여러분의 초대로 여러분과 함께 머물기 원하시는 예수님의 왕국이 있을 것입니다.

하느님 자비의 성화 속 예수님을 바라보고 그분의 성심을 들여다보면서 그분의 자비의 샘에서 흘러나오는 은총에 의탁해 보세요. 이 온화하고 이해심 넘치시는 친구가 당신의 슬픈 마음을 위로하고 치유할 수 있도록 허락하세요. 그분은 신실하고 흔들림 없는 동반자이시기 때문에 신뢰는 더욱 커질 것입니다. 여러분은 예수님께서 파우스티나 성녀에게 하신 말씀에서 확실한 희망을 발견할 것입니다.

나는 사람들에게 자비의 샘에 와서 계속해서 은총을 담아 갈 수 있는 그릇을 내어 주고 있다. 바로 그 그릇이 '예수님, 저는 주님께 의탁합니다!'라는 말이 새겨져 있는 이 성화이다(일기, 327).

하느님 자비이신 예수님께 의탁하기

이제 우리는 자연, 침묵 기도, 하느님 자비의 성화와 같은 은총의 통로를 통해 예수님께 의탁하는 결정적인 단계로 들어갈 준비가 되었습니다. 애도의 감정에서 회복하기 위한 첫 번째 영적 원리에서 우리는 사랑하는 사람을 잃은 슬픔과 그것이 우리 삶에 미치는 영향에 대해 무력함을 인정하고 받아들입니다. 우리는 고인이 된 사랑하는 이들을 다시 되살릴 수 없고, 삶을 예전처럼 회복시킬 수 없다는 것을 압니다. 또한 자살이라는 부조리한 행위를 이해하는 것이 거의 불가능하다는 사실도 압니다. 마찬가지로, 우리는 깨어 있을 때나 잠을 잘 때나 매 순간을 압도하는 이러한 상실감의 부정적 영향에 대해 무력할 수밖에 없습니다. 그러나 우리는 이 참담함 속에 혼자가 아닙니다. 파우스티나 성녀 또한 다음과 같이 말했습니다.

나는 희망을 거스르며 고통받는 영혼들을 이해한다. 그러한 불길을 내가 직접 겪었기 때문이다. 그러나 하느님께서는 우리가 견딜 수 있는 능력 그 이상의 것을 우리에게 주시지는 않을 것이다. 나는 종종 희망을 거스르면서도 희망을 품고 살았고, 하느님께 온전히 의탁하기 위해 더 큰 희망을 키웠다. 그분께서 만세로부터 결정하신 일들이 그대로 제게 이루어지게 하소서(일기, 386).

이는 곧바로 두 번째 영적 원리로 이어집니다. 우리는 하느님의 자비이신 예수님께서 우리 삶을 통제 가능한 상태로 회복시키실 수 있음을 믿게 됩니다. 이 원리는 의탁에 중점을 둡니다. 하느님의 자비이신 예수님께 의탁함은 우리를 보호하시는 주님 품을 느끼게 하는 희망과 온전함과 평화의 기슭으로 인도하는 다리입니다. 예수님께 의탁함은 우리 영적 삶의 린치핀(바퀴가 차축에서 미끄러지는 것을 방지하는 편)과 같습니다. 이는 우리 삶에 필요한 모든 은총에 대한 잠금장치를 푸는 진정한 마스터키입니다.

지금까지 하느님 자비의 성화를 여러 번 언급했습니다. 예수님께서는 수차례 환시 속에서 파우스티나 성녀에게 나타나셨을 때, 성녀가 본 '모습'에 따라 이 성화를 그려 달라고 요청하셨지요(일기, 49 참조). 또한 '예수님, 저는 당신께 의탁합니다.'라는 '서명'을 성화에 넣을 것을 요구하셨습니다. 왜 그런 부탁을 하셨을까요?

본질적으로 의탁이란 두 명 이상의 당사자 간 관계를 의미합니다. 여기에는 사랑을 나눌 수 있고, 친교를 나눌 수 있으며, 마음의 유대 형성이 가능한 사람들이 포함됩니다. 신뢰는 인간관계에서 가장 소중한 덕목입니다. 신뢰를 바탕으로 한 의탁은 우리 자신을 상대방에게 온전히 내어 주게 하는, 사람과 사람 사이를 잇는 사랑의 다리입니다. 정도의 차이는 있지만 의탁은 모든 인간관계에서 찾아볼 수 있습니다. 특히 남편과 아내, 어머니와 딸, 아버지와 아들 등 가장 가까운 관계에서 많이 찾아볼 수 있습니다.

전투 중 지휘관이 다리를 목표로 삼는 것은 당연합니다. 사실상 다리는 차량의 흐름을 원활하게 해 주기 때문이지요. 다리를 없애면 적은 고립되어 움직일 수 없습니다. 인간관계에서도 이는 마찬가지가 아닐까요? 의탁의 다리가 없어지면 부부는 서로에게 다가갈 수 없습니다. 그들은 고립된 자아의 '섬'에서 떨어져 살아가게 됩니다.

그들은 사랑에서 멀어집니다.

의탁은 하느님께서 창조 이래 인류에게 원하셨던 응답입니다. 에덴동산의 아담과 하와를 생각해 봅시다. 하느님께서는 그들에게 당신을 신뢰하고 당신의 말씀을 믿고 당신 사랑의 보살핌과 보호에 의지할 것을 요구하셨습니다. 그러나 아담과 하와는 하느님을 불신하고 뱀의 말을 신뢰했습니다. 그들의 의탁은 전적으로 잘못된 방향에 있었고 그들은 그들 자신을 의지하게 되었습니다. 악한 자는 하느님과의 친밀한 관계와 친교의 핵심인 하느님에 대한 '의탁의 다리'를 전략적으로 노리는 법을 파악하고 있었습니다. 린치핀, 즉 연결고리를 건드리면 말 그대로 바퀴는 떨어져 나갑니다.

교회는 《가톨릭 교회 교리서》를 통해 다음과 같이 가르칩니다.

"악마에게 유혹을 받은 인간은 자신의 마음속에 있는 창조주를 향한 신뢰가 죽게 버려두었으며, 자신의 자유를 남용함으로써 하느님의 계명에 불순종하였다. 바로 여기에서 인간의 첫 범죄가 성립하는 것이다. 그 뒤의 모든 죄는 하느님에 대한 하나의 불순종이 되고 **하느님의 선하심에 대한 신뢰의 결핍**이 될 것이다."(397항)

여러분은 삶의 여정에서 큰 마음의 상처를 받았습니다. 어쩌면 여러분과 고인과의 사이를, 또한 주변 사람과의 사이를 이어 주던 '의탁의 다리'에 공격을 받아 그 다리가 제거되었다고 여길 수 있습니다. 누군가를 사랑했지만, 그 사람은 더 이상 여기에 없습니다. 주변 사람들도 여러분에게 상처를 주었을 수 있습니다. 우리는 다른 사람에게 상처를 받으면 불신이 마음속에 자리 잡고, 자신을 보호하기 위해 거리를 두는 경향이 있습니다. 더 이상 고통받지 않기 위해 자신을 보호하려고 방어벽을 쌓으려 할 수도 있습니다.

그러한 마음 상태에 있다면 하느님께 의탁하려는 발걸음이 쉽지 않을 것입니다. 그렇지만 하느님 자비의 성화를 떠올려 보기 바랍니다. 예수님께서 친히 우리를 향해 첫걸음을 내딛고 계십니다. 선한 목자이신 예수님께서는 여러분에게 친구가 필요함을 아시고, 더 이상 한 발짝도 내딛을 수 없을 것 같은 상태에 있는 여러분을 당신의 어깨에 둘러메고 데려가 주십니다. 베네딕토 16세 교황은 회칙 《희망으로 구원된 우리》에서 다음과 같이 서술하였습니다.

"참된 목자께서는 죽음의 골짜기를 지나는 길까지도 알고 계십니다. 아무도 같이 갈 수 없는 완전한 고독의 길에서도 저를 이끌며 함께하십니다. 목자께서 몸소 이 길을 지나가셨습니다. 목자께서 죽음의 나라로 내려가시어 죽음을 이기셨으며, 이제 우리와 함께하시려고 그리고 우리에게 당신과 함께하면 나아갈 길을 찾을 것이라는 확신을 주시려고 돌아오셨습니다."[135]

베네딕토 16세 교황은 예수님께서 실제로 여러분보다 앞서가신다는 사실을 확신시켜 줍니다. 예수님께서는 십자가에서 돌아가심으로써 여러분에게 고통을 통과하는 확실한 길을 보장하셨습니다.

여러분을 위해 목숨을 바치신 예수님께서는 하느님 아버지께로 가는 영원한 다리를 놓으셨습니다. 예수님 자신이 그 다리이십니다. 예수님께서는 여러분을 희망의 기슭으로 인도하는 길이요 선한 목자이십니다. 예수님께서 당신 십자가의 성혈로 우리의 죗값을 치르셨기에 우리는 그분을 신뢰할 수 있습니다. 이러한 이유로 그분께서는 '예수님, 당신께 의탁합니다.'라는 글귀를 하느님 자비의 성화에 새겨 넣으라 하셨습니다. 여러분을 향한 예수님의 사랑에는 변함이 없으며, 예수님께서는 당신에게 의탁한 이가 길을 잃도록 내버려 두시지 않습니다. 예수님께서는 진리 그 자체이시기에 진실하실 수밖에 없습니다.

그러니 자비 그 자체이신 예수님께 의탁하시기 바랍니다. 예수님께서는 여러분의 슬픔과 '죽음의 골짜기'를 지나 치유와 온전함, 평화의 푸른 초원으로 가는 길을 아십니다. 선한 목자에 대한 의탁이라는 소중한 열쇠로 자비의 샘을 열어 보세요. 예수님께서 파우스티나 성녀에게 말씀하신 것처럼 말이죠.

내 자비의 은총은 오직 하나의 그릇, 즉 의탁으로만 끌어낼 수 있다. 내게 더 많이 의탁하는 영혼일수록 더 많은 은총을 받게 될 것이다(일기, 1578).

하느님 자비이신 예수님께 의탁하는 것은 여러분과 여러분이 사랑하는 사람에게 견고한 희망의 토대를 가져다주는 다리가 될 것입니다. 여러분의 마음에 희망에 대한 의심이 다시 생길지도 모르겠지만, 여러분은 언제든지 '의탁의 다리'를 다시 건너 사랑이며 자비이신 예수님께로 돌아갈 수 있습니다.

"주님, 저희가 누구에게 가겠습니까? 주님께는 영원한 생명의 말씀이 있습니다."(요한 6,68)

주님, 오직 당신 자비만이 우리에게 삶을 통제할 수 있는 능력과 희망을 다시 주실 수 있습니다. **예수님, 저는 당신께 의탁합니다!**

세 번째 원리: 하느님께 전적으로 맡겨 드리기

우리는 예수님의 자비에 의탁함으로써 희망을 되찾아 우리의 의지와 삶, 그리고 사별한 이들을 하느님 자비이신 예수님의 보살핌과 보호에 의탁할 준비가 되었습니다. 앞서 언급했듯이, 이 원리는 세례식 때 우리가 세례 서약 갱신을 하는 것과 다르지 않습니다. 아마도 세례를 받을 때는 그것이 무엇을 수반하는지 충분히 인식하지 못했을 것입니다.

이제 우리는 자신의 모든 것을 예수님께 맡기겠다는 지향을 완전히 인식하면서, 세례를 통해 처음 받았고 언제든 우리에게 주어지는 은총에 의지합니다. 이는 결연한 행위입니다. 또한 이를 진정으로 받아들인다면, 즉각적인 효과를 불러올 것입니다.

하지만 슬픔을 겪는 우리에게 이 의탁의 행위는 무슨 의미일까요? 첫째, 생각과 의지, 마음, 감정, 육체를 포함한 우리의 모든 것을 예수님께 드리기로 선택함을 의미합니다. 우리는 사랑하는 사람을 상실하고 받은 고통의 결과를 예수님께 드립니다. 우리의 비참함, 죄책감, 수치심을 그분께 드립니다. 우리 죄의 성향과 모든 약점을 그분께 가져갑니다. 두려움, 불안, 의심, 결점과 함께 있는 그대로의 우리 자신을 그분의 보살핌과 보호에 맡깁니다. 우리는 주저 없이 우리 자신을 전적으로 그분께 봉헌합니다.

둘째, 우리는 우리가 애도하는 고인을 예수님의 보살핌과 보호에 맡겨 드립니다. 우리는 주님의 사랑과 선하심을 신뢰합니다. 그리고 그분께서 우리가 바라는 것보다도 훨씬 더 많이 우리가 사랑하는 이들의 평화와 기쁨과 행복을 바라신다는 것을 압니다. 여러분이 사별한 분들을 얼마나 사랑하는지 한번 생각해 보기 바랍니다. 그런 다음 그들을 향한 예수님의 사랑과 보살핌이 얼마나 더 크실지 가늠해 보시기 바랍니다. 확신을 가지고 주님의 자비에 그들을 맡기세요! **이제와 영원히** 그들을 맡기세요!

파우스티나 시성 추진 위원회 부위원장이자 하느님 자비의 메시지에 관한 전문가로 잘 알려진 세라핌 미칼렌코 신부는 언젠가 제게 다음과 같은 인상적인 이야기를 한 적이 있습니다.

세라핌 신부는 카이사리아 필리피 지방을 직접 방문한 적이 있었는데 그곳에는 거대한 암벽이 있습니다. 베드로가 예수님께 신앙고백을 했던 장소라고 알려졌지요. 성경에 따르면 그곳에서 베드로는 예수님께 "스승님은 살아 계신 하느님의 아드님 그리스도이십니다."라고 고백했고, 예수님께서는 다음과 같이 말씀하셨습니다.

"시몬 바르요나야, 너는 행복하다! 살과 피가 아니라 하늘에 계신 내 아버지께서 그것을 너에게 알려 주셨기 때문이다. 나 또한 너에게 말한다. 너는 베드로이다. 내가 이 반석 위에 내 교회를 세울 터인즉, 저승의 세력도 그것을 이기지 못할 것이다."(마태 16,17-18)

세라핌 신부는 이 암벽을 직접 보는 것이 무척 경이로운 체험이었다고 말했습니다. 그는 거친 환경에서 비둘기들이 보호를 받고 휴식을 취하는 암벽의 움푹 들어간 공간을 설명하면서, 그 공간 사이의 좁은 틈새 안에서 밖을 바라보던 비둘기들의 눈에 대해 말해 주었습니다(교회 전승에 따르면 비둘기는 보편적인 평화의 상징이며, 성령과 마리아의 모성의 상징이기도 합니다). 그리고 나서 그는 어떻게 그 암벽의 틈새 공간이 자연적으로 표현된 그리스도의 뚫린 옆구리의 상징이 될 수 있는지, 다시 말해 어떻게 그 공간을 그분의 신부인 교회가 안전하게 거하는 반석으로 볼 수 있는지를 설명해 주었습니다.

예수님께 우리 자신과 사랑하는 사람 모두를 의탁할 때, 우리는 마치 카이사리아 필리피의 바위 틈새에서 안전하게 사는 비둘기와 같게 됩니다. 자비로운 그분의 성심에서 나온 피와 물이 온 세상을 위해 쏟아져 나온, 바로 그 그리스도의 옆구리 상처에 숨어 들어간 비둘기와 같이 되는 것입니다.

기도할 때, 여러분 자신과 여러분이 사랑하는 사람이 그리스도의 옆구리에 안겨 있는 모습을 그려 보세요. 그곳에서는 치유와 회복, 새 생명을 가져오기 위한 그리스도의 은총이 끊임없이 부어집니다. 1부에서 배운 대로 다음과 같은 강력한 의탁의 기도를 드려 보기 바랍니다.

"오, 저희를 위한 자비의 샘이신 예수 성심에서 세차게 흘러나온 피와 물이시여, 저희는 당신께 의탁하나이다."

계속해서 반복하여 이 기도를 해 보세요. 이 기도는 재충전이 필요한 영혼들에게 치유와 새로운 생명의 활력을 부어 주는 강력한 원천이 되어 줄 것입니다.

의탁의 행위

이제 여러분 자신과 사랑하는 사람을 하느님의 보살핌과 보호에 온전히 의탁할 준비가 되었다면, 이 기도(또는 이와 비슷한 기도)를 바침으로써 하느님께 대한 의탁의 행위를 구체화할 수 있습니다.

예수님, 저는 당신께 의탁하나이다. 당신은 자비와 선 그 자체이십니다. 바로 지금 이 순간, 그리고 영원히, 당신이 원하시는 대로 저와 함께 하실 수 있도록 저를 전적으로 당신께 바칩니다. 저에게서 당신의 은총을 가로막는 모든 장애물을 없애 주소서.

또한 제가 사랑하는 ＿＿＿＿＿＿(사랑하는 이의 이름)을/를 주님께 바치고 의탁합니다. 이제와 영원토록 그들을 당신의 보살핌과 보호하심에 온전히 맡겨 드리오니, 제가 천국에서 온전하게 그들과 재회할 수 있게 하소서. 당신의 뜻이 항상 제 삶 속에서 이루어지게 하소서. 예수님, 저는 당신께 의탁합니다!

이 기도는 여러분 곁에 있는 사람들과 함께 드리면 더욱 좋습니다. 저도 힘들었던 시기에 비슷한 기도를 드린 기억이 납니다. 저는 미사 중에 제 기도를 바치면서 저의 의지와 삶 그리고 사별한 이들을 위한 내적 봉헌을 포함시켰습니다. 그리고 미사 후에는 위에 제시한 기도문과 비슷한 기도를 바쳤습니다. 저는 부모님과 신부님, 그리고 하늘의 수많은 천사와 성인의 보이지 않는 '증인의 구름'(히브 12,1 참조) 속에서 이 기도를 예수님께 바치기로 결심했습니다.

진심을 다해 이러한 봉헌을 드리는 것은 성장하기를 기대하며 희망의 '겨자씨'를 심는 것과 같습니다. 무엇이 성장하기를 기대하는 걸까요? 평화와 조화로움의 감각입니다. 여러분은 이제 일상을 장

악했던 가슴 깊이 자리한 고통에서 벗어나 조금씩 안도감을 느끼기 시작할 것입니다. 마음속 가득했던 절망감이 사라지기 시작할 것입니다. 여러분이 사별한 고인을 돌보시는 예수님에 대한 확신이 더욱 커질 것입니다. 예수님께서 곁에 계심과 그분의 자애로운 자비에 대한 사랑과 감사와 함께 새로운 힘과 활력이 솟아날 수 있습니다. 이는 모두 통합성 애도 단계에서 나타나는 결과로, 이 단계에서 새로운 힘과 이해가 자리 잡기 시작하는 경우가 많습니다. 희망의 겨자나무는 그리스도의 사랑의 자비에 대한 우리의 지속적인 신뢰를 통해 때로는 빠르게, 때로는 점진적으로 꽃을 피울 것입니다.

의심과 상심, 슬픔의 시간은 분명 다시 찾아옵니다. 그때 예수님께 새롭게 의탁하고 여러분 자신과 세상을 떠난 사랑하는 사람을 그분의 보살핌과 보호에 맡기기로 한 결심을 떠올리며, 우리의 '희망의 처방약'인 "예수님, 저는 당신께 의탁합니다."라는 말을 반복합시다. 주님은 무수한 방법으로 당신을 입증해 주셨습니다. 그리고 변함없는 자비로 계속해서 여러분에게 다가오실 것입니다. 여러분이 예수님의 응답을 분명히 보지 못해도, 그분의 현존을 완전히 이해하지 못하더라도 주님은 여러분의 간청을 거부하실 수 없으며, 또한 거절하지도 않으실 것입니다. 결국 우리는 그분의 끝없는 사랑에 대한 희망 안에서 다시 평안함을 느끼며 쉴 수 있을 것입니다.

감사와 미사

우리는 거룩한 미사의 봉헌, 즉 성체성사를 통해 하느님 자비이신 예수님께 우리 자신과 사랑하는 사람들을 맡겨 드리기로 한 결심을 더욱 확고히 할 수 있습니다. 성체성사Eucharistia('감사하다'라는 그리스어에서 유래)라는 단어 자체에 '감사'라는 의미가 담겨 있습니다. 우리는 미사에 참례할 때마다 일상생활 속에 현존하시는 하느님께 감사를 드리게 됩니다. 또한 미사를 통해 하느님께서 지상, 천국, 연옥에서 선택하신 모든 이들과 함께 만나고 하느님과의 사랑의 유대를 새롭게 합니다.

1부에서 미사에서 '최고로 강력한 순간'을 마침 영광송이 올려지는 순간이라고 설명했습니다. 다시 말해, 그 순간은 하느님의 아드님이신 예수 그리스도를 골고타 언덕의 대사제이자 희생양으로서 그분의 위격 안에서 완전하게 구속된 인성으로 아버지께 봉헌하는 것입니다. 파스카 신비는 십자가에 다시 못 박히는 것이 아니라 지금 이 순간에 다시 현존하는 그 골고타에서의 '단 한 번' 희생을 재현하는 것입니다.

미사에서, 특히 영성체를 통해 축성된 빵과 포도주를 모실 때 우리는 주님께서 성부께 바치시는 그분의 제물 안에서 그분과 하나가 됩니다. 그리스도의 희생은 우리를 위해 이루어졌습니다. 그리고 우리가 애도하는 사람을 잃음으로써 과거, 현재, 미래에 견디어 온 모든 고통과 아픔을 위해 이루어졌습니다. 그러므로 미사는 우리 주 그리스도와의 결합으로 자신과 다른 이들을 아버지께 맡긴다는 결심을 굳건히 하고 봉헌할 수 있는 완벽한 시간이자 장소입니다.

이러한 봉헌이 준비되었다면, 파우스티나 성녀의 기도와 비슷한 봉헌 기도 형식으로 우리의 의탁을 표현할 수 있습니다.

오늘 저는 당신의 성심이 놓여 있던 성반 위에 제 마음을 올려놓습니다. 오 예수님, 주님의 아버지이시며 저의 아버지이신 하느님께 저 자신을 [그리고 _____ (사별한 사람의 이름)을/를] 사랑과 찬미의 제물로 주님과 함께 봉헌합니다. 자비로우신 아버지, 제 마음의 희생 제물을 보아 주소서. 그러나 예수 성심의 상처를 통해 보아 주소서(일기, 239).

파우스티나 성녀처럼 우리도 우리의 마음과 우리의 삶, 우리의 사랑하는 이를 예수님과 함께 성반 위에 올려놓습니다. 특히 미사 중 마침 영광송이 올려지는 동안, 예수님과 결합된 우리는 사제의 손에 의해 아버지께 봉헌됩니다. 마침내 우리의 결심을 봉헌했습니다. 우리는 전적으로 주님의 것이며, 우리가 하느님의 손에 의탁하는 이도 마찬가지입니다.

제대로 성체를 모실 준비가 된 가톨릭 신자라면, 성체성사의 '생명 나무'에서 예수님의 골고타 수난으로 얻어진 완전한 자기 희생의 치유의 열매, 즉 예수님의 몸, 피, 영혼과 신성을 받음으로써 우리의 봉헌을 완성할 수 있습니다. 우리의 결심은 다 완성되었습니다. 성체성사 안에서 예수님과 온전히 하나가 된 우리는 그분과 함께 "다 이루었다."라고 말할 수 있습니다. 우리의 의지와 삶, 그리고 우리가 사랑하는 사람은 전적으로 하느님 자비이신 예수님의 보살핌과 보호 아래에 있습니다. 다시 강조하지만, 파우스티나 성녀처럼 우리도 영성체 후 기도로 예수님과 우리 자신을 결합시키는 것이 좋습니다.

[오, 저의 예수님] 저를 주님께서 원하시는 대로 하소서. 제 자신을 주님 뜻에 맡겨 드립니다. 오늘부터, 주님의 거룩한 뜻이 저의 양식입니다. 그리고 저는 주님 은총의 도움으로 언제나 주님의 계명을 충실히 지키겠나이다. 주님께서 원하시는 대로 제게 하소서. 오 주님, 주님께 애원하오니, 제 생애의 모든 순간에 저와 함께 계셔 주소서(일기, 136).

매 미사 때마다 여러분의 의탁을 새롭게 갱신할 수 있습니다. 또한 여러분의 소중한 고인을 위해 연미사를 신청하고 봉헌할 수도 있습니다. 지상 교회는 매 전례 때마다 그들의 기도 지향을 직접 전구합니다. 감사 기도 중에 사제가 다음과 같이 기도를 올리는 동안, 우리는 세상을 떠난 사랑하는 이들을 위하여 전구합니다.

"그리스도의 평화 속에 잠든 교우들과 (교우 ____와 ____와) 오직 주님께서 그 믿음을 아시는 죽은 이들도 모두 생각하소서. 그들이 주님의 빛나는 얼굴을 뵙게 하시고 부활하여 충만한 생명을 누리게 하소서."[136]

또한 1부에서 살펴보았듯이 우리는 미사가 아닌 다른 유형의 신심 행위를 통해서도 모든 구원과 하느님 자비의 근원이자 원천인 골고타 수난에서 바쳐지는 희생에 우리의 기도를 일치시킬 수 있습니다. 그중 묵주 기도와 하느님 자비를 구하는 기도는 특히 강력한 힘이 있습니다. 이 신심 행위들은 미사의 영적인 연장선상에서, 하루 중 언제 어디서나 실천할 수 있습니다.

세 가지 영적 원리 요약

치유의 세 가지 영적 원리는 다음과 같이 요약할 수 있습니다.

첫째, 사랑하는 사람을 잃은 상실과 그에 대한 슬픔이 우리에게 미치는 영향에 우리가 무력함을 인정합니다.

둘째, 우리는 하느님 자비이신 예수님께 향하는 '의탁의 다리'를 건너 예수님께서 우리 삶에 대한 통제 능력을 다시 주신다는 희망으로 나아갑니다.

셋째, 이러한 희망에 대한 확신을 바탕으로 우리는 우리의 의지와 삶 그리고 우리가 사랑하는 사람을 하느님 자비이신 그리스도께 의탁합니다.

그러나 우리가 의탁의 행위를 했다고 해서, 애도 과정 중에 겪는 여러 반응과 그 다양한 단계를 거치지 않게 된다는 의미는 아닙니다. 이러한 반응과 단계 중 일부를 다시 반복하는 것은 지극히 자연스러운 일입니다. 이 과정에는 정해진 일정표나 순차적인 진행은 없다는 점을 상기하시기 바랍니다. 흔히 그렇듯이 우리는 여전히 부정, 분노, 타협, 우울의 시기를 겪을 것입니다. 이는 우리 삶에서 소중한 이를 잃었을 때 발생하는 자연스러운 반응입니다. '슬픔은 갈 곳 없는 사랑과 다름없다.'라는 말이 있듯이 슬픔은 우리 곁을 맴돕니다.

아카데미상 수상작 중 하나인 〈굿 윌 헌팅〉은 깊은 사랑에서만 느낄 수 있는 상실의 아픔을 생생히 담아낸 영화입니다. 다소 성인용 언어와 콘텐츠가 포함되어 있음에도 불구하고 이 영화가 주는 메시지는 우리 주제와도 깊이 관련된다고 보기에 공유하고자 합니다.

로빈 윌리엄스가 연기한 심리학 교사 션은 맷 데이먼이 연기한 천재 소년 윌과 대화를 나눕니다. 윌은 사진처럼 선명한 기억력과 뛰어난 IQ로 어떤 문제든 정답을 척척 맞추는 천재이지만, 어린 시절 위탁 아동으로서 학대받은 깊은 상처를 가지고 있습니다. 션은

월이 지닌 치료에 대한 반감과 실제 경험을 통해서만 얻을 수 있는 '현실적 지식'에 대한 저항에 직면합니다. 이 인상 깊은 장면에서 션은 월에게 이렇게 말합니다.

"사랑에 대해 묻는다면, 넌 아마 시 한 수나 읊으면서 답하겠지. 하지만 넌 한 번도 한 여인을 제대로 바라보거나 그녀에게 완전히 마음이 흔들려 본 경험이 없을걸. 눈빛 하나에 매료되어 모든 것을 털어놓게 하는 여인을 마주한 적도 없을 거야. 마치 신께서 지옥 깊은 곳에 있는 너를 구해 주기 위해 지상으로 내려보내신 천사 같은 느낌을 주는 그런 여인 말이야.

게다가 너는 네가 그러한 여인의 천사가 되어 준다는 것이 무엇인지 모를 것이다. 그 여인을 향한 그러한 사랑으로, 영원히 함께한다는 것이 무엇인지 모르겠지. 어떤 역경이 있을지라도, 심지어 암에 걸릴지라도 함께한다는 것이 무엇인지 모를 것이다.

또 두 달 동안 병실에서 '환자 면회 시간'을 무시하고 그녀의 손을 잡고 앉은 채로 잠을 자는 것이 어떤 건지도 넌 알 수 없을 거다. 의사들도 '면회 시간'이란 말을 해 보았자 소용없다는 것을 알게 되었을 정도니까. 넌 진정한 상실감이 무엇인지 몰라. 그런 감정은 네가 네 자신보다 누군가를 더 사랑했을 때만 느끼는 거니까. 감히 말하지만, 아마 넌 누군가를 그렇게 깊이 사랑해 본 적이 없었을 거다."

이 장면에서 사랑의 놀라운 힘을 봅니다. 우리가 애도할 때 느끼는 그 심한 아픔과 상실감은 우리가 그들을 사랑했기 때문에 느껴지는 것입니다. 여러분은 감히 자신보다 누군가를 더 사랑했습니다. '사랑하고 그 사랑을 잃는 것이 전혀 사랑하지 않는 것보다 낫다.'라는 격언이 말하듯이 말입니다. 희생적으로 사랑을 주고받을 수 있는 능력이야말로 하느님께서 인간을 눈에 보이는 피조물 중 최고의 보배로 여기시는 이유입니다. 우리가 성체성사를 거행할 때마다 기념하는 것이 바로 이 점입니다.

반드시 유념하세요. 스스로 충분히 슬퍼하도록 허용하세요. 정상적이고 건강한 분노, 우울, 타협 등을 허용하세요. 이 모든 것이 치유의 원천이 될 수 있습니다. 무엇보다도 자신의 무력함을 받아들이고, 예수님께 의탁하고, 나아가 그분께 전적으로 모든 것을 의탁하기로 결심하는 세 가지 영적 원리를 실천할 때 더욱 그러합니다. 그리고 그렇게 함으로써, 예수님께서 여러분을 위로하실 수 있도록 그분을 받아들이세요. 예수님께서는 결코 여러분을 버리시거나 배신하시지 않습니다. 그분은 여러분의 주님이시고 여러분은 그분의 것입니다.

4장
그 밖의 다른 영적인 도움

이전 장에서 사랑하는 사람에 대한 애도의 치유 여정에 도움을 주는 세 가지 영적 원리에 대해 논의했습니다. 이 영적 원리는 지속되는 슬픔의 관리와 회복에 필수적인 실천법으로 우리를 인도합니다. 우리는 이 세 가지 원리의 배경을 통해 치유에 도움이 되는 은총과 자비의 공급원이 되는 자연, 침묵 기도, 하느님 자비의 성화에 대해 살펴보았습니다. 또한 미사, 성체성사, 묵주 기도, 하느님 자비를 구하는 기도, 그리고 하늘과 땅에 속한 다른 이들의 도움을 받아야 할 필요성에 대해서도 함께 다루었습니다. 이제 세 가지 영적 원리의 연장선상에서 실천할 수 있는 또 다른 은총과 치유의 원천에 대해 알아보겠습니다.

통고의 성모, 희망의 별

앞서 클레어를 잃은 새미 우드 가족의 이야기를 나누면서 새미가 하느님의 어머니이신 성모 마리아에게서 위안과 공감을 얻었다고 말하였습니다. 납득하기 어려운 죽음으로 딸을 잃은 새미는 복되신 성모님께 위로를 구했습니다.

결코 잊히지 않는 클레어를 잃은 그날 밤, 새미는 창문 너머로 비치는 커다란 보름달을 올려다보면서 나자렛의 복되신 동정녀의 상징을 발견할 수 있었습니다. 마치 달이 태양의 빛을 반사하듯, 마리아는 그 어떤 인간도 갖지 못한, 자신의 아드님이신 예수님의 형상과 그분을 닮은 모습을 나타내는 분이었습니다. 마리아는 예수님이 육화하신 순간부터 십자가에서 지상 생애의 마지막 숨을 거두는 순간까지 주님과 동행했습니다. 예수님의 고통과 아픔을 가슴에 품는, 어머니만이 할 수 있는 일을 한 것입니다.

가브리엘 천사가 마리아에게 나타나 그녀가 하느님의 어머니이자 구세주 탄생의 도구가 될 것임을 알렸을 때, 마리아는 당신의 신성한 "아드님의 사명에 유일무이한 방식으로 참여할 그녀의 '운명'"[137]을 알아보고 인류 구세사에 특별한 방식으로 동참하였습니다. 마리아는 당신 아드님에게 그분의 인성, 즉 인류를 속량하실 그분의 살을 주었습니다. 말할 수 없이 무참히 찢기고, 매 맞고, 채찍질 당하고, 침 뱉음과 조롱을 당하고, 무자비하게 십자가에 못 박혔던 그살이었습니다.

아드님이 겪는 구원에 이르는 고통에 특별한 방식으로 동참하게 된 마리아는 예수님을 성전에 바치실 때 그녀의 심장 또한 날카로운 칼에 찔리는 듯한 아픔을 겪게 될 것이라는 예언을 듣습니다(루카 2,35 참조). 이에 대해 요한 바오로 2세 성인 교황은 교황 교서《구원에 이르는 고통》에서 다음과 같이 말합니다.

"특별히 위로가 될 만한 일로서 (또한 복음서나 역사와 정확히 부합하는 일로서) 주목해야 하겠거니와, 그리스도의 곁에는 가장 탁월한 으뜸 자리에 언제나 그분의 어머니가 계셔서 모범적인 증거를 보여 주십니다. 그녀의 온 삶이 고통에 관한 이 특별한 복음을 증거해 주고 있습니다. …… 그녀가 가슴 에이는 아픔으로 참여할 수 밖에 없는 사건들이 일어났으니, 바로 해골산 위에서야말로 마리아의 고통은 예수님의 고통에 곁들여 인간적인 관점에서는 상상하기조차 어려운, 그러나 세상의 구속을 위해서는 신비롭고 초자연적으로 보람찬 그런 짙은 고통에까지 이르렀습니다."[138]

교회는 전통적으로 복되신 동정 마리아를 아드님의 수난과 관련하여 겪은 일곱 가지 고통을 가리키는 의미로 '통고의 성모'로 불러왔습니다. 형언할 수 없는 고난에 대한 슬픔과 비탄을 몸소 체험하신 이 고통의 어머니는 골고타에서 십자가에 못 박히신 아들과 함께 '영적으로 십자가에 못 박히신'[139] 분이십니다. 그렇기 때문에 그분은 당신의 '예리한 감수성'으로 여러분의 슬픔을 특히 잘 이해하실 수 있습니다. 새로운 아담인 아드님과 함께 새로운 생명나무(십자가)에서 계신 새로운 하와가 바로 성모님이십니다.

이러한 연유로 그리스도께서는 지상 생애의 마지막 순간에 마리아에게 그러한 특별 역할을 부여하셨던 것입니다. 이와 관련하여 요한 바오로 2세 성인 교황은 이렇게 말하였습니다.

"죽음에 임한 그리스도께서는 영원한 동정녀 마리아께 모든 인간에 대한 영적이고도 보편적인 새로운 종류의 모성을 부여하시어, 모든 개인 각자가 신앙의 순례 도상에서 그녀와 더불어 십자가에 이르기까지 그분께 긴밀히 결합되어 있도록 하셨으며, 어떤 형태의 고통이든지 이 십자가의 능력에 의하면 새 생명을 얻어 이제는 인간의 약함이 아니라 하느님의 능력이 되도록 하신 것입니다."[140]

갑작스럽고 혼란스러운 슬픔 가운데서, 그 누구도 여러분을 위로해 줄 수 없는 시기를 경험할 수도 있습니다. 십자가에 매달리신 예수님께서 우리에게 선사해 주신 영적 어머니인 성모님께 의지하십시오. 예수님께서는 마지막 순간에 마리아에게 "여인이시여, 이 사람이 어머니의 아들입니다!"(요한 19,26)라고 말씀하시며 최후의 만찬에서 예수님의 가슴에 머리를 얹고 예수님의 마음의 속삭임을 들었던 사랑하는 제자 요한을 언급하셨습니다(요한 13,23 참조). 요한 사도는 십자가 밑에 있는 하느님의 모든 자녀를 상징합니다. 그리스도께서는 요한에게, 그리고 하느님께서 사랑하시는 모든 자녀들에게 "이분이 네 어머니시다."라고 말씀하셨습니다(요한 19,27 참조).

극심한 트라우마를 겪으며, 영혼이 찢기는 듯한 고통을 견디는 여러분, 십자가에서 하신 그리스도의 말씀을 따르고 여러분의 어머니를 바라보세요. 통고의 어머니이신 성모님을, 마음 깊은 곳에서 여러분을 보듬어 안기를 원하시는 어머니를 바라보시기 바랍니다. 요한 사도가 그랬듯이, 희망의 별이신 성모님을 여러분의 가정으로 모셔 오세요. 이 성경 구절에 대한 깊고 풍부한 해석에 따르면, 이는 어머니를 여러분의 '내면 속 삶의 자리'[141]로 모시고, 위로할 길 없는 여러분의 슬픈 마음을 위로하시게 하라는 뜻을 담고 있습니다.

요한 바오로 2세 성인 교황은 이에 대해 아주 깊은 경지의 통찰을 남겼습니다.

"하느님이신 구속자께서는 구속된 모든 사람 중에서도 가장 탁월하게 으뜸가는 분이신 당신 성모님의 마음을 통하여 모든 고통 중에 있는 사람의 영혼에 사무쳐 들어가기를 원하십니다."[142]

인류 역사를 통틀어 그 누구보다, 오직 성모님만이 여러분이 느끼는 이 헤아릴 수 없는 고통을 온전히 이해하십니다. 여러분의 어머니로서 성모님은 골고타 언덕에서 아드님과 사랑하는 제자에게 하셨던 것처럼, 어둠 한가운데에서 당신에게 위로와 희망을 가져다 줄 것입니다. 성모님께서 여러분의 마음을 위로하시도록 허락하세요. 성모님께서도 여러분처럼 슬픔의 칼날이 그분의 성심을 꿰뚫는 아픔을 겪으셨습니다.

고통, 결합과 구속

자살 사별로 인한 깊은 슬픔에 잠겨 본 적이 있다면, 친구나 사랑하는 사람의 갑작스러운 죽음에서 받은 충격으로 오는 고통에 대해 잘 알 것입니다. 앞서도 설명했듯이 자살은 신체적, 정서적 그리고 영적으로 치명적인 영향을 미칩니다.

아무리 별것 아닌 고통일지라도, 우리는 대부분 고통받고 싶어 하지 않습니다. 인간은 신체적, 정서적, 영적인 고통의 영향을 없애고 완화하기 위해 고통으로부터 도망치려는 경향이 있습니다. 당연히 고통은 피하려 하고 쾌락은 추구하려고 합니다. 이는 우리를 스스로 보호하고 생명을 연장하기 위해 고안된 하느님이 주신 자연스러운 반응입니다. 그러나 괴로움과 고통, 그리고 죽음은 타락한 인간성에서 피할 수 없는 결과입니다.

요한 바오로 2세 성인 교황은 《구원에 이르는 고통》에서 고통에 대해 다음과 같이 설명합니다.

"고통은 그 자체로 보면 하나의 악의 경험입니다. 그러나 그리스도께서는 고통을 결정적인 선, 즉 영원한 구원이라는 선의 가장 확고한 기초로 삼으셨습니다. 십자가상의 당신 고통에 의하여 그리스도께서는 바로 악의, 죄와 죽음의 뿌리에까지 이르셨습니다. 악의 장본인 사탄을 정복하시고 창조주에 대한 사탄의 영속적인 반역을 타도하신 것입니다."[143]

요한 바오로 2세 성인 교황은 "그리스도께서는 무엇보다도 인간 고통의 세계에 다가오셨는데, 이것은 그분께서 고통을 바로 당신 자신에게 받아들이심으로써 이루어졌습니다."[144]라고 증언합니다. 이처럼 예수님께서는 인간 고통의 의미를 새롭게 변화시키십니다. 그러고는 우리가 인간으로서 겪을 수 있는 엄청난 상황을 경험하시면서 당신을 인간의 취약성과 밀접하게 연관시키십니다. 그리스도께서는 당신의 인성 안에서 "육신의 고통이든 영혼의 고통이든, 인간의 모든 고통에 대하여 민감하게 반응"[145]하십니다.

따라서 예수님께서도 십자가에서 "저의 하느님, 저의 하느님, 어찌하여 저를 버리셨습니까?"라고 부르짖으시면서 아버지로부터 버림받았다는 느낌과 사랑하는 사람들에게 거부당하고 분리되는 극도의 고통에 대해 민감하게 반응하셨습니다(마태 27,46 참조).

그분은 인간이 겪는 고통의 깊이를 포용하심으로써 우리의 고통과 고뇌 안에서 그분과 일치할 수 있는 길을 열어 주셨습니다. 요한 바오로 2세 성인 교황은 이에 대해 다음과 같이 가르칩니다.

"고통 속에는 인간을 내적으로 그리스도께 가까이 이끌어 가는

특별한 힘이, 특별한 은총이 감추어져 있습니다."[146]

고통은 우리가 신-인간이신 분과 함께 나누는 경험입니다. 이는 우리를 그분과 아버지에 대한 사랑으로 특별하게 결속시켜 줍니다. 따라서 고통은 특히 내면에서 우리를 회심하게 하고 변화시키는 힘이 있습니다. 이러한 회심의 효과는 "비단 개인이 고통의 구원적 의미를 발견하는 데만 있는 것이 아니라, 무엇보다도 그가 완전히 새로운 인간이 된다는 데에 있습니다. 그는 이를테면 자기 온 삶과 소명의 새로운 차원을 발견하게"[147] 됩니다.

2부 1장을 상기해 본다면 상실의 여파 속에서, 애도의 경험을 통해 예상치 못한 특별한 은총이 올 수 있음을 알 수 있습니다. 그 경험을 통해 우리는 "새로운 수용 능력, 지혜, 미처 몰랐던 내면의 힘, 새롭고 유의미한 관계, 더 넓어진 관점"[148] 등을 발견하게 됩니다.

오스트리아의 심리학자이자 홀로코스트 생존자인 빅토르 프랑클은 《죽음의 수용소 *Man's Search for Meaning*》에서 아우슈비츠에 수감되었을 때 경험하고 목격한 고통 가운데에서 삶의 의미를 찾았다고 회상합니다.

"자신이 바꿀 수 없는 운명에 직면하여 절망적인 상황에 놓인 무력한 희생자라도 자신을 뛰어넘어 성장할 수 있습니다. 그리고 그렇게 함으로써 자신을 변화시키고 개인적 차원의 비극을 승리로 바꿀 수 있습니다."[149]

우리의 고통과 슬픔을 예수님께서 몸소 겪으신 고통과 결합시킨 다면, 우리의 지혜와 힘, 나아가 더 유의미한 관계를 맺을 수 있는 잠재력은 얼마나 더 커지겠습니까? 이런 식으로 고통은 천국을 미리 맛보는 것과 같은 그리스도와의 친밀한 결합으로 우리를 이끌어 줄 수 있습니다. 이러한 이유로 어떤 사람들은 슬픔의 고통을 십자가의 요한 성인을 비롯한 여러 영성가들이 고전 영성 신학에서 묘사한 '어두운 밤'에 비유하기도 합니다.

여러분의 슬픔은 여러분이 스스로 만들어 낸 고통이 아닙니다. 그 슬픔은 우리가 첫 번째 영적 원리에서 다룬 바와 같이 여러분이 통제할 수 없는 어떤 사건에 의해 여러분에게 부과된 것입니다. 다시 말해, 사랑하는 사람을 상실한 후의 무력함과 그 결과가 우리에게 미치는 영향인 것입니다.

그러나 우리는 예수님께 의탁함으로써(두 번째 영적 원리), 인간이 창조된 목적이며 인간이 가질 수 있는 가장 중요한 하느님과의 관계에서 그분과 더욱 친밀하게 결합을 이룰 수 있는 통합성 애도의 단계를 향해 나아갈 수 있습니다. 베네딕토 16세 교황은 인간이 겪는 고통의 의미에 대해 "우리가 치유되는 것은 고통을 비켜 피하거나 고통에서 도망침으로써가 아니라, 고통을 받아들이고 고통을 통하여 성장하며 무한한 사랑으로 고통받으신 그리스도와 일치함으로써 고통의 의미를 찾는 능력을 통해서입니다."[150]라고 정의합니다.

현재 이 말씀을 받아들이기란 매우 힘들 수 있습니다. 그러나 우리는 그리스도께서 그분의 인성 안에서 혹독한 고통과 죽음을 견디어 내셨음을 압니다. 그리하심으로써, 자살로 사랑하는 이를 잃는 것과 같이 가장 무의미한 종류의 고통을 포함한, 인간의 모든 고통에 새로운 의미를 부여하셨음을 압니다. 우리가 우리의 십자가를 피할 때 어떤 일이 일어나는지 생각해 본다면 고통과 아픔을 끌어안아야 한다는 역설에 대해 좀 더 쉽게 이해할 수 있을 것입니다. 이에 대하여 베네딕토 16세 교황은 이렇게 설명합니다.

"우리에게 상처를 줄 수 있는 것에서 도망침으로써 고통을 피하려고 할 때, …… 우리는 공허한 삶으로 떠돌게 됩니다. 그런 삶에는 아픔이 거의 없을지 모르지만 무의미함과 고독으로 훨씬 더 큰 어둠을 느끼게 됩니다."[151]

새미 우드의 가족이 그들 삶에서 가장 큰 충격을 받고 난 후 경험한 압도적인 슬픔을 다시 한번 떠올려 보시기 바랍니다. 그들은 마치 물 위로 고개만 간신히 내밀 수 있을 것 같은 심정이었습니다. 수년 전 유산으로 인한 상실의 고통 속에서 하느님을 외면했을 때 찾아온 공허함과 어둠을 겪어 보았던 새미는 현재의 고통 속에서 그들 가족에게 '유일한 희망은 십자가를 구명 튜브처럼 꼭 붙잡는 것'이라는 사실을 깨달았습니다.

새미는 그리스도의 십자가에서 시련을 견딜 힘을 발견했습니다.

그 결과 더 큰 사랑을 품을 수 있는 능력을 갖게 되었죠. 그리고 인생의 목적, 즉 지상에서 하느님을 사랑하여 천국에서 영원토록 하느님과 사랑하는 사람들과의 결합을 이루는 것에 대한 심층적 이해를 얻었습니다. 마지막 장에서 논의하겠지만, 십자가의 위대한 역설은 불완전하고 무너진 세상이 우리에게 가하는 악에서 더 큰 선을 이끌어 낼 수 있다는 것입니다.

여기서 주목해야 할 중요한 사실은 우리가 그리스도와 고통을 함께한다는 것이 단지 고통을 함께 결합함에 있는 것이 아니라, 우리가 그분의 몸인 교회를 위해 예수님의 수난에 구속적으로 참여할 수 있다는 점입니다(콜로 1,4 참조). 우리가 우리의 고통을 그리스도의 수난과 결합하기로 선택한다면, 그 구속적 고통의 공덕은 그분의 은총과 자비가 필요한 이들에게 베풀어지는 것입니다. 이렇게 하여 고통 중에 있는 이들은 예수님의 구속적 사랑에 우리가 참여하여 얻은 공덕을 받음으로써 더 큰 존엄성을 부여받게 됩니다.

1부에서 알아본 바와 같이, 이러한 공덕은 여러분이 애도하는 대상의 구원과 성화를 위해서도 쓰일 수 있습니다. 다시 말해, 십자가의 위대한 역설은 하느님께서 어떻게 외관상으로 패배로 보이는 예수님의 고통스러운 죽음을 통하여 승리를 이끌어 내셨는지를 보여줍니다. 여러분의 고통을 그리스도의 고통과 결합시키고 그 고통으로 얻은 공덕을 과거의 어느 시점에 적용함으로써, 사랑하는 이를 잃은 여러분의 고통은 결과적으로 고인이 죽음을 맞이한 그 순간에 고인이 하느님의 자비를 받아들이도록 이끄는 은총을 가져다줄 수 있는 것입니다. 바꾸어 말하자면, **슬픔으로 인한 바로 그 고통이 여러분이 사랑하는 사람이 구원을 받아들이도록 도울 수 있는 수단이 될 수 있는 것입니다.** 이 얼마나 놀랍고 역설적인 일입니까! 이것이 바로 하느님 자비의 힘입니다. 이는 여러분의 고통을 그리스도의 고통에 결합시킴으로써 사랑하는 사람을 도울 수 있게 하는 하느님의 자비가 가진 능력입니다. 요한 바오로 2세 성인 교황이 한 말처럼 우리도 이제 이렇게 주장할 수 있습니다.

"비록 그리스도께서 그분의 십자가와 부활로 이루어진 죄와 죽음에 대한 승리가 인간의 삶에서 현세적인 고통을 없애 주는 것은 아니지만, …… 그것은 이 차원과 모든 고통에 새로운 빛을 던져 주고 있습니다. 곧, 구원의 빛을 비추어 주고 있습니다."[152]

자비의 시간

예수님의 고통은 예수님 생애의 마지막 순간에 극치에 달했습니다. 그리고 우리는 이를 기리기 위해 매번 시계 바늘이 오후 3시를 가리킬 때마다 그 순간을 떠올리며 예수님께서 십자가에서 돌아가신 시간을 기립니다. 바로 로마 병사의 창이 예수님의 옆구리를 찔

렀을 때 신성한 예수 성심의 깊은 곳에서 영원한 생명의 원천이 솟아난 시간을 기념하는 것입니다.

예수님께서 파우스티나 성녀에게 주신 계시에 따르면 특별히 오후 3시는 우리에게 은총과 자비가 주어지는 시간입니다. 예수님께서는 두 차례에 걸쳐 성녀에게 다음과 같이 청하셨습니다.

> 오후 3시에 특별히 죄인들을 위해서 나의 자비를 간청하여라. 그리고 아주 잠시 동안만이라도 나의 수난 가운데, 특히 죽음의 순간에 내가 버림받았던 그 고통에 잠겨 들어라. 바로 이 순간이 온 세상을 위한 자비의 시간이다. …… 나는 이 시간에, 내 수난의 공로를 통해서 나에게 청하는 사람들에게는 아무것도 거절하지 않을 것이다(일기, 1320).

> 3시를 알리는 시계 소리를 들을 때마다 나의 자비에 온전히 잠기어 나의 자비를 흠숭하며 경배하여라. 온 세상을 위해, 특히 불쌍한 죄인들을 위해서 그 전능하심에 호소하여라. 이 순간에 나의 자비는 모든 영혼을 위해서 활짝 열리기 때문이다. 이 시간에 너는 너 자신과 다른 이들을 위해 청하는 모든 것을 얻을 수 있다. 이 시간은 온 세상을 위한 은총의 시간이 되었다. 자비가 정의를 이긴 것이다(일기, 1572).

이와 같은 말씀으로, 예수님께서는 다시 한번 당신 사랑과 자비에 대한 깊은 신뢰와 확신을 심어 주려고 당신의 권능 안에서 있는 힘을 다하십니다. 예수님께서는 우리가 청하는 바가 하느님의 뜻에 합당하다면 자비의 시간에 당신께 드리는 간청은 결코 거절당하지 않는다고 확언하십니다. 우리는 예수님 수난의 덕으로 우리 자신과 다른 이들을 위해 구하는 모든 것을 얻을 수 있습니다. 우리는 이 위대한 은총의 약속을 예수님께서 친히 해 주신 확고한 희망의 약속으로 받아들여야 합니다. 그리고 극심한 고통과 상실의 감정 속에서도 고인과 우리 자신을 위해 주님의 자비를 구해야 합니다. 매일 3시에 그리스도의 수난과 죽음 안에서 모든 자비와 은총의 원천과 결합된 여러분의 구속적 고통은 여러분과 여러분이 사랑하는 분들을 위해 하느님 자비의 수문을 열 수 있습니다.

예수님께서는 파우스티나 성녀를 통해, 직무에 지장이 없다면 이 시간에 십자가의 길을 바치거나 경당에 들어가 성체 앞에서 기도하며 당신의 자비를 간구할 것을 요청하십니다. 이 두 가지 방법 중 어느 하나도 수행하기 어렵다면, 주님께서는 우리에게 어디에서든 잠시라도 기도에 잠길 것을 당부하십니다(일기, 1572 참조). 당신의 구속 사업에 우리가 쉽게 참여할 수 있도록 배려하시는 것입니다. 3시는 인류 역사의 흐름을 결정적으로 바꾼 시간입니다. 따라서 이때 시간을 내어 하느님의 자비에 영광을 돌린다면 우리 삶의 방향이 바뀌고 우리가 견디어 내는 고통에서 벗어나게 될 것입니다. 예수님께서 우리에게 하신 약속은 이 시간에 더욱 시의적절하게 다가옵니다.

"청하여라, 너희에게 주실 것이다. 찾아라, 너희가 얻을 것이다. 문을 두드려라, 너희에게 열릴 것이다."(마태 7,7)

성체 조배

이 책은 성체 조배를 자주 언급하는데, 그럴 만한 이유가 있습니다. 복되신 주님을 영하는 성체성사와 더불어 성체 조배는 하느님 자비의 창고에서 우리에게 베풀어지는 치유와 깨달음과 변화를 가져오는 강력한 수단 중 하나이기 때문입니다. 성체 앞에서 있었던 크리스 신부님의 강력한 체험을 떠올려 보기 바랍니다. 그를 회심으로 이끌고, 총고해를 통해 할머니의 구원 가능성을 깨닫게 하고, 마침내 사제 성소까지 발견하게 이끈 체험이었습니다.

성체 조배는 방사선 치료에 비유할 수 있습니다. 성체 조배에서는 겸손하게 '빵'의 모습으로 우리에게 다가오시는 창조주이자 구원자이신 주님의 현존 가운데, 보이지 않는 그리스도의 자비의 광선이 우리의 온 존재를 관통하여 발산되기 때문입니다. 예수님의 빛나는 사랑은 우리를 희망으로 채우시고 치유하십니다.

'가장 복되신 성체의 마리아 파우스티나 수녀'라는 정식 수도명을 받았던 파우스티나 성녀는 성체 안의 예수님과 함께 보낼 수 있는 친밀한 시간을 소중히 여겼습니다. 성녀는 종종 성체 앞에 앉아 완고해진 죄인들, 특히 "하느님의 자비에 대한 희망을 잃은 이들을 위해"(일기, 319) 기도했습니다. 이제 파우스티나 성녀가 성체 조배 중에 영감을 받아 적은 글들을 살펴보며, 주님께서 우리에게 자신을 내어주시는 이 귀중하고 강력한 친교의 수단인 성체 조배에 대해 심도 있게 알아봅시다.

주님이시고 창조주이신 거룩한 성체 안에 숨어 계신 주님을 경배합니다. 많은 지혜와 선하심과 자비를 드러내신, 당신의 손으로 이루신 모든 일에 대해 주님을 경배합니다. …… 제 마음은 경배의 기도 가운데 완전히 잠겨 들어갑니다. …… 주님의 선하심은 저에게 주님과 대화를 나누도록 이끄십니다. 주님의 자비는 창조주와 피조물 사이를 갈라놓는 깊은 골을 없애 줍니다. 오, 주님, 주님과 대화하는 것이 제 마음의 기쁨입니다. 주님 안에서 저는 제 마음이 갈망할 수 있는 모든 것을 발견합니다. 이곳에서는 주님의 빛이 저의 생각을 비추어 주시어, 제가 주님을 더욱 깊이 알 수 있도록 해 주십니다. 이곳에서는 은총의 물결이 저의 마음으로 흘러내립니다. 이곳에서 제 영혼은 영원한 생명을 얻습니다. …… 이곳에서는 우리의 마음은 말을 하려고 애쓰지 않아도 서로를 이해합니다. 이곳에서는 어느 누구도 우리의 대화를 방해할 수 없습니다(일기, 1692).

파우스티나 성녀와 같이 여러분도 예수님 앞에 나와 앉아 그분이 여러분의 아픈 마음에 가까이 다가오실 수 있도록 마음을 내어 드리세요. 많은 말이 필요 없습니다. 여러분의 온 마음을 주님께 다 내어 드리세요. 옳고 그른 말이란 없습니다. 주님은 단지 여러분이 슬픔을 치유하는 동안 어디에 있든 상관없이 가까이 다가가 사랑하고 위로하며 힘을 보태길 원하실 뿐입니다.

생각, 감정, 고통을 일기에 담기

많은 전문가는 애도 과정을 잘 이겨 내는 방법으로 슬픔에 잠긴 사람들에게 자신의 생각과 감정을 글로 담아 볼 것을 권장합니다. 여러분이 사랑했던 고인에게 했던 행동이나 혹은 하지 않았던 행동에 대한 죄책감, 수치심, 후회를 경험하는 것은 매우 흔한 일입니다. 많은 경우 이러한 내면의 질문은 애도의 타협 단계에서 발생하며, 이는 충분히 일어날 수 있는 일입니다.

여러분의 고통이 자살에 기인한 경우, 고인이나 여러분에게 피해를 주었을 수도 있는 과거의 발언이나 행동에 의해 그 고통이 더욱 악화될 수 있습니다. 또한 고인이 어떤 방식으로 사망하게 되었는지 여부와 관계없이, 여러분이 고인과의 일을 마무리할 기회를 갖지 못했거나, 작별 인사를 나눌 수 없었거나, 고인에 대한 사랑을 표현할 기회를 갖지 못했을 경우에도 그렇습니다. 이러한 결말의 부재가 가장 심한 고통을 느끼게 하는 부분일 수도 있습니다. 여러 질문이 끊임없이 반복되고 계속해서 답을 얻고자 할 수 있습니다. 이러한 질문이 머릿속을 맴돌면서 우리는 이러한 질문들에 대해 현실 상황과 균형을 이루지 못할 정도로 큰 의미를 부여하는 경향을 보입니다.

이러한 생각 중 일부를 개인적으로 기록하거나, 다른 사람과, 특히 치유의 지성소에서 고해성사를 통해 나누게 될 때, 우리는 슬픔을 겪는 중에 감당하기 어려운 비이성적인 생각들을 분산시키고 변화시킬 수 있습니다. 이러한 비이성적 생각은 극단적일 수 있으며, 충분히 예상할 수 있는 일입니다. 그러나 극단적이고 비이성적인 생각에 휩쓸려 우리 삶까지 그러한 생각에 지배되게 내버려 둘 수는 없습니다. 이 책에서 제시하는 세 가지 영적 원리에 따라 글을 쓰고 나아가 자신의 생각과 감정을 누군가와 나눈다면, 우리는 고통을 식별하고 그리스도의 신성한 자비를 초대하여 평화를 얻는 치유의 수단을 얻을 것입니다.

우리는 고인과 관련된 다른 사람들을 원망하기도 합니다. 때때로 고인의 죽음에 대해 친구나 가족을 비난할 수도 있습니다. 의사나 간호사를 비난하기도 합니다. 질병의 징후를 놓쳤다거나, 자살 우울증과 같은 부작용이 있는 특정 약물을 처방한 것이나 또 다른 이유를 들어 그들을 비난할 수 있습니다. 잔소리를 늘어놓던 상사나 지지해 주지 않던 직장 동료, 또는 다른 '적'을 탓할 수도 있습니다.

이러한 감정을 종이에 글로 써 내려가면 왜 그러한 감정을 갖게 되었는지 원인을 더 잘 파악할 수 있습니다. 대부분 이러한 감정은 비극적인 상황에 대한 정상적인 반응으로 나타납니다. 하지만 이를 해소하기 위해 글을 쓰는 단순한 행위만으로도 치유를 향한 새로운 통찰력을 얻을 수 있습니다.

다시 말하지만, 비참한 상실을 겪으면 하느님에 대한 원망과 분노의 감정이 생길 수 있습니다. 이러한 감정에 놀라지 마세요. 하느님께서는 우리가 당신께 화를 낸다고 해서 마음 상하시지 않는다는 사실을 기억하기 바랍니다. 주님께서는 우리의 원망과 분노를 충분히 감당하실 수 있습니다! 사실 하느님께서는 우리가 분노하는 바에 대한 모든 것을 듣고 싶어 하십니다. 하느님을 향한 우리의 분노를 글로 써 보는 것도 도움이 될 수 있습니다. 하느님께 보내는 편지 형식으로 써 보는 것도 좋은 방법입니다.

치유와 위로로 이끌 수 있는 또 다른 실천으로는 고인에 대해 감사하는 모든 것을 적어 보는 방법이 있습니다. 감사는 엄청난 치유의 힘이 있습니다. 우리 모두 세상을 떠난 소중한 이에 대해 감사하는 무수히 많은 추억을 가지고 있을 것입니다. 우리는 그들을 우리 삶에 보내 주신 하느님께 감사하고, 그들과 다시 재회할 수 있다는 희망이 있음에 감사합니다. 애도의 감정을 치유하는 세 번째 영적 원리를 계속해서 실천하면서 사랑이신 하느님 자비의 보살핌과 보호에 다시 한번 그들을 맡겨 드립시다.

고해성사

1부에서도 다루었지만, 고해성사는 엄청난 자비와 치유의 원천입니다. 그러므로 고해성사가 주는 은총의 선물을 잘 활용해야 합니다. 성사란 그야말로 하느님께서 친히 주시는 은총에 대한 보증이며, 주님 자신에 대한 보증이나 다름없습니다. 또한 참회와 화해의 성사는 용서와 용서를 통해 얻게 되는 자유에 대한 하느님의 보증인 것이죠. 이렇게 고해성사는 병자성사와 함께 '치유의 두 가지 성사' 중 하나입니다.

어쩌면 고해성사를 통해 자신의 마음속 생각을 타인에게 털어놓는다는 것에 다소 두려움을 느낄 수도 있습니다. 충분히 그럴 만한 일입니다. 무방비한 상태에 놓이는 기분이 드는 것도 정상적인 반응입니다. 여러분은 이미 고통과 슬픔을 헤쳐 나가기 위해 굉장한 용기를 보여 주었습니다. 두려움이 밀려온다면 예수님께 향하여 두려움을 거두어 달라고 간구해 보십시오. 예수님께 의탁하며 그분께서해 주신 말씀을 마음에 새기며 고해소에 들어가시면 됩니다.

"고생하며 무거운 짐을 진 너희는 모두 나에게 오너라. 내가 너희에게 안식을 주겠다. 나는 마음이 온유하고 겸손하니 내 멍에를 메고 나에게 배워라. 그러면 너희가 안식을 얻을 것이다. 정녕 내 멍에는 편하고 내 짐은 가볍다."(마태 11,28-30)

특별히 애도 과정 중에는 자주 화해의 성사를 하는 것이 큰 도움이 됩니다. 크리스 신부님의 개인적 체험에서 살펴본 바와 같이 여러분도 삶 전체에 대하여 세세하게 성찰하는 총고해를 할 수 있습니다. 특히 일상에서 통합성 애도의 단계로 나아가는 경우라면, 이 방법은 여러분에게 종종 큰 위로를 가져다줄 것입니다. 총고해를 보기로 결정했다면, 개인적으로 고해 사제와 약속을 잡으시기를 권합니다. 심층적인 고해성사에는 다소 얼마간의 시간이 소요되기 때문에 고해 사제를 위해서도, 또 여러분이 총고해를 하는 동안 고해소 앞에서 오랜 시간 줄을 서며 기다릴 신자들을 위해서도 말입니다.

고해성사를 준비할 때에는 성사가 주는 세 가지 신성한 은사를 통해 위로를 받을 수 있습니다. 첫 번째 혜택은 예수님께서 파우스티나 성녀에게 나타나시어 하신 말씀에서 드러납니다.

고해소에 갈 때면, 내가 그곳에서 너를 기다린다는 것을 알아라. 나는 비록 사제의 모습에 가려져 있지만, 네 영혼 안에 임하여 활동하는 것은 나다(일기, 1602).

우리는 고해소에서 하느님께 죄를 고백합니다. 그리하면 파우스티나 성녀가 예수님께 받은 계시처럼, 예수님께서는 예수님께 임명받고 기름부음받은 종인 사제의 모습 안에서 우리를 기다리십니다. 죄를 용서하는 은총은 하느님에게서 오지만, 예수님께서는 당신이 택하신 도구인 사제에게 이 권한을 위임하십니다. 예수님께서는 돌아가시기 전날 사도들에게 "내가 진실로 진실로 너희에게 말한다. 나를 믿는 사람은 내가 하는 일을 할 뿐만 아니라, 그보다 더 큰 일도 하게 될 것이다. 내가 아버지께 가기 때문이다."(요한 14,12)라고 말씀하셨습니다.

그리스도를 대신하여 하느님의 이름으로 죄를 용서하는 것보다 인간이 할 수 있는 더 큰 일이 무엇이 있겠습니까? 예수님께서는 죽음과 부활 이후 다락방에 있는 사도들에게 나타나셔서 다음과 같이 말씀하셨습니다.

"'평화가 너희와 함께! 아버지께서 나를 보내신 것처럼 나도 너희를 보낸다.' 이렇게 이르시고 나서 그들에게 숨을 불어넣으며 말씀하셨다. '성령을 받아라. 너희가 누구의 죄든지 용서해 주면 그가 용서를 받을 것이고, 그대로 두면 그대로 남아 있을 것이다.'"(요한 20,21-23)

1부에서 살펴보았듯이, 죄의 용서에 대한 보장은 예수님께서 사제직을 세우신 주된 이유 중 하나입니다. 교회의 가르침에 의하면, 사제는 "그리스도의 인격 안에서" 우리를 위해 존재합니다. 사제가 성부와 성자와 성령의 이름으로 우리의 죄를 용서해 주면 우리는 그리스도께서 우리에게 약속하신 용서의 약속을 듣고 알 수 있습니다. 바로 그러한 점에서 하느님께서 주신 이 엄청난 선물은 우리에게 위로를 안겨 줍니다. 유효하게 집전된 고해성사를 마치면 그때까지 우리가 고백한 (또는 잊고 있던) 모든 죄는 단번에 영원히 사라집니다.

고해성사의 두 번째 혜택은 고해성사가 '봉인된' 성사라는 점입니다. 즉 그리스도의 대리인인 사제는 그리스도의 인격으로 교회법에 따라 내용에 관계없이 모든 내용에 대해 비밀을 맹세할 의무가 있다는 뜻입니다. 따라서 고해성사에는 완전한 익명성이라는 또 다른 보장이 부여됩니다.

고해성사가 제공하는 마지막 혜택은 봉인과 완전한 죄 사함 외에도 하느님과 이웃, 그리고 창조 질서와 함께 더욱 친밀한 관계 속에서 친교를 나누며 살아갈 수 있는 은총을 많이 받게 된다는 것입니다. 하느님께서 약속하신 '성화의 은총'은 화해의 성사를 통해서도 우리에게 주어집니다. 우리의 죄가 자신과 다른 사람에게 끼친 피해를 회복할 수 있도록 권장된 보속 행위를 수행할 때, 우리는 하느님과 친교를 이루며 살 수 있는 새로운 **힘**을 얻게 됩니다.

고해성사에 임할 때는 완전히 마음을 열고 솔직해야 합니다. 그렇게 함으로써 애도 과정에서 훨씬 더 깊은 치유를 경험할 수 있습니다. 주님께서는 종종 고해성사 중에 우리 삶에 대한 추가적인 통찰을 알려 주실 것입니다. 또한 고해 사제도 큰 도움을 줄 것입니다. 예수님께서 고해 사제를 통해 일하신다는 것을 기억하세요. 이것이 하느님께서 일하시는 방식입니다. 하느님께서는 인류를 그분의 구원 사업에 참여하도록 초대하십니다.

고해성사에서 자신을 솔직하게 내려놓은 결과로, 우리는 종종 영혼 안에서 하느님의 자비를 깊이 체험할 수 있습니다. 고해성사를 통해 그리스도께서는 우리를 용서하시고 다시 그분께 향하도록 부르시기 때문입니다. 이것이 고해성사가 '화해의 성사'라는 또 다른 명칭을 갖게 된 이유입니다. 《가톨릭 교회 교리서》는 고해성사가 종종 '양심의 평화' 또는 '힘있는 영적 위로'(1468항)를 가져온다고 가르칩니다.

또한 우리는 고해성사를 통해 자살 사별 후 우리를 괴롭히는 끊임없는 의문에서 벗어날 수 있습니다. 고해성사를 마치고 하느님께 참된 평화의 선물을 받으면 마음이 '가벼워'진 것을 느낄 수 있습니다. 고해성사를 통해 받은 용서는 우리 마음을 열게 하는 효과가 있으며, 이는 우리에게 상처를 준 타인을 용서할 수 있는 은총으로 이끌어 줍니다.

용서

화해의 성사를 통해 하느님의 용서를 받고 그분과의 친교를 굳게 다졌다면, 이제는 다른 사람을 용서하는 것 또한 중요합니다. 때때로 용서는 매우 어렵게 느껴져 이렇게 생각할 수도 있습니다.

"뭐라고요? 그들을 용서하라고요? 용서를 구해야 하는 건 그들이잖아요. 지금 나한테 불가능한 것을 요구하는군요!"

여러분 자신이나 여러분이 사랑하는 사람이 누군가에 의해 심각한 피해를 입었을 경우 용서란 매우 어려울 수 있습니다. 어쩌면 여러분은 슬픔에 빠져서 다른 사람들에게 완전히 오해를 받고 있을지 모릅니다. 안타깝게도 이런 일은 너무 흔히 일어납니다. 아무리 여러분이 가족, 친구, 소속된 공동체로부터 든든한 지지를 받는다고 할지라도 그들 모두가 여러분의 상실이 여러분에게 얼마만큼 큰 충격을 주었는지 제대로 파악하지는 못할 것입니다. 그렇다고 그것이 그들 잘못은 아닙니다. 여러분을 잘 이해하지 못하는 것뿐입니다. 아마도 그들은 가까운 사람, 즉 영혼 깊숙한 곳까지 충격을 미칠 만큼 가까운 사람을 상실해 본 경험이 없을 것입니다. 그러한 사람들에 대해 인내심을 가져야 합니다. 우리가 오해받거나 피해 입은 경우라면, 우리에게 상처를 준 사람들을 용서할 수 있는 능력을 구하는 기도를 하는 것이 좋습니다.

또한 우리는 스스로 목숨을 끊어 우리에게 큰 고통을 안겨 준 고인에게도 원망과 분노를 느낄 수 있습니다. 이는 흔히 있는 현상으로, 우리가 그러한 분노를 갖는 것에 대한 죄책감과 수치심까지 느끼게 할 수 있습니다. 사랑하는 사람의 자살 행위를 용서하기가 여전히 어렵다면, 그들이 그런 결정을 내릴 때 상당히 고통스러운 상태에 있었을 가능성이 높다는 점을 염두에 두고 기꺼이 그들을 용서할 수 있는 은총을 구하는 기도를 드리는 것이 좋습니다. 십자가 위에서 예수님께서 하신 기도를 되새겨 봅시다.

"아버지, 저들을 용서해 주십시오. 저들은 자기들이 무슨 일을 하는지 모릅니다."(루카 23,34)

처음에는 용서가 쉽지 않을 수 있지만 꾸준히 계속하다 보면 용서의 은총을 얻을 것입니다. 우리가 기도하는 목적에는 우리 자신이 더 이상 괴롭지 않기를 바라는 마음도 있습니다.

자살 사별의 경우, 종종 '용서하기 힘든' 사람들 혹은 그러한 상황과 직면해야 하는 경우가 있지만, 그럼에도 불구하고 용서가 아주 힘겨운 문제는 아닙니다. 화해의 성사는 이러한 경우에도 우리에게 큰 은총의 도움이 될 수 있습니다. 요한 바오로 2세 성인 교황의 통찰을 다시 한번 생각해 봅시다. 교황은 고해성사에서 우리가 받는 자비에 관해 다음과 같이 가르쳤습니다.

"[고해성사를 통한] 하느님과 하는 이 화해는 죄가 만들어 냈던 균열을 다시 메우는 여러 수준의 다른 화해에까지 발전하게 됩니다.

용서받은 참회자는 자기 존재의 가장 깊은 곳에서 자신과 화해하며, 거기서 참된 자아를 회복합니다. 그다음에, 그는 자기가 어떤 모양으로든지 상처를 주고 손해를 끼친 형제들과도 화해하게 됩니다. 그는 교회와도 화해하게 됩니다. 그리고 마지막으로는 온 창조계와도 화해하게 되는 것입니다."(《가톨릭 교회 교리서》, 1469항)[153]

우리는 고해성사를 통해 하느님의 자비를 통한 용서의 힘을 경험하고, 그분의 은총 안에서 **다시 태어납니다.** 하느님과의 화해는 우리 내면에 변화를 일으켜 우리를 진정한 자아, 즉 사랑하도록 창조된 존재로 변화시켜 줍니다. 또한 우리의 형제들을 비롯한 모든 피조물과의 화해에도 영향을 줍니다. 우리에게 가장 심한 상처를 준 사람들, 즉 '용서할 수 없는' 사람들을 용서할 힘을 주는 것은 바로 우리 안에 계신 하느님의 은총이 넘치는 행동입니다. 고해성사를 통해 내면의 온전함을 회복했다면, 우리에게 상처를 준 사람들에게도 같은 해방감을 주고 싶지 않을까요? 우리에게 상처를 준 사람들에게도 우리가 받은 것과 같은 용서와 자비를 베풀도록 부름을 받지 않았던가요?

바오로 사도는 콜로새 신자들에게 "주님께서 여러분을 용서하신 것처럼 여러분도 서로 용서하십시오"(콜로 3,13)라고 가르칩니다. 우리가 매 미사 때마다 예수님께서 가르쳐 주신 기도문, 곧 "저희에게 잘못한 이를 저희가 용서하오니 저희 죄를 용서하시고"라는 구절이 포함된 기도를 올린다는 것을 기억하세요.

여전히 용서가 내키지 않는다면, 바오로 사도의 가르침과 주님의 기도를 통해 그러한 우리의 발걸음을 멈추어야 할 것입니다. 본질적으로 우리는 타인을 기꺼이 용서하고자 하는 한도 내에서만 아버지의 용서를 받을 수 있습니다. 그러므로 다른 사람을 용서하기를 거부한다는 것은 우리 자신에 대한 하느님의 자비를 거부하는 것과 마찬가지입니다(마태 6,14-15 참조). 용서받기 위해서는 우리도 용서해야 합니다. 자비를 받으려면 자비를 베풀어야 하는 것입니다.

교회의 지혜로운 가르침은, 고해성사를 통해 우리가 받은 은총으로 인해 때때로 다른 사람을 용서해야만 하는 어려운 선택에 대하여 다음과 같이 설명합니다.

"우리에게 잘못한 이들을 우리가 용서하지 않는 한, 하느님의 넘치는 자비가 우리 마음속으로 스며들 수 없다는 것은 끔찍한 일이다. …… 우리의 형제자매를 용서하기를 거부한다면, 우리 마음은 다시 닫히고 굳어져서, 아버지의 자비로운 사랑이 스며들 수 없게 된다. 우리의 죄를 고백함으로써, 우리의 마음은 아버지의 은총을 받아들일 수 있도록 열리게 된다."(《가톨릭 교회 교리서》, 2840항)

이 구절은 우리가 힘든 상황에서 용서할 수 있는 은총을 얻는 방법을 분명히 알려 줍니다. 고해성사는 하느님의 자비로운 용서를 통해 우리의 마음을 열고 우리에게 상처를 준 다른 이들을 용서할 수 있는 은총을 줍니다. 여전히 용서하는 것이 망설여진다면, 용서하는 데 필요한 은총을 얻기 위해 계속해서 기도해야 합니다. 우리가 용서할 수 있는 것은 오직 하느님의 능력으로만 가능한 일이기 때문입니다.

하지만 다른 사람을 용서한다는 것은 정확히 무엇을 의미하는 걸까요? 용서한다는 것은 다른 사람이 우리에게 한 잘못을 잊어버린다는 의미가 아닙니다. 용서한다고 해서 다른 사람의 잘못으로 인해 일어난 결과를 간과하고 그 사람에 대한 우리의 모든 주장을 무효화해야 한다는 의미는 아닙니다. 예를 들어 누군가 내 돈을 훔쳐 갔다면 그 사람의 잘못된 행동과 그가 입힌 피해에 대해서는 용서할 수 있을 것입니다. 그러나 완전한 화해를 위해서는 훔친 돈에 대한 보상이 필요할 수 있습니다. 다시 말해, 훔친 사람에게 책임을 묻고 훔친 돈을 '보상'받기를 기대하는 것이 반드시 잘못된 일은 아닙니다. 사실 그들 자신이 저지른 그릇된 행위에 대한 보상을 하는 것이 영적으로 그들에게 유익할 수도 있습니다.

용서한다고 해서 가해자와 '기분 좋은' 화목한 관계를 유지해야 한다는 의미는 아닙니다. 용서함은 상대방을 평화롭게 보내 주고 그 어떤 불행도 바라지 않는 것을 의미합니다. 그렇다고 해서 우리가 그들의 '가장 친한 친구'가 되어야 한다는 의미는 아닙니다.

용서한다는 것은 우리에게 해를 끼친 사람을 더 이상 원망하지 않는다는 것을 의미합니다. '원망'을 뜻하는 영어 단어 '리젠트먼트 resentment'는 프랑스어 '흐상티어ressentir'에서 유래했는데, 이 단어의 어원은 '느끼다'라는 뜻의 라틴어 '센티레sentire'에서 찾을 수 있습니다. 접두사 're'가 붙은 이 단어는 무언가를 반복해서 다시 느낀다는 뜻입니다. 우리는 분노할 때 마음속에서 가해자에 대한 부당한 행동을 반복해서 되풀이합니다. 이는 영혼에 독이 되는 것으로, 잘못을 저지른 사람보다 원한을 품은 사람에게 훨씬 더 큰 해를 끼칩니다. 이러한 관점에서 볼 때 '정당한 분노'는 결코 정당화될 수 없습니다.

용서하는 데 어려움을 겪는다면, 파우스티나 성녀의 글에서 영감을 얻을 수 있을 것입니다.

> 용서할 줄 안다는 것은 하느님으로부터 많은 은총을 받기 위한 준비를 하는 것과 같다. 나는 십자가를 바라볼 때마다 온 마음을 다해서 용서할 것이다(일기, 390).

사랑이신 하느님 아버지의 신실한 자녀가 되고자 예수님을 본받으려 할 때, 우리는 세상을 향한 자비의 표상이 될 것입니다. 프란치스코 교황은 교황 칙서 《자비의 얼굴》에서 우리 스스로 자비로운 사람이 될 때 하느님의 자비에 대한 증인이 될 수 있다고 가르칩니다.

파우스티나 성녀도 일기에서 "우리는 이웃을 용서할 때 주님을 가장 많이 닮는다."(일기, 1148)라는 비슷한 통찰을 기록으로 남겼습니다.

다시 새미의 사례로 돌아가 봅시다. 그녀는 가장 깊숙이 자리한 상처를 용서한다는 것이 어려운 일임을 누구보다도 잘 압니다. 용서는 비통함과 분노의 고름이 가득한 상처를 따끔거리게 소독하는 살균용 알코올과 같은 성령의 현존 앞에 상처를 열어 드리는 것입니다. 위대한 용서란 상대에 대한 앙심을 품기보다는 오히려 그를 위해 기꺼이 우리의 고통을 바치려는 의지를 포함합니다(고통을 준 가해자들을 위해 자신의 고통을 바치신 예수님이 그 좋은 예입니다). 용서는 반복적으로, 때로는 매일 새롭게 해야 하는 결정입니다. 특정 시점에 선택한 결정이지만 우리의 의지를 굽혀 하느님의 뜻에 부합할 수 있도록 일생에 걸쳐 이루어져야 합니다.

새미는 슬픔과 상실감 속에서 비통해하며 스스로 자책하지 않기를 기도했습니다. 우리의 도전 과제는 우리 자신의 영혼과 가족, 공동체를 위해 슬픔이 짙은 어둠 속에서도 용서와 사랑을 선택하는 것입니다. 하느님 사랑의 자비를 온전히 받기 위해서는 우리도 다른 사람에게 자비를 베풀어야만 합니다. 이는 즉각적으로 행해지지 않을 수 있습니다. 우리는 "일곱 번이 아니라 일흔일곱 번까지라도" 용서하라고 하신 예수님 말씀처럼 용서를 반복해야 할 수도 있습니다(마태 18,22 참조). 하지만 주님께서는 당신의 자비로운 마음으로, 용서할 수 있는 은총을 구하는 여러분에게 그 은총을 주실 것이며, 여러분 마음에 주님의 평화라는 값진 선물도 함께 주시리라는 것을 확신하기 바랍니다.

자살 가족력의 치유

여러분의 기도로 은총을 얻을 수 있는 그리스도의 지체가 있습니다. 바로 여러분 선대의 가족입니다. 우리는 죽은 선대의 가족들이 죄에서 벗어나 정화되기를 항상 간구해야 합니다. 그들이 지은 죄로 초래된 결과가 여러 세대에 영향을 주어 오늘날의 우리에게도 잠재적 영향을 미칠 수 있음을 시사하는 상당한 연구 결과가 있습니다. 이는 하느님께서 죽은 조상의 죄과에 대해 다음 세대에게 책임을 물으신다는 의미가 아닙니다. 우리의 악한 (또는 선한) 행위의 결과가 한 세대에서 다음 세대로 영향을 미치는 일을 허용하신다는 의미입니다. 따라서 우리는 죽은 선대의 가족들이 연옥에서의 시간을 마치고 천국에 들어가기를 바라는 동시에 그들의 죄의 결과로 초래된 부정적인 영향에서 자유로워지기를 바라야 할 것입니다.

가톨릭 신앙의 핵심 교리 중 하나로는 예수님께서 우리 인간 본성을 취하심으로써 모든 인간 본성을 신성과 결합시키고 그분의 신성한 생명을 함께 나눌 수 있는 가능성을 열어 주셨다는 교리가 있습니다. 이처럼 우리는 모두 세례의 은총으로 하느님의 가족과 결합된 그리스도의 신비체를 이루는 지체입니다. 초자연적으로 우리는 모두 성인과의 통공을 이루는 일원입니다. 그리스도와의 유대를 통해 신성한 생명과 은총을 서로에게 전할 수 있는 유기체, 즉 하나의 몸인 것입니다. 그러므로 우리가 고인을 위해 바치는 기도와 보속은 그들이 죄에서 벗어나 정화되게 하는 힘을 가지고 있으며, 그들의 전구는 우리 삶에 은총을 가져다줄 수 있습니다.

또한 우리는 생물학적으로도 가족 구성원과 연결되어 있습니다. 고혈압, 당뇨병 또는 유전적 결함과 같은 특정 질병에 대한 소인이 가족 내에서 전해지는 것처럼 영적인 '질병'과 '결함'으로 인한 결과가 가족 내에서 부정적 영향을 줄 수도 있습니다. 친족 구성원의 죄나 성덕이 다른 가족 구성원에게 영향을 미칠 수도 있다는 의미입니다.

그렇다면 이 점들이 자살과 어떤 관련이 있는 걸까요? 선대의 삶에서 출현한 자살의 기운이 당뇨병과 같은 유전적 소인과 유사하게 나타난 것이든, 색욕 또는 가족 내에서 전해지는 또 다른 형태의 영적 상처로 발생한 것이든, 그것은 다음 세대에게 자기 파괴적인 행동을 유발할 수 있는 잠재력을 갖고 있습니다. 여러 정신 건강 연구에서는 "자살 가족력이 있는 생존자들이 더 큰 자살 위험에 놓여 있다는 것은 잘 알려진 사실"[154]이라고 이야기합니다. 동일한 출처에

따르면 자살 성향에는 세대 간 연관성이 있습니다.[155]

이러한 사실에 비추어 보았을 때, 선대 가족의 과거 문제 중에는 아직까지 치유되지 않은 것들이 있을 수 있습니다. 여러분의 가족 중에는 기도가 필요한 사람이나, 특정 죄나 성향을 가져 오늘날까지 가족에게 영향을 끼친 사람이 있을 수도 있습니다. 어떤 경우이든지 간에 가족 내에서 자살이 발생하면 우리는 모든 가족 구성원, 즉 살아 있는 가족과 고인이 된 가족 모두 그때 받은 상처를 치유하는 데 필요한 은총을 받아 자살에 대한 세대 간 '연쇄 반응'을 끊어야 합니다.

이러한 상황에서 미사는 중요한 역할을 합니다. 자살한 지 얼마 되지 않은 가족뿐 아니라 부모님, 조부모님, 어쩌면 더 거슬러 올라가는 선대를 위해 연미사를 드리는 것은 여러분과 여러분 가족의 상처 치유에 도움이 될 수 있습니다. 전례와의 연결선상에 있는 성체 조배, 하느님 자비를 구하는 기도, 그리고 묵주 기도와 같은 영적인 도움을 주는 기도는 조상을 위해 전구할 수 있는 훌륭한 방법입니다. 또한 '마리아의 협력자 협회'와 같은 영적 후원 단체의 평생회원이 되는 것도 마찬가지로 훌륭한 방법이라 할 수 있습니다.

영신적 질병의 세대 간 영향을 치유하는 또 다른 효과적인 방법으로는 예수님께 가족을 봉헌하는 것입니다. 여기에는 예수님 신비체의 구성원들에게 전구를 부탁하는 특별한 행위가 포함될 수 있습니다. 세대 간 부정적 영향을 끊는 데에 효과가 큰 두 개의 봉헌(의탁) 방식을 소개하자면 먼저 성모님께 바치는 봉헌을 다룬 마이클 게이틀리 신부의 《33일간의 모닝 글로리 *33 Days to Morning Glory*》, 그리고 요셉 성인께 바치는 봉헌을 다룬 도널드 캘러웨이 신부의 《성 요셉께 바치는 봉헌 *Consecration to St. Joseph*》을 추천합니다. 또한 3장 '세 번째 원리'에서 소개하는 의탁 기도를 통해 여러분의 가족 전체를 하느님 사랑의 보살핌과 보호에 봉헌하고 맡길 수 있습니다. 가족, 특히 비극적으로 사망한 가족 구성원을 위해 기도하는 것은 중요합니다. 그것이 진정으로 고인을 위하여 자비를 베푸는 일이기 때문입니다.

'좋은 날'과 '좋았던 나날'

애도의 과정에서 슬픔의 수용과 통합이 어려운 이유 중 하나는 기분 좋은 날을 보내거나 또는 그렇게 좋은 기분으로 여러 날을 보낸 것에 대해 죄책감을 느낄 수 있다는 사실입니다. 아마도 여러분은 예전의 자신으로 돌아온 것처럼 느끼기 시작했거나, 외관상의 안정감, 평온함, 웃음, 평화를 느끼는 날이 그렇지 않은 날보다 더 많음을 경험하고 있을 것입니다. 그럼에도 불구하고 "어떻게 내가 미소를 지을 수 있을까? 어떻게 웃을 수 있을까? 사랑하는 이를 잃고도 어떻게 괜찮아질 수 있지?"라는 생각이 들 수도 있습니다.

이러한 '좋은 날'은 치유가 시작되었다는 신호입니다. 매일의 일상 속 통제 관리 능력이 점점 당연한 일이 되어 갑니다. 이는 슬픔이 더욱 '통합'되어 가고 있음을 나타냅니다.

새미는 가족들이 클레어 없이 '좋은 날'을 보낸 것에 대해 비슷한 죄책감을 느꼈다고 말했습니다. 그러나 또한 자신에게 위안을 주었던 꿈속의 클레어를 떠올릴 수 있었습니다. 그 꿈은 새미에게 언젠가는 천국에서 딸과 재회할 수 있다는 확고한 희망에 더욱 집중하도록 도움을 주었습니다. 새미는 자신의 운명을 굳건히 지켜내고 있었습니다. 1부에서 나온 텔로스의 개념을 떠올려 봅시다. 우리는 천국, 즉 하느님과 서로 온전하고 영원한 친교를 나누는 상태가 우리가 창조된 목적이자 궁극적인 운명임을 압니다.

이러한 '진리에 대한 현현'은 새미가 겪던 애도의 여정에 큰 깨달음을 주었습니다. 새미는 소중한 딸이 세상을 떠난 지 5년이 지난 지금 그녀의 삶에 대해 이렇게 말합니다.

"한 가지 말씀드릴 수 있는 것은…… 예전보다 천국에 대해 훨씬 더 많이 생각해요. 아니, 사실 늘 천국을 생각하고 있어요. 언젠가 그곳에 갈 것을 고대하지만 현재는 하느님께서 주시는 하루하루를 살아갈 거예요. 하느님의 은총과 자비에 의지하며 마지막 순간까지 참고 인내할 수 있기를 기도하며, 저는 천국을 제 은퇴 연금으로 여기기로 했습니다."

이러한 확신에 찬 소망은 우리에게 큰 위안을 줍니다. 하지만 그렇다고 해서 앞으로 결코 슬픔과 고통을 다시 경험하지 않을 것이라는 의미는 아닙니다. 여전히 사랑하는 사람이 사무치게 그리운 날도 있을 것입니다. 기념일, 생일, 특별한 기억, 또는 어떤 광경, 소리, 생각이 우리에게 상처를 떠올리게 하고 분노를 유발할 수도 있습니다. 이러한 반응이나 감정을 부정하려 하거나 심지어 차단하려고 할지도 모릅니다. 과거의 즐거웠던 기억을 회상하면서 어떻게 아직까지 분노, 우울, 슬픔을 느끼는 것인지 자문할 수도 있습니다. 이런 때에는 그러한 감정을 부정하지 않고 포용하며 자신과 사랑하는 사람을 하느님의 돌보심과 보호하심에 다시 새롭게 의탁하는 것이 최선이라는 점을 알게 될 것입니다.

소중한 사람들에 대한 그리움은 하루 종일 떠오를 수 있고, 한밤중 꿈속에서도 떠오를 것입니다. 이러한 반복되는 기억이 떠오를 때, 우리는 하느님께 감사하며 그들과 함께 나눴던 기쁨에 더 깊이 감사할 수 있습니다. 자기 연민과 회한의 덫을 피하면서 자신의 감정을 받아들이고 다시 하느님께로 생각을 돌릴 수 있어야 합니다. 성모님께서도 아드님의 끔찍한 죽음을 목격하시고 마음에 깊은 상처를 입으셨습니다. 그렇기에 우리는 성모님께 가까이 다가와 달라고 청원할 수 있지요. 우리는 다른 누군가를 이렇게 깊이 사랑할 수 있었던 선물을 주신 하느님께, 그들의 삶과 영원한 하느님의 감싸 안으심에 대해, 언젠가 그들과 다시 만날 것이라는 확신에 찬 희망에 대해 하느님께 감사드릴 수 있을 것입니다.

슬픔에 잠긴 다른 이들을 돕기

하느님 자비의 메시지를 생활화하고 타인에게 자비를 실천할 수 있는 또 하나의 방법으로, 현실적으로 가능한 선에서 참담한 슬픔에 처한 이들을 돕는 방법이 있습니다. 이러한 자비의 행위는 우리가 자신의 고통에서 벗어나 타인을 위한 치유와 지원 그리고 사랑의 존재가 되도록 이끕니다.

여러분이 고통을 경험한 결과로써 새로운 내적 강인함을 발견할 수 있었기를, 아직 그렇지 못했다면 앞으로 그러한 힘을 얻기를 바랍니다. 그리고 나아가 예수님과 더욱 일치되기를 바랍니다. 세 가지 영적 원리와 그 밖의 하느님 자비의 영성 수련을 통해 여러분이 **통합성** 애도에 이르게 되었다면, 여러분은 비슷한 상황을 겪는 이들, 특히 **급성** 애도나 **복합성** 애도의 과정을 겪는 이들을 도울 수 있는 소중한 경험과 희망을 가지고 있을 것입니다.

누군가가 암흑 속에 있을 때 자신을 타인에게 헌신하는 행위는 때때로 엄청난 축복이 될 수 있습니다. 비록 여전히 우리 자신이 겪은 상실에 대해 완전히 이해할 수는 없지만, 이제 다른 사람의 애도 과정을 도우면서 그 상실에 대한 새로운 의미를 얻을 수 있습니다. 바로 이것이 그리스도를 닮아 가는 것입니다. 그리스도께서 우리를 위해 하신 일이 바로 그러했기 때문입니다.

"하느님께서는 우리가 환난을 겪을 때마다 위로해 주시어, 우리도 그분에게 받은 위로로, 온갖 환난을 겪는 사람들을 위로할 수 있게 하십니다."(2코린 1,4)

마리아회 사제들의 오랜 벗이자 하느님의 자비에 대한 많은 글을 발표한 성 바실 수도회의 고故 조지 코시츠키 신부는 생전에 "자비란 타인의 고통에 대해 마음속으로 아파하고, 그들의 고통을 덜어 주기 위해 고통을 감수하는 것"이라는 말을 남겼습니다. 여러분은 이제 슬픔과 고통을 통해 그리스도의 십자가에 깊이 동참하게 된 특별한 입장에 서 있습니다. 크리스 신부님처럼 자비의 중심에 계신 예수님께 의탁하면서 세 가지 영적 원리를 실천하며 살아갈 수 있습니다. 그리함으로써 여러분 자신이 깨달은 희망의 현현을 다른 이들과 나눌 수 있습니다.

예수님께서 파우스티나 성녀에게 명하신 대로, 우리는 예수님께서 자비 그 자체이심을 말해야 합니다.

[모든 이들에게] 내가 사랑이며 자비 그 자체임을 말하여라. 영

혼이 나에게 의탁하며 다가올 때, 나는 그 영혼 안에 모두 담기 어려울 만큼의 풍성한 은총을 부어 줄 것이다. 그러면 다른 영혼들에게로까지 그 은총이 퍼져 나가게 될 것이다(일기, 1074).

실질적인 관점에서 볼 때, 애도하는 이들을 돕는다는 건 무엇일까요? 우선 여러분은 자신이 경험한 애도의 단계 중 무엇이 도움이 되었는지, 혹은 될 수 있는지를 스스로 점검해 볼 수 있을 것입니다. 앞서 언급했듯이 각자 애도하는 과정은 저마다 다릅니다. 우리는 누군가 자신의 고통과 아픔에서 배어 나오는 이야기를 할 때 귀 기울이려고 노력할 것입니다. 개방적이고 수용적인 경청은 우리가 베풀 수 있는 가장 큰 선물이며 귀 기울여 준다는 그 자체만으로도 그들에게 위로가 될 수 있습니다. 세심하게 상대의 말을 경청함으로써 우리는 슬픔의 무게에 짓눌려 힘겨워하는 사람들을 보다 개별적이고 효과적으로 도울 수 있는 길을 더 잘 파악할 수 있습니다.

누군가에게 위로를 건넬 때, 때로는 별말을 하지 않거나 아예 아무 말도 하지 않는 것이 가장 도움이 되는 때가 있습니다. 클레어가 사망했을 때 우드 가족과 함께 있어 준 부제가 말했던 것과 같이 여러분도 "어떤 말씀을 드려야 할지 모르겠습니다." 하고 간단한 위로의 말을 건넬 수 있을 것입니다.

타인을 위한 배려란 비탄에 잠긴 사람과 함께 시간을 보내면서 그들의 고통이 즉시 '해결'되지 않는 일임을 아는 것인지도 모릅니다. 때로는 그 사람이 주님과 홀로 시간을 보낼 수 있도록 허용한다는 의미이기도 합니다. 그들과 얼마간의 거리를 두는 것이 더 도움이 될 수도 있습니다. 심지어 가볍게 안거나, 끌어안는 행동도 자제해야 할 때도 있겠지요. 그들에게 필요한 점이 무엇인지 파악하려면 세심한 분별력이 필요합니다. 이러한 분별력이 있어야, 그들에게 가벼운 포옹이나 꼭 안아 주는 행동이 위로로 느껴질지 감지할 수 있을 것입니다.

급성 애도나 복합성 애도 과정에 있는 이들의 경우 때론 다른 사람들이 개입하여 도울 필요가 있습니다. 그들의 식사를 챙겨 주고, 정원 관리와 그 밖의 가사처럼 그들을 둘러싼 여러 일상 업무를 대신 돌보아 주는 것이죠. 또 어떤 경우에는 규칙적인 활동이나 작업이 지속적으로 급성 애도 과정을 겪는 사람들의 주의를 건전한 방법으로 분산시킬 수 있는 역할을 할 수 있습니다. 저도 얼마 전 고통스러운 사별을 겪었을 때, 아버지와 함께 부엌과 욕실을 개조하는 '애도 프로젝트'를 진행했습니다. 제 치유를 위해서는 만족과 보람을 가져다줄 집중적이고 건전한 프로젝트가 필요하다는 사실을 알아차린 아버지의 지혜였지요.

깊은 슬픔에 잠긴 친구에게는 의학적, 심리적, 영적 도움이 필요할지도 모릅니다. 특히 그들의 슬픔이 복합적이고 계속해서 오랜 기간 지속되는 경우라면 더더욱 그렇습니다. 다시 말하지만, 분별력이 중요합니다. 기도하는 마음으로 마음을 열고 그들의 이야기에 귀 기울인다면, 자비의 영과 여러분의 개인적인 체험을 통해 친구에게 도움을 줄 수 있을 것입니다. 인내심, 변함없는 자비로움, 사랑은 다른 사람이 희망을 찾도록 돕기 위해 여러분이 지켜야 할 원칙입니다.

어두움에서 빛으로

이번 장에 소개한 추가적인 영적 도움의 방법을 통해 앞서 배운 세 가지 영적 원리를 우리 삶에 통합시킨다면, 많은 경우 '희망의 현현'이 가져다주는 특정 효과가 뒤따르게 됩니다. 우리는 영의 온전하고 새로운 자유를 경험할 것입니다. 끝이 보이지 않던 안개 속에서 벗어나기 시작할 수도 있습니다. 때때로 우리는 여전히 우리에게 큰 의미를 지니고 특별한 존재였던 고인을 몹시 그리워할 수 있습니다. 그러나 이따금 이러한 경험이 유사한 상황에 처한 다른 이들에게 어떤 도움을 줄 수 있는지 알게 될 것입니다. 또한 슬픔을 받아들이는 수용 단계가 점점 일상화되면서, 점차 통합성 애도로 나아갈 수 있습니다. 우리는 하느님 자비이신 예수님께서 우리가 가능할 것이라 생각했던 그 이상으로 우리 안에서 모든 것을 하실 수 있다는 점을 충만하고 감사하는 마음으로 깨달을 것입니다(에페 3,20 참조).

이 외에도, 우리는 점점 일상의 많은 부분을 새로운 희망과 함께 살아가면서 점차 어두움을 통과하여 빛을 보기 시작할 것입니다. 과거의 수치심, 후회, 고통을 대체하는 새로운 평화를 느끼는 날이 많아지기 시작할 것입니다. 이 새로운 영적 희망의 차원에서 살아가며 우리는 하느님의 무한한 사랑과 자비에 의탁합니다. 그분께서는 당신 자신과 당신 말씀에 진실한 분이시기 때문입니다. 이러한 효과를 얼마나 느끼는지와 상관없이, 하느님 치유의 은총이 여러분 안에 분명하게 역사하고 계심을 확신하기 바랍니다.

이제 우리는 영원한 생명에 대한 희망, 즉 우리가 사랑하는 사람들과 결합하는 삶에 대한 희망이 있음에 큰 감사함을 갖게 됩니다. 부디 이러한 소망을 마음에 간직하고 다음 장을 천천히 읽어 주기 바랍니다. 다음 장은 이 책 전체에 걸쳐 논의된 여러 주제를 하나로 묶어 풍성한 내용을 담고 있으며, 여러분이 '희망의 현현'을 경험하도록 이끌 것입니다.

5장
그들과 당신을 위한 희망

빠른 해답은 없습니다. 하느님의 신비는 참으로 위대하고, 우리의 생각은 아주 미약하여 주님의 길을 이해하기에는 턱없이 부족합니다. 그러나 저는 모든 인류를 향한 하느님의 사랑을 의심할 수 없고, 또한 의심하지도 않을 것입니다. 그 사랑은 따뜻하고, 친밀하며 진실합니다. 저는 그분을 믿어야 할 인간적 근거를 찾지 못한다 하더라도 그분을 믿을 것입니다.

'왜'라는 질문과 함께 남겨진 저는 캄캄한 어둠속에서 비추기 시작하는 한 줄기 빛을 발견합니다. 그 빛은 희미하게 가물거리지만, 제가 "아직 앞이 잘 보이지 않지만 어디를 바라봐야 할지는 알겠구나."라고 표현할 수 있는 정도의 빛입니다. 저는 십자가에서 죽어 가시는 그리스도의 모습을 바라봅니다. 그 모습을 오랫동안 찬찬히 바라보면서, 그분의 수난과 죽음에는 강력한 메시지가 담겨 있음을 알게 됩니다. 하느님께서 사람이 되셨을 때, 그분은 우리 중 한 사람이 되시어 인간이 겪는 가장 칠흑같이 어두운 순간과 가장 큰 고통을 받아들이셨습니다. 많은 인간이 견디어야 하는 것을 그분께서 견디어 내셨습니다.[156]

― 바질 흄 추기경Cardinal Basil Hum

함께 사랑과 기쁨 그리고 삶의 의미를 공유했던 사람을 잃는다는 것은 인생에서 가장 힘겨운 일입니다. 특히 그 이별이 전혀 예상치 못했거나 시기상조라고 인식되는 경우에는 더욱 그렇습니다. 우리는 그러한 상실을 부당하다고 느끼거나 하느님께서 왜 그런 일이 일어나도록 허락하셨는지 의구심을 가질 수 있습니다. 하지만 때론 우리가 납득할 만한 해답이 없습니다.

악과 고통, 그리고 상실과 관련된 문제는 상투적이고 진부한 미사여구로 쉽게 해결되지 않는 현실적인 문제입니다. 이러한 문제는 신비의 영역에 속하며, 자연적 차원을 초월하여 초자연적인 차원에 다가가는 새로운 시선이 필요합니다. 신비는 우리의 인간성에 정면으로 맞서 우리가 하느님의 관점에서 한눈에 전경을 알아볼 수 없는 한계를 지닌 존재임을 받아들이게 합니다.

요한 바오로 2세 성인 교황은 우리가 바라보아야 할 방향을 다음과 같이 제시하셨습니다.

"고통의 '왜'에 대한 진정한 해답을 얻으려면, 우리는 존재하는 모든 것의 의미가 흘러나오는 궁극적인 원천인 하느님의 사랑이라는 계시에 주목해야 합니다. 사랑은 또한 언제나 신비로 머물러 있기 마련인 고통의 의미가 흘러나오는 가장 풍부한 원천입니다."[157]

어두운 세상을 비추는 참빛, 그 어둠이 이길 수 없는 빛을 따르는 그리스도인으로서 우리는 예수 그리스도의 십자가와 부활에 우리의 존재와 삶의 목적의식을 둡니다. 그곳에서 우리는 비록 우리 삶 안에서의 객관적인 악과 잘못이 있다 할지라도, 하느님께서는 이러한 경험을, 지금 당장 우리가 받아들일 수 없는 상실의 경험까지도 더 큰 선으로 바꾸실 수 있는 분이심을 알게 됩니다. 우리가 그분께 확신에 찬 신뢰를 갖고 의지한다면, 궁극적으로 '모든 것이 함께 작용하여 선을 이루도록'(로마 8,28 참조) 하실 수 있습니다.

우리는 예수님의 십자가에서의 죽음이라는 외관상 처참하고 객관적인 악으로부터 인류가 바랄 수 있는 가장 큰 선인 하느님과 서로 함께하는 영원한 생명이 솟아난 사실을 통해 이를 알게 됩니다. 예수 그리스도의 죽음과 부활을 통해 우리에게는 위대한 희망의 현현이 주어졌습니다.

의탁의 다리로 돌아가세요

> 십자가와 죽음의 웅변은 부활의 웅변으로 완성됩니다. 부활에서 인간은 완전히 새로운 빛을 발견하게 되며, 이 빛의 도움으로 인간은 천대와 의심과 절망과 박해의 캄캄한 어둠 속을 뚫고 앞으로 나아갈 수 있는 것입니다.[158]
>
> — 요한 바오로 2세 성인 교황

이 책 전반에 걸쳐 '의탁의 다리'에 대해 자주 언급했습니다. 우리는 1부 마지막 부분에서 여러분의 기도와 교회의 기도, 특히 매 미사 때마다 바치는 파스카 신비의 힘과 효력을 통해 여러분이 사랑하는 고인이 하느님 안에서 영원한 생명을 얻게 될 것이라는 확고한 희망을 갖고 이 다리를 건너기를 권했습니다.

또 세 가지 영적 원리 중 '두 번째 원리'에서는 고통스럽고 비극적인 상실 가운데 여러분을 희망의 기슭으로 이끄시는 하느님 자비이신 그리스도를 향한 의탁의 다리를 건너도록 격려했습니다.

이제 다시 한번, 예수님께서 여러분과 여러분의 사랑하는 고인을 위한 영원한 생명에 대한 약속을 반드시 이루어 주실 것이라는 전적인 신뢰를 갖고 이 다리를 건너시기를 권면합니다.

우리는 이미 우리가 견디어 내는 상실의 경험이 우리 삶에 미치는 영향에 대해 무력한 존재임을 압니다. 그렇지만 이러한 무력함 속에서 우리는 우리 자신보다 더 큰 힘, 즉 하느님 자비이신 예수님께 의탁하게 됩니다. 예수님께서는 우리를 영원한 생명인 무한한 사랑의 친교와 사랑의 삼위일체 안의 깊은 곳으로 인도하시는 다리입니다. 그러므로 우리는 하느님께서 당신 아드님 안에서, 당신 아드님을 통해 당신의 자녀들에게 모든 복된 선물을 주고 싶어 하시는 선한 아버지이심을 압니다. 그렇기에 우리는 우리의 삶과 의지, 사랑하는 사람을 하느님의 보살핌과 보호에 맡겨 드립니다. 예수님께서는 "나는 세상을 심판하러 온 것이 아니라 세상을 구원하러 왔다."고 말씀하셨습니다(요한 12,47 참조). 대사제로서 아버지께 드리는 기도에서 우리는 예수님께서 아버지가 당신에게 맡기신 사람 중 어느 누구도 잃지 않으셨다는 사실을 알게 됩니다(요한 17,12; 18,9 참조). 이는 여러분이 세상을 떠난 사랑하는 이의 구원을 염려할 때마다 큰 희망을 줄 것입니다.

요한 복음서에서 '믿다'라는 단어의 동사형은 헬라어 원어로 피스튜오πιστεύω로, 이는 요한계 문헌 속 구절에서 주로 '의탁하다'로 더 잘 번역됩니다. 이 단어는 요한 복음서를 제외한 나머지 세 복음을 통틀어서 모두 34번 사용된 것에 비해, 요한 복음서에서는 98번이나 사용되었습니다.

예수님께서 배신당하시고 우리를 위해 상상하기조차 힘든 수난에 들어가시던 날 밤, 예수님께서는 곧 그들을 뒤덮을 폭풍이 몰아치는 가운데서도 제자들을 격려하셨습니다.

"너희 마음이 산란해지는 일이 없도록 하여라. 하느님을 믿고[의탁하고] 또 나를 믿어라[내게 의탁하여라]."(요한 14,1 참조)

여기서 예수님께서는 당신을 배신할 한 명의 제자를 포함한 가장 가까이 지내던 모든 제자에게 당부의 말씀을 남기십니다. 당신이 곧 제자들을 떠날 것이라는, 다시 말해 그들을 숨어 지내게 만들 상실로부터 마음이 산란해지는 일이 없도록 하라는 당부입니다. 도리어 예수님께서는 제자들에게 하느님께 의탁하고 당신께 의탁하라고 가르치십니다. 예수님의 사명은 요한 사도가 묘사한 대로 예수님의 수난과 죽음, 즉 주님께서 영광의 '시간'에 들어가시려는 때에 비로소 완성됩니다.

하지만 사도들은 이미 예수님과의 이별의 아픔을 감지합니다. 그들은 앞으로 일어날 일과 자신들의 주님이신 하느님께서 그들을 위해 무엇을 하시려는지 전혀 이해할 수 없습니다. 니코데모처럼 그들도 당황합니다. 그들은 하느님의 거룩하신 분, 곧 오시리라 예언된 메시아를 찾았다고 믿고 그분과 거래하려 들며 그분이 떠나시려는 의미를 이해하려고 애씁니다. 어떻게 예수님께서는 지금 그들을 두고 떠나실 수 있을까요? 예수님께서는 그들에게 궁극적인 희망이었습니다. 그리고 그들은 주님께서 그들의 삶뿐만 아니라 온 세상을 변화시킬 수 있는 분이심을 믿고 있었습니다.

우리도 당시 제자들이 그랬듯이, 하느님께서 사랑하는 이를 데려가지 않으시리라 희망하고 있었는데 어떻게 그 희망을 저버리실 수 있는지 의아하게 생각할 수 있습니다. 그러나 예수님께서는 당신이 사랑하는 친구들에게 확언해 주셨던 것처럼 우리에게도 아버지와 함께 그들을 위한 자리를 마련해 주실 것이라 확언하십니다.

"내 아버지의 집에는 거처할 곳이 많다. 그렇지 아니하면 내가 너희를 위하여 자리를 마련하러 간다고 말하였겠느냐? 내가 가서 너희를 위하여 자리를 마련하면, 다시 와서 너희를 데려다가 내가 있는 곳에 너희도 같이 있게 하겠다."(요한 14,2-3)

우리는 예수님께서 우리와 사랑하는 이들을 위한 거처도 마련해 두셨고, 언젠가 낙원에서 먼저 떠나간 그들과 재회할 수 있다는 확고한 희망이 있습니다.

예수님께서는 곧 눈앞에 닥칠 어둠 가운데서 제자들에게 당신과 하느님의 신성한 구원 계획을 신뢰하라는 격려의 말씀을 해 주십니다. 하지만 사도들은 주님의 말씀이 무슨 뜻인지 도통 이해하지 못합니다. 그들은 그리스도께서 죽음과 어둠의 골짜기를 건너 그들이 상상조차 하지 못했던 새로운 차원의 문을 열어 주실 것이라는 사실을 여전히 깨닫지 못하는 것입니다.

우리는 예수님의 죽음과 부활을 통해 흔들리지 않는 새로운 희망을 갖게 되었습니다. 예수님께서 우리가 그리워하는 이들과 우리를 위해 준비하신 곳이란 하느님 아버지와의 가장 깊은 친교의 상태를 뜻합니다. 즉, 외아들이신 예수님께서 그분의 본성에 의해 공유하시는 친교인 것입니다. 이는 하느님 아버지께서 예수님에게 은총으로 맡기신 모든 이들에게 곧 열릴 것입니다. 이것이 바로 영원한 생명입니다. 예수님께서는 수난이 시작되던 밤에 아버지께 드린 대사제적 기도에서 천국의 본질을 이렇게 밝히셨습니다.

"영원한 생명이란 홀로 참하느님이신 아버지를 알고 아버지께서 보내신 예수 그리스도를 아는 것입니다. 그들이 모두 하나가 되게 해 주십시오. 아버지, 아버지께서 제 안에 계시고 제가 아버지 안에 있듯이, 그들도 우리 안에 있게 해 주십시오. 그리하여 아버지께서 저를 보내셨다는 것을 세상이 믿게 하십시오."(요한 17,3.21)

천국은 어떤 지리학적 장소가 아닙니다. 작은 천사들이 무지개와 별을 타고 구름 위를 훨훨 날아다니는 와중에 나이 지긋한 모습의 하느님께서 크고 푹신한 안락의자에 앉아 소극적인 자세로 즐겁게 지켜보시는 곳이 아닙니다. 그곳은 완전히 새로운 존재의 상태입니다. 근본적으로 천국은 무한한 사랑의 관계, 즉 사랑과 자비 그 자체이신 하느님과의 관계 속에서 존재합니다. 영원한 생명은 우리가 사랑하는 사람들과 함께 끝없이 무한한 사랑 안에서 결합하고, 그 사랑에 감싸 안기어, 깊숙이 내재됨을 의미합니다. 즉 삼위일체와의 친교를 이루는 것입니다. 바로 이것이 죽음 이후에 설령 그것이 비극적 유형의 죽음일지라도, 우리를 기다리는 것입니다.

베네딕토 16세 교황은 영원성에 대한 통찰을 다음과 같이 명료하게 설명합니다.

"영원성이란 달력의 날짜가 무한히 이어지는 것이 아니라, 전체성이 우리를 감싸고 우리가 전체성을 얼싸안는 충만한 절정의 순간으로 느끼도록 노력할 수 있을 따름입니다. 마치 이 순간은 이전과 이후가 없는, 무한한 사랑의 바다에 뛰어드는 것과 같습니다."[159]

이 책에서 우리는 그리스도의 수난과 죽음, 부활의 공로와 은총이 시간과 공간에 얽매이지 않는다는 사실에 대해 살펴보았습니다. 이 다음에 나올 '맺음말'에서는 우리의 일상적인 감각의 영역을 초월하는 카이로스라는 존재 방식에 대해 논의할 것입니다. 카이로스는 인간의 영적 영역이라 볼 수 있습니다. 육체적인 동시에 영적인 존재인 인간에 의해 우리가 알던 시공간의 개념이 초월하는 영역인 것입니다. 인간은 이 영역에서 '영원성에 닿을 수' 있고 현시점에서 영으로 하느님과 친교를 이룰 수 있습니다.

카이로스의 영역에서 '보다'는 새로운 차원에서 이루어집니다. 우리가 이전에 천국에 대해 설명했던 것처럼 인간은 '마음의 눈'으로 볼 수 있는 영적 시력을 갖게 됩니다. 이것은 사도들이 부활하신 그리스도와의 만남을 통해 경험한 것처럼, 시공간을 넘어선 인간의 또 다른 존재 차원으로 여겨질 수 있습니다.

예수님께서 인성을 취하시고 이를 당신의 신성과 결합하실 때, 인간에게는 완전히 새로운 차원이 열립니다. 주님께서 영원의 간극을 메우시고, 모든 피조물을 구속하고 변화시키기 위해 시공간 속으로 들어가시기 때문입니다. 예수님께서는 인류를 완전하게 하신 후 부활과 승천을 통해 인류를 삼위일체 안에, 즉 성부, 성자, 성령의 영원한 친교 안으로 '심어' 놓으십니다. 이제 인류는 이전과는 전혀 다른 방식으로 '하느님 안에서' 살 수 있게 된 것입니다.

하느님과 맺는 친교를 상징하는 에덴동산의 장벽이 허물어졌습니다. 십자가에서 이루어진 그리스도의 구원적 죽음으로 성전의 휘장이 둘로 찢어지고 지성소, 즉 삼위일체이신 하느님과의 친교를 이루는 내면의 성소가 이제 하느님의 맏아들이자 외아들이신 예수님을 통해 그분 안에서 그리고 그분을 통해 인간이 접근할 수 있게 되었습니다. 이것이 바로 하느님께서 여러분과 여러분이 소중하게 여기는 이들에게 영원한 생명을 주시고 언젠가 다시 만나도록 하기 위해 행하신 일입니다. 그리하여 우리가 그들과 여러분에게 희망을 갖게 됩니다. 더욱 놀라운 일은 적어도 영적인 영역에서는 이러한 재회를 위해 우리가 죽을 때까지 기다릴 필요가 없다는 것입니다. 우리는 하느님을 통한 그들과의 친교를 지금 바로, 부분적으로는 성인의 통공 안에서 누릴 수 있습니다.

우리는 성경을 통해 오순절에 성령을 받은 예수님의 제자들이 하느님과 서로 더욱 가까이 친교를 나눌 수 있게 되었음을 알 수 있습니다. 이 새로운 은총으로 사도들은 예수님의 일을 할 수 있게 되었습니다. 아버지께 올라가신 예수님께서 우리를 위한 '많은 거처'(요한 14,2 참조)를 마련하신 낙원으로 인류를 끌어 올리셨기 때문에, 더 큰 일을 하게 된 것입니다. 우리는 그리스도 안에서 세례를 받음으로써 이 땅에서 천국을 미리 맛볼 수 있습니다(이는 모든 전례와 성체 조배에서 가장 강력하게 일어납니다). 우리를 종종 절망하게 만드는 세상적 관점에 우리를 가두는 죄와 죽음은 더 이상 우리가 하느님과 나누는 친교, 그리고 우리의 사랑하는 고인이 그 일부임을 확신하는 성인의 영역과 나누는 친교를 가로막을 수 없습니다.

이러한 방식으로 여러분은 성인과의 통공, 즉 하느님의 영 안에서 하느님의 영을 통해 여러분이 사랑하는 이들과 친교를 나눌 수가 있습니다. 여러분 또한 영적인 존재이기에 자살로 일어난 비극적인 상실은 헤아릴 수 없을 정도로 파괴적입니다. 그렇지만 그들이 죽음의 순간에 그리스도의 자비와 용서를 받아들였을 경우, 여전히 그들과의 친교가 가능하다는 사실은 많은 위안을 줄 것입니다. 우리가 지금 드리는 기도가 영원에까지 닿을 수 있기에, 우리는 그들이 그리스도의 자비와 죄의 용서를 받아들였을 것이라는 큰 희망을 품을 수 있습니다.

부활은 모든 것을 변화시킵니다

베네딕토 16세 교황의 글을 살펴보면 그리스도의 부활이 부활하신 주님의 제자들과 증인들에게 완전히 새로운 현실을 열어 주었음을 알 수 있습니다.

"예수님의 부활은 완전히 새로운 방식의 삶, 더 이상 죽음과 생성의 법칙에 종속되지 않는 그 너머의 삶 …… 인간 실존의 새로운 차원을 열어 주는 삶 …… 인류에게 새로운 미래를 열어 주는 삶으로 나아가는 것이었습니다."[160]

다시 말해 부활은 죄와 죽음으로 가로막힌 장벽을 넘어 우리를 하느님과 함께 그리고 다른 이들과의 새로운 친교로 인도합니다.

부활하신 그리스도 안에서 인간 존재의 수용 능력이 달라집니다. 베네딕토 16세 교황은 부활하신 그리스도를 직접 목격한 제자들에 대해 이렇게 설명합니다.

"부활은 그야말로 제자들이 마주한 너무나 강렬하고 압도적이며 현실적인 사건이었습니다. 그 결과 모든 의심이 사라졌습니다. 그리하여 그들은 완전히 새롭게, 두려움 없는 마음으로 세상 앞에 나아가 '그리스도께서 참으로 부활하셨다.'라고 증언하게 되었습니다."[161]

우리도 그들처럼 두려움 없는 믿음을 가질 수 있고, 또 가져야만 할 것입니다. 예수님께서 존재하시는 방식은 예수님의 친구이자 제자들이 이전에 경험했던 것과는 달랐습니다. 한번 생각해 보세요.

매일 예수님과 동행했던 사람들이었는데 그들은 부활하신 그리스도를 처음 만났을 때 그분을 알아보지 못합니다.

부활 후 예수님의 존재 상태는 기존의 시간과 공간의 질서를 초월합니다. 부활하신 예수님께서는 실재하십니다. 살과 피로 이루어진 실제 몸을 가지고 계십니다. 그분은 유령이 아닙니다. 예수님께서는 부활하신 후에도 제자들과 함께 빵과 생선을 드셨습니다. 그럼에도 불구하고 예수님께서는 다락방 문을 통과하여 의심하던 토마스에게 당신을 드러내십니다. 토마스는 예수님과 예수님 손의 못 자국을 만져 보고 주님의 옆구리 상처, 즉 하느님 자비의 상흔에 자신의 손을 넣어 봅니다. 토마스는 보고서야 믿습니다.

예수님께서는 엠마오로 가는 길에 제자들과 함께 육신의 상태로 동행하십니다. 그러나 제자들은 첫눈에 예수님을 알아보지 못합니다. 베네딕토 16세 교황은 이렇게 말합니다.

"예수님께서는 온전한 육신으로 현존하시지만 물리적 법칙이나 시간과 공간의 법칙에 얽매이지 않으십니다. …… 예수님께서는 동일하신 분, 육체를 지닌 인간이시면서 동시에 실존의 다른 방식으로 들어오신 새로운 분이십니다."[162]

그러므로 우리가 사랑하는 사람들도 언젠가는 그렇게 될 수 있기를 기도합니다. 이 얼마나 놀라운 점이며, 남겨진 우리에게 기쁨과 희망을 주는 말인지 숙고해 볼 수 있습니다.

예수님의 부활은 인류의 모든 것을 변화시킵니다. 예수님께서 하늘로 승천하실 때 제자들은 기쁨으로 가득 찼습니다. 그들은 주님과 하느님 안에서 부활의 삶을 목격했습니다. 예수님께서는 진정으로 그들을 구원하고 변화시키기 위해 오신 메시아이시며, 이제 그들은 하느님 안에서 영원한 친교에 동참하여 인류가 지닌 본질적인 운명을 이루어 낼 수 있습니다. 그러므로 역설적으로 우리는 이제 세상을 떠난 우리의 사랑하는 고인이 누릴 영원한 행복을 생각하며 기뻐해야 합니다.

베네딕토 16세 교황은 인간의 운명에 대해 이렇게 설명합니다.

"인간은 위대한 실재를 위하여, 곧 하느님 자신을 위하여 창조되었습니다. 인간은 하느님으로 가득 채워지기 위하여 창조되었습니다. 그러나 인간의 마음은 예정된 그 위대한 실재를 담기에는 너무 작으니 넓혀야 합니다."[163]

이어서 이러한 확장을 위한 주요 수단이 바로 비록 터무니없어 보일지라도 고통을 통하는 것이라고 말합니다.

"이 일은 힘들고 고통이 따릅니다. 그러나 이러한 방식을 통해서만 비로소 우리는 예정된 본분에 맞갖은 사람이 됩니다."[164]

그러므로 십자가와 부활은 항상 서로 연결되어 있습니다. 우리는 무엇보다 우선 그리스도께서 짊어지신 십자가를 인내하지 않고는 부활과 함께 오는 기쁨과 영광을 누릴 수 없습니다. 종은 주인보다 더 위대하지 않습니다. 그리고 우리가 하느님의 충만함을 함께 나누려면 신부(교회)는 정배(그리스도)를 닮아야 합니다. 이제 단지 부활뿐 아니라 그리스도의 수난과 죽음을 통해서 우리는 비로소 아버지의 아들, 딸이 될 수 있는 것입니다.

"자녀이면 상속자이기도 합니다. 우리는 하느님의 상속자입니다. 그리스도와 더불어 공동 상속자인 것입니다. 다만 그리스도와 함께 영광을 누리려면 그분과 함께 고난을 받아야 합니다."(로마 8,17)

이는 하느님께서 자살이라는 비극적인 상실의 끔찍한 고통을 일부러 바라신다는 의미가 아닙니다. 하지만 하느님께서 여러분의 마음이 주님 영광을 충만하게 받을 수 있도록 준비시키는 수단으로 그 고통을 (그분의 은총으로) 사용하실 것이라는 의미입니다. 주님의 영광에 동참하는 것, 그분과 함께한다는 것은 지상에서의 고통을 야기하는 상황과는 상관없이 고통과 아픔 속에서 얻는 영원한 생명을 상속받는 것입니다. 그리스도는 당신께 속하지 않은 악을 취하시어 그것을 여러분 스스로의 고통을 통해 더 큰 방식으로 그분의 사랑을 받을 기회로 바꾸어 놓으십니다.

더 나아가 여러분의 고통이 그리스도의 수난과 일치할 때, 부활하신 그리스도 안에서 사도들이 경험했던 것과 같은 기쁨이 하느님과의 친교 안에서 여러분을 기다릴 것입니다. 그리고 하느님 사랑의 자비를 굳게 신뢰한다면, 여러분이 사랑하는 고인과 함께 영원의 충만함 속에서 이 기쁨을 경험할 것입니다. 요한 바오로 2세 성인 교황은 이렇게 말합니다.

"그리스도의 구원 사업의 결과로 인간은 영원한 삶과 거룩함의 희망을 가지고 지상에 실존합니다."[165]

따라서 **여러분의 고통이 여러분을 성인으로 변모시킬 수 있다는** 뜻입니다. 그러나 이 기쁨은 부분적으로는 여러분이 지상에 머무는 동안에도 그리스도의 신비체의 구성원으로서, 즉 성인과의 통공 안에서 누릴 수 있습니다. 이것이 바로 우리가 사랑하는 고인들이 그들 중에 포함되어 있기를 바라며 기도하는 이유입니다.

사도들은 그들이 그토록 사랑했던 예수님의 죽음을 알게 되었을 때 큰 충격을 받았습니다. 그들이 희망을 포기하고 싶은 유혹을 얼마나 크게 느꼈을지 상상이 가나요? 마치 모든 것을 잃은 것 같은 상실감이 얼마나 컸을지 상상할 수 있나요? 여러분도 사랑하는 이의 사망 소식을 접했을 때 똑같은 반응을 겪었을 것입니다. 어쩌면 여러분도 사도들이 느꼈던 것과 같은 깊은 절망감을 느꼈을지도 모릅니다. 그러나 그리스도의 죽음 이후 사도들에게 일어난 일, 즉 그들의 모든 희망이 실제로 어떻게 이루어지게 되었는지 생각해 보십시오. 그들은 사랑하는 예수님을 잃지 않았음을 알게 되었습니다. 예수님께서는 다시 살아나셨습니다!

뿐만 아니라 예수님께서는 언젠가 낙원에서 그들이 주님과 함께 영원한 행복을 누릴 장소도 준비해 놓으셨습니다. 이것이 바로 하느님께서 최악의 비극적 상황으로 보이던 사건에서 더 큰 선을 이끌어 내시는 방식입니다. 이것이 여러분이 품을 수 있는 희망, 즉 사랑하는 고인이 죽음에서 새롭고 완전한 방식으로 다시 살아날 것이라는 희망입니다. 우리는 언젠가 하느님과 함께 천국이라는 상상할 수 없이 아름다운 곳에서 그들과 다시 만날 수 있습니다.

어쩌면 실제로 이 큰 희망을 발견했을지도 모릅니다. 그러나 많은 경우 자살과 같은 엄청난 상실로 인한 고통이 우리를 지나치게 몰아붙이면 우리는 영적 시력을 잃게 됩니다. 모든 것을 잃었다 여기며 절망하게 됩니다. 죽음이 칼자루를 쥐고 있습니다. 그러나 이러한 유혹에 굴복할 수 없습니다. 압도적인 슬픔이 짓누를 때, 우리는 "다윗의 자손 예수님, 저에게 자비를 베풀어 주십시오!"라고 외치던 눈먼 바르티매오처럼 어둠 속에서 빛을 구하기 위해 온전히 의탁해야 합니다. 바르티매오는 예수님께서 그에게 무엇을 바라는지 물으시자, "스승님, 제가 다시 볼 수 있게 해 주십시오." 하고 대답합니다. 예수님께서는 연민으로 가득 찬 마음으로 "가거라. 네 믿음[의탁]이 너를 구원하였다." 하고 말씀하십니다. 그 즉시 바르티매오는 다시 보게 되고 예수님을 따라 길을 나섭니다(마르 10,46-52 참조). 우리도 예수님께 다시 볼 수 있게 도와 달라고 간구하여야 합니다. 그리하여 우리를 사랑하시는 그분의 자비에 대한 믿음으로 치유받을 수 있도록 해야 합니다.

베네딕토 16세 교황은 회칙 《희망으로 구원된 우리》에서 우리가 가장 어두운 순간에도 희망할 수 있다고 용기를 불어넣어 주십니다.

"중요한 것은, 나 자신의 삶 속에서 또는 내가 살고 있는 이 역사 속에서 희망할 것이라곤 전혀 남아 있지 않은 듯 보여도 내가 언제나 희망할 수 있다는 사실을 아는 것입니다. 내 삶과 역사 전체가 온갖 좌절에도 스러지지 않는 사랑의 힘으로 굳건히 지탱되고 이로써 그 고유한 의미와 중요성을 지니게 된다는 굳은 희망, 오로지 이러한 희망만이 행동하고 인내할 수 있는 용기를 줄 수 있습니다."[166]

인간은 바로 눈앞에서 일어나는 현재의 관점을 중심으로 생각하는 경향이 있습니다. 그러나 세례를 받은 우리는 지상에서도 영원성에 동참할 수 있음을 기억해야 합니다. 부활하신 그리스도의 현존 안에서 변모된 인성을 마주했을 때 제자들이 경험했던 그 기쁨을 우리도 함께 나눌 수 있다는 사실을 마음에 새겨야 합니다. 그렇지 않을 경우 쉽게 절망에 빠질 수 있습니다.

지금 우리가 맛보는 기쁨이란 고작 그 일부에 불과하지만, 우리를 기다리는 영광은 우리가 헤아릴 수 없을 정도로 큽니다.

"어떠한 눈도 본 적이 없고 어떠한 귀도 들은 적이 없으며 사람의 마음에도 떠오른 적이 없는 것들을 하느님께서는 당신을 사랑하는 이들을 위하여 마련해 두셨다."(1코린 2,9)

따라서 우리가 현재 겪는 고통은 아무리 극심하다 할지라도 "장차 우리에게 계시될 영광에 견주면, 지금 이 시대에 우리가 겪는 고난은 아무것도 아니라고 생각"합니다(로마 8,18 참조).

우리의 시선은 그리스도께서 하신 약속, 즉 현재와 미래에 모두 속하는 약속에 고정되어 있습니다. 이것이 바로 이제와 영원히 그리스도 안에서 찾게 되는 우리의 참된 희망의 현현입니다.

다시 찾은 어머니의 희망

앞서 저는 소중한 사람을 잃은 슬픔을 함께 공유하면서 새미 우드와 영적인 유대감을 쌓았다고 설명했습니다. 짧은 기간이었지만, 그녀의 깊은 영성을 조금이나마 알게 된 것을 영광으로 생각합니다. 새미는 마치 예수님께 사랑받는 제자처럼 주님과 가까이 지내며 예수 성심의 영적인 언어를 통달했습니다. 저는 자녀의 죽음이라는 최악의 비극을 견뎌 낸 새미가 이 책에서 다루고자 하는 희망의 서사에 참여해야 한다고 생각했습니다.

새미에게 연락을 취하자마자 그녀와 저는 즉각적인 유대감을 이루었습니다. 새미는 열린 마음으로 하느님께서 어떻게 고통에서 힘을, 슬픔에서 희망을, 비통함에서 치유를 가져다주셨는지를 함께 나누었습니다. 처음에 저는 새미에게 몇몇 어려운 질문을 해야 해서 불편한 마음이 들었지요. 하지만 그녀는 훗날 제가 '역시 새미답다.' 라고 느낀 그녀만의 방식으로 제 마음을 편안하게 해 주었습니다.

저는 새미에게 첫 번째 질문으로 "클레어를 잃은 후 5년이 지난 지금 삶이 어떻다고 느끼십니까?" 하고 물었습니다. 이어서 훨씬 더 어색하게, 울컥하는 목소리로 "이러한 경험에서 '더 큰 선'을 발견할 수 있었나요?"라는 질문을 했습니다. 이 질문에 대해 새미가 했던 새미만이 할 수 있는 답변을 들어 보도록 합시다.

"그러니까…… 클레어가 없는 오늘날의 삶은 어떠냐고요? 우리는 늘, 항상, 언제까지나 클레어를 그리워할 거예요. 저는 하루에도 몇 번씩 마음속으로 딸에게 사랑하고 그립다고 말해요. 항상 제 딸을 위해 기도하고, 특히 하느님 자비를 구하는 기도를 늘 바칩니다. 그녀가 떠난 후 우리 가족에게는 행복하고 멋진 일이 많이 일어났어요. 클레어의 언니는 예쁜 아들을 낳았어요. 클레어의 가장 친했던 친구와 클레어의 오빠가 결혼했고 그 두 사람 사이에도 아들이 생겼습니다. 클레어가 함께 있었더라면 좋아했을 많은 일이 일어났어요. 클레어는 그 두 명의 조카에게 최고의 이모이자 고모가 되었을 거예요. 하지만 그 아이들은 지금 이 지상의 삶에서 클레어를 아는 기쁨은 누리지 못하겠지요. 우리는 클레어가 자신의 소명을 이루어 가는 모습을 결코 볼 수 없을 거예요. 우리 가족이 느끼는 모든 기쁨의 순간마다 그 아이를 향한 그리움이 더해졌지만, 어쩌면 그렇기 때문에 우리는 그러한 기쁨의 순간마다 더욱 깊이 감사하는지도 모르겠어요. 우리는 확실히 예전처럼 많은 것을 당연시하지 않습니다.

클레어가 세상을 떠난 후, 우리도 가슴 아픈 시간을 보냈어요. 그 시간 동안 클레어가 우리에게 큰 위로를 주고 있었을 거예요. 저는 딸아이가 우리와 함께 있고 또 우리를 위해 기도한다는 것을 전적으로 느끼고 있어요. 그 아이가 우리와 함께 있다는 느낌을 자주 받지만, 한편으로는 그 애가 물리적으로도 우리와 함께했던 때가 그리워요. 클레어는 우리 삶의 크고 다채롭고 아름다웠던 일부분이었어요.

클레어를 잃은 상처는 우리 가족 모두를 변화시켰어요. 저는 더 이상 예전처럼 순진하지 않고 순수했던 마음도 조금은 잃었습니다. 이런 일이 일어날 거라고는 꿈에도 몰랐어요. 제가 좀 더 자비로운 사람이 되길 바라면서 기도하지만 그렇게 되었는지는 잘 모르겠습니다. 그래도 제 생각에 신앙심은 분명히 더 깊어졌어요. 클레어를 상실한 경험은 확실히 (당연하겠지만) 저를 겸손하게 만들었습니다. 예전에는 제가 모든 것을 다 파악하고 있다고 생각했는데, 이제는 어떤 것도 확실히 아는 게 별로 없다고 생각해요. 감사하게도 저는 하느님께서 모든 것을 주관하신다는 사실은 알고 있어요. 주님은 모든 것을 알고 계십니다. 영원이라는 위대한 선물에 감사하고 그분의 무한한 자비에 감사드립니다."

새미는 계속해서 클레어의 죽음에서 '더 큰 선'을 발견할 수 있었는지에 대한 질문에 이와 같은 말을 하였습니다.

"딸의 죽음을 통해 '더 큰 선'을 발견했다고 말할 수는 없지만, 그러한 선이 있다고 믿습니다. 고통에는 하느님의 위대한 계획을 향한 목적이 있다고 믿어요. 주님께 드리는 모든 고통에는 무한한 가치가 있다고 믿지요. 하느님께서는 당신을 사랑하는 사람들에게는 모든 것이 함께 작용하여 선을 이룬다고 약속하셨고, 저도 그분을 사랑하는 사람이니까요. 저는 그 선이 무엇인지 볼 필요가 없어요. 그저 주님의 계획을 신뢰하기만 하면 됩니다. 신뢰가 느껴지지 않는 날에도 계속 신뢰하기 위해 제 뜻을 굽혀야 합니다. 우리의 감정이 항상 진리와 일치하는 것은 아니므로 진리가 무엇인지 잘 알아야 합니다.

한 가지 말씀드릴 수 있는 것은…… 예전보다 천국에 대해 훨씬 더 많이 생각해요. 아니, 사실 늘 천국을 생각하고 있어요. 언젠가 그곳에 갈 것을 고대하지만 현재는 하느님께서 주시는 하루하루를 살아갈 거예요. 하느님의 은총과 자비에 의지하며 마지막 순간까지 참고 인내할 수 있기를 기도하며, 저는 천국을 제 은퇴 연금으로 여기기로 했습니다. 제 삶의 우선순위는 확연하게 바뀌었어요. 예전처럼 어리석고 경솔해지지 않기를 기도합니다. 제 감정에는 무디어지고 도움이 필요한 타인에게는 더 세심해지기를 바라요. 항상 감사할 일과 축복은 무궁무진합니다. 제가 드리는 말에서 그 의미가 전달되기를 바랍니다.

우리의 상실에서 얻은 '더 큰 선'에 대해 말씀드리자면…… 만일 어떤 젊은이가 절망의 반대편에서 살아갈 결심을 한다면, 우리의 사연이 다른 가족에게 위로를 줄 수 있다면, 고통 중에 있는 누군가가 조금은 덜 외롭다고 느낀다면 이 모든 것이 선이겠지요. 때로는 그러한 '더 큰 선'은 하늘의 관점에서만 보인다는 생각이 듭니다. 어쩌면 우리가 여기서 알아볼 수 있는 것이 아닐 수도 있습니다. 우리는 그저 기다리며 의탁해야 합니다. 예수님, 우리를 위한 당신의 희생과 사랑에 참으로 감사드립니다.

또 하나 아주 좋았던 점은 매사추세츠주 스톡브리지에서 마리아회 사제들을 포함해 몇몇 훌륭한 분들을 만날 수 있었다는 거예요. 그리고 저는 그분들이 우리 가족 이야기를 포함한 많은 사연을 모아 다른 이들을 돕는 데 사용할 것이라 믿습니다. 그런 일은 아주 훌륭하고 선한 일이라고 여겨요.

부모 입장에서는 때로 더 큰 선에 대해 생각하기는 어렵다고 생각해요. 한편으로는 그것은 그들의 자녀에 대한 이야기이니까요. 저는 하느님께서 우리 클레어와 그 아이의 이야기를 크게 사용하실 것이라고 믿습니다. 클레어의 매우 잘못된 선택에도 불구하고 그 아이는 하느님을 깊이 사랑하는 아이입니다."

새미와 저는 며칠 동안 그간의 나눔을 되돌아보는 시간을 가졌습니다. 긴 통화와 여러 차례의 이메일을 주고받으면서 소화해야 할 내용이 많았습니다. 이후 다시 연락을 했을 때 새미는 이러한 말을 덧붙였습니다.

"이 책이 완성되고 나면 많은 사람에게 축복이 되고…… 상처받은 많은 영혼에게는 치유를 위한 연고가 될 것이라고 생각해요. 이 프로젝트를 위해 계속 기도하고 또 기도하고 있어요. 이 프로젝트를 위해 노력해 주셔서 정말 감사합니다! 여러분 모두 항상 제 기도 속에 있어요. 여러분이 기도 속에서 클레어를 느끼셨다니 정말 기뻐요. 클레어도 여러분이 하는 것을 좋아할 거예요."

새미의 마음속 생각을 다시 읽어 보면서 저는 우리 주님의 위엄에 경외심을 느끼며 말을 이을 수가 없었습니다. 새미의 말은 매 순간 기도하며 묵상할 가치가 있습니다. 어머니의 애끓는 마음 깊은 곳으로부터 그녀는 슬픔과 비통함에서 희망의 현현을 발견하고, 사랑하는 고인과 함께 끝없는 영원을 누리게 될 궁극적인 희망을 믿음으로 바라보고 있습니다.

의탁의 현현

우리가 감내한 상실과 슬픔을 통해 하느님과 더 깊은 관계를 맺을 수 있게 하는 또 다른 현현에 도달하기를 바랍니다. 우리는 우리가 고통에 대해 할 수 있는 근본적인 대응이 **예수님께 의탁**하는 것임을 마음 깊은 곳에서부터 알고 있습니다.

삶의 폭풍이 몰아칠 때, 그리고 그런 일이 생길 때에, 예수님께 의탁하십시오. 고통이 우리 존재의 핵심을 뒤흔들 때에도 예수님께 의탁하세요. 외로움, 두려움, 원망, 거부감을 느낄 때에도 예수님께 의탁하세요. 위로받고, 사랑받고, 안전하며, 행복하다고 느낄 때에도 예수님께 의탁하세요. 일이 우리 뜻대로 잘 풀릴 때에도 예수님께 의탁하세요. 일이 우리 뜻대로 되지 않을 때에도 예수님께 의탁하시기 바랍니다. 그분은 길이요, 진리요, 생명이십니다. 삶에서 우리에게 주어진 가장 주된 임무인 예수님께 대한 의탁을 완수하면, 그분의 길은 우리의 길이 되고, 우리의 길은 그분의 길이 됩니다. 그리하면 우리는 진리 안에서 살고, 생명을 얻게 됩니다. 그 밖의 모든 것이 하느님 아버지께 영광을 돌리는 더 큰 선의 형태에 들어맞게 됩니다. **예수님, 저는 주님께 의탁합니다!**

동방 박사들이 작고 천진난만한 아기에게서 세상의 빛을 발견하며 구유에서 시작된 우리의 '희망의 현현'으로 가는 여정이 시작되었습니다. 이 여정은 우리가 고통과 비통함과 슬픔의 사막을 지나며 각자 희망의 현현을 얻을 수 있게 해 주었습니다. 우리는 하느님께서 시간과 공간을 초월하여 언제나 현존하시는 분이라는 것을 살펴보았고 사랑하는 고인들의 구원에 대한 희망과 천국에서 그들과 이룰 축복된 친교에 대한 새로운 희망을 얻었습니다.

우리는 사랑하는 이를 잃은 상실과 그것이 우리에게 미치는 결과에 대한 무력함을 인정합니다. 그리하여 상실과 슬픔의 여파 가운데 우리 자신에 대한 새로운 희망을 얻었습니다. 또한 우리는 주님의 신성한 생명을 전해 주는 십자가와 부활의 렌즈를 통해 하느님 자비의 성화 속 예수님을 바라보았습니다. 이 연민과 자비의 하느님께 우리 자신과 사랑하는 이들을 맡겨 드렸고, 확고한 믿음으로 우리 곁을 떠난 이들과 우리의 영원한 삶에 대한 새로운 희망의 현현에 도달했습니다. 하느님께서는 모든 일에서 그분을 사랑하는 이들의 행복을 위해 일하신다는 사실을 알기 때문입니다(로마 8,28 참조).

하느님의 사랑과 자비에 대한 신뢰로 가득 찬 마음으로 이 장을 마무리하며, 여러분을 향한 희망의 메시지를 나누고자 합니다. 이 구절은 예수님께서 한 베네딕토회 수사에게 하신 말씀입니다. 말씀 그 자체이신 그리스도는 언제나 처음이자 마지막이시며 알파와 오메가이십니다.

"이 말은 너희에 대한 나의 약속, 즉 새로운 시작과 거룩함과 축복과 평화의 시절에 대한 나의 약속을 확인해 준다. 이 말씀을 붙잡고 마음에 새겨 두어라. 모든 일에서 내게 의탁하여라. 네가 할 수 없는 일을 내가 너를 위해 할 수 있게 해 다오. 순종과 신뢰로 너희 자신을 내게 맡긴다면 너희는 너희가 가진 희망에 실망하지 않을 것이다."[167]

맺음말
신학적 토대: 영원성, 시간, 그리고 능력

여러분은 여러분 자신과 또 사랑하는 이들에 대한 새로운 희망을 얻었을 것입니다. 이제 시간 밖에 계시는 하느님께서 현재의 기도를 과거 사건에 적용하여 세상을 떠난 자들의 구원을 도우신다는 주장을 더 깊이 살펴보고자 합니다. 이를 위해서는 신학적, 철학적 관점에서 논의가 필요합니다.

'사변적 신학'이라는 용어를 살펴봅시다. 일반적으로 사변적 신학은 사변思辨 혹은 형이상학에 기반을 두거나 근본적으로 영향을 받은 신학을 일컫습니다. 이것은 무엇을 뜻할까요? 또 교회에서 이를 허용하는 이유는 무엇일까요? 일반적으로는 사변을 '지식에 기반한 가장 그럴듯한 추측'으로 이해하는 경향이 있지만, 우리는 이러한 관점으로 접근하지 않습니다. 우리의 추론은 이성적이고 형이상학적인 철학에 토대를 둡니다. 하느님께서 교회에 맡겨 주신 계시로 그 신뢰성은 한층 더 강화됩니다. 전지전능하시고 사랑과 자비 그 자체이신 하느님 계시의 확실성에 기초한 것이지, 단순한 추측이 아닙니다.

다음에서 제시할 자료 중 교회의 가르침에 위배되는 것은 하나도 없습니다. 오로지 교회의 가장 기초적인 교리에서만 자료를 도출하였습니다. 하지만 타인을 향한 사랑을 명백하게 증명하는 것이 불가능하듯이, 우리의 추론도 교리 인용만으로는 완벽하게 증명할 수 없습니다. 따라서 여기서 제시하는 요점은 주로 사변적 신학의 맥락에서 이해해야 할 것입니다.

이 책에서 도출된 모든 결론은 하느님의 측량할 수 없는 무한한 사랑과 자비에 대한 저자의 확신에 근거합니다. 여러분이 무조건 받아들일 필요는 없지만 그중 신앙에 반하는 것은 없으므로 그것을 믿는 것이 문제가 되지는 않습니다. 한편으로는 '사변적'이라 할지라도, 올바른 신학이란 하느님께서 당신 자신을 드러내신 데서 기반하기 때문에 성경과 가톨릭 전통을 기본으로 하는 이 추론은 타당하고 합리적입니다. 따라서 이러한 견해는 전적으로 사변적인 것이 아니라 교리 신학에도 그 뿌리를 둡니다. 먼저 시간과 영원의 개념을 살펴봅시다.

하느님께서는 시간 밖에 계십니다

영원성의 개념은 오래 생각하면 할수록 매우 난해합니다. 그렇지만 어떻게 현시점에서 오래전에 돌아가신 분을 위해 기도를 드려야 하는지 이해하려면 하느님의 영원성에 대한 기본적인 이해가 필요합니다. 우선 영원성과 무한성이 서로 다른 개념이라는 점을 인식해야 합니다. 영원성이란 단지 하느님이 불멸의 존재라는 말이 아닙니다. 영원한 삶이란 그저 오래 지속되는 시간의 개념이 아닙니다. 영원한 삶이란 시간의 개념을 벗어난 삶입니다.

사람들은 종종 "그러면 하느님 이전에는 무엇이 존재했나요?"라고 묻곤 합니다. 하지만 '이전에'라는 말에는 시간의 개념이 전제되어 있습니다. 시간은 그 자체로 창조물인데 말입니다. 하느님께서는 시간을 창조하셨고, 시간 밖에 계십니다. 흥미롭게도 현대 물리학은 이 점에서 신학과 같은 입장입니다. 시간은 공간과 함께 흐르며 공간은 시간과 함께 움직입니다. 공간이 없으면 시간도 없습니다. 무신론자인 물리학자 스티븐 호킹 박사조차도 《시간의 역사 A Brief History of Time》에서 이 '시공간'에 대해 이야기합니다.

따라서 하느님께서는 본질적으로 오로지 영이시며 공간상에 계시지 않으므로 우리의 시간 밖인 신성한 시간 sacred time 속에 존재하십니다. 반면 우리는 물리적 공간상에 존재하며 물리적 시간, 즉 우주의 시간 속에서 살아갑니다. 그러나 '때가 차자'(갈라 4,4 참조) 하느님께서는 예수 그리스도의 모습으로 육화하시면서 물리적 시간 속으로 들어오셨습니다. 이때부터 상황이 흥미로워집니다.

EWTN 방송에서 '스피처 신부의 우주'라는 인기 프로그램을 진행하는 로버트 스피처 신부(SJ)는 다음과 같이 설명합니다.

"물리적 시간은 신성한 시간처럼 돌아가지 않는 반면에, 신성한 시간은 하느님의 뜻에 따라 돌아갑니다. 하느님께서 모든 시간 너머에 계신다는 것을 (그리고 그 시간은 하느님의 마음을 통해 존재한다는 것을) 믿을 수 있다면, 무엇이든 그분께서 원하시는 일을 하실 수 있다는 것 또한 사실입니다. 즉 하느님께서는 미래의 사건을 현재로 가져오실 수 있고 과거 사건의 실재를 미래로 가져가실 수도 있습니다. 바로 이것이 예수님께서 제자들에게 '너희는 나를 기억하여 이를 행하여라.' 하고 명하실 때 행하시겠다 예견하신 것입니다."[168]

이어서 스피처 신부는 예수님께서 최후의 만찬 때 시간을 허물어뜨리셨음을 강조합니다. 그리하여 예수님의 수난과 죽음이 최후의 만찬에서 이미 완성되었다는 것입니다. 최후의 만찬에서 그리스도는 아직 (물리적 시간상으로) 부활이 일어나지 않은 상태였음에도 불구하고 부활하신 당신의 몸을 직접 손에 들고 계셨던 것입니다. 최후의 만찬보다 더 이전의 예를 살펴보자면, 예수님 구원 사업의 모든 공로가 안나 성녀의 태에 잉태되신 마리아에게 주어졌을 때에도 시간의 개념이 허물어졌습니다. 그리스도 자신이 아직 시간상으로 잉

태되시기 이전이었음에도 불구하고 일어난 일이었기 때문입니다.[169]

《가톨릭 교회 교리서》는 그리스도의 수난, 죽음, 부활의 구원과 관련된 사건인 파스카 신비에 대해 다음과 같이 가르칩니다.

"그리스도의 파스카 신비는 과거 안에만 머물 수 없는 것이다. 왜냐하면 그리스도께서 당신의 죽음을 통해 죽음을 물리치셨으며, 그리스도의 모든 것, 곧 모든 인간을 위하여 그분이 행하고 겪으신 모든 것들이 하느님의 영원성에 참여하고, 그럼으로써 그리스도께서 모든 시대를 초월하여 모든 시대에 현존하고 계시기 때문이다. 십자가와 부활 사건은 영속하는 것이며, 모든 것을 생명으로 이끌고 있다."(1085항)

놀랍도록 심오한 이 구절은 묵상하며 기도할 만한 가치를 담고 있습니다. 파스카 신비의 사건, 즉 그리스도 생애의 모든 사건은 영속합니다. 즉 사라지지 않습니다. 그 사건은 과거에 남아 있지 않습니다. 예를 들어 파스카 신비는 매 미사 때마다 특유의 강력한 방식으로 성사적으로 '재현', 즉 현존하게 됩니다.[170]

그리스도의 신비는 묵주 기도나 십자가의 길 기도를 바칠 때마다, 복음서로 렉시오 디비나를 하거나 그리스도의 생애를 묵상할 때마다, 그리고 우리가 고통 가운데 그것을 그리스도의 십자가에 결합시킬 때마다, 역사를 통해 거듭 접하게 됩니다. 다시 말하지만, 모든 그리스도 생애의 신비는 그대로 영속해 머물러 있습니다. 그 신비는 모든 시대를 초월하고, 모든 시대에 현존하며, 신성한 영원성 안에 '단 한 번'(히브 9,26 참조) 존재합니다.

베네딕토 16세 교황은 다음과 같이 말했습니다.

"모든 시간은 하느님의 시간입니다. 영원의 말씀께서 인간적 존재로 육화하시면서 또한 시간의 유한성까지 취하셨습니다. 예수님께서 시간을 영원의 영역으로 끌어들이신 것입니다. 즉, 그리스도께서 스스로 시간과 영원을 잇는 다리가 되신 것입니다."[171]

아마 어떤 분들은 하느님께서 시간 밖에 계시다는 주장에는 동의하지만, 그 이상의 개념으로는 확대하려 하지 않을 수도 있습니다. 그들은 이렇게 말할지도 모릅니다.

"그래요, 하느님께서는 시간 밖에 계시지만 우리는 그렇지 않아요. 따라서 우리가 하는 기도가 시간을 넘나들며 영향을 줄 거라고는 생각할 수 없어요."

이에 대해 우리는 인간의 현실 속으로 들어오신 그리스도를 향하여 믿음, 희망, 사랑으로 다가갈 때 그분의 실재, 곧 그분의 신성한 영원성 안으로 들어가게 된다고 답할 수 있습니다. 다시 말해 하느님께서 우리를 향한 사랑으로 육화를 통해 '시공간' 안으로 들어오신 것처럼, 우리는 세례와 미사라는 특정 방식으로 하느님의 '시공간을 초월한' 영원성 안으로 들어갑니다. 이것이 기도 생활에 어떤 영향을 주는 걸까요? 이는 예수님의 신비 안에서 그저 우리가 주님만을 바라보고 있는 것이 아니라 주님께서도 우리를 돌아보고 계신다는 것을 의미합니다. 《가톨릭 교회 교리서》는 다음과 같이 전합니다.

"예수님께서는 당신의 일생, 고뇌와 수난 동안 우리들 모두와 각자를 알고 사랑하셨으며, 우리 하나하나를 위하여 자신을 내어 주셨다. 하느님의 아들은 '나를 사랑하시고 나를 위하여 당신 자신을'(갈라 2,20) 바치셨다."(478항)

마찬가지로 예레미야서 1장 5절에서 하느님께서는 "모태에서 너를 빚기 전에 나는 너를 알았다."라고 말씀하십니다. 하느님께서 우리가 모태에 있기 전부터 '우리를 아셨다'면, 우리의 기도에 대해서도 이미 아셨다는 추론이 가능하지 않을까요?

하느님께서는 전지전능하시며 우리가 기도하기 이전에 우리가 할 모든 기도를 아십니다. 또한 전지전능하신 하느님은 그러한 우리의 기도를 받아들이시어 과거, 현재 또는 미래의 시점에 쓰실 수 있는 능력을 갖고 계십니다. 특히 그 기도가 누군가의 구원을 위한 기도일 때는 더욱 그러합니다.

하느님께서 무엇보다 우리의 구원을 원하신다면, 사랑하는 이들을 도우려는 우리의 기도를 허락하시지 않으리라 의심할 이유가 있을까요? 하느님께서는 자선을 베풀라 하지 않으셨던가요? 다른 사람을 위한 전구는 자선을 실천하는 가장 좋은 방법입니다. 그렇다면 하느님께서 왜 우리가 올린 전구를 들어주시지 않겠습니까? 삶의 가장 중요한 임종의 순간에 놓여 절실히 도움이 필요한 이들에게 그 전구로 얻은 은총을 베풀어 주지 않으시겠습니까? 하느님의 능력과 의지를 의심한다는 것은 그분의 무한하신 자비를 한정하는 것입니다. 하지만 우리는 예수님께서 파우스티나 성녀에게 하신 말씀을 통해 그분의 자비가 무한하며, 그 자비를 우리에게 부어 주시기를 간절히 원하고 계심을 압니다.

그러므로 우리의 기도는 강력한 효력을 갖습니다. 기도에 그러한 능력이 없었더라면 예수님께서 우리에게 "끊임없이 기도하라." 하고 명령하지 않으셨을 것입니다(루카 18,1; 21,34-36; 1테살 5,16-18; 에페 6,18 참조). 앞서 믿음과 희망 그리고 사랑을 통해 우리가 신성한 영원으로 들어간다고 설명드렸습니다. 이러한 신학적 덕목에 근간을 둔 우리의 기도는 우리가 초자연적인 존재가 되었을 때부터 갖게 된 초자연적 능력입니다.[172]

그렇다면 우리는 언제 '초자연적 존재'가 되는 걸까요? 그런 일은 천국에 갈 때까지 일어나지 않는다고 주장하는 분도 있을 것입니다. 그러나 사실상 그 일은 그리스도께서 우리 하나하나를 친히 구원하시면서 일어났습니다.

계속해서 이러한 생각을 이어 가다 보면, '대체 하느님께서 언제 당신과 나를 구원하신 거지?'라는 의문을 가질 수도 있습니다. '거듭난 개신교 신자'라면 예수님을 자신의 주님이자 구세주로 받아들인

때라고 말할 것입니다. 그러나 우리 가톨릭 신자들은 신앙의 실천으로 우리 안의 초자연적 생명이 한층 굳건해지는 것은 분명하지만, 그러한 삶은 실제로 세례성사와 함께 시작된다고 말할 것입니다.

세례를 통해 우리는 거룩하게 됩니다! 우리는 문자 그대로 "그리스도와 하나 되는 세례를" 받고 그리스도를 입어 "그리스도 예수님 안에서 믿음으로 하느님의 자녀"가 되었습니다(갈라 3,26-27 참조). 베드로 사도가 선포한 것처럼 우리는 "하느님의 본성에 참여하는 자"(2베드 1,4 참조)가 된 것입니다. 우리는 진정으로 그리스도의 몸을 이루는 지체가 되었기에 거룩한 능력으로 활동할 수 있습니다. 특히 미사성제 때 기도를 통해 우리는 시공간을 초월하여 하느님의 영원성 안으로 들어갈 능력을 얻습니다.[173] 그러므로 기도를 통해 미래의 은총을 받을 수도 있고, 시간을 거슬러 올라가 다른 사람에게 영향을 줄 수 있다는 사실은 논리적으로 타당해 보입니다.

앞서 말씀드린 것처럼, 저는 할머니의 임종 순간에 훗날 제가 드린 기도가 변화를 가져왔을 것이라고 믿습니다. 제가 무슨 대단한 '기도 전사'여서가 아니라 초자연적인 존재이기 때문입니다. 저는 그리스도의 지체이며, 특히 미사성제와 저의 고통 가운데서 기도라는 믿음의 실천을 통한 초자연적인 능력을 가진 사람입니다.

심지어 우리는 기도할 때 예수님께서도 기도하시고, 우리가 고통받을 때 예수님께서도 고통받으신다고 말할 수 있는데, 이는 우리가 그리스도의 몸이기 때문입니다(사도 9,4 참조). 우리를 통해 (인류 역사 전체에 영향을 미치는) 예수님의 구원 행위가 완성되었다 말할 수 있는 것이죠. 다시 말해 그리스도의 몸을 이루는 지체로서 우리의 기도는 이미 죽은 사람들과 아직 태어나지 않은 사람들에게도 영향을 미칩니다.

이를 뒷받침하는 설득력 있는 예를 파우스티나 성녀의 일기에서 찾을 수 있습니다. 예수님께서 성녀에게 기도하라고 알려 주신 9일 기도에는 현시점의 우리의 행동이 예수님께서 수난 중에 겪으신 고통에 어떤 영향을 미쳤는지를 보여 주는 여러 구절이 있습니다. 하느님 자비의 9일 기도에 나오는 몇몇 구절은 우리의 기도가 시간을 초월하여 과거에도 적용되어 효력을 발휘할 수 있음을 보여 줍니다.

둘째 날

오늘은 내게 사제들과 수도자들의 영혼을 데려와 나의 헤아릴 수 없이 깊은 자비 속으로 잠겨 들게 하여라. 내게 쓰라린 수난을 견딜 수 있는 힘을 준 것은 바로 그들이었다(일기, 1212).

셋째 날

오늘은 내게 헌신적이고 충실한 영혼들을 데려와 그들을 내 자비의 바다에 잠기게 하여라. 이 영혼들은 내가 십자가를 지고 가는 길에서 나를 위로해 주었다. 그들은 쓰라리고 비통한 바다 한가운데서 위로의 물방울이 되어 주었다(일기, 1214).

넷째 날

오늘은 이교도들과 아직 나를 알지 못하는 사람들을 나에게 데리고 오너라. 나는 쓰라린 수난 동안에도 그들을 생각하고 있었고, 그들이 장래에 가지게 될 열정이 내 마음을 위로하였다(일기, 1216).

여섯째 날

오늘은 온유하고 겸손한 영혼들과 어린아이들의 영혼을 나에게 데려와 나의 자비심에 잠기게 하여라. 이 영혼들은 내 성심을 가장 많이 닮았다. 그들은 내가 비통한 괴로움 중에 있을 때 나에게 힘을 주었다. 나는 그들을 내 제대에서 밤새워 기도하는 지상의 천사들처럼 보았다(일기, 1220).

이러한 예에서 알 수 있듯이, 예수님께서는 수난 당시에 지금 우리의 행실, 즉 우리의 충실함 또는 불충실함, 사랑 또는 무관심, 성덕 또는 죄 등을 보셨던 것입니다. 예수님께서 겟세마니 동산에서 고뇌하시며 피땀을 흘리실 때 그분이 겪으신 고뇌 중 일부가 훗날 제가 지은 죄 때문이었다는 사실을 생각하면 언제나 마음이 숙연해집니다. 지금 우리의 행위에는 영원한 영향력이 있습니다. 하지만 한편으로는 위에 언급한 파우스티나 성녀의 일기에 나온 내용과 같이, 예수님께서는 우리 각자가 일생 동안 행할 모든 선행도 보셨습니다. 특히 기도를 통한 선행을 말입니다.

이제 어떻게 우리의 기도가 시간을 초월하여 영향을 미칠 수 있는지 몇 가지 예를 더 살펴봅시다.

피에트렐치나의 비오 성인의 증언과 그 밖의 예

피에트렐치나의 비오 성인의 개인 비서였던 알레시오 파렌테 신부(OFM Cap)가 전하는 비오 성인과 그의 주치의가 나눈 대화입니다.

비오 성인	제 증조할아버지의 행복한 임종을 위해 지금도 기도할 수 있습니다.
의사	하지만 신부님의 증조할아버지는 벌써 오래전에 돌아가셨잖아요.
비오 성인	주님께는 과거도 미래도 존재하지 않습니다. 그분께 모든 것은 영원한 현재이니까요. 주님께서는 증조할아버지를 위해 제가 드릴 기도를 이미 받아들이셨습니다. 그래서 저는 지금도 증조할아버지의 행복한 임종을 위해 기도할 수 있는 것이죠.[174]

우리의 기도가 오래전에 돌아가신 분들의 영원한 운명에 변화를 가져올 수 있다고 추측하는 이유는 그들이 (영적으로) 죽고 난 다음에는 하느님께서 우리의 기도를 받지 않으시기 때문입니다. 즉 하느님의 관점에서는 제 할머니의 자살이 10년 전에 일어난 일이 아닙니다. 주님께는 모든 것이 한 순간에 존재합니다.

저는 〈내셔널 가톨릭 레지스터〉라는 매체에 실린, '가톨릭 앤서스'의 담당 수석 호교론자apologist인 지미 에이킨의 글을 읽고 매우 기뻤습니다. 그는 이 비오 성인의 일화를 인용하며 하느님께서는 시간에 구애받지 않으므로 우리의 기도가 과거에 영향력을 미칠 수 있다는 동일한 내용을 강조했습니다. 에이킨은 이런 사변적인 신학적 관점이 어떻게 가능할 수 있는지 설명합니다.

"만약 하느님께서 우리처럼 시간에 매여 있으시다면, 누군가가 죽었던 순간에 그를 구원해 달라고 (지금) 기도하는 것은 말이 되지 않을 것입니다. 그분은 이미 구원되었거나, 그렇지 못했겠지요. …… 그러나 하느님께서는 시간에 갇혀 있는 분이 아니십니다. 그분은 완전히 시간을 벗어난 존재이십니다. 모든 역사는 거대한 벽화처럼 동시에 하느님 앞에 존재합니다.

하느님께서는 시간을 벗어난 영원의 관점에서 과거, 현재, 미래 등과 상관없이 모든 존재를 동시에 아십니다. 또한 역사의 모든 순간과 교감하실 수 있습니다. 이는 하느님께서 태초에 우주를 창조하셨을 뿐만 아니라 그분의 영원한 관점에서 우주가 존재하는 매 순간마다 우주를 유지하신다는 사실에서 잘 드러납니다. …… 하느님께서 역사의 모든 것을 알고 계신다면, 제가 4월 12일에 죽은 사람을 위해 4월 15일에 기도 드릴 것을 아실 것입니다. 더 나아가, 하느님께서 역사의 모든 시점과 상호 작용을 할 수 있는 분이시라면 4월 12일에 임종하는 사람을 위해 4월 15일에 제가 드리는 간구를 받으시어 은총을 베푸실 수 있을 것입니다. 따라서 이미 죽은 이의 구원을 위해 제가 드리는 기도가 가능하다고 할 수 있습니다.

일반적으로 우리는 미래에 대한 지향으로 기도를 드리지만, 어떤 때는 현재에 관한 지향일 때도 있고 이번에 드린 예시와 같이 과거에 대한 지향일 수도 있습니다. …… 이러한 원칙은 임종하는 사람에게 특별히 적용된다고 할 수 있습니다. 우리는 임종을 맞는 사람이 은총의 상태에 있는지 여부를 객관적으로 알 수 없습니다. …… 그러므로 누군가가 죽음을 맞이할 때마다, 그의 임종의 순간에 하느님께서 구원에 필요한 은총을 베풀어 주셨기를 간구하는 것이 이치에 맞다고 할 수 있습니다."[175]

도로시 데이와 C. S. 루이스

미국의 위대한 가톨릭 운동가이자 언론인이며 가톨릭 노동자 운동의 창시자였던 '하느님의 종' 도로시 데이는 가톨릭으로 개종한 지 얼마 되지 않은 시점에 친구의 아들이 자살로 세상을 떠나는 일을 경험합니다. 그리고는 당시의 슬픔과 충격을 담은 칼럼 기사를 남겼습니다. 그녀는 자신의 고해 사제이자 뉴욕시 14번가의 '과달루페의 성모 성당'에서 사목하던 친절하고 지혜로운 자커리 신부를 찾아가 자살로 생을 마감한 이 청년을 위해 어떻게 기도해야 하는지 물었습니다. 자커리 신부는 이렇게 답하였습니다.

"하느님께는 시간이라는 것이 없습니다. 앞으로 이 청년의 영혼을 위해 바칠 당신의 모든 기도가 아주 긴요하게 쓰일 것입니다. 주님께서는 '청하여라. 너희에게 주실 것이다.'(마태 7,7)라고 말씀하셨습니다. 이는 그분께서 약속해 주신 것입니다. 그의 영혼을 위해 계속해서 하느님의 자비를 구한다면 분명 기도의 응답을 얻을 것입니다. 죽음의 순간에 처한 영혼은 육체의 구속에서 풀려나면서, '빛보다 어둠을 따라갈지, 선보다 악에 동의할 것인지 거부할 것인지'를 선택해야 하는 순간이 주어집니다."[176]

도로시 데이는 자커리 신부의 말에 큰 위로를 받았고 저 또한 마찬가지였습니다.

20세기의 위대한 그리스도교 문학 작가 중 한 명으로 꼽히는 세계적인 호교론자 C. S. 루이스도 이 점을 언급했습니다. 루이스는 《기적 Miracles》에서 이렇게 서술합니다.

"하느님에게는 세상의 모든 물리적 사건과 모든 인간 행위가 '영원한 지금' 안에 현존하고 있습니다. …… 이런 의미에서 본다면, 하느님께서는 오래전에 이 우주를 창조하신 것이 아니라 지금 이 순간, 매 순간 우주를 창조하고 계시는 것입니다. …… 그러나 저와 1945년에 제가 드리는 기도는 (비록 제게는 그렇지 않지만) 하느님께는 세상을 창조하실 때도, 지금도, 그리고 백만 년 후에도 똑같이 현존할 것입니다. …… 가령 어떤 싸움이나 의료 진단의 결과에 대한 지향으로 기도할 때, 종종 이 사건의 결과가 어느 쪽으로든 (우리가 아직 몰라서 그렇지) 이미 결정이 된 것이지 않은가 하는 생각이 뇌리에 스칩니다. 저는 그런 생각이 든다고 해서 기도를 중단할 이유가 없다고 생각합니다. 어떻게 보면 이미 사건의 결과는 분명 '모든 세상이 있기 전에' 결정되었습니다. 그러나 그와 같은 결정에 참작된 요인 중 하나, 따라서 실제로 그 일이 일어나게 해 주는 요인 중 하나가 바로 우리가 지금 드리는 이 기도일지 모릅니다. 다소 충격적으로 들릴지 모르지만, 저는 오전 10시에 발생하는 사건의 일부 원인이 낮 12시에 나타날 수 있다고 생각합니다. …… 이렇게 생각할 수도 있습니다. '그럼 내가 지금 기도를 중단한다면 하느님께서는 과거로 돌아가셔서 이미 일어난 일도 바꾸실 수 있다는 것인가?' 그런 뜻은 아닙니다. 이미 그 사건은 일어났고, 여러분이 지금 기도하는 대신 그러한 질문을 하고 있다는 사실도 그 원인 중 하나였다는 것입니다. 이에 대해 또 '그러면 내가 지금 기도하기 시작하면 하느님께서 과거로 돌아가셔서 이미 일어난 일도 바꿔 주실 수 있다는 것인가?' 하고 물으실 것입니다. 그렇지도 않습니다. 다시 말하지만, 그 사건은 이미 발생하였고 그 발생 원인 중 하나가 현재의 기도인 것입니다. 따라서 무언가가 정말 우리의 선택에 달려 있는 것은 맞습니다. 이렇게 우리의 자유에 의한 행위는 이 우주의 양상에 기여합니다. 그러한 기여는 영원성 안에서, 달리 말해 '우주 만물이 생겨나기 이전'에 이루어졌습니다. 그러나 내가 그 기여를 인식하게 되는 것은 시간 흐름의 어떤 특정 지점에 이르러서야 가능해집니다."[177]

이제 한 가지 추가 설명과 함께 '희망의 현현'과 관련하여 제가 자주 받는 몇몇 질문을 살펴봅시다.

과거의 일에 대한 기도는 언제 하는 것이 좋을까요?

우리는 보통 지금 살아 있는 사람들과 현재 당면한 사건에 관해 기도합니다. 그러나 하느님께서 우리가 과거의 사람이나 혹은 어떤 일을 위해 기도하기를 원하시는 경우도 있습니다. 가령 우리와 직접적으로 관련된 가족이나 친구를 위해서 말이죠. 주님께서 우리에게 기도하도록 맡기시는 일들이 있습니다. 하지만 그렇다고 몇 세기 전에 발생한 세계적 사건과 같은 모든 것에 대해 기도하기를 원하시는 것은 아닙니다. 예를 들어 오늘 우리가 2001년 9월 11일에 일어난 테러 사건이 결코 일어나지 않도록 해 달라고 기도하지는 않겠지요. 그러나 테러 공격으로 희생당한 이들에게 하느님의 자비를 베풀어 달라고 기도할 수는 있습니다.

다시 지미 에이킨의 글을 살펴보겠습니다. 에이킨은 과거의 일을 위해 언제 기도하는 것이 적절한지 질문을 제기하며 이렇게 서술합니다.

"실제로 일어나지 않았다고 우리가 이미 아는 일을 지향으로 기도하는 것은 적절하지 않습니다. 그런 사건이 일어나지 않은 방식으로 역사가 전개되도록 허용하심이 하느님의 뜻임을 알기 때문입니다. 과거에 일어나지 않았음을 알고 있는 일을 위해 기도하는 것, 다시 말해 제2차 세계 대전을 겪지 않거나 혹은 친구가 교통사고로 죽지 않게 해 달라고 기도하면서 이미 펼쳐진 역사를 바꾸어 달라고 하는 기도는 하느님의 뜻에 반하는 기도가 될 수 있습니다. …… 마찬가지로, 반드시 미래에 일어날 것임을 아는 일들과 상반되는 기도를 하는 것 또한 부적절합니다. 예를 들어 이 세상에 종말이 오지 않게 해 달라는 것이나 우리의 자녀들이 절대로 죽지 않게 해 달라는 기도 지향은 적절하다고 할 수 없습니다."[178]

그러나 우리가 확실히 잘 알지 못하는 일을 위해 기도하는 것은 적절합니다.

"이러한 경우, 그 지향이 하느님의 뜻인지 아닌지 알 수 없으므로 하느님의 뜻에 반하는 기도를 하는 것도 아니고 이미 일어났음을 아는 일에 대해 기도하는 것도 아닙니다. 바로 이것이 대부분의 기도에서 우리가 처한 상황입니다. 하느님께서 기도를 들어주실지 안 들어주실지는 알 수 없지만, 주님께서는 '항상 낙심하지 말고 끊임없이 기도'(루카 18,1)하라고 격려해 주십니다. …… 우리는 임종을 맞는 사람이 은총의 상태에 있는지 여부를 객관적으로 알 수 없습니다. 이러한 사실은 우리가 본질적으로 접근할 수가 없습니다.

그러므로 누군가가 죽음을 맞이할 때마다, 그의 임종의 순간에 하느님께서 구원에 필요한 은총을 베풀어 주셨기를 간구하는 것이 이치에 맞다고 할 수 있습니다. 하지만 한 가지 주의할 점이 있습니다. 하느님께서는 우리를 시간에 매인 피조물로서 과거가 아닌 미래를 지향하도록 설계하셨습니다. 바오로 사도처럼 우리도 '뒤에 있는 것을 잊어버리고 앞에 있는 것을 향하여 내달리고'(필리 3,13) 전진해야 할 필요가 있습니다."[179]

정말 훌륭한 글입니다. 과거에 매여 있으면, 현재와 미래를 소홀히 할 수 있다는 에이킨의 의견에 전적으로 동의합니다. 에이킨은 다음과 같이 말합니다.

"하느님께서 과거에 일어나도록 허락하신 일들을 위해 기도함으로써 하느님께 더 가까워질 가능성을 배제할 수는 없지만 이러한 기도가 더 시급한 현재와 미래의 관심사로부터 우리의 영적 집중력을 빼앗아 간다는 것도 부정하기 어려운 사실입니다."[180]

C. S. 루이스는 《기적》에서 이렇게 서술합니다.

"다음과 같은 질문이 제기될 수 있습니다. 불과 몇 시간 전에 실제로 일어났거나 일어나지 않았을 어떤 사건을 위해 기도하는 것이 타당하다면 우리는 왜 확실히 일어나지 않았음을 알고 있는 사건을 위해 기도할 수 없는 걸까요? 가령 어제 살해당한 어떤 사람의 안전을 위해 기도하는 행위는 타당하지 않은 걸까요? 그 차이점은 오로지 우리가 이미 그 사건이 일어났음을 알고 있다는, 인식하고 있다는 바로 그 사실입니다. 우리가 인식한 그 사건은 하느님의 뜻이 무엇인지 말해 줍니다. 우리가 이미 얻을 수 없음을 아는 것을 위해 기도한다는 것은 심리적으로 불가능합니다. 만일 가능하다 할지라도 그러한 기도는 하느님의 뜻에 순종해야 하는 의무를 범하는 죄가 될 것입니다.

그리스도인은 이런저런 사건이 기도 때문에 일어났는지 아닌지를 따지지 않습니다. 그보다는 모든 일은 예외 없이 기도에 대한 응답이라고 믿습니다. 기도의 지향을 들어주시든 아니든, 관계된 모든 이들의 기도와 그들의 필요를 하느님께서는 모두 다 참작하시기 때문입니다. …… 여러분이 기도하던 일이 실제로 일어났다면, 그것은 여러분의 기도가 그 일이 일어나는 데에 늘 기여했다는 의미입니다.

그 반대의 일이 일어났을지라도, 그것이 여러분의 기도가 무시됐다는 의미가 아닙니다. 이는 여러분을 위한 궁극적인 선과 우주 전체의 유익에 대해 깊이 숙고하여 받아들여지지 않은 것입니다."[181]

결론적으로, C. S. 루이스와 지미 에이킨은 시간을 초월한 기도가 가능하다는 매우 설득력 있는 주장을 펼칩니다. 그들의 논리에 따르자면, 제가 하느님께 드리는 기도는 할머니의 임종 순간에 할머니를 돕기 위해 하는 것이지, 할머니가 자살하지 않도록 해 달라는 기도가 아님을 알 수 있습니다. 할머니가 자살하셨다는 사실은 변할 수 없습니다. 그 사건은 하느님 뜻에 의해 허락된 일이었고, 제가 그에 반하는 기도를 드린다면 이는 부적절할 것입니다. 그러나 할머니의 영원한 운명은 제가 알 수 없기 때문에(다시 말해 할머니의 영혼에 대한 하느님의 심판 결과를 모르기 때문에) 할머니의 구원은 미래의 시점에서도 제가 절대적으로 기도할 수 있는 부분인 것입니다.

한 가지 중요한 점을 말씀드리고 싶습니다. **과거에 제가 할머니를 돕기 위한 기도를 했다고 하여, 그 기도를 통해 할머니를 지옥에서 해방시키는 데 도왔다는 의미가 아닙니다.** 그런 일은 일어날 수 없습니다. 영혼이 지옥에 들어가면 그것은 그 영혼이 영원히 처한 최종 상태가 되며 결코 바뀔 수 없습니다. 여기서 이야기하려는 핵심은 하느님께서는 시간 밖에 계시고 전지전능하시기 때문에 우리의 전구가 죽음의 순간에 처한 사람을 도울 수 있다는 것입니다.

이러한 기도는 그 기도를 한 시점과 관계없이 누군가의 임종의 순간에 그가 하느님을 거부하고 지옥에 가기로 최종 결정을 내리기 전, 하느님께 "예."라고 말할 수 있게 하는 커다란 은총을 가져다줍니다(이 경우 '예.'라는 선택을 해야 하는 당사자는 우리가 아니라 그들입니다). 그 시점에서 그들의 결정은 되돌릴 수 없습니다. 우리가 소중한 고인을 위해 드리는 기도는 그들이 실제로 지옥을 선택하지 않도록 임종의 순간에 적용됩니다. 그들이 그 은총을 받아들이는지 여부는 영원에 이르러서야 밝혀질 신비입니다.

이러한 원칙이 자살로 사망한 분들뿐만 아니라 돌아가신 모든 분에게 적용된다는 사실은 참으로 큰 위로가 됩니다. 요약하자면, 저는 교회의 교도권적 가르침뿐만 아니라 성인들의 증언, 특히 파우스티나 성녀가 묘사한 우리와 일치되기를 바라시는 하느님의 자비에 대해 알면서 진정한 희망을 갖게 되었습니다. 이번에는 제가 사람들에게 희망의 깨달음에 대해 자주 받는 또 다른 질문으로 넘어가 보겠습니다.

이 주장을 지지하는 사람은 또 누가 있나요?

앞서 말씀드린 '하느님께서는 시간 밖에 계시지만 우리는 그렇지 않으므로 우리의 기도는 시간을 초월할 수 없다.'라는 반론으로 돌아가 봅시다.

철학자인 피터 크리프트 박사는 《천국에 대해 알고 싶었지만 결코 물어볼 수 없었던 모든 것 Everything You Ever Wanted to Know about Heaven》에서 기도가 지닌 영원한 능력에 대해 이야기합니다. 그는 이렇게 설명합니다.

"영원은 시간처럼 펼쳐져 있지 않습니다. 영원은 한 조각씩 지나가는 것이 아니라 동시적으로 한번에 모두 존재하며 …… 과거와 미래로 흩어져 있지도 않습니다."[182]

'영원의 시간은 몇 시인가?'라는 질문의 답은 '지금'입니다. 모든 것이 동시에 존재하기 때문이지요. 따라서 고대의 철학가이자 사상가였던 보에티우스가 영원성에 대해 '하나의 현재에 있는 전적인 완전성을 동시에 소유하는 것'[183]이라고 한 정의는 타당한 주장이라 할 수 있습니다.

이어서 크리프트는 우리가 매일 측정하는 시간인 시계상의 시간(그리스어로 크로노스) 외에도 세상에서 경험할 수 있는 종류의 시간이 있다는 점에 주목합니다.

"우리는 **카이로스**, 곧 살아 있는 시간, 혹은 인생의 시간 속에서 살고 있습니다. 카이로스는 무언가를 **위한** 시간, 인간의 목적과 관련된 시간을 뜻합니다. …… 흔히 죽음의 순간에 우리의 일생 전체가 생생하게, 완벽한 순서로, 단 한 순간에 눈앞에서 스쳐 지나가는 것을 경험한다고 합니다. 당신이 일생에서 보낸 모든 카이로스의 시간은 단 1분의 크로노스도 걸리지 않는 것입니다. 이는 삶과 죽음의 경계에서 크로노스의 한계가 없어지기 때문입니다."[184]

크리프트는 계속해서 시간을 인간(인류), 초인간(하느님), 비인간(물질적 세계)이라는 세 가지 차원의 실재성實在性과 연관시킵니다. 그는 "이 세 가지 차원에는 각각의 고유한 지속 시간이 있습니다. 하느님께는 영원, 인류는 카이로스, 세상은 크로노스가 있는 것입니다."[185]라고 설명합니다. 따라서 우리의 기도가 심지어 과거에 일어난 일에 대해서도 변화를 일으킬 수 있는 이유는 "우리의 주관적 영이 객관적 영(하느님)과 객관적 물질(세상) 모두에 닿을 수 있듯이, 인간적 시간(카이로스)이 초인간적 시간(영원)과 비인간적 시간(크로노스), 다시 말해 신성한 영역과 물질적인 영역 모두에 닿기 때문"[186]입니다.

영적 본성을 가진 인간은 초월의 특성을 지녔기에 영원성과 닿을 수 있습니다. 인간과 영의 시간 양식, 즉 카이로스를 통해 인간은 크로노스의 한계를 넘어 영원성 안에 계시는 하느님의 초인간적 '시간'으로 들어갈 수 있는 것입니다.

크리프트의 주장은 다음과 같습니다.

"인간의 카이로스는 그 차원의 일부로 세상의 크로노스를 포함하는데, 이는 시간이 우리 경험의 일부이기 때문입니다. 또한 인간의 카이로스는 하느님의 영원에 포함됩니다. 우리 경험을 구성하는 요소 중 하나로 하느님께서 존재하시는 것이 아니라 하느님 경험의 구성 요소 중 하나로 우리 인간이 존재하기 때문입니다. 우리 삶에서 주어진 시간의 의미는 하느님의 영원 안에 있습니다. 카이로스의 핵심, 우리 삶의 핵심, 즉 이 모든 것이 가리키는 것은 영원입니다."[187] 크로노스는 결코 영원에 닿지 못하지만 카이로스는 가능합니다."[188]

따라서 우리는 우리 영혼의 깊은 곳으로부터, 즉 우리의 카이로스에서 나오는 기도가 영원한 영향력을 발휘할 수 있는 것은 바로 이 수단을 통해서라는 결론을 도출할 수 있습니다. "오직 카이로스를 사는 영혼만이 영원에 닿을 수 있으며, [그리스도의] 부활을 통하여 육체와 우주까지도 영원으로 데려갈 수 있습니다."[189] 다시 말해 "하느님(그리스도)께서는 인류 안에 계시므로 인류(그리스도인)는 하느님 안에 머물 수" 있는 것입니다.[190]

이로써 우리의 기도는 시대를 초월한 영원한 차원을 얻게 됩니다. 크리프트는 다음과 같이 서술합니다.

"크로노스의 '현재', 즉 연대기적 '지금'이란 과거와 미래를 구분하는 단순한 지점에 불과합니다. 크로노스에는 과거와 미래만 있을 뿐 아무것도 존재하지 않습니다. 카이로스에서는 모든 것이 존재하며 과거와 미래는 현재의 차원에 속합니다. 카이로스는 영원과 맞닿아 있기 때문입니다. 영원은 살아 있는 현재의 모든 과거와 미래가 포함됩니다. 영원만이 과거와 미래, 알파와 오메가를 함께 아우르며 시간의 분리를 치유하고, '시간을 구속'할 수 있습니다.

여기에서 놀라운 사실은 영원이 과거를 변화시킬 수 있다는 점입니다! 영원은 모든 일의 원인에 관여합니다. 그러나 우리는 시간 속에서 오직 미래에 일어날 일만 관여하게 됩니다. 영원의 인과관계는 과거에서 미래로 또는 현재에서 미래로 이어지는 수평적인 형태로 활동하는 것이 아니라, 모든 시간, 과거와 미래가 포함된, 영에서 시간으로 이어지는 수직적 형태로 활동합니다. 과거는 미래만큼이나 영원에 열려 있습니다."[191]

그러므로 우리의 기도가 이러한 시대를 초월하고 영원한 차원에 도달할 수 있는 이유는 '영원에는 모든 시간이 살아 있기 때문'입니다. '과거는 지금도 존재'합니다. 그리고 우리의 신앙은 '현재의 것은 변화될 수 있고 구속될 수 있다.'라고 말합니다. 따라서 크리프트는 "과거의 모든 죄와 실수, 놓쳐 버린 기회, 해결할 수 없는 모든 문제와 막다른 골목에 이른 일들, 심지어 죽음 그 자체까지도 영원으로부터 거슬러 올라갈 수 있습니다."[192]라고 말합니다. 그는 계속해서 다음과 같이 이야기합니다.

"아무것도 없는 미래에는 두려워할 것이 없는 것처럼, 아무것도 없는 과거에는 후회할 것이 없기 때문에 영원은 후회 자체를 불가능하게 만듭니다. 후회란 이미 죽은, 변할 수 없는 과거를 바라보며 '나는 어제를 믿는다.'[193]라고 말할 때에만 가능한 것입니다."

이제 다시 기도의 효과와 기도가 시간을 초월할 수 있는지에 대한 질문으로 돌아가 봅시다. 크리프트는 이 질문에 대해 개인적 일화를 매우 설득력 있는 예로 제시합니다.

"기도는 변화를 가져옵니다. 기도는 영원에 닿음으로써 과거와 현재를 모두 변화시킵니다. 제 경험을 예로 들어 보겠습니다. 제 딸이 치명적인 악성 뇌종양이라는 오진을 받았을 때 저는 친구들에게 딸을 위해 기도해 달라고 부탁했고, 그 기도는 효과가 있었습니다. 놀랍게도 양성 종양으로 판명되었던 거죠. 한 친구에게 제가 기도해 주어 고맙다고 하자 그는 회의적인 말투로 다음과 같이 저에게 말했습니다. '물론 우리가 한 기도로 아무것도 바뀌지 않았다는 건 알고 있지? 의사 소견으로는 네 딸의 종양은 수년 전부터 있었고 처음부터 양성이었다고 했으니까.' 저는 그 친구에게 이렇게 답해 주었습니다. '네 기도가 상황을 바뀌게 했어. 하느님께서는 이 일에 대해 바쳐질 모든 기도를 미리 영원 속에서 예견하시고는, 내 딸아이를 창조하실 때 악성 종양 대신 양성 종양을 주기로 결정하셨던 거야. 정말 고마워.'"[194]

앞서 다루었던 다른 사례에서도 보았듯이, 전지전능하신 하느님께서는 크리프트의 딸을 위한 기도가 이루어질 것을 알고 계셨을 뿐만 아니라 그 기도를 통해 받은 은총을 아이가 창조되는 순간에 다시 적용할 수 있는 능력을 가지고 계셨음을 알 수 있습니다. 크리프트는 이렇게 서술합니다.

"'주님께는 하루가 천 년 같고 천 년이 하루 같습니다.'(2베드 3,8) 주님께서 시간을 아코디언처럼 연주하시며 마음대로 늘리거나 줄이시는 것처럼 우리도 주님 안에서 살 때 그렇게 할 수 있습니다. 작가가 이야기 속에서 앞뒤로 시점을 옮겨 가며 글을 쓸 수 있듯이 하느님께서도 시간 속에서 움직이실 수 있습니다. 따라서 우리가 이야기에서 벗어나 작가의 내면으로 들어가면 우리도 그렇게 할 수 있습니다."[195]

그러므로 그리스도 안에서 이루어지는 기도는 시간을 초월할 수 있습니다. 지미 에이킨과 C. S. 루이스처럼 크리프트는 우리의 기도를 받아 주시는 하느님께서는 시간에 얽매이지 않으시기 때문에 우리가 최종 역사적 결과를 알 수 없는 과거나 현재의 모든 것을 위해서 기도할 수 있다고 말합니다. 하느님에게는 "소설 속의 모든 사건이 작가의 마음속에 존재하듯 모든 시간이 동시에 영원성 안에서 존재"[196]합니다.

가장 큰 죄인에게도 진정한 희망이

여러 예를 통해 살펴본 것처럼, 시간 밖에 계시는 하느님께서 육화를 통해 시간 안으로 들어오심으로써 실제 세계에 일어난 결과가 있습니다. 세례받은 우리가 그리스도의 몸을 이루는 지체가 되었다는 실제적인 결과가 있습니다. 오늘날 우리가 이미 세상을 떠난 이들을 여전히 기도로써 도울 수 있다는 실제적인 결과가 있습니다.

다시 말해 진정한 희망은 있습니다. 하느님의 은총이 나에게서 오는 것이 아니라 나를 통해 전달될 수 있기에 희망은 있습니다. 참으로, 예수님께서 고인이 된 우리의 소중한 이들에게 마지막으로 호소하실 때 그들이 그분 자비의 은총을 받아들일지, 우울증이든 분노이든, 그들을 자살로 몰고 간 그 모든 것을 꿰뚫는 고요하고 작은 성령의 속삭임을 들을지 여부는 지금 우리가 그들을 위해 바치는 기도와 미사에 따라 달라질 수 있습니다. 심지어 몇 년이 지난 시점에서 드리는 기도라도 말입니다. 하느님께서 우리가 당신의 구원 사업에 적극적으로 참여하기를 원하신다는 것을 알 수 있습니다. 우리는 수동적이고 무관심한 구경꾼이 되어서는 안 됩니다.

예수님께서는 영원하시므로, 그분의 행동은 우리가 성화의 은총을 통해 그분과 결합할 때 우리의 기도와 선행에 깃드는 영원한 속성을 지닙니다. 《가톨릭 교회 교리서》는 "강생하신 하느님으로서 당신 위격 안에서 당신을 모든 사람과 어느 모로 자신을 결합시키셨기 때문에, '하느님께서만 아시는 방식으로 모든 사람에게 파스카 신비에 참여할 가능성'을 주신다."(618항)라고 가르칩니다.

이는 우리를 포함한 모든 인류에게 기도를 통해 파스카 신비에 동참할 기회가 있음을 의미합니다. 그렇기 때문에 우리는 이미 과거에 죽었거나 미래에 죽게 될 사람들의 구원을 위해 확신을 갖고 기도할 수 있습니다. 따라서 우리가 사랑하는 이들은 우리의 도움을 벗어나지 않았고, 분명 하느님의 자비를 벗어난 것도 아닙니다.

그러나 여러분도 저와 마찬가지로, 하느님께 기도의 응답받을 만큼 자신이 '충분히 거룩한지' 궁금할 때가 있을 것입니다. 또는 고인이 된 분이 그러한 기도의 은총을 받을 만큼 충분히 거룩한 사람이었는지 의문을 가질 수도 있습니다. 만약 이러한 의문을 갖고 있다면, 그리스도와 함께 일하는 협력자가 되는 은총은 '모든 사람에게 주어진다.'라는, 위에서 제시한 교리서 항목을 다시 한번 살펴볼 필요가 있습니다. 우리는 모두 큰 죄인입니다. 우리는 또한 파우스티나 성녀에게 하신 예수님의 말씀을 기억해야 합니다.

> 영혼들이 큰 신뢰를 갖고 나의 헤아릴 수 없는 자비에 의탁하도록 격려하여라. 나약하고 죄 많은 영혼이 내게 다가오는 것을 두려워하지 않게 하여라. 비록 그 영혼이 세상의 모래알보다 더 많은 죄를 지었다 하더라도 모두 나의 헤아릴 수 없는 자비의 심연에 잠겨 들 것이기 때문이다(일기, 1059).

생각해 봅시다. 온 세상의 모래알보다 더 많은 죄라니! 해변에서 손에 모래를 한 줌 떠서 손가락 사이로 천천히 쏟아지게 해 본 경험이 있나요? 그 한 줌에는 말 그대로 수십만 개의 모래알이 들어 있습니다. 전 세계에 존재하는 모래 알갱이는 수조 개에 달할지도 모릅니다. 이것이 바로 예수님께서 파우스티나 성녀를 감동시키시어 세상과 나누게 하신 헤아릴 수 없는 신성한 자비의 크기입니다. 하느님의 자비는 온 세상의 모든 모래 알갱이만큼 죄가 많더라도 그 모든 죄를 씻어 냅니다. 마치 바닷물이 세상의 모든 모래알을 씻어 내듯 죄는 완전히 그분의 자비에 잠겨 사라질 것입니다.

그러니 하느님의 무한하신 선에 대한 전적인 확신과 희망과 신뢰로 그분의 측량할 수 없는 신성한 자비에 응답하도록 합시다. 여러분이나 여러분이 사랑하는 고인이 어떤 죄를 지었든지 간에 하느님의 자비는 언제나 용서하실 수 있습니다. 주님은 항상 세상을 떠난 이들을 위한 기도에 기꺼이 응답하시고, 당신께 다가오는 모든 이들에게 구원을 베푸실 것입니다. 따라서 그들에게는 희망이 있고 여러분에게도 희망이 있습니다. 그리고 이러한 희망은 세상에 모든 변화를 가져올 수 있습니다.

원죄 없이 잉태되신 마리아의 교부회의 창시자이자 필멸의 위험에 처한 이들의 수호성인이신 성 스타니슬라우스 파프친스키, 저희를 위하여 빌어 주소서!

성 스타니슬라우스 파프친스키의 전구를 통해 은총을 구하는 기도

성 스타니슬라우스,
하느님 앞에 계신 은총의 전구자시여,
핍박받는 자의 수호자,
필멸의 위험에 처한 이들의 수호자시여,
당신은 불멸의 영혼의 구원을 위해
항상 열렬히 예수님과
그분의 원죄 없으신 어머니를 섬기셨나이다.
또한 모든 비참함을 측은히 여기셨나이다.
당신의 전구를 신뢰하며,
당신에게 기대어 의지합니다,
당신 도움의 손길을 거두지 않으시기를 간청하나이다.
당신의 간절한 기도로,
하느님으로부터 저를 위해 은총을 얻어 주소서.
믿음으로 간구하오니
(여러분의 지향)
제가 살아 있는 동안 저를 도우시어,
하느님 아버지의 뜻을 이루게 하소서,
아멘.

부록

1. 자살 징후와 요인, 예방과 애도 지원

자살하려는 사람들에게 나타나는 징후란?

연구에 따르면 실제 자살 사망자의 70~80퍼센트는 죽기 전에 직접 또는 간접적으로, 의식적 또는 무의식적으로 주변에 죽음을 암시하는 모습을 보인다고 합니다. 그들이 우리에게 보내는 절박한 도움의 신호가 있다는 것입니다. 따라서 그 모습이 무엇을 의미하는 것인지 알면, 그것은 역설적으로 사람을 살리는 신호가 될 것입니다.

언어적 신호

- 죽고 싶다는 직접적인 표현
- 신체적 불편함을 호소
- 절망감과 죄책감 및 자기 비하적인 표현
- 집중력과 일상생활 기능 저하
- 감정의 변화

행동적 신호

- 자살을 준비하는 행동
- 자해 흔적, 전에 없었던 행동
- 외모의 변화

- 일상생활 능력의 저하

상황적 신호
- 극심한 스트레스
- 만성 질환, 신체적 장애, 예후가 좋지 않은 질환
- 가족이나 사랑하는 사람을 잃은 상실감

자살 위험 요인

건강 요인
- 정신 건강 상태
    - 우울증
    - 향정신성 물질 사용으로 야기되는 문제
    - 양극성 장애
    - 조현병
    - 공격성, 감정 기복 및 취약한 관계 형성
    - 품행 장애
    - 불안 장애
- 통증을 포함한 심각한 신체 건강 상태
- 외상성 뇌 손상

환경적 요인

- 괴롭힘, 따돌림, 관계 문제 또는 실업과 같은 장기간의 지속적 스트레스
- 거부당한 경험, 이혼, 재정 위기, 인생의 변화 또는 상실과 같이 심한 스트레스가 일어난 사건
- 다른 사람의 자살에 노출된 경우, 혹은 자살에 대해 노골적이거나 선정적인 설명에 노출되는 경우

개인사적 요인

- 자살 시도 과거력
- 자살 가족력
- 어린 시절 아동 학대, 방치 또는 트라우마

자살 위기자를 발견할 경우에는?

자살 신호를 알게 된다면 그것이 정말 자살을 암시하는 것인지를 확인하는 것이 중요합니다. 이를 확인하는 가장 확실한 방법은 그 사람에게 직접 자살 생각을 하는지 부드러운 방식으로 접근하여 물어보는 것입니다. 자살이라는 말을 건네기가 부담스럽다면 다른 표현도 가능합니다.

"차라리 죽는 게 낫겠다고 생각한 적이 있나요?"

"나만 없어지면 모두 편해질 텐데, 하는 생각이 든 적이 있나요?"

이러한 질문은 위기자의 혼란스러운 생각과 자살 사고를 환기해 줌으로써 대화를 이어 가는 데 도움이 됩니다.

이때 주관적인 생각을 강요하거나 조급한 해결 방법을 제시하지 않고 적극적인 자세로 "내가 당신을 진심으로 이해합니다."라는 메시지가 전달되도록 위기자의 이야기를 잘 들어 주는 것이 중요합니다. 그들이 생각하는 죽음의 이유를 충분히 경청하면서도 삶을 지속할 이유를 함께 찾아보며, 살고 싶은 이유를 더 생각하고 말하게 해 주어야 합니다. 그러면 위기자는 죽음으로만 가득했던 마음에서 삶을 다시 바라볼 것입니다.

자살 예방을 위해 할 수 있는 일
- 따뜻한 관심과 사랑을 표현하기
- 가족/친구가 자살 생각을 표현할 때 그 위험성을 우리 스스로 판단하지 말고 전문가의 도움을 받을 수 있도록 하기
- 상담/치료를 거부하면 권유하는 사람이 직접 상담 받아 보기

주변에 자살 유가족이 있다면, 그들을 어떻게 대하는 것이 좋은가?

주변에 자살 유가족이 있다면, 조심스럽게 위로를 표현하며 도움 받을 기관을 알려 주는 것도 큰 도움이 됩니다. 지켜보는 입장에서

도움이 되고자 유가족에게 '빨리 슬픔에서 빠져나와 회복하라.' 하고 조언하기도 하는데, 유가족은 힘든 상황에서 억지로 기운을 내야 한다고 느끼게 되기도 합니다. 도움받을 수 있는 기관을 알려 주되, 스스로 회복을 위한 마음을 가지기 전까지 관심과 기다림으로 함께 머물러 주시는 것 또한 중요합니다.

한마음한몸운동본부 자살예방센터

- 서울대교구 한마음한몸운동본부는 2010년 자살예방센터를 설립, 자살중재기술훈련ASIST 교육을 포함한 자살 예방 활동을 펼칩니다. 또한 자살 유가족을 위한 미사와 피정 및 집단 상담과 같은 다양한 자살 유가족 돌봄 프로그램을 운영합니다.

    - 문의 전화: 02-318-3079
    - 이메일: 3079@3079.or.kr
    - 홈페이지: https://3079.or.kr

2. 하느님 자비를 구하는 기도 방법

〈2022년 3월 23일 주교회의 2022년 춘계 정기 총회 승인〉

1) 성호경을 긋고 **주님의 기도, 성모송, 사도 신경**을 한 번씩 바친다.
2) 각 단이 시작되기 전에 주님의 기도 대신에 아래 기도를 바친다.
"영원하신 아버지, 저희가 지은 죄와 온 세상의 죄를 보속하는 마음으로, 사랑하시는 성자 우리 주 예수 그리스도의 몸과 피, 영혼과 신성을 바치나이다."

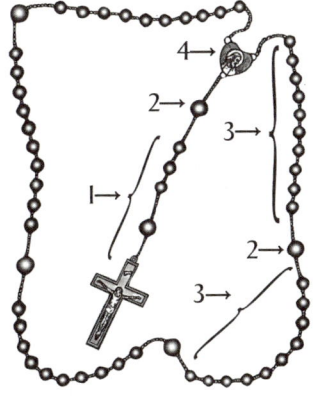

3) 각 단에서 성모송 대신에 아래의 기도를 바친다.
"예수님의 수난을 보시고, 저희와 온 세상에 자비를 베푸소서."
4) 5단 기도를 바친 후, 성모 찬송 대신에 아래의 기도를 3번 바친다.
"거룩하신 하느님, 거룩하신 용사님, 거룩하신 불사신, 저희와 온 세상에 자비를 베푸소서."
5) 끝으로 아래의 기도를 바친다.
"오, 예수 성심, 저희를 위하여 피와 물을 흘리신 자비의 샘이신 주님, 저는 주님께 의탁하나이다."

3. 자비로우신 하느님과 절망에 빠진 영혼과의 대화

예수님   오, 어둠에 빠져 있는 영혼이여, 절망하지 마라. 모든 것이 아직 다 끝난 것은 아니다. 사랑이시며 자비이신 너희 하느님께 와서 의탁하여라.

― 그러나 이러한 호소에도 영혼은 듣지 못하고 어둠 속에 감싸인다. 예수님께서 다시 부르신다: **내 아이야, 너희의 자비로우신 아버지의 목소리에 귀를 기울여라.**

― 영혼에게서 "저를 위한 자비란 없습니다."라는 대답이 들려오고 영혼은 더 짙은 어둠으로 빠져들어 간다. 지옥을 미리 맛보는 것 같은 절망이 그 영혼을 하느님께 가까이 갈 수 없게 만든다.

예수님께서는 그 영혼을 세 번째 부르신다. 그러나 영혼은 귀가 들리지 않고 눈이 먼 채로 완고함과 절망 속으로 잠겨 들어가고 있다. 그러자 하느님의 자비가 그 능력을 최대한 발휘하기 시작하면서 영혼으로부터는 어떠한 협력도 없이, 하느님께서 그 영혼에게 최후의 은총을 베푸신다. 만일 영혼이 이것마저도 거절한다면, 하느님께서는 그 영혼을 그가 스스로 선택한 이 영원한 지옥의 상태에 내버려 두실 것이다. 이 은총은 자비로운 예수 성심으로부터 흘러나오며 특별한 빛을 영혼에게 준다. 영혼은 이 빛에서 하느님의 애쓰심을 이해하기 시작한다. 그러나 회심은 영혼 자신의 의지에 달린 것이다. 영혼은 이것이 자신에게 주어지는 최후의 은총이라는 것을 알고, 그 자신이 조금이라도 선의를 보인다면 하느님의 자비가 나머지를 이루실 것이다.

나의 전능한 자비가 이곳에 임하고 있다. 이 은총을 받아들이는 영혼은 행복하다.

예수님　네가 내게로 돌아올 때 내 마음이 얼마나 큰 기쁨으로 가득 채워지는가. 네가 연약하기에, 나는 너를 내 팔에 품어 안고 내 아버지의 집으로 데려간다.

영혼　(마치 잠에서 깨어난 듯, 두려운 마음으로 예수님께 묻는다) 아직 저에게 베풀어지는 자비가 있는 건가요?

예수님　그렇단다, 내 아이야. 너는 나의 자비에 대한 특별한 권리를 가지고 있다. 나의 자비가 너의 불쌍한 영혼 안에서 활동할 수 있게 하여라. 은총의 빛 줄기들이 네 영혼에 들어갈 수 있게 하여라. 그 은총의 빛은 빛과 온기와 생명을 너에게 가져다줄 것이다.

영혼　그러나 저는 저의 죄에 대해 생각하며 두려움에 가득 찹니다. 이 극심한 두려움은 제가 당신의 선하심을 의심하게 만듭니다.

예수님　내 아이야, 네 죄가 내 마음에 상처를 준 것보다도 지금 네가 내게 의탁하고자 하는 마음이 부족한 것이 내게는 더 큰 고통이 된다. 나의 사랑과 자비가 그토록 많은 애를 썼음에도 불구하고, 너는 여전히 나의 선함을 의심한다.

영혼　오 주님, 제가 사멸하고 있으니 친히 저를 구해 주소서. 저의 구세주가 되어 주소서. 오 주님, 저는 더 이상 아무 말도 할 수 없습니다. 제 불쌍한 마음은 완전히 산산조각이 났습니다. 그러나 오 주님, 주님께서는······.

　예수님께서는 영혼이 말을 끝내도록 내버려 두지 않으시고, 땅으로부터, 즉 이 비참한 영혼의 깊은 심연으로부터, 그를 일으키신다. 그러고는 영혼의 모든 죄가 사랑의 불꽃에 의해 즉시 소멸되어 사라지는 예수 성심의 휴식처로 그를 인도하신다.

예수님　영혼아, 여기 내 성심의 모든 보화가 있다. 필요한 것은 모두 가져가거라.

영혼　오 주님, 저는 당신의 은총으로 넘쳐흐릅니다. 새 생명이 제 안에 들어옴을 느끼고, 무엇보다도 당신의 사랑을 제 마음속에 느낍니다. 그것으로 충분합니다. 오 주님, 저는 당신 자비의 전능하심을 영원토록 찬양하렵니다. 주님의 선하심에 힘입어 저는 제 마음의 모든 슬픔을 주님께 내려놓겠습니다.

예수님　내 아이야, 나에게 모든 것을 말해 다오. 아무것도 내게 숨기지 말아 다오. 너의 가장 친한 친구인 내 사랑의 성심이 너의 이야기를 듣고 있기 때문이다.

영혼　오 주님, 이제 저는 저의 모든 배은망덕과 당신의 선하심을 봅니다. 제가 주님의 자애를 저버리고 있었음에도 주님께서는 당신의 은총으로 저를 따라다니셨습니다. 저는 당신의 은총을 거절한 대가로 지옥의 심연으로 떨어져야 마땅하다는 것을 압니다.

예수님 (영혼의 말을 끊으시며) 너의 비참함 속으로 빠져들지 말아라. 너는 여전히 말을 하기에는 너무 쇠약하다. 그보다는 오히려 선함으로 가득 찬 나의 성심을 바라보고, 나의 감성을 너에게 불어넣어라. 온유와 겸손을 위해 노력하여라. 내가 너에게 하듯이 다른 이에게 자비를 베풀어라. 그리고 네 힘이 쇠약해지는 것을 느낄 때, 네 영혼에 원기를 불어넣기 위해 자비의 샘으로 나아간다면, 너는 너의 여정에서 결코 지치지 않을 것이다.

영혼 이제 저는 저를 보호하시는 주님의 자비를 이해합니다. 당신의 자비는 눈부신 별처럼 저를 아버지의 집으로 인도하시고, 제가 마땅히 받아야 할 지옥의 공포로부터 저를 한 번도 아니고 천 번도 넘게 보호해 주십니다. 오 주님, 당신의 헤아릴 수 없는 자비와 저에 대한 당신의 연민에 합당한 찬양을 드리기에는 영원이라는 세월도 충분하지 않을 것입니다(일기, 1486).

4. 성모 칠고 묵주 기도

"그 어느 때보다도 세상은 칠고의 묵주 기도를 필요로 합니다."
— 르완다 키베호의 성모 발현 증인 마리 클레어

이 신심의 유래는 중세 시대로 거슬러 올라가지만, 교회가 인정한 1980년대의 르완다 키베호에서의 성모 발현 이후 새롭게 주목을 받고 있습니다. 키베호의 성모님께서는 우리에게 칠고의 묵주 기도를 바칠 것을 권고하셨습니다. 우리도 키베호 성모님의 부르심에 응답하여 성모 칠고 묵주 기도를 규칙적으로 바치도록 합시다.

성모 칠고 묵주 기도를 바치는 방법
1) 성호경을 긋고 시작 기도와 통회 기도를 바친다. 시작 기도는 다음과 같다.

"저의 하느님, 당신의 영광을 위해 이 묵주 기도를 바칩니다. 그리하여 당신의 어머니이신 복되신 동정녀를 공경하고 그분의 고통을 함께 나누고 묵상하고자 합니다. 겸손되이 당신께

청하오니 제가 지은 모든 죄에 대해 참된 회개를 하게 하소서. 제게 겸손과 지혜를 허락하시어 이 기도가 지닌 모든 대사를 받을 수 있게 하소서."

2) 슬픔에 잠기신 성모님의 눈물을 기리며 성모송 3번을 바친다.

3) 통고의 신비 1단을 묵상하고 주님의 기도 1번을 바친다.

4) 성모님의 고통을 묵상하면서 성모송 7번을 바친다.

5) 후렴구로 "지극히 자비로우신 어머니, 당신의 아들 예수님의 수난을 늘 저희에게 일깨우소서."를 바치거나 영광송을 바친다.

6) 통고의 신비 2단을 묵상하고 4), 5)와 같은 방식으로 기도를 바치고, 나머지 신비도 같은 방식으로 반복해서 기도를 바친다.

7) 7단 기도가 끝난 후 메달 부분에서 이 기도를 바친다.

"순교자들의 모후이시여, 당신의 성심은 크나큰 고통을 받으셨나이다. 간구하오니, 이 참담하고 비통한 시대에 당신께서 흘리신 눈물의 공덕으로 저희와 세상의 모든 죄인들을 위해 온전한 신실함과 회개의 은총을 얻어 주소서. 아멘."

이후 "원죄 없이 잉태되시고 저희를 위하여 고통을 겪으신 마리아여, 저희를 위하여 빌어 주소서."를 3번 바치고 기도를 마친다.

성모 칠고 묵상

1단: 시메온 예언자의 예언을 들으신 고통(루카 2,22-35)

2단: 이집트로 피난 가신 고통(마태 2,13-15)

3단: 소년 예수님을 성전에서 잃으신 고통(루카 2,41-51)

4단: 성모님께서 십자가를 지고 가시는 예수님과 마주치신 고통(루카 23,27-31)

5단: 십자가에 못 박히신 예수님의 발아래에서 겪으신 고통(요한 19,25-27)

6단: 예수님의 성시를 품에 안으신 고통(요한 19,38-40)

7단: 예수님께서 돌무덤에 묻히실 때 당하신 고통(요한 19,41-42)

※ 이 성모 칠고 묵주 기도 양식은 키베호의 성모님께서 전해 주신 기도문으로 알려져 있습니다.

옮긴이의 말

세계 자살률 1위 국가라는 오명을 갖게 된 우리나라의 현실은 참으로 슬픕니다. 어린 학생부터 노인에 이르기까지 매일같이 뉴스를 통해 들려오는 누군가의 극단적인 선택에 대한 소식은 어느새 우리의 일상이 되어 버렸습니다. 저 역시도 16년 전 소중한 친구를 가슴 아프게 잃었고 그 여파는 감당하기 쉽지 않았습니다.

이 책은 우리 교회에서 금기시하는 자살이라는 주제를 다룬 어쩌면 몇 안 되는 책 중의 하나일 것입니다. 대하기 어렵고 힘든 주제를 다루고 있지만, 페이지가 넘어갈수록 하느님의 영원성과 자비로우신 사랑을 깨닫게 되면서 가슴이 벅차오르는 감동을 받게 됩니다. 하느님께서는 가슴이 찢어지는 비극 또한 더 큰 선으로 이끄시는 분이라는 굳건한 희망의 믿음을 갖게 하는 책입니다. 이 책을 통해 이 땅의 많은 자살 생존자의 상처가 치유되고 그들이 희망을 찾기를 바랍니다. 특히 가톨릭 신앙인으로서 가족의 자살이라는 상처를 견디는 교우분들이 자비하신 하느님의 사랑에 의탁하게 되기를 바랍니다. 나아가 우리 사회가 안고 있는 여러 상처들이 화해와 사랑의 나눔을 통해 치유되어 자살이라는 비극적인 선택이 사라지기를 희망합니다. 기도와 의탁, 고통과 희생의 봉헌을 통해 우리도 이 아픈 상처를 누군가의 구원을 위해 활용할 수 있기를 바랍니다.

마지막으로 이 모든 과정을 이끌어 주신 주님께 무한한 사랑과 감사를 드립니다. 그리고 이 책의 출간을 위해 여러 방면으로 도움을 주신 서울대교구 생명위원회 (전) 사무국장 박정우 후고 신부님과 (현) 사무국장 오석준 레오 신부님께 깊은 감사를 드립니다. 곁에서 함께 밤을 지새우며 번역 작업에 도움을 준 아들 기반 프란치스코와 언니 루시아, 그리고 머나먼 타국에서 부족한 친구를 위해 신학적, 임상심리학적 지식 자원을 지원해 준 이승윤 박사와 따뜻한 격려와 응원으로 부족한 기도를 채워 주신 많은 분에게 깊은 감사를 표합니다.

"우리는 보이지 않는 것을 희망하기에 인내심을 가지고 기다립니다."(로마 8,25)

2023년 10월
임성연

주

1   희망은 믿음, 사랑과 함께 세 가지 신학적 덕목 중 하나입니다. 이는 초자연적인 것으로 세례성사를 받을 때 하느님께서 인간의 영혼에 불어넣어 주시는 것입니다. 따라서 희망은 온전히 하느님의 선물이며 우리 스스로는 이러한 덕목을 얻을 수 없습니다. 희망은 무언가에 대한 바람과 그것을 얻을 수 있다는 기대가 결합된 것입니다. 믿음이 지성의 기능이라면, 희망은 의지의 행위이므로 우리는 하느님께서 주신 이 내재된 덕목을 실천하기 위해 의식적으로 노력할 수 있습니다. 토마스 아퀴나스 성인은 《신학대전》에서 희망은 우리가 하느님을 신뢰하고 그분의 도움을 받기로 결심하면서 은총과 천국에 대한 확신을 가지고 갈망하는 신학적 덕목이라고 말합니다(ST II-II, 17.1). 아퀴나스 성인은 엄격한 의미에서 희망은 사람 안에, 그리고 그 자신에 대한 것이라고 말합니다. 그러나 사랑은 그것을 가진 사람들을 하나로 묶어 주기 때문에, 사람은 자기 자신과 마찬가지로 사랑하는 사람을 위해 희망한다고 말할 수 있으며, 이런 의미에서 한 사람이 다른 사람을 대신하여 희망하는 것이 가능하다고 말합니다(ST II-II, 17.3). 교회가 항상 가르친 대로 희망의 덕, 즉 망덕은 천국에서 성취될 것입니다. 하느님과 천국에 대한 희망은 우리가 각자의 역할을 다하면 우리가 바라는 것을 얻을 수 있다는 확신을 줍니다. 이 희망의 확신은 하느님의 변함없는 선하심과 자비, 그리고 그분의 약속에 대한 절대적인 충실성에 있습니다(ST II-II, 17.4). 우리는 이를 바오로 사도가 "우리가 고백하는 희망을 굳게 간직합시다. 약속해 주신 분은 성실하신 분이십니다."(히브 10,23)라고 말한 것에서 알 수 있습니다.

2   Unless otherwise stated, all biblical quotations are taken from the *Revised Standard Version — Catholic Edition*(RSVCE).

3   John R. Jordan, "Grief After Suicide: The Evolution of Suicide Postvention," in *Death, Dying, and Bereavement: Contemporary Perspectives, Institutions, and Practices*, eds. Judith M. Stillion and Thomas Attig(New York, NY: Springer, 2015), pp. 349-62, cited in Dr. Melinda Moore, correspondence with the authors, June 30, 2019.

4   "자살 후 유족을 돕고 자살이 미치는 악영향을 줄이기 위해 에드윈 슈나이드만이 제안한 용어입니다."
Jordan, "자살 후 애도Grief After Suicide", Stillion and Attig, *Death, Dying, and Bereavement*, p. 349.

5   William Feigelman et al., "Suicide Exposures and Bereavement Among American

Adults:Evidence from the 2016 General Social Survey," *Journal of Affective Disorders* 227(2018):1-6, https://doi.org/10.1016/j.jad.2017.09.056, cited in Christopher W. Drapeau and John L. McIntosh, American Association of Suicidology, "U.S.A. Suicide 2017: Official Final Data," December 10, 2018, https://www.suicidology.org/Portals/14/docs/Resources/FactSheets/2017/2017datapgsv1-FINAL.pdf.

6   Sarah Zhang, "More Americans Are Dying From Suicide," *The Atlantic*, June 8, 2018, accessed February 26, 2019, https://www.theatlantic.com/health/archive/2018/06/more-americans-are-dying-from-suicide/562406/. The statistics are drawn from the Centers for Disease Control and Prevention(CDC), "Trends in State Suicide Rates — United States, 1999-2016 and Circumstances Contributing to Suicide — 27 States, 2015," Vital Signs, June 8, 2018, accessed February 26, 2019, https://www.cdc.gov/mmwr/volumes/67/wr/mm6722a1.htm?s_cid=mm6722a1_w.

7   Sally C. Curtin and Holly Hedegaard, "Suicide Rates for Females and Males by Race And Ethnicity: United States, 1999 and 2017," National Center for Health Statistics(NCHS) Health E-Stat, page last reviewed June 20, 2019, https://www.cdc.gov/nchs/data/hestat/suicide/rates_1999_2017.pdf.

8   Maggie Fox, "More Teens Are Attempting Suicide. It's Not Clear Why," NBC News, May 16, 2018, accessed February 26, 2019, https://www.nbcnews.com/health/health-news/more-kids-especially-girls-are-attempting-suicide-it-s-not-n874481.

9   Lisa Schlein, "More People Die from Suicide Than From Wars, Natural Disasters Combined," Voice of America, September 4, 2014, accessed May 7, 2019, https://www.voanews.com/a/more-people-die-from-suicide-than-from-wars-natural-disasters-combined/2438749.html; see also Yuval Noah Harari, "Nationalism vs. Globalism: The New Political Divide," "TED Dialogues"(February 2017), accessed May 7, 2019, https://www.ted.com/talks/yuval_noah_harari_nationalism_vs_globalism_the_new_po-litical_divide, minute 3:53-3:43.

10 Leo Shane III, "VA: Suicide Rate for Younger Veterans Increased by More Than 10 Percent," *Military Times*, September 26, 2018, accessed March 5, 2019, https://www.militarytimes.com/news/pentagon-congress/2018/09/26/suicide-rate-spikes-among-younger-veterans.

11 Drapeau and McIntosh, "U.S.A. Suicide 2017: Official Final Data."

12　Ibid.
13　Richard Morgan, "Artificial Concern for People in Pain Won't Stop Suicide. Radical Empathy Might," *Washington Post*, June 15, 2018, accessed February 27, 2019, https://www.washingtonpost.com/outlook/artificial-concern-for-people-in-pain-wont-stop-sui-cide-radical-empathy-might/2018/06/15/3145d508-6f52-11e8-bd50-b80389a4e569_story.html.
14　Colin Pritchard and Lars Hansen, "Examining Undetermined and Accidental Deaths as Source of 'Under-Reported-Suicide' by Age and Sex in Twenty Western Countries," *Community Mental Health Journal* 51, no. 3(2014): 365-72, doi:10.1007/s10597-014-9810-z; see also World Health Organization(WHO), "Suicide," August 24, 2018, accessed February 27, 2019, https://www.who.int/news-room/fact-sheets/detail/suicide, see also "Mental Health: Suicide Data," accessed February 27, 2019, https://www.who.int/mental_health/prevention/suicide/suicideprevent/en/.
15　'베르테르 효과'는 19세기 독일의 볼프강 폰 괴테가 쓴 소설 《젊은 베르테르의 슬픔》에서 주인공 베르테르가 자살한 것에서 유래한 명칭입니다. 당시 도시에 떠돌던 소문에 의하면, 이 소설에서 영감을 받은 모방 자살이 유행했다고 합니다.
See also Patrick Devitt, "*13 Reasons Why* and Suicide Contagion: What Science Shows about the Dangers of Suicide Depictions," *Scientific American*, May 8, 2017, accessed February 27, 2019, https://www.scientificamerican.com/article/13-reasons-why-and-suicide-contagion1.
16　Marissa Martinelli, "*13 Reasons Why*'s Controversial Depiction of Teen Suicide Has School Counselors Picking up the Pieces," *Brow Beat: Slate's Culture Blog*, May 1, 2017, accessed January 31, 2018, http://www.slate.com/blogs/browbeat/2017/05/01/school_counselors_talk_netflix_s_controversial_teen_suicide_drama_13_reasons.html. 17 Kalhan Rosenblatt, "Suicide Searches Increased After Release of '13 Reasons Why'," NBC News, July 31, 2017, accessed March 1, 2019, https://www.nbcnews.com/health/health-news/suicide-searches-increased-after-release-13-reasons-why-n788161.
17　Kalhan Rosenblatt, "Suicide Searches Increased After Release of '13 Reasons Why'," NBC News, July 31, 2017, accessed March 1, 2019, https://www.nbcnews.com/health/health-news/suicide-searches-increased-after-release-13-reasons-why-n788161.

18   Jeffrey A. Bridge et al., "Association Between the Release of Netflix's 13 Reasons Why and Suicide Rates in the United States: An Interrupted Times Series Analysis," *Journal of the American Academy of Child & Adolescent Psych*, published online April 28, 2019, DOI:https://doi.org/10.1016/j.jaac.2019.04.020, accessed August 5, 2019, https://www.jaacap.org/article/S0890-8567(19)30288-6/fulltext.

19   이 글을 쓰는 시점에, 이 드라마의 시즌 2가 넷플릭스에 공개되었고 이 책은 아마존 '청소년 및 청년', '문학 및 소설', '사회 및 가족 문제' 부문에서 1위를 차지하고 있습니다.

20   ReportingOnSuicide.org, "Recommendations for Reporting on Suicide," 2015, accessed June 16, 2018, http://reportingonsuicide.org.

21   이 프로그램을 제작한 넷플릭스 스트리밍 서비스는 이후 해나의 자살에 대한 묘사를 편집했습니다. 그러나 이미 피해가 커진 후입니다.

22   U.S. National Library of Medicine, "Opioid Abuse and Addiction," MedlinePlus (page last updated June 10, 2010; topic last reviewed June 10, 2019), accessed June 16, 2018, https://medlineplus.gov/opioidabuseandaddiction.html.

23   Eric D. Hargan, Acting Secretary, Department of Health and Human Services, "Determination That a Public Health Emergency Exists," October 26, 2017, accessed June 16, 2018, https://www.hhs.gov/sites/default/files/opioid%20PHE%20Declaration-no-sig.pdf.

24   National Institute on Drug Abuse, "Opioid Overdose Crisis," revised January 2019, accessed July 2, 2019, https://www.drugabuse.gov/drugs-abuse/opioids/opioid-over-dose-crisis.

25   Travis Rieder, "The Agony of Opioid Withdrawal — And What Doctors Should Tell Patients about It," *TEDxMidAtlantic*, October 2017, minute 10:39ff, accessed March 1, 2019, https://www.ted.com/talks/travis_rieder_the_agony_of_opioid_withdrawal_and_what_doctors_should_tell_patients_about_it?language=en.

26   Melinda Smith, Jeanne Segal, and Lawrence Robinson, "Suicide Prevention," Help Guide, Last updated: June 2019, accessed August 7, 2019, https://www.helpguide.org/articles/suicide-prevention/suicide-prevention.htm.

27   Kristen Fuller, "5 Common Myths About Suicide Debunked," National Alliance on Mental Illness(NAMI) Blog, September 6, 2018, accessed August 8, 2019, https://www.nami.org/Blogs/NAMI-Blog/September-2018/5-Common-Myths-About-Suicide-Debunked.

28 Lisa Firestone, "How Can You Stop a Suicide?" Psychology Today, September 3, 2018, accessed August 7, 2019, https://www.psychologytoday.com/us/blog/compassion-matters/201309/how-can-you-stop-suicide.
29 "How to Help Those Considering Suicide," accessed August 7, 2019, https://careersinpsychology.org/how-help-those-considering-suicide/.
30 Ibid.
31 Fuller, "5 Common Myths About Suicide Debunked."
32 Centers for Disease Control and Prevention Newsroom, "Suicide Rates Rising Across the U.S.: Comprehensive Prevention Goes Beyond a Focus on Mental Health Concerns," press release, June 7, 2018, https://www.cdc.gov/media/releases/2018/p0607-suicide-prevention.html.
33 Ibid.
34 CareersInPsychology.org, "How to Help Those Considering Suicide," https://careersinpsychology.org/how-help-those-considering-suicide.
35 Pope St. John Paul II, Encyclical Letter *Evangelium Vitae*(*The Gospel of Life*), March 25, 1995, see especially n. 12.
36 Nicene Creed.
37 Ericka Andersen, "Is God the Answer to the Suicide Epidemic? Someone Who Attends Religious Services is Significantly Less Likely to Kill Himself," *The Wall Street Journal*, July 11, 2019, accessed July 22, 2019, https://www.wsj.com/articles/is-god-the-answer-to-the-suicide-epidemic-11562885290.
38 Third Plenary Council of Baltimore, "Lesson First: On the End of Man, Question 6," in *Baltimore Catechism No. Two*(Charlotte, NC: TAN Books, 2010), p. 8.
39 St. Augustine, Conf., 1, 1, 1: PL 32, 659-61.
40 Kanita Dervic et al., "Religious Affiliation and Suicide Attempt," *American Journal of Psychiatry*, published online December 1, 2004, https://doi.org/10.1176/appi.ajp.161.12.2303.
41 See, for instance, her address at the National Prayer Breakfast, CSpan.org, February 3, 1994, https://www.c-span.org/video/?54274-1/national-prayer-breakfast.
42 cf. Sir 5:8.
43 St. Thomas Aquinas, *Summa Theologiae* II-II, 35, 4 ad 2.
44 Alex Johnson, "Parkland Shooting Suspect Nikolas Cruz Spoke of 'Voices,' Says

He Attempted Suicide," NBC News, August 6, 2018, accessed March 1, 2019, https://www.nbcnews.com/news/us-news/parkland-shooting-suspect-nikolas-cruz-spoke-voices-says-he-attempted-n898151.

45 교회의 가르침은 의사 조력 자살에 대해서도 매우 심각한 문제로 봅니다. 의사가 가족의 고통을 '덜어 주어야' 한다는 제안을 했다 하여 생명을 끝내는 것이 윤리적이거나 교회의 가르침에 부합한다고 생각해서는 안 됩니다. 조력 자살도 권장해서는 안 됩니다. 생명의 주인은 오직 하느님뿐이십니다. 우리뿐만 아니라 다른 어떤 인간도 잘못된 자비심이나 동정심 때문에 하느님의 역할을 빼앗아서는 안 됩니다. 본질적으로, 우리가 스스로 그러한 삶의 결정을 내릴 때, 우리는 자신이 하느님인 것처럼 행세하는 것입니다. 누군가가 영원으로 가도록 돕는 것이 '자비로운' 일이라고 믿기 때문에 쉽지가 않을 것입니다. 그러나 우리에게는 죽어 가는 사람들을 도울 수 있는 더 효과적이고 자비로운 방법이 있습니다. 죽음이 임박한 사람에게 예외적 치료 수단이나 의료적 개입을 중단할 수 있는 근거가 있다고는 해도, 이는 적극적 안락사와는 다릅니다. 각각의 고유한 상황에 따라 식견이 있는 사제나 교회 권위자의 영적 조언을 구하시기 바랍니다.

46 흥미로운 점은 이러한 조건이 자살로 사망한 사람뿐 아니라 누구에게나 적용된다는 사실입니다. 따라서 우리가 사랑하는 사람을 어떤 이유로든(자연사, 교통사고, 그 외의 이유) 잃게 되었고, 또한 고인이 대죄의 상태로 살았던 것 같다 하여도, 그들이 살아 생전에 대죄의 상태가 되는 이 세 가지 조건이 모두 충족된 상태가 아니었을 수 있습니다. 따라서 우리는 그들의 구원의 가능성에 대한 희망을 가질 수 있습니다.

47 Sister Emmanuel of Medjugorje, *The Amazing Secrets of the Souls in Purgatory: An Interview with Maria Simma*(Denver, CO: Children of Medjugorje, Inc., 1997), Chapter 3. 교회는 여전히 마리아 심마의 사적 계시의 진위를 식별 중에 있습니다. 이 책의 저자들은 교회의 최종 결정이 나올 때까지 이 사안에 관한 판단을 유보합니다.

48 U.S. Department of Health and Human Services, "Does Depression Increase the Risk for Suicide?" Frequently Asked Questions, content last reviewed on September 16, 2014, accessed June 14, 2018, https://www.hhs.gov/answers/mental-health-and-substance-abuse/does-depression-increase-risk-of-suicide/index.html.

49 American Psychiatric Association, *Diagnostic and Statistical Manual of Mental Disorders: DSM-5*, Section: Depressive Disorders(Arlington, VA: American Psychiatric Publishing, 2013).

50 CDC, "Risk and Protective Factors: Risk Factors for Suicide," accessed May 8, 2019, https://www.cdc.gov/violenceprevention/suicide/riskprotectivefactors.html,

51 page last reviewed: September 6, 2018; see also Suicide Prevention and Resource Center, "Risk and Protective Factors," accessed May 8, 2019, https://www.sprc.org/about-suicide/risk-protective-factors.

51 Ilanit T. Young et al., "Suicide Bereavement and Complicated Grief," *Dialogues in Clinical Neuroscience* 14, no. 2(2012): 177-86, https://www.ncbi.nlm.nih.gov/pmc/articles/PMC3384446/.

52 절망의 정반대인 자의적 추정presumption은 회개하지 않는 마음으로 이끄는 또 다른 치명적인 상태입니다. 이는 하느님의 도움이 필요 없고 스스로 구원할 수 있다고 생각하거나 회심하지 않고도 하느님의 용서를 받을 수 있다고 생각하는 상태입니다(《가톨릭 교회 교리서》, 2092항 참조). 우리는 자살에 대해 "하느님께서는 누구도 지옥에 가는 것을 허락하지 않으시기 때문에 내가 사랑하는 이는 분명히 천국에 있을 것이다."라며 자의적 추정을 하지 않도록 주의해야 합니다. 또한 "내가 사랑하는 사람은 중죄를 지었기 때문에 곧장 지옥으로 떨어질 것이다."라며 절망에 빠지지 않도록 균형을 유지해야 합니다. 우리는 이 두 가지 입장 중 어느 쪽도 장담할 수 없습니다.

53 Fr. Ron Rolheiser, "On Suicide and Despair," *Echoes: A Forum of Catholic Thought*, May 16, 2018, accessed March 4, 2019, https://thebostonpilot.com/opinion/article.asp?ID=182329#.WvzNwMijOEo.mailto.

54 Fr. Edward McNamara, "Funeral Masses for a Suicide," A Zenit Daily Dispatch, November 15, 2005, accessed March 4, 2019, https://zenit.org/articles/funeral-masses-for-a-suicide/.

55 Ibid.

56 Bishop Joseph Osei-Bonsu, "Can Catholics Who Commit Suicide Be Given a Catholic Church Burial?" *The Catholic Standard*, Ghana, reprinted by Vatican Radio, October 22, 2014, accessed July 04, 2019, http://cqrcengage.com/ccdocle/app/document/4808104?0.

57 《교회 법전》은 교회의 장례식이 허용되지 않는 경우를 명시합니다(제1184조 참조).
① 죽기 전에 어떤 참회의 표시가 없는 한 교회의 장례식이 박탈되어야 할 자는 다음과 같다.
1. 공공연한 배교자들과 이단자들 및 이교자들.
2. 그리스도교 신앙을 반대하는 이유로 자기 몸의 화장을 선택한 사람들.
3. 신자들의 공개적 추문이 없이는 교회의 장례식을 허가해 줄 수 없는 그 밖의 분명한 죄인들."
② 어떤 의문이 생기면, 교구 직권자에게 문의하여 그 판단을 따라야 한다.

58 Albert Y. Hsu, *Grieving a Suicide: A Loved One's Search for Comfort, Answers, & Hope* (Downers Grove, IL: Intervarsity Press, 2002), p. 93.

59 "이 '왜 그랬을까'라는 중요한 질문에 성공적으로 대처하기 위해서는 때론 '복합적인 문제를 찬찬히 바라볼 수 있는 능력'이 요구됩니다(Sands, Jordan, & Neimeyer, 2011). 그러한 능력이란 다음과 같습니다. 완벽한 폭풍 가운데 있었던 많은 요인을 살펴보는 것입니다. 그중에서 생존자의 통제하에 있었던 일이 어떤 일이고 생존자의 통제하에 없었던 일이 어떤 일이었는지를 현실적으로 분류합니다. 또한 생존자가 결과에 미칠 수 있는 능력에 대한 한계를 받아들입니다. 마지막으로 돌이켜 생각해 보면 다르게 취했을 수도 있었던 행동에 대해 스스로를 용서하는 것입니다."
Jordan, "Grief After Suicide," in Stillion and Attig, *Death, Dying, and Bereavement*, p. 356.

60 "내가 진실로 너희에게 말한다. 너희가 무엇이든지 땅에서 매면 하늘에서도 매일 것이고, 너희가 무엇이든지 땅에서 풀면 하늘에서도 풀릴 것이다."(마태 18,18); "예수님께서 다시 그들에게 이르셨다. '평화가 너희와 함께! 아버지께서 나를 보내신 것처럼 나도 너희를 보낸다.' 이렇게 이르시고 그들에게 숨을 불어넣으며 말씀하셨다. '성령을 받아라. 너희가 누구의 죄든지 용서해 주면 그가 용서를 받을 것이고, 그대로 두면 그대로 남아 있을 것이다.'"(요한 20,21-23)

61 *Baltimore Catechism No. Two*, p. 7.

62 *Catechism of the Catholic Church*, 2nd ed., English translation, (Washington, D.C./Vatican: United States Catholic Conference, Inc./Libreria Editrice Vaticana, 1997), Glossary, p. 881, definition of "happiness."

63 또한 아우구스티노 성인은 다음과 같이 서술합니다. "[그러나] 영원에서는 사라지는 것이 없고 전체가 현존합니다. 하지만 어느 시간도 온전히 현존하지 않습니다. 과거의 모든 시간은 미래에 의해 이끌려가게 되고, 모든 미래는 과거에 의해서 뒤따라가며, 모든 과거와 미래는 항상 현존하는 것에서 생성되고 전개된다는 사실을 누가 알아보게 하겠습니까? 누가 인간의 마음을 붙잡아 세워 멈춰 서게 하여, 미래도 아니고 과거도 아닌 늘 정지해 있는 영원이, 어떻게 미래와 과거의 시간을 완성하는지를 보게 하겠습니까?"(Augustine, Confessions, Book XI, Chapter XI).

64 이는 자살을 생각하는 사람이나 자살로 목숨을 끊은 사람뿐만 아니라 절망에 빠진 모든 영혼을 의미할 수 있습니다.

65 Pope St. John Paul II, "Letter of John Paul II to the Pontifical Academy of Sciences," February 1, 2005, accessed March 4, 2019, http://w2.vatican.va/content/john-paul-ii/en/speeches/2005/february/documents/hf_jp-ii_

spe_20050201_p-acad-sciences.html, n. 4.

66　Apparition at Fatima of August 19, 1917, "Fourth Apparition of Our Lady," EWTN.com, accessed. March 4, 2019, https://www.ewtn.com/fatima/fourth-apparition-of-our-lady.asp.

67　Abbé Francis Trochu, *The Curé d'Ars St. Jean-Marie-Baptiste Vianney(1786-1859) According to the Acts of the Process of Canonization and Numerous Hitherto Unpublished Documents*, trans. Dom Ernest Graf, OSB(Rockford, IL: TAN Books and Publishers,1977), pp. 579-80.

68　Fr. Michael Gaitley, MIC, *33 Days to Merciful Love: A Do-It-Yourself Retreat in Preparation for Consecration to Divine Mercy*(Stockbridge, MA: Marian Press, 2016), Day 13, p.

69　Peter Kreeft, *Everything You Ever Wanted to Know about Heaven … But Never Dreamed of Asking*(San Francisco: Ignatius Press, 1990), p. 92.

70　Address of Pope John Paul II at the Shrine of Divine Mercy, Krakow, Poland, June 7, 1997, https://w2.vatican.va/content/john-paul-ii/en/travels/1997/documents/hf_jp-ii_spe_07061997_sr-faustina.html.

71　예수님께서는 하느님의 자비 주일에 커다란 은총을 주시겠다고 약속하시면서 구체적으로 파우스티나 성녀에게 이렇게 말씀하셨습니다. "그날[하느님의 자비 주일]에 나의 부드러운 자비의 깊은 곳이 열릴 것이다. 나는 나의 자비의 샘에 다가오는 영혼들에게 은총의 바다 전체를 쏟아부어 줄 것이다. …… 그날 은총이 흐르는 모든 신성한 수문이 열릴 것이다."(일기, 699)

예수님께서는 하느님의 자비 주일의 은총과 관련하여 파우스티나 성녀에게 "고해성사를 받고 영성체를 영하는 영혼은 죄와 벌을 완전히 용서받게 될 것이다."(699)라고 말씀하셨습니다. 이는 특별한 약속입니다. 일반적으로 고해성사를 하면 죄로 인한 영원한 형벌(즉 지옥)은 제거되지만 죄로 인한 현세적 형벌(즉, 연옥)은 남아 있을 수 있기 때문입니다.(시편 99,8 참조) 완전한 통회를 하지 않는 한, 그리고 기도, 금식 및/또는 순수한 의도로 자선을 베풀지 않는 한, 죄의 결과로 인한 현세적 형벌은 남아 있을 가능성이 높습니다. 그러나 우리가 유효한 고해성사의 조건을 충족하고 합당한 자격으로 영성체를 받고, 우리가 의지를 시정하려고 하는 한, 모든 죄와 형벌은 하느님의 자비 주일의 은총으로 없어지게 됩니다(우리가 죄를 진심으로 뉘우치고, 우리의 삶을 시정하려고 노력할 것임을 의미합니다). 사실 하느님의 자비 주일의 은총은 세례의 은총과 비교되어 왔습니다. 하느님의 자비 주일의 은총은 모든 죄를 용서해 주고 죄로 인한 모든 벌을(심지어 고해하기를 잊은 죄에 대해서도) 없애 주며, 우리의 통회가 완벽하지 못하다 하여도 충분히 효과적입니다. 이러한 은총에 요구되는 것은 예수님의 약속에 대해 의탁하고 합당하게 성체를 모시는 것입니다.

그러나 안타깝게도 많은 사람이 하느님의 자비 주일의 위대한 은총을 전대사와 혼동합니다. 정확히 이 둘은 같은 것이 아닙니다. 전대사와 함께 우리는 전대사를 받기 위한 행위(예를 들어 30분간 성경 읽기, 십자가의 길 걷기 등)를 해야 할 뿐 아니라 다음의 네 가지 조건을 충족시켜야 합니다. 1)우리는 대사 행위를 행하고 같은 날 성체를 모셔야 합니다. 2) 우리가 은총의 상태에 있더라도 대사 행위를 하기 '약 20일' 전 후로 고해성사를 받아야 합니다. 3) 우리는 교황의 지향을 위해 기도해야 합니다(보통 주님의 기도, 성모송, 영광송). 4) 우리는 죄에 대한 집착이 없어야 합니다. 심지어 소죄까지도 그렇습니다.

하느님의 자비 주일의 은총을 받으려면 축일 전이나 당일에 고해성사를 받기만 하면 됩니다. 사순 시기면 충분합니다. 하느님의 자비 주일 당일에는 은총의 상태에 머물러 있어야 합니다(대죄가 없어야 합니다). 그리고 약속된 은총을 얻기 위한 지향으로 성체를 영합니다. 하느님의 자비 주일의 또 다른 아름다운 요소는 교회가 전대사를 받을 수 있는 기회를 하느님 자비를 흠숭하는 행위나 같은 날 하느님의 자비에 참여할 수 있는 기회를(정상적인 조건하에) 준다는 것입니다. 우리 자신을 위해 또는 연옥에 있는 거룩한 영혼을 위해 이를 봉헌할 수 있습니다.

72 Joseph Cardinal Ratzinger, *The Spirit of the Liturgy*, trans. John Saward(San Francisco: Ignatius Press, 2014), 70-71.

73 Ratzinger, T*he Spirit of the Liturgy*, pp. 57, 60.

74 Fr. Michael Gaitley, MIC, *Divine Mercy Explained: Keys to the Message and Devotion*(Stockbridge, MA: Marian Press, 2013), pp. 15-18.

75 본서의 저자들은 '기도의 규칙은 믿음의 규칙이다lex orandi, lex credendi'라는 원칙에 대한 역사적, 신학적 이해가 이 책에서 제시된 것보다 훨씬 더 심도 깊다는 점을 알고 있습니다. 이 원칙의 기원과 발전 및 깊이에 대하여 더 자세히 살펴보려면 다음의 예를 참고하기 바랍니다.

Kevin Irwin, Context and Text: Method in Liturgical Theology(Collegeville, MN: Pueblo/Liturgical Press, 1994).

76 *Order of Christian Funerals*(Totowa, NJ: Catholic Book Publishing Corp., 1998), No. 44, p. 347.

77 Ibid., No. 45.

78 Ibid., No. 3.

79 예수님께서는 파우스티나 성녀에게 하느님 자비를 구하는 기도의 중요성과 능력에 대해 여러 번 말씀하셨습니다. "영혼들이 내가 너에게 준 하느님 자비를 구하는 기도를 하도록 격려하여라(일기, 1541). 그 기도를 바치는 사람은 누구나 죽음의 때에

큰 자비를 받을 것이다(687). 그들이 죽어 가는 사람 곁에서 이 기도를 바친다면, 나는 정의의 심판자가 아니라 자비로운 구원자로서 내 아버지와 죽어 가는 사람 사이에 서겠다(1541). 사제들은 죄인들에게 그들을 위한 구원의 마지막 희망으로 이 기도를 바치도록 권할 것이다. 아무리 마음이 완고해진 죄인이 있어도 그가 이 기도를 한 번만이라도 바치면, 그는 나의 무한한 자비로부터의 은총을 받을 것이다. …… 나는 나의 자비에 의탁하는 영혼들에게 상상할 수 없는 큰 은총을 베풀고 싶다(687). 네가 구하는 것이 내 뜻에 합당하다면 이 하느님 자비를 구하는 기도를 통해 너는 어떤 것이든 다 얻을 것이다(1731)."

80 Apparition at Fatima of August 19, 1917, "Fourth Apparition of Our Lady," EWTN.com.

81 Fr. George Kosicki, CSB, and Vinny Flynn, *Now is the Time for Mercy*(Stockbridge, MA:Marian Press, 2015), pp. 75-76.

82 2010년의 한 연구에 따르면 "환자가 상담을 받은 후 불안, 우울증, 자존감 및 삶의 질에 대한 증상의 심각도가 눈에 띄게 감소하였다."라고 합니다.
Source: Roger Baker et al., "A Naturalistic Longitudinal Evaluation of Counselling in Primary Care," *Counselling Psychology Quarterly* 15, no. 4, (2002): 359-73.
상담 치료는 극도의 심각한 상실을 겪은 후에도 삶을 되찾고 개인적 관계, 특히 하느님과의 관계를 유지하는 데 상당한 차이를 나타낼 수 있습니다.

83 Melinda Moore, "Addressing Suicide and Its Aftermath," in Melinda Moore and Daniel A. Roberts, eds., *The Suicide Funeral(or Memorial Service)*: *Honoring Their Memory, Comforting Their Survivors*(Eugene, OR: Wipf and Stock/Resource Publications, 2017), pp. 6-7.

84 Andersen, "Is God the Answer to the Suicide Epidemic?"

85 Todd Burpo and Lynn Vincent, *Heaven is for Real: A Little Boy's Astounding Story of His Trip to Heaven and Back*(Nashville, TN: Thomas Nelson, 2010).

86 *Roman Missal*, English translation according to the third typical edition(Totowa, NJ: Catholic Book Publishing Corp., 2011), Preface of Christian Death, p. 474.

87 묵주 기도가 지닌 힘에 대해 더 자세히 알고 싶다면 도널드 캘러웨이 신부의 《로사리오 기도의 챔피언: 영적 무기의 역사와 영웅들*Champions of the Rosary: The History and Heroes of a Spiritual Weapon*》을 참고하기 바랍니다.
Fr. Donald Calloway, MIC, *Champions of the Rosary: The History and Heroes of a Spiritual Weapon*(Stockbridge, MA: Marian Press, 2016).

88 자비는 공의에 반대되는 것이 아니라 오히려 죄인에게 다가가는 하느님의 방법을

표현합니다. 하느님께서 자신을 바라보시는 것처럼 자기 자신을 바라보고 회심하고 믿을 수 있는 새로운 기회를 제공하는 것입니다.

89 Tim Staples, "What is Heaven?" *Catholic Answers*, February 27, 2015, accessed March 4, 2019, https://www.catholic.com/magazine/online-edition/what-is-heaven.

90 Ibid.

91 Ibid.

92 Sister Emmanuel Maillard, *Scandalous Mercy: When God Goes Beyond Boundaries*(Denver, CO: Children of Medjugorje, Inc., 2017), p. 263.

93 St. Catherine of Genoa, *Fire of Love! Understanding Purgatory*(Manchester, NH: Sophia Institute Press, 1996), p. 83.

94 St. Catherine of Genoa, *Treatise on Purgatory*, quoted in Maillard, Scandalous Mercy, pp. 264-65.

95 C.S. Lewis, *The Problem of Pain*(San Francisco: HarperOne, 2001), p. 130.

96 Fr. William Byron, SJ, "Ask Father: Do People Who Commit Suicide Go to Hell?" *Catholic Digest*, April 1, 2007, accessed June 14, 2018, http://www.catholicdigest.com/faith/200704-01do-people-who-commit-suicide-go-to-hell.

97 Pope Benedict XVI, Encyclical Letter *Spe Salvi*(*Saved in Hope*), November 30, 2007 (Boston, MA: Pauline Books and Media, 2007), n. 48.

98 카롤 보이티야(요한 바오로 2세 성인 교황)가 파우스티나 성녀의 일기를 검토하면서 인용한 신학자 이그나치 로지츠키Ignacy Różycki는 주님께서 하신 이 약속이 오로지 성녀에게만 적용되었다고 말합니다. 이 기도는 죄인들의 회심에 매우 유용합니다. 그러한 호소를 그리스도께서 흘리신 피와 물에 의탁하면서 파우스티나 성녀의 손에 올리고, 하느님 자비를 구하는 기도를 통해 성녀의 전구를 청하여 받는 은총은 매우 강력합니다.

99 그러나 그들에게 회심의 은총을 준다고 해서 그들의 구원이 보장되는 것이 아님을 기억하십시오. 그들은 여전히 그 은총을 받아들이고 동의하면서 자신을 내맡겨야 합니다.

100 Young et al., "Suicide Bereavement and Complicated Grief."

101 Ibid.

102 Ibid.

103 Melinda Moore, correspondence with the authors, June 30, 2019.

104 Young et al., "Suicide Bereavement and Complicated Grief."

105 Ibid.

106 Ibid.
107 Ibid.
108 Ibid.
109 Ann M. Mitchell et al., "Complicated Grief in Survivors of Suicide," *Crisis: The Journal of Crisis Intervention and Suicide Prevention* 25, no. 1(2004): 12-18, http://dx.doi.org/10.1027/0227-5910.25.1.12; see also Amy E. Latham and Holly G. Prigerson, "Suicidality and Bereavement: Complicated Grief as Psychiatric Disorder Presenting Greatest Risk for Suicidality," *Suicide and Life-Threatening Behavior* 34, no. 4(2004): 350-62, doi:10.1521/suli.34.4.350.53737, cited in Dr. Melinda Moore, correspondence with the authors, June 30, 2019. See also Melinda Moore, "Addressing Suicide and Its Aftermath," p. 4.
110 S. Sethi and S.C. Bhargava, "Child and Adolescent Survivors of Suicide," *Crisis: The Journal of Crisis Intervention and Suicide Prevention* 24, no. 1(2003): 4-6, doi:10.1027//0227-5910.24.1.4, cited in Dr. Melinda Moore, correspondence with the authors, June 30, 2019.
111 Latham and Prigerson, "Suicidality and Bereavement," cited in Dr. Melinda Moore, correspondence with the authors, June 30, 2019.
112 Esben Agerbo, "Risk of Suicide and Spouse's Psychiatric Illness or Suicide: Nested Case-Control Study," *The BMJ* 327(2003): 1025, https://doi.org/10.1136/bmj.327.7422.1025; see also Agerbo, "Midlife Suicide Risk, Partner's Psychiatric Illness, Spouse and Child Bereavement by Suicide or Other Modes of Death: A Gender Specific Study," *Journal of Epidemiology and Community Health* 59, no. 5(2005): 407-12, doi:10.1136/jech.2004.024950, cited in Dr. Melinda Moore, correspondence with the authors, June 30, 2019.
113 Ping Qin and Preben B. Mortensen, "The Impact of Parental Status on the Risk of Completed Suicide," *Archives of General Psychiatry* 60, no. 8(2003): 797-802, doi:10.1001/archpsyc.60.8.797, cited in Dr. Melinda Moore, correspondence with the authors, June 30, 2019.
114 Ping Qin, Esben Agerbo, and Preben B. Mortensen, "Suicide Risk in Relation to Socio-economic, Demographic, Psychiatric, and Familial Factors: A National Register-Based Study of All Suicides in Denmark, 1981-1997," *American Journal of Psychiatry* 160, no. 4(2003): 165-72, doi:10.1176/appi.ajp.160.4.765, cited in Dr. Melinda Moore, correspondence with the authors, June 30, 2019.

115　Chart created by Sammie Wood. Used with permission. For another list of symptoms, please see Crossroads Hospice and Palliative Care, "Why Experts Talk about Symptoms, Not Stages, of Grief," *Blog: Hospice Views*, August 30, 2017, accessed July 8, 2019, https://www.crossroadshospice.com/hospice-palliative-care-blog/2017/august/30/why-experts-talk-about-symptoms-not-stages-of-grief/.

116　퀴블러 로스의 연구가 시대에 뒤떨어졌고 부분적으로는 그녀의 연구가 암 환자를 대상으로 진행되었기 때문에 자살 사별에 완전히 적용하기 어렵다는 일부 학계의 의견이 있습니다. 그럼에도 불구하고 우리는 그녀의 연구가 애도에 관한 기초적인 연구이며 인간의 본성과 애도의 과정에 대한 중요하면서도 영구적으로 적용할 수 있는 진실을 밝혀냈다고 생각합니다.

117　Elisabeth Kübler-Ross, MD, and David Kessler, *On Grief and Grieving: Finding the Meaning of Grief Through the Five Stages of Loss*(New York: Scribner, 2014), p. 7. See also Grief.com, "The Fives Stages of Grief," https://grief.com/the-five-stages-of-grief, for summary explanations of the five stages and a free download of the first chapter of *On Grief and Grieving*.

118　Ibid.

119　Ibid., pp. 8-11.

120　Grief.com, "The Five Stages of Grief.".

121　Kübler-Ross and Kessler, *On Grief and Grieving*, pp. 12-13, 16..

122　Ibid., p. 16.

123　Ibid., pp. 19-20.

124　Ibid., pp. 20-24.

125　Ibid.

126　Ibid., pp. 25-27.

127　See, for instance, Ps 3-7, 22, 44, 51, 74, 79, 88, and 130.

128　St. Augustine, *Sermo* 241, 2: PL, 38, 1134.

129　Kübler-Ross and Kessler, *On Grief and Grieving*, p. 102.

130　Ibid., p. 104.

131　Tristan Gooley, *How to Connect with Nature*(*The School of Life*)(London: Macmillan UK, 2015), p. 128.

132　Jennifer Nelson, "New Research Shows that Petting Dogs is Like a Drug for Our Brains," IHeartDogs.com, https://iheartdogs.com/new-research-shows-that-petting-dogs-is-like-a-drug-for-our-brains.

133　Alliance of Therapy Dogs, "The Benefits of Therapy Dogs in Classrooms and on College Campuses," https://www.therapydogs.com/therapy-dogs-classrooms-campuses.
134　Nelson, "New Research Shows that Petting Dogs is Like a Drug for Our Brains..
135　Spe Salvi, n. 6.
136　Eucharistic Prayer of the Mass, *Roman Missal, Third Edition* of the English translation (Washington, DC: International Commission on English in the Liturgy Corporation, 2010).
137　Pope St. John Paul II, Apostolic Letter *Salvifici Doloris*, "On the Christian Meaning of Human Suffering," February 11, 1984(Boston, MA: Pauline Books and Media, 1984), n.25.
138　Ibid.
139　요한 바오로 2세 성인 교황은 회칙 《구세주의 어머니 *Redemptoris Mater*》를 비롯한 많은 문헌에서 수차례에 걸쳐 십자가 밑에 계신 마리아를 묘사할 때 "영적 십자가형"이라는 표현을 사용했습니다. 성모님께서 아드님의 구원 사명에 남다른 방식으로 참여하셨기에 '공동 구속자 Coredemptrix'라는 칭호를 인정받을 자격이 있습니다. 이는 성모님께서 "새로운 하와"로서 인류의 구속에 아드님과 함께 특별하게 동참했음을 의미합니다. 요한 바오로 2세 성인 교황은 교황좌에서 마리아에게 '공동 구속자'라는 용어를 다섯 번 이상 사용했습니다.
140　*Salvifici Doloris*, n. 26.
141　See Joseph Ratzinger, *Jesus of Nazareth: Holy Week: From the Entrance into Jerusalem to the Resurrection*,(San Francisco: Ignatius Press, 2011), pp. 220-22.
142　*Salvifici Doloris*, n. 26.
143　Ibid.
144　Ibid., n. 16.
145　Ibid., n. 16.
146　Ibid., n. 26.
147　Ibid., n. 26.
148　Young et al., "Suicide Bereavement and Complicated Grief."
149　Victor Frankl, *Man's Search for Meaning*(Boston: Beacon Press, 2006), 146.
150　*Spe Salvi*, n. 37.
151　Ibid, n. 37.
152　*Salvifici Doloris*, n. 15.
153　JP II, RP 31, 5.

154　Jane G. Tillman, "The Intergenerational Transmission of Suicide: Moral Injury and the Mysterious Object in the Work of Walker Percy," *Journal of the American Psychoanalytic Association*, June 6, 2016, https://journals.sagepub.com/doi/abs/10.1177/0003065116653362#.

155　Ibid.

156　Cardinal Basil Hume, *The Mystery of the Cross*(Brewster, MA: Paraclete Press, 2000), p.13.

157　*Salvifici Doloris*, n. 13.

158　Ibid, 20.

159　*Spe Salvi*, n. 12.

160　Ratzinger, *Jesus of Nazareth: Holy Week*, p. 244.

161　Ibid, p. 248.

162　Ibid, p. 266.

163　*Spe Salvi*, n. 33.

164　Ibid., n. 33.

165　*Salvifici Doloris*, n. 15.

166　*Spe Salvi*, n. 35.

167　*In Sinu Jesu*(Brooklyn, NY: Angelico Press, 2016), pp. 45-46.
　　이 책은 한 베네딕토회 수도사의 사적인 계시를 모아 엮은 것으로, 현시대 교회의 삶에서 사제직을 쇄신하는 데 큰 영향을 미치고 있습니다. 본 저자들과 마리안 출판사는 관련된 계시의 타당성과 영감에 대한 교회의 모성적 식별을 계속해서 그리고 최종적으로 따를 것입니다.

168　Fr. Robert Spitzer, SJ, "The Sacred Eucharistic Liturgy," *Credible Catholic Big Book*, Volume 9(Magis Center, 2017), accessed March 4, 2019, https://www.crediblecatholic.com/pdf/M9/BB9.pdf#P1V9, p. 7.

169　Fr. Robert Spitzer, SJ, conversation with Fr. Chris, February 14, 2019.

170　이 신비에 대한 또 다른 해석으로 브랜트 피트레의 해석이 있습니다. 그는 성체성사는 시간을 초월하는 사건이라고 말합니다. 옛 파스카 계약이 유다 민족을 이집트 탈출로 시간을 거슬러 올라가게 한 것처럼, 성찬례의 새 파스카 계약도 신비로운 방식으로 예수님께서 우리를 위해 돌아가신 밤으로 우리를 데려갑니다. 최후의 만찬이 있던 밤으로부터 그분의 수난과 십자가에 이르기까지의 시간을 거슬러 올라가게 합니다.
　　For more, see Brant Pitre, *Jesus and the Jewish Roots of the Eucharist: Unlocking the Secrets of the Last Supper*(New York: Doubleday, 2011).

171 Ratzinger, *The Spirit of the Liturgy*, p. 92.
172 Fr. Michael Gaitley, MIC, *The 'One Thing' is Three*: How the Most Holy Trinity Explains Everything (Stockbridge, MA: Marian Press, 2012), pp. 79-84.
173 For more on all this, see Gaitley, *The 'One Thing' is Three*, especially Point Two, Chapter Two, "Transforming Communion with Christ through Faith and the Sacraments."
174 Fr. Alessio Parente, OFM Cap, *The Holy Souls*: "*Viva Padre Pio*"(Edizione Padre Pio da Pietrelcina, 2011), pp.178-79.
175 Jimmy Akin, "Is It Possible to Pray Across Time?" *National Catholic Register*, January 5, 2018, accessed March 4, 2019, http://www.ncregister.com/blog/jimmy-akin/is-it-possible-to-pray-across-time.
176 Dorothy Day. "There is No Time with God," *The Catholic Worker*, Nov. 1953, 1, 7, accessed July 4, 2019, https://www.catholicworker.org/dorothyday/articles/657.html.
177 C.S. Lewis, *Miracles*(San Francisco: HarperOne, 2001), Appendix B, pp. 288-92.
178 Akin, "Is It Possible to Pray Across Time?"
179 Ibid.
180 Ibid.
181 Lewis, *Miracles*, Appendix B, pp. 292-94.
182 Kreeft, *Everything You Ever Wanted to Know about Heaven*, pp. 154-55.
183 Boethius, quoted in ibid., p. 154.
184 Kreeft, *Everything You Ever Wanted to Know about Heaven*, p. 57.
185 Ibid., p. 155.
186 Ibid.
187 Ibid., p. 156.
188 Ibid., p. 157.
189 Ibid., p. 158.
190 Ibid., p. 160.
191 Ibid., pp. 165-66.
192 Ibid.
193 Ibid., p. 167.
194 Ibid., p. 168.
195 Ibid., pp. 168-69.
196 Ibid., pp. 158-59.

교리, 신앙생활, 전례

4천 년의 기도, 단식 아델레 스카르네라
DOCAT 가톨릭 사회 교리서 YOUCAT 재단
YOUCAT 가톨릭 청년 교리서 오스트리아 주교회의
YOUCAT 견진 베른하르트 모이저, 닐스 바에르
YOUCAT 고해성사 클라우스 디크 외
YOUCAT 프렌즈 YOUCAT 재단
고해성사 길잡이 홍문택
교부들의 신앙 제임스 C. 기본스
구마 사제 체사레 트루퀴, 키아라 산토미에로
기적 파트리크 스발키에로
기적은 존재한다 베르나데트 모리오
무엇 하는 사람들인가 박도식
미사에 초대합니다 도미닉 그라시·조 파프로키
믿음의 기술 박도식
성숙한 신앙생활 정진석 추기경, 서울대교구 사목국
악마는 존재한다 프란치스코 교황
악령에 사로잡히다 마시모 첸티니
알기 쉬운 미사 해설 이기명
알수록 재미있는 그리스도교 이야기 박승찬
연옥 실화 막심 퓌샹
예비 신자 궁금증 105가지 줄리아 크노프
우리는 혼자가 아닙니다 손희송
조선 순교자록 아드리앙 로네, 폴 데통브
주님을 찬양하라(때제의 묵상 노래) 자크 베르티어
천주교와 개신교 박도식
파티마 루치아 도스 산토스
프란치스코 교황과 함께 준비하는 고해성사 교황청 내사원
하느님과 트윗을 미셸 레메리

기도, 묵상, 성경

God is Young 프란치스코 교황, 토마스 레온치니
YOUCAT 성경 YOUCAT 재단
가시를 빼내시는 성모님 베르나르 마리
가시 속의 장미 프란치스코 살레시오 성인
구약의 역사 설화 안소근
그래도 희망 프란치스코 교황
기쁨이 가득한 매일 성모님 묵상 찰스 G. 페렌바흐
깊은 곳의 빛 루이지 마리아 에피코코
내 마음의 대림 시기 마르쿠스 C. 라이트슈, 케르스틴 헬트
내 안에 숨어 계신 하느님 토마스 키팅
마리아의 비밀 산티아고 마르틴
마음을 열고 가슴을 열고 토마스 키팅
말씀에 초대합니다 라이너 마리아 쉬슬러
묵주 기도 로버트 데 그란디스, 유진 피터 코세니나
믿는 이들의 어머니 성모 마리아 김종수
믿음이 깊어지는 매일 시편 묵상 앤서니 치카르디
별이 빛난다 자카리아스 하이에스
부르심받은 이들의 부르짖음 정태현
사람에게 비는 하느님 루이 에블리
사랑에 취하여라 안소근
성경 속 궁금증 허영엽
성경 속 상징 허영엽
성모님과 함께하는 묵주의 9일 기도 우원명, 유재용
성심의 메시지 이재현
세례 준비 9일 기도 이병문
세상을 읽는 눈, 지혜 안소근
쉼, 주님을 만나는 시간 카를로 마리아 마르티니
오늘처럼 하느님이 필요한 날은 없었다 프란치스코 교황
주요 기도문 풀이 박도식
침묵의 대화 토마스 키팅
프란치스코 교황과 함께 걷는 십자가의 길 데이비드 나이트
프란치스코 교황과 함께 드리는 첫 묵주 기도 알렉산드로 사라코
프란치스코 교황이 초대하는 이달의 묵상(전 12권) 프란치스코 교황
하느님과 다가올 세계 프란치스코 교황
함께 기도하는 밤 이영제

영성, 심리

겨자씨 자라나서 큰 나무 되듯이 손희송
결정을 앞둔 당신에게 마이클 스캔란
기쁨, 영혼의 빛 안셀름 그륀
나는 생각보다 괜찮은 사람 홍성남
내 마음의 주치의 안셀름 그륀
내적인 삶으로 초대 추교윤
모든 것 안에서 하느님 발견하기 제임스 마틴
모든 일에는 때가 있다 조앤 치티스터
십자가의 성 요한 영적 권고 십자가의 성 요한
안셀름 그륀의 기적 안셀름 그륀
언플랜드 애비 존슨, 신디 램버트
영성, 하느님을 바라보다 윤주현
오리게네스에게 영성을 묻다 윤주현
위안이 된다는 것 안셀름 그륀
조앤 수녀님의 동물 친구들 조앤 치티스터
주님과 함께하는 10일의 밤 일리아 델리오
지친 하루의 깨달음 안셀름 그륀
침략할 수 없는 성채 기 에마뉘엘 카리오
하느님도 쉬셨습니다 페터 아벨
혼자서 마음을 치유하는 법 홍성남

신간 도서

성령의 약속, 마르티니의 영신 수련
카를로 마리아 마르티니 지음 | 값 15,000원

영신 수련을 통해 깨닫는 성령의 일곱 가지 은총!

딱! 알맞게 살아가는 법
안셀름 그륀 지음 | 값 17,000원

삶의 품격을 한 단계 끌어올려 주는 '중용'의 가치

전례에 초대합니다
안드레아 자크만 지음 | 값 20,000원

성물의 이름과 역사를 통해 그 상징을 배우다

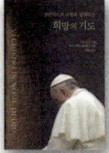
프란치스코 교황과 함께하는 희망의 기도
프란치스코 교황 지음 | 값 18,000원

다가올 세계를 향한 희망이 담긴 열 가지 기도!

진리의 목소리
베네딕토 16세 교황 지음 | 값 20,000원

베네딕토 16세가 말하는 교회와 신앙의 참된 가치

찬란한 존재들
브라이언 도일 지음 | 값 19,000원

일상, 믿음, 은총의 체험 속에 다채로운 빛깔을 담다

믿음 안에 굳건히 머무르십시오
베네딕토 16세 교황 지음 | 값 25,000원

베네딕토 16세가 남긴 마지막 메시지!

프랑수아 모리아크의 예수
프랑수아 모리아크 지음 | 값 25,000원

신이자 인간이었던 예수의 진정한 모습을 탐구하다

네 번째 잔의 비밀
스콧 한 지음 | 값 18,000원

최후의 만찬과 십자가의 신비를 밝히다!

사랑의 계시
노리치의 율리아나 지음 | 값 24,000원

신비가 노리치의 율리아나가 전해 주는 영적 계시

로마노 과르디니의 주님의 기도
로마노 과르디니 지음 | 값 16,000원

신학자 로마노 과르디니가 주해한 주님의 기도!

기도의 체험 살아 있는 기도
안토니 블룸 지음 | 값 14,000원 · 15,000원

김수환 추기경이 추천하는 기도 입문서!

신학 도서

기도의 세계
아드리엔 폰 슈파이어 지음
값 35,000원

사랑, 신과의 만남
아드리엔 폰 슈파이어 지음
값 22,000원

발타사르, 예수를 읽다
한스 우르스 폰 발타사르 지음
값 16,000원

남겨진 단 하나, 사랑
한스 우르스 폰 발타사르 지음
값 20,000원

세계의 심장
한스 우르스 폰 발타사르 지음
값 24,000원

그리스도교 신학의 역사
윤주현 지음
값 38,000원

신학, 하느님과 이성
미하엘 제발트 지음
값 28,000원

그리스도론
올레가리오 곤잘레스 지음
값 55,000원

교부들의 그리스도론
알로이스 그릴마이어 지음
값 90,000원

추천 도서

준주성범
토마스 아 켐피스 지음
값 18,000원

신심 생활 입문
프란치스코 살레시오 성인 지음
값 20,000원

성녀 소화 데레사 자서전
성녀 소화 데레사 지음
값 20,000원

이름 없는 순례자
최익철, 강태용 옮김
값 18,000원

단테의 신곡 (상, 하)
단테 알리기에리 지음
값 각 22,000원

성체 조배
알폰소 리구오리 성인 지음
값 13,000원

365일의 잠언
프란치스코 살레시오 성인 지음
값 13,000원

하느님의 현존 연습
콘라 드 메스테르 엮음
값 15,000원

시편과 아가
최민순 옮김
값 18,000원

가톨릭출판사 인터넷쇼핑몰 www.CatholicBook.kr

내 마음에
주님을 초대하는

가톨릭출판사
추천 도서

영성 생활을 풍성하게 하는
다양한 글과 자료를 만날 수 있습니다.

▶ 가톨릭북
📷 catholic_book
📘 catholicbook
💬 catholicbuk
💬 가톨릭출판사
   (catholicbook)